CHIVALRY, ACADEMY, AND CULTURAL DIALOGUES
THE ITALIAN CONTRIBUTION TO EUROPEAN CULTURE

LEGENDA

LEGENDA is the Modern Humanities Research Association's book imprint for new research in the Humanities. Founded in 1995 by Malcolm Bowie and others within the University of Oxford, Legenda has always been a collaborative publishing enterprise, directly governed by scholars. The Modern Humanities Research Association (MHRA) joined this collaboration in 1998, became half-owner in 2004, in partnership with Maney Publishing and then Routledge, and has since 2016 been sole owner. Titles range from medieval texts to contemporary cinema and form a widely comparative view of the modern humanities, including works on Arabic, Catalan, English, French, German, Greek, Italian, Portuguese, Russian, Spanish, and Yiddish literature. Editorial boards and committees of more than 60 leading academic specialists work in collaboration with bodies such as the Society for French Studies, the British Comparative Literature Association and the Association of Hispanists of Great Britain & Ireland.

The MHRA encourages and promotes advanced study and research in the field of the modern humanities, especially modern European languages and literature, including English, and also cinema. It aims to break down the barriers between scholars working in different disciplines and to maintain the unity of humanistic scholarship. The Association fulfils this purpose through the publication of journals, bibliographies, monographs, critical editions, and the MHRA Style Guide, and by making grants in support of research. Membership is open to all who work in the Humanities, whether independent or in a University post, and the participation of younger colleagues entering the field is especially welcomed.

ALSO PUBLISHED BY THE ASSOCIATION

Critical Texts
Tudor and Stuart Translations • *New Translations* • *European Translations*
MHRA Library of Medieval Welsh Literature

MHRA Bibliographies
Publications of the Modern Humanities Research Association

The Annual Bibliography of English Language & Literature
Austrian Studies
Modern Language Review
Portuguese Studies
The Slavonic and East European Review
Working Papers in the Humanities
The Yearbook of English Studies

www.mhra.org.uk
www.legendabooks.com

ITALIAN PERSPECTIVES

Editorial Committee
Professor Simon Gilson, University of Warwick (General Editor)
Dr Francesca Billiani, University of Manchester
Professor Manuele Gragnolati, Université Paris-Sorbonne
Dr Catherine Keen, University College London
Professor Martin McLaughlin, Magdalen College, Oxford

Founding Editors
Professor Zygmunt Barański and Professor Anna Laura Lepschy

In the light of growing academic interest in Italy and the reorganization of many university courses in Italian along interdisciplinary lines, this book series, founded by Maney Publishing under the imprint of the Northern Universities Press and now continuing under the Legenda imprint, aims to bring together different scholarly perspectives on Italy and its culture. *Italian Perspectives* publishes books and collections of essays on any period of Italian literature, language, history, culture, politics, art, and media, as well as studies which take an interdisciplinary approach and are methodologically innovative.

APPEARING IN THIS SERIES

20. *Ugo Foscolo and English Culture*, by Sandra Parmegiani
21. *The Printed Media in Fin-de-siècle Italy: Publishers, Writers, and Readers*, ed. by Ann Hallamore Caesar, Gabriella Romani, and Jennifer Burns
22. *Giraffes in the Garden of Italian Literature: Modernist Embodiment in Italo Svevo, Federigo Tozzi and Carlo Emilio Gadda*, by Deborah Amberson
23. *Remembering Aldo Moro: The Cultural Legacy of the 1978 Kidnapping and Murder*, ed. by Ruth Glynn and Giancarlo Lombardi
24. *Disrupted Narratives: Illness, Silence and Identity in Svevo, Pressburger and Morandini*, by Emma Bond
25. *Dante and Epicurus: A Dualistic Vision of Secular and Spiritual Fulfilment*, by George Corbett
26. *Edoardo Sanguineti: Literature, Ideology and the Avant-Garde*, ed. by Paolo Chirumbolo and John Picchione
27. *The Tradition of the Actor-Author in Italian Theatre*, ed. by Donatella Fischer
28. *Leopardi's Nymphs: Grace, Melancholy, and the Uncanny*, by Fabio A. Camilletti
29. *Gadda and Beckett: Storytelling, Subjectivity and Fracture*, by Katrin Wehling-Giorgi
30. *Caravaggio in Film and Literature: Popular Culture's Appropriation of a Baroque Genius*, by Laura Rorato
31. *The Italian Academies 1525-1700: Networks of Culture, Innovation and Dissent*, ed. by Jane E. Everson, Denis V. Reidy and Lisa Sampson
32. *Rome Eternal: The City As Fatherland*, by Guy Lanoue
33. *The Somali Within: Language, Race and Belonging in 'Minor' Italian Literature*, by Simone Brioni
34. *Laughter from Realism to Modernism: Misfits and Humorists in Pirandello, Svevo, Palazzeschi, and Gadda*, by Alberto Godioli
35. *Pasolini after Dante: The 'Divine Mimesis' and the Politics of Representation*, by Emanuela Patti

Managing Editor
Dr Graham Nelson, 41 Wellington Square, Oxford OX1 2JF, UK

www.legendabooks.com

Chivalry, Academy, and Cultural Dialogues

The Italian Contribution to European Culture

Essays in Honour of Jane E. Everson

Edited by Stefano Jossa and Giuliana Pieri

LEGENDA

Italian Perspectives 37
Modern Humanities Research Association
2016

*Published by Legenda
an imprint of the Modern Humanities Research Association
Salisbury House, Station Road, Cambridge* CB1 2LA

ISBN 978-1-78188-457-7 *(HB)*
ISBN 978-1-78188-458-4 *(PB)*

All rights reserved. No part of this publication may be reproduced or disseminated or transmitted in any form or by any means, electronic, mechanical, photocopying, recording or otherwise, or stored in any retrieval system, or otherwise used in any manner whatsoever without written permission of the copyright owner, except in accordance with the provisions of the Copyright, Designs and Patents Act 1988, or under the terms of a licence permitting restricted copying issued in the UK by the Copyright Licensing Agency Ltd, Saffron House, 6–10 Kirby Street, London EC1N 8TS, *England, or in the USA by the Copyright Clearance Center, 222 Rosewood Drive, Danvers MA 01923. Application for the written permission of the copyright owner to reproduce any part of this publication must be made by email to legenda@mhra.org.uk.*

Disclaimer: Statements of fact and opinion contained in this book are those of the author and not of the editors or the Modern Humanities Research Association. The publisher makes no representation, express or implied, in respect of the accuracy of the material in this book and cannot accept any legal responsibility or liability for any errors or omissions that may be made.

Trademark notice: Product or corporate names may be trademarks or registered trademarks, and are used only for identification and explanation without intent to infringe.

© *Modern Humanities Research Association 2016*

Copy-Editor: Richard Correll

CONTENTS

	Acknowledgements	ix
	Notes on the Contributors	x
	Introduction STEFANO JOSSA AND GIULIANA PIERI	1
	PART I: CHIVALRY	
1	Musings on Berni's *Rifacimento* of Boiardo ANNA LAURA AND GIULIO LEPSCHY	10
2	Ariosto and Lucian of Samosata: Partners in Ambivalence, together with St John LETIZIA PANIZZA	17
3	'A difesa di sua santa fede'. Il poema cristiano dell'Ariosto (*Orlando furioso*, XXXIV 54–67) STEFANO JOSSA	32
4	Illegitimate Texts, Illegitimate Heroes: Ariosto's Aeneas and the Querelle des Femmes ELEONORA STOPPINO	43
5	Forme dell'intreccio nel *Mambriano* di Francesco Cieco ANNALISA IZZO	54
6	Corpi guerrieri, corpi ama(n)ti. Significati e simbologie di Rinaldo ferito in alcuni poemi cavallereschi italiani tra Quattrocento e Cinquecento ANNALISA PERROTTA	65
	PART II: ACADEMY	
7	I vari volti del teatro di Giulio Camillo (attraverso nuovi manoscritti) LINA BOLZONI	82
8	Le origini dell'Accademia degli Intronati e un componimento inedito di Marcantonio Piccolomini FRANCO TOMASI	93
9	Performing Female Cultural Sociability between Court and Academy: Isabella Pallavicino Lupi and Angelo Ingegneri's *Danza di Venere* (1584) LISA SAMPSON	107
10	Treasures of Knowledge: *Thesoro* as a Handbook in the Sixteenth Century SIMONE TESTA	123
11	From Woodblock to Copper Engraving: Illustrating the Italian Learned Academies, 1525–1700 DENIS V. REIDY	135

12 Galileo and the Moon
    MARK DAVIE   153

    PART III: CULTURAL DIALOGUES

13 'Voi ch'ascoltate': Reciting Petrarchan Verse in Renaissance Italy
    BRIAN RICHARDSON   166

14 Machiavelli's Use of Jokes in *Il Principe*
    MATTEO FAVARETTO   181

15 History in a Painting: Sebastiano del Piombo's Portrait of Andrea Doria (1526)
    CARLO CARUSO   192

16 Shelley, Italy, and Dante's 'Inextinguishable Thought'
    DANIELA CERIMONIA   210

17 Between Two Worlds: Gramsci, Sardinia and the Early Italian Reception of Kipling
    ALESSANDRO CARLUCCI   223

18 *La giacca verde* di Mario Soldati. Una rilettura
    LUCIANO PARISI   236

    Publications of Jane E. Everson   247
    Index   252

ACKNOWLEDGEMENTS

The editors would like to thank the Italian-British Society and the School of Modern Languages, Literatures and Cultures at Royal Holloway University of London for their generous support towards the publication of this volume.

S.J., G.P., June 2016

NOTES ON THE CONTRIBUTORS

Lina Bolzoni is Professor of Italian Literature at the Scuola Normale Superiore in Pisa. She has been visiting professor in many European and American Universities and visiting fellow in Oxford, at All Souls College, Christ Church, and Keble College. She is a member of the Accademia Nazionale dei Lincei and Fellow of the British Academy. Among her publications, translated into many languages, are *La stanza della memoria. Modelli letterari e figurativi nell'età della stampa* (Turin: Einaudi, 1995); *La rete delle immagini. Predicazione in volgare dalle origini a Bernardino da Siena* (Turin: Einaudi, 2002); *Il cuore di cristallo. Ragionamenti d'amore, poesia e ritratto nel Rinascimento* (Turin: Einaudi, 2010); *Il lettore creative. Percorsi cinquecenteschi fra memoria, gioco, scrittura* (Naples: Guida, 2012). She has also edited *L' 'Orlando Furioso' nello specchio delle immagini* (Rome: Istituto della Enciclopedia Italiana, 2014).

Alessandro Carlucci is a John Fell Fund postdoctoral research assistant in the Faculty of Medieval and Modern Languages at the University of Oxford. His current research focuses on the history of the Italian language, from its earliest stages through to recent contacts with English. He is also interested in modern political and cultural history, and in the history of linguistics. He has published widely on the linguistic views that the Italian philosopher and political leader Antonio Gramsci (1891–1937) expressed in his writings, and on previously neglected aspects of Gramsci's life. In particular, he is the editor of *New Approaches to Gramsci: Language, Philosophy and Politics* (a special issue of the *Journal of Romance Studies*, 2012) as well as the author of *Gramsci and Languages: Unification, Diversity, Hegemony* (Leiden: Brill, 2013; Chicago, IL: Haymarket, 2015).

Carlo Caruso is Professor of Italian at Durham University. His main interests are in the field of the classical tradition in Italian literature. He is editor (with A. Laird) of *Italy and the Classical Tradition: Language, Thought and Poetry, 1300–1600* (London: Bloomsbury, 2009), and author of *Adonis: The Myth of the Dying God in the Italian Renaissance* (London: Bloomsbury, 2013, 2nd edn 2015).

Daniela Cerimonia (BA, John Cabot; MA, King's College London; PhD, Royal Holloway, University of London) is Teaching Fellow of Italian at Royal Holloway, University of London, and is the author of *Leopardi and Shelley: Discovery, Translation and Reception* (Oxford: Legenda, 2015). Her research centres on nineteenth- and twentieth-century Italian and comparative literature, with a focus on reception and translation studies, issues of canon formation and readership, Anglo–Italian relationships, and notions of identity. She has also written on Leopardi and his modern translators, and the representations of Italy in Romantic Europe.

Mark Davie has taught Italian at the Universities of Liverpool and Exeter, and has published studies on various aspects of Italian literature, mainly in the period from Dante to the Renaissance. He is particularly interested in the relations between learned and popular culture, and between Latin and the vernacular, in Italy in the Renaissance. His publications include *Half-Serious Rhymes: The Narrative Poetry of Luigi Pulci* (Dublin: Irish Academic Press, 1998) and a translation (with William R. Shea) of Galileo, *Selected Writings* (Oxford: Oxford World's Classics, 2012).

Matteo Favaretto (PhD, Royal Holloway) is an independent scholar. His interests include the theory and practice of comedy and the reception of classical works in the Italian Renaissance. He has edited the *Eunuco. Un anonimo volgarizzamento in terza rima* (2011), and written his PhD thesis on the comic elements in Machiavelli's political and historical works (2013). He is currently working on a critical edition of Boiardo's translation of the *Golden Ass* by Apuleius for the Centro Studi Matteo Maria Boiardo in Scandiano.

Annalisa Izzo (PhD, Scuola Normale Superiore) is research fellow at the Université de Lausanne (Switzerland). Her research interests concentrate on critical theory, the Italian chivalric tradition and the development of European novel between nineteenth and twentieth century. She is the author of *Telos. Il finale nel romanzo dell'Ottocento* (Naples: Liguori, 2013) and has edited *L' 'Orlando furioso' e la tradizione cavalleresca*, special edition of *Versants*, 59.2 (2012), and *'D'un parlar ne l'altro'. Aspetti dell'enunciazione dal romanzo arturiano alla* Gerusalemme liberata (Pisa: Ets, 2013).

Stefano Jossa is Reader in Italian at Royal Holloway University of London. His research interests span from the Italian Renaissance to the Italian national identity expressed through literature. He is the author of *L'Italia letteraria* (Bologna: il Mulino, 2006), *Ariosto* (Bologna: il Mulino, 2009), and *Un paese senza eroi. L'italia da Jacopo Ortis a Montalbano* (Rome: Laterza, 2013), and he has coauthored and coedited (with Y. Plumley and G. Di Bacco), *Citation, Intertextuality and Memory in the Middle Ages and the Renaissance* (Exeter: Exeter University Press, 2011), and (with C. Boscolo) *Scritture di resistenza. Sguardi politici dalla narrativa italiana contemporanea* (Rome: Carocci, 2014). He has also edited Giancarlo Mazzacurati, *L'albero dell'Eden. Dante tra mito e storia* (Rome: Salerno Editrice, 2007) and two special issues of the journal *Italique* on European Petrarchism (2011 and 2012).

Giulio Lepschy is Professor Emeritus of the University of Reading, Fellow of the British Academy, Member of the Accademia della Crusca. Among his many publications are: *La linguistica strutturale* (Turin: Einaudi, 1967); with A. L. Lepschy, *The Italian Language Today* (London: Hutchinson, 1977); *Saggi di linguistica italiana* (Bologna: il Mulino, 1978); *La linguistica del Novecento* (Bologna: il Mulino, 1992); *Mother Tongues and Other Reflections on the Italian Language* (Toronto and London: University of Toronto Press, 2002); *Parole, parole, parole e altri saggi di linguistica* (Bologna: il Mulino, 2007); *Tradurre e traducibilità* (Milan: Nino Aragno Editore, 2009).

Anna Laura Lepschy is Professor Emerita at University College London, adjunct Professor at the University of Toronto, and Honorary Fellow at Somerville College Oxford. She is Vice-President of the Associazione Internazionale per gli Studi di Lingua e Letteratura Italiana. Among her publications are: *Varietà linguistica e pluralità* *di codici nel Rinascimento* (Florence: Olschki, 1996); *Narrativa e teatro fra due secoli. Verga, Invernizio, Svevo, Pirandello* (Florence: Olschki, 1994); she has co-edited with Arturo Tosi, Pierluigi Barrotta and Adam Ledgeway, proceedings of conferences such as *Multilingualism in Italy Past and Present* (Oxford: Legenda, 2002), *Freud and Italian Culture* (Oxford: Peter Lang, 2009), *Into and out of Italy. Lingua e culture della migrazione Italiana* (Perugia: Guerra, 2010). She is a founding editor with Zyg Barański of the Legenda series *Italian Perspectives*.

Letizia Panizza is a research fellow in Italian at Royal Holloway University of London. She has published widely on humanism and women's writing and is the editor of *Women in Italian Renaissance Culture and Society* (Oxford: Legenda, 2000) and coeditor of *A History of Women's Writing in Italy* (Cambridge: Cambridge University Press, 2000). She also wrote the introduction to Lucrezia Marinella's *The Nobility and Excellence of Women and the Defects and Vices of Men* (Chicago, IL: Chicago University Press, 1999).

Luciano Parisi is Associate Professor of Italian literature at the University of Exeter. He studied at the universities of Genoa and Bologna, in Italy, and at Boston College (PhD in Romance Languages and Literatures) in the US. Before moving to Exeter, he taught at Boston University, Oxford Brookes, Royal Holloway University of London, and Trinity College Dublin. He is the author of *Borgese* (Turin: Tirrenia, 2000), *Manzoni e Bossuet* (Alessandria: Edizioni dell'Orso, 2003), *Come abbiamo letto Manzoni* (Alessandria: Edizioni dell'Orso, 2008) and *Uno specchio infranto. Adolescenti e abuso sessuale nell'opera di Alberto Moravia* (Alessandria: Edizioni dell'Orso, 2013).

Annalisa Perrotta (PhD, Sapienza University of Rome) is a research fellow at the Dipartimento di Studi europei of the Sapienza University of Rome. In 2009–11 she was Mary Curie Fellow at Royal Holloway University of London, working under the supervision of Jane Everson. Her research focuses in particular on Italian chivalric poems in the age of the printing press. She is currently taking part in the project 'Identity and Alterity in the Literatures of Medieval Europe' (Fir 2013) involving the Universities of Pavia, Rome Sapienza and Sassari. She has also contributed to the volume *Charlemagne in Italy*, forthcoming, ed. by Jane Everson and Claudia Boscolo.

Giuliana Pieri is Professor in Italian and the Visual Arts at Royal Holloway University of London and Head of the School of Modern Languages, Literatures and Cultures. She has published widely on nineteenth- and twentieth-century visual culture, cultural history and popular literature. Her research interests are firmly in the area of comparative and interdisciplinary studies, especially the intersection of the verbal and the visual, and the role of Italian visual culture in the construction of Italian identity both in Italy and abroad. She has co-authored and edited *Italian Crime Fiction* (Cardiff: University of Wales Press, 2011) and coauthored and coedited (with S. Gundle and C. Duggan) *The Cult of the Duce: Mussolini and the Italians from 1914 to the Present* (Manchester: Manchester University Press, 2013).

Denis V. Reidy (PhD, Royal Holloway) lectured in Italian Language and Literature in the Universities of Leeds and Sheffield until 1975 when he was appointed the first Head of the Italian and Modern Greek Collections at the newly created British

Library. In 1996 he was appointed an Associate Fellow of the Institute of Advanced Studies (University of London) where he lectures on the History of the Italian Book. He was Co-Investigator on the Italian Learned Academies AHRC-funded project and has published extensively on various aspects of Italian civilization including *The Risorgimento Collection* (Bowker Saur, 1991); *The Italian Book, 1465–1800* (London: The British Library, 1993); *Antonio Panizzi. Tre lezioni sul mondo cavalleresco* (Viadana: Castello, 1998) and co-edited with Jane Everson and Lisa Sampson *The Italian Academies, 1525–1700: Networks of Culture, Innovation and Dissent* (Oxford: Legenda, 2016).

Brian Richardson is Emeritus Professor of Italian Language at the University of Leeds and a Fellow of the British Academy. His publications include *Print Culture in Renaissance Italy: The Editor and the Vernacular Text, 1470–1600* (Cambridge: Cambridge University Press, 1994), *Printing, Writers and Readers in Renaissance Italy* (Cambridge: Cambridge University Press, 1999), *Manuscript Culture in Renaissance Italy* (Cambridge: Cambridge University Press, 2009) and an edition of Giovan Francesco Fortunio's *Regole grammaticali della volgar lingua* (Rome and Padova: Antenore, 2001). From 2003 to 2013 he was general editor of the *Modern Language Review*. Between 2011 and 2015 he directed a project on oral culture, manuscript and print in early modern Italy, funded by the European Research Council.

Lisa Sampson is Associate Professor of Italian Studies at the University of Reading. She has published widely on early modern Italian theatre, women's writing, court culture, and academies, including: *Pastoral Drama in Early Modern Italy* (Oxford: Legenda, 2006); (with Jane E. Everson and Denis Reidy) *The Italian Academies, 1525–1700: Networks of Culture, Innovation and Dissent* (Oxford: Legenda, 2016); and two co-edited critical editions for the 'Other Voice in Early Modern Europe' series: Maddalena Campiglia, *Flori* (Chicago, IL, and London: University of Chicago Press, 2004; and Barbara Torelli, *Partenia* (Toronto: Centre for Reformation and Renaissance Studies, 2013). She was Co-Investigator on the AHRC-funded *Italian Academies, 1525–1700* project (2010–14), and holds a British Academy Mid-Career Fellowship (2016) for a monograph project on *Theatre in the Academies of Early Modern Italy*.

Eleonora Stoppino is Associate Professor of Italian, Medieval Studies and Comparative Literature at the University of Illinois (US). She has published articles on Dante, Boccaccio, Ariosto, Tasso, the Italian epic tradition, and medieval conduct literature. Her book, *Genealogies of Fiction: Women Warriors and the Medieval Imagination in the 'Orlando Furioso'* (New York: Fordham University Press, 2011) won the AAIS Book Prize. She has received fellowships from the ACLS, Harvard Villa I Tatti and the Mellon Foundation. Her current projects include LICA, the complete catalogue of chivalric incunabula (with Anna Montanari) and a book on animals and contagion in Medieval Italian literature.

Simone Testa (PhD, Royal Holloway) is Visiting Research Fellow at the Medici Archive Project, and external collaborator for the Language Centre at the EUI (Florence). His publications include *Scipione Di Castro e il suo trattato politico. Testo critico e traduzione inglese inedita del Seicento* (Rome: Vecchiarelli, 2012), and *Italian Academies and their Networks, 1525–1700: From Local to Global* (London: Palgrave, 2015). He has been full-time Postdoctoral Researcher on the two AHRC-funded *Italian Academies* collaborative research projects led by Jane Everson. He has held fellowships at the John Rylands Research Centre, the Newberry Library, the Harry Ransom Center, and the Department of History, at EUI.

Franco Tomasi is Associate Professor of Italian Literature at the University of Padova (Italy). He graduated in 1992 at the University of Padova and gained his PhD at the University of Venezia (Italy) in 1997. He began his research activity with narratology studies, particularly focusing on theoretical developments in French and English areas. Another privileged research field is that of the Renaissance lyrics, with long-range surveys of different aspects of sixteenth-century Petrarchism, and of narrative strategies of the chivalric genre. He is the author of *Studi sulla lirica rinascimentale (1540–1570)* (Rome and Padova: Antenore, 2012) and has edited (with P. Zaja) *Libro primo delle Rime diverse di molti eccellentissimi autori* (Turin: RES, 2001), *Letture della 'Liberata'* (Alessandria: Edizioni dell'Orso, 2005), and Torquato Tasso, *Gerusalemme liberata* (Milan: Bur, 2009).

INTRODUCTION

Stefano Jossa and Giuliana Pieri

The Italian critic and thinker Francesco De Sanctis (1817–1883), author of the most influential *History of Italian Literature* (1870–71), had two main polemical targets: chivalry and the Academies. In his eyes, they both mirrored an old-fashioned, backward and degenerate society, that of Italy during the Ancient Regime (which corresponded, in De Sanctis's view, with the time span from the fourteenth to the eighteenth century): chivalry represented the aristocratic social hierarchy, with all its habits and costumes and postures at the time, while the Academies were the institutional representatives of that same culture and society, in what De Sanctis saw as a very repetitive and self-referential system. De Sanctis's dialectical paradigm was straightforward: Italian (and Catholic) backwardness versus European (and Reformed) modernity.

All the efforts of Prof. Jane E. Everson during her scholarly career have pointed at a critical re-evaluation of Italian early modernity (as critically opposed to the Ancient Regime as an interpretive category): a re-evaluation that is both historical acknowledgement and reconstruction of its legacy. De Sanctis's name appears only very late in Prof. Everson's writings, and is one that is significantly aimed at a wider non-academic audience: in an article published in *History Today* in 2012, entitled 'Intellectual Networks', Prof. Everson pointed out De Sanctis's 'jaundiced views' and remarked on the importance of a historical understanding of what she considered 'the multifaceted and fascinating world of the academies and their intellectual interests, revealing their complex pan-European networks and the way in which they functioned as the Renaissance equivalent of modern social media.'[1] The polemic with De Sanctis was a way of reassessing the Italian influence on European modernity at a stage when Prof. Everson's research was developing towards a deeper and more balanced reconsideration of the historical function and position of the Italian Academies. From 2006 to 2014, Prof. Everson led the AHRC-funded project dedicated to the Italian Academies (in two phases: 2005–09 — *The Italian Academies, 1525–1700: A Themed Collection Database*; 2010–14 — *The Italian Academies, 1525–1700: The First Intellectual Networks of Early Modern Europe*) that has produced a detailed searchable database of books published by Italian Academies between 1525 and 1700, including the full list of Academies active in Avellino, Bari, Benevento, Bologna, Brindisi, Caltanissetta, Catania, Catanzaro, Enna, L'Aquila, Lecce, Mantua, Naples, Padua, Palermo, Rome, Salerno, Siena, Syracuse, Trapani, and Venice (publicly available at <www.bl.uk/catalogues/ItalianAcademies>). The achievement is outstanding not only because of the size of data produced but for its explicit purpose of considering Academic networks in Italy between the sixteenth and the seventeenth centuries as a forerunner of today's social media, a sort of proto-Facebook where intellectual relations were developed and ideas disseminated. What was relevant, in point of fact, was not the individual authorship but the belonging to the network. Sociological and statistical analysis helps to increase historical and anthropological awareness. This leads to a better understanding of how cultural systems have been built up and have worked throughout history.

De Sanctis is never mentioned in the research stemming from the project. Nevertheless, it is retrospectively evident that the choice of Prof. Everson's two main research themes — the Italian Romance Epic and the Italian Academies — addressed from the beginning a clear project of revival of Italian ancient culture and lifestyle, which aimed to be seen as pre-modern rather than anti-modern. Her devotion to the Italian chivalric poem, and especially Francesco Cieco's *Mambriano*, can only be explained within the broader framework of a personal identification with the values and the style of a tradition in which, in her eyes, and contrary to what De Sanctis thought, modernity had its roots rather than its negation. In a militant stance, entirely devoid of revivalism, her meticulous reconstruction of the fifteenth- and sixteenth-century Ferrarese milieu has led her to explore the moments of crisis rather than splendour, in order to shed light on a civilization, that of the Italian Renaissance, that was neither all magnificence and liberality, nor all decadence and aestheticism. Her edition, together with Diego Zancani, of the collection of essays dedicated to Italy in crisis is paradigmatic in this respect, because it aimed to explore history, astrology, literature and thought in the complementary and contrasting states of Florence and Ferrara at the time of an astonishing 'continuity in crisis' rather than in glory and munificence. The outcome was precisely an acknowledgement of 'the strange mixture of continuity and crisis that characterized the culture of the 1490s in Italy'.[2] The sense of continuity and the sharing of crisis work together to define a culture whose values are permanence and memory rather than novelty and revolution. In 1996 Prof. Everson had already edited, together with Carla Dente Baschiera from the University of Pisa, the collection of essays *Scenes of Change*, which aimed to explore change 'in particular historical periods in which the phenomenon of cultural change and transition seemed to have been more clearly felt, even by contemporaries'.[3] Firmly rooted in history, but also open to dealing with forces 'more emotive than rational',[4] Prof. Everson's work was once more addressed to processes of transformation including both continuity and change.

It is therefore not by chance that one of Prof. Everson's very few incursions into contemporary Italian literature was dedicated to Italian postmodernism — as the other side of the coin, or the opposite face of early modernity: dealing with Umberto Eco's second novel, *Il pendolo di Foucault*, Prof. Everson brought to the fore the narrative continuity between chivalric epic romance and postmodern historical novel. The combination of biography, research and fiction in Eco's early creative works led Prof. Everson to stress the high level of 'intellectual engagement' that the novel required and the importance of bridging between past and present.[5]

At its heart, however, Prof. Everson's research remained chiefly focused on the

Italian narrative poem in the fourteenth and fifteenth centuries. Here her critical eye is still set on historical processes of continuity and discontinuity. Her major scholarly achievement, the monograph entitled *The Italian Romance Epic in the Age of Humanism: The Matter of Italy and the World of Rome* (Oxford: Oxford University Press, 2001), dealt with the idea that Italian Renaissance Epic did not just follow in the footsteps of the Italian, French and Spanish medieval tradition of romances, but merged it with classical memories, themes and literary devices. 'Continuity' is once more a key word, because the new world includes and incorporates no less than it destroys and renovates: being both cultivated and popular, Italian narrative poems offer the ideal viewpoint to explore issues of cultural mediation and transformation, to the extent that learned elements are inserted in lower productions as well as lower materials helping to make the classics easy. The paradox of a genre growing and being implemented in a cultural environment, that of Italian humanism, which was both essentially hostile to its subject matter, and extraordinarily open to 'experimentalism, innovation, self-confidence, and eclecticism',[6] is what caught the attention of the scholar here: the process through which something that is apparently past and lost survives thanks to its hybridization at the time is really at the core of all Prof. Everson's scholarly pursuits. Her openness to a close dialogue between past traditions and our contemporary times through her continual reference to social media is another aspect of her activity that cannot be overlooked, since it is constitutive of her critical and scholarly approach. Her growing leadership in the field has led her to contributing to the *Times Literary Supplement*, for which she has reviewed the critical edition of the first print edition of Ludovico Ariosto's *Orlando furioso*, edited by Marco Dorigatti with the collaboration of Gerarda Stimato (Florence: Olschki, 2006), studies by Helena Sanson and Virginia Cox on women's writing in sixteenth-century Italy, as well as reappraising the diverse intellectual contribution of Renaissance Italian Academies in an article written together with Lisa Sampson, 'L'Unica and Others'.[7]

No title could therefore be more appropriate for this collection of essays in honour of Prof. Everson than *Chivalry, Academy and Cultural Dialogues*, to point out Jane's intellectual contribution linking, on the one hand, early modernity and modern world, and, on the other hand, Italian Renaissance and Anglo-Saxon culture. The collection gathers contributions from scholars, friends and pupils who have at various moments and in various respects dealt with Jane and her work, with the aim of giving an inter- and cross-disciplinary introduction to Italian studies through the reading of various case-studies that all bring to the fore the questions of relationships and interactions — between texts and images, history and thinking, past and present, the self and the other.

The first section of the book, entitled *Chivalry*, comprises six essays that range from the fifteenth to the end of the sixteenth century, from Boiardo to Tasso, from popularizing authors to major classics. In the opening essay of this section, the acclaimed masters of Italian studies in the UK, Professors Giulio and Anna Laura Lepschy, starting from their didactic experiment in how to teach Italian through the reading of classical texts, offer a reflection on the historical development of the Italian language: musing on Berni's *Rifacimento* of Boiardo's *Innamoramento di*

Orlando, they reconstruct aspects of the difference between spoken and written language in the tradition of literary texts. Three essays are then dedicated to Ariosto's *Orlando Furioso*, the undisputed masterpiece of Italian chivalric tradition: Letizia Panizza reconstructs the influence of the Greek author Lucian on various points of Ariosto's poem, while Stefano Jossa presents a reading of canto 34 that speculates on Ariosto's dialogue with contemporary theology, especially the lesson of the Dominican friar Girolamo Savonarola, who, like Ariosto, was from Ferrara and there preached when Ariosto was growing as a man of letters at the Este court. In the light of these essays *Orlando Furioso* proves to be more humanistic and more contemporary than usually thought, linked as it is with a humoristic line of Greek tradition and the contemporary religious debate. In the following essay, Nora Stoppino constructs a fascinating history of Ariosto's use of his sources around the presence of Aeneas in cantos 34–36 of his *Orlando furioso*: rather than being the pious Aeneas of the Virgilian tradition (accepted, among others, by Dante), Ariosto's Aeneas shows a contradictory hero, possibly in the footsteps of the long medieval tradition of the impious Aeneas. This has to be seen, Stoppino argues, within Ariosto's reflection on the falsity of poets, who, while falsely celebrating male heroes, have either denied or not been able to represent the excellence of women, as Ariosto will proclaim in the opening of canto 38.

The last two essays of this section tackle one of the scholarly topics to which Jane is most devoted, the pre-Ariostean chivalric tradition. Annalisa Izzo deals with Francesco Cieco's *Il Mambriano* — one of Jane's life-long scholarly interests — with the aim of demonstrating the complexity and artistry of its narrative structure, pinpointing and discussing the use of such features as entrelacement and the relationship of the poem to Arthurian romance, while Annalisa Perrotta investigates the symbolical meaning of the representation of the wounded body of one of the most prominent heroes of the chivalric tradition, Rinaldo of Montalbano, in three Quattrocento poems (*Cantari di Rinaldo*, *Altobello*, and *Leandra*).

The second section is dedicated to the Italian Academies and their life, as a matter of homage to Jane's major research project, already mentioned, the AHRC-funded *The Italian Academies, 1500–1700*. Three of her collaborators in this project contribute here: Lisa Sampson, Denis Reidy and Simone Testa. The section opens with an essay in Italian by Lina Bolzoni, Professor at the Scuola Normale Superiore in Pisa, who investigates the intriguing history of a mysterious book, *L'idea del theatro* by Giulio Camillo, published posthumously in 1550. Neglected or even despised by scholars until its rediscovery, thanks to the studies of Francis Yates on the art of memory, Camillo gathers around himself various key figures of the Italian Renaissance, such as Bembo, Aretino, Ariosto, and Titian; so does his book, whose history can be traced via the various testimonies of Girolamo Muzio, Ludovico Dolce, Anton Francesco Doni and Orazio Toscanella, up to a manuscript now at the Harry Ransom Research Center of Austin (Texas). Collectors of relationships, both Camillo and his book are an apt opening to this section on the Academies as the main vehicles for the construction of intellectual networks of modern Europe. The second essay, by Franco Tomasi, brings us directly into the core of the question: how and why were Academies born? What did Academicians speak of? Reconstructing the genesis and debates of the Academy of Intronati in Siena through a painstaking excavation of documents related to its founding and publication of one such document, Tomasi demonstrates that the Academy was a political institution, subjected to the ups and downs of the city's life and therefore not to be seen as an entity detached from its historical context. An appendix with an unpublished poem by Marcantonio Piccolomini sheds light on how discourses were constructed within the Academic community at the time.

Sampson's chapter on Isabella Pallavicino Lupi and Angelo Ingegneri's *Danza di Venere*, 1584 (dedicated to the young aristocrat Camilla Lupi of Soragna) places emphasis on the significant shifts in meaning that occur between actual dramatic performance (and its contextual political reading) and the printed version of a play. Sampson, a close collaborator of Prof. Everson in the second phase of the Italian Academies project, sheds new light on the existing documentation of elite female dramatic performances, unusually highlighted in the *Danza di Venere* in the long prefatory letter, whilst focusing on the political message that the unknown location of the actual performance may have carried. The (re)shaping of the text for both performance and print suggests the coexistence of different agendas both on the part of the dramatist and patron. The centrality of politics in a variety of textual and paratextual contexts is also present in Simone Testa's chapter on 'Treasures of Knowledge: *Thesoro* as Handbook in the Sixteenth Century'. This study focuses on the origin and use of the word *thesoro* or *tesoro* in sixteenth- and seventeenth-century publications in order to contextualize the use of the term in an anonymous book published under false imprint, the *Thesoro politico* (1589), which remained in the Tridentine Index of Forbidden Books until 1900. Through the analysis of the term *thesoro* in a variety of European contexts and particularly in the list of publications that the Accademia Veneziana had in relation to politics, Testa shows that by the end of the sixteenth century the word *thesoro* indicated a handbook directed at a wide audience containing varied information on a particular subject, presented in a specific order.

'From Woodblock to Copper Engraving: Illustrating the Italian Learned Academies, 1525–1700' begins with a detailed history of the collaboration between Prof. Everson and the British Library which resulted in the major research grant projects that dominated the scholarly outputs and outreach of Jane's long and illustrious career. Reidy's focus is twofold: whilst keeping a close eye on the impact of technological advances in the history of the book and the illustrated book in particular (hence the emphasis in the title on the move from woodcut to copperplate), he provides a number of highly interesting case studies which testify to the richness and finesse of illustrations in books published by a number of Italian Academies. This includes the work of newly discovered female engravers, Isabella Piccini and Teresa del Po, who testify to the slow but steady importance of women in professions linked to the arts in early modern Italy. Reidy also includes illustrations which underline two key aspects of the work of the Academies: the international and multi-levelled nature of scholarly cooperation (the reader will find in this article the example of a Dutch scholar whose book was printed in Rome by a Czech printer) and the centrality of the Academies in creating fostering interdisciplinary networks, exemplified here by the importance of the art of scientific illustration.

At a time of increased focus on interdisciplinary research, the work of the Academies in Prof. Everson's projects shows the potential of the comparative analysis of scientific and literary writing which is the focus of Davie's chapter on 'Galileo and the Moon'. Davie's analysis of Galileo's writings reframes the wide-ranging consequences of what may appear a simple linguistic shift and, more importantly, the nature and scope of seventeenth-century scientific writing. A detailed analysis of *Sidereus nuncius*, published in Venice 1610, the direct result of Galileo's astronomical observations made possible by the employment of the newly invented telescope, and his masterly *Dialogo sopra i due massimi sistemi del mondo* (1632), allows Davie to reflect on the far-reaching consequences of Galileo's shift in language, from Latin to vernacular, and in position, after his transfer to Florence and Medici's patronage. Davie shows the centrality of a comparative and intertextual analysis of the combined impact on Galileo of the changes in audience, cultural traditions and literary sources and resources.

The third section is purposely dedicated to *Cultural Dialogues*, in consideration of the broader framework within which Chivalry and Academy have to be understood as means to bridge both pre-modernity and modernity and Italian and English culture. This section is opened by Brian Richardson's masterful essay on oral performances of Petrarchan poetry in Renaissance Italy, where he shows, with examples taken from a diverse range of genres (letters, archival records, treatises, poems), the extent to which the practice of speaking — rather than reading — Petrarchan verse was widespread and highly regarded as part of social activities at the time. The following essay, by one of Jane's last PhD students, Matteo Favaretto, explores Machiavelli's use of jokes in *Il Principe* with a deep awareness of contextual backgrounds and the rich range of purposes to which they are put, demonstrating the extent to which they were rooted in popular tradition and how Machiavelli manipulated them in order to achieve his rhetorical goals.

Carlo Caruso's reading of Sebastiano del Piombo's portrait of naval commander Andrea Doria, executed in 1526, represents both an example of the complexity of interdisciplinary scholarship needed to explore Humanistic culture and the profound links between word and image in Italian Renaissance culture. The careful historical and political contextualization of the portrait, commissioned at the time of the signing of the League of Cognac (22 May 1526), leads to the necessarily hypothetical reading of the frieze in the lower section of the painting in which Doria's own position vis-à-vis the Papacy and the King of France frames the analysis of the symbols, interpreted here as humanistic hieroglyphs. The link between humanistic culture and ancient and late-antique authors is exemplified in an impeccable display of iconographic and iconological expertise.

One of the most fruitful cultural dialogues that helped to shape modern Italian identity is arguably that between Italy and England. The cultural 'inbetweenness' of English exiles in Italy is at the core of Daniela Cerimonia's chapter on 'Shelley, Italy, and Dante's "Inextinguishable Thought"'. Cerimonia explores Shelley's continued and multifaceted dialogue with Italy as a means to go beyond the dualism exemplified by Shelley's own idea of the 'two Italies' which still dominates much critical assessment of the Italian influences on the English poet. Shelley's' deep-seated interest in the Italian *Trecento* and the Renaissance as well as his relationship with contemporary Italy, both in terms of its current affairs and modern literary outputs, are analysed here through the particular lens of Dante. Shelley's interest in the father of the Italian language, unlike his contemporaries, went beyond *Inferno*; as this chapter eloquently shows, *Purgatorio* was crucial to Shelley to articulate his own identity of poet of exile.

Anglo–Italian relations are also at the core of Alessandro Carlucci's exploration of the (unlikely yet wide-reaching) influence of Kipling on Antonio Gramsci. 'Between Two Worlds: Gramsci, Sardinia and the Early Reception of Kipling' tracks the early and later occurrences of Kipling's novels and poetry and their frequency in a variety of writings by Gramsci which include translations, articles on the Socialist and Communist press, and personal letters. *Kim* and Kipling's poem *If* are especially revelatory here of Gramsci's intertextual borrowing and his reading of Kipling's moral language and struggle with double-identities as a means to articulate both personal and societal issues. The need for values such as order and discipline, which we so readily associate with both Empire and the rigid ideology of Communism, are shown here as part of a much-nuanced exploration of a new ethics which helps Gramsci to frame his own social and political values and his own double-identity, caught between Italy and Sardinia.

Another often unexplored cultural dialogue is that between music and literature. In Luciano Parisi's reading of Mario Soldati's novel, *La giacca verde*, we are able to explore Soldati's declared personal life-long interest in music and its impact on his narrative. Music and musical elements are carefully considered in an intertextual reading of many of Soldati's novels, especially in relation to Soldati's exploration of erotic passion and self-identity in his male protagonists, poised (or rather stuck as Parisi notes) between nineteenth-century perspectives on sexuality and identity and new attitudes which characterized Italian post-war culture. *La giacca verde* and its underlying musical theme (especially the role of Verdi's *Otello*) are the vehicle for an exploration of individual and social identity.

Prof. Everson is retired now, but her work is still in progress and further outputs are expected from her, not least the critical edition of *Il Mambriano*. Our wish is that her scholarly career can produce other fruits and lead us to a better understanding of the relationship between Italian pre-modernity and European modernity in a time when historical contextualization and a philological approach emerge ever more forcefully as crucial tools in the present need to bridge the gap between disciplinary boundaries and conduct truly interdisciplinary research.

Notes to the Introduction

1. J. E. Everson, 'Making History: Intellectual Networks', in *History Today*, vol. 62, issue 9, September 2012, pp. 25–26.
2. J. E. Everson and D. Zancani, 'Introduction', in *Italy in Crisis: 1494*, ed. by Everson and Zancani (Oxford: Legenda and University of Oxford European Humanities Research Centre, 2000), pp. 1–12 (p. 9).
3. J. E. Everson, 'Introduction', in *Scenes of Change: Studies in Cultural Transition*, ed. by C. Dente Baschiera and J. E. Everson (Pisa: Edizioni ETS, 1996), pp. 17–29 (p. 19).

4. Ibid., p. 29.
5. J. E. Everson, 'Umberto Eco: Autobiography into Romance', in *Biographies and Autobiographies in Modern Italy: Essays in Honour of John Woodhouse*, ed. by J. E. Everson, P. Hainsworth and M. McLaughlin (Oxford: Legenda, 2007), pp. 168–87.
6. J. E. Everson, *The Italian Romance Epic in the Age of Humanism: The Matter of Italy and the World of Rome* (Oxford: Oxford University Press, 2001), p. 353.
7. These three articles appeared in the *Times Literary Supplement* on 30 November 2007, 8 March 2013 and 5 April 2013, respectively.

PART I

Chivalry

CHAPTER 1

Musings on Berni's *Rifacimento* of Boiardo

Anna Laura and Giulio Lepschy
University College London

— 1 —

For this volume in honour of Jane Everson we would like to offer some reflections occasioned by the *Questione della lingua* seminars we recently held with our graduate students at the University of Toronto. In these seminars we analysed passages from Italian literary texts. As is well known, Italian offers, more frequently than other literatures, instances of texts being 'rewritten' in new, and sometimes considerably different, versions.

The examples we discussed in our classes came from famous works of Italian literature, such as Ariosto's *Orlando furioso* (in the three editions of 1516, 1521, 1532), Tasso's *Gerusalemme liberata* (1575) and *Gerusalemme conquistata* (1593), and Manzoni's *I promessi sposi*, in the two versions usually called the *ventisettana* (1827) and the *quarantana* (1840), and in the two earlier drafts, which Manzoni called the *Prima minuta*, 1821–23 (known as *Fermo e Lucia*) and the *Seconda minuta*, 1823–27 (known as *Gli sposi promessi*).

In some cases, such as Ariosto's *Orlando furioso* and Manzoni's *Promessi sposi*, the final version became established as definitive and effectively replaced the previous ones; in others, such as Tasso's *Gerusalemme*, the fame of the earlier *Liberata* was never called into question by the later *Conquistata*.

In the examples of Ariosto and Manzoni the final version resulted from a deliberate process of Tuscanization which (however different in its purposes, circumstances and consequences, in the two cases) represented a crucial development in the formation of what we could call a national linguistic standard.

— 2 —

The central importance of Tuscanization is of course illustrated by the triumph of Bembo's ideas in the discussions on the *Questione della lingua*. The publication of Bembo's *Prose* in 1525 seems to mark a crucial breaking point. The use of regional forms, deemed acceptable until then, becomes rapidly outmoded, and expressions which are clearly not conforming to the current prevailing Tuscan model are rejected as unfashionable.

A work may be transmuted so radically that its fortune and even its attribution seem to be affected. A well known and striking example is offered by the *Orlando innamorato*. This famous poem by Boiardo, published towards the end of Quattrocento, is a text of extraordinary beauty, strength and energy. It was written in one of the regional varieties generally called 'illustrious': in this case *emiliano illustre*. The designation *vulgare illustre* goes back to Dante's *De vulgari eloquentia*. A more recent term, with different history and implications is *koinè* (from the Greek *koinè diálektos* 'common language').

Boiardo's illustrious Emilian was already Tuscanized, and it became even more so in Ariosto's *Orlando furioso*. There is a well known letter of 23 February 1531 in which Ariosto asks for Bembo's advice in matters of language: 'Io son per finir di riveder il mio *Furioso*: poi verrò a Padova per conferire con V.S., e imparare da lei quello che per me non son atto a conoscere'.[1] And in a passage added to the last canto (XLVI, 15) in the 1532, final edition of the *Furioso*, Ariosto writes:

> Là Bernardo Capel, là veggo Pietro
> Bembo, che 'l puro e dolce idioma nostro,
> levato fuor del volgare uso tetro,
> qual esser dee, ci ha col suo esempio mostro.

In his *Storia della lingua italiana* Migliorini observes: 'e chissà che ormai l'Ariosto non includesse fra i poeti partecipi di questa tetraggine anche il suo insigne predecessore, il Boiardo'.[2]

Dionisotti, in his review of Migliorini's *Storia*, notes:

> Vedo che Migliorini, in buona compagnia del resto, serba in proposito una lieve ombra di dubbio: 'Chissà che ormai l'Ariosto non includesse fra i poeti partecipi di questa tetraggine anche il suo insigne predecessore, il Boiardo'. Certo lo includeva. Non credo che possa sussistere il benché minimo dubbio, e ciò senza che occorra attendere il *Furioso* del 1532: già il *Furioso* del 1516, nove anni prima delle *Prose della volgar lingua*, ma undici anni dopo gli *Asolani*, rappresenta un distacco consapevole e ostentato dal volgare uso tetro dell'innominato predecessore Boiardo.[3]

Frank Woodhouse, who sadly died in 2013, in his accurate study of Berni's corrections quotes the relevant passages from Migliorini and Dionisotti.[4]

In this context it is essential to refer to Dionisotti in his memorable essay on *Tradizione classica e volgarizzamenti*.

> [B]ene anche s'intende come e perché durante la prima metà del Cinquecento la letteratura italiana si sviluppasse su di una base generalmente settentrionale e specificamente veneziana. Le rivalse polemiche fiorentine, prima del principato di Cosimo, restavano ai margini della questione. Ma si diede anche il caso che involontariamente contribuissero al successo degli avversari. È il caso del piú importante volgarizzamento prodotto in quell'età. Non di un testo classico. Né in apparenza da una in altra lingua. Fu il volgarizzamento o rifacimento toscano, opera di Francesco Berni, dell'*Orlando innamorato* del Boiardo. Voleva essere una sfida all'Ariosto da un lato, al Bembo dall'altro; una riprova, tra il serio e il faceto, che quello, non altro era il terreno proprio della poesia volgare (il Berni era anche eccellente poeta latino), e che su tale terreno la lingua viva di Toscana, non quella di due secoli innanzi, laboriosamente recuperata

e rimuginata dai non Toscani, era pur sempre l'arma decisiva. Un qualunque poeta toscano poteva fare senza sforzo e meglio, per la sola virtú della sua lingua, quel che, non soltanto il Boiardo, ma anche l'Ariosto con tanto impegno aveva fatto [...] In realtà il rifacimento del Berni non riuscí a colpire neppure di striscio il *Furioso*, né a convincere alcuno che la poesia volgare dovesse essere ritratta sul piano umile, estemporaneo e comico, che piú si confaceva ai Toscani. Ma riuscí a togliere di mezzo per quasi tre secoli, finché a Londra nel 1830 lo riesumò un grande esule italiano, Antonio Panizzi, il testo originario dell'*Orlando innamorato* del Boiardo. Con ciò il Berni forní la prova piú che altra mai convincente del distacco apertosi fra la nuova letteratura volgare e quella un tempo di moda: in meno di quarant'anni un'opera geniale e fortunatissima quale era stata quella del Boiardo, era diventata estranea e inaccettabile. Il distacco era stato prodotto da una rivoluzione, non della materia letteraria, che poteva anche essere riproposta tal quale, ma della lingua. Questa nuova lingua, bene o male parlata dai Toscani, anzitutto era, come sempre era stata fuori di Toscana, una lingua scritta [...] Aveva, né piú né meno che il latino, una sua rigida disciplina, conseguente a una tradizione remota, superiore a ogni discussione, comune a tutti gli Italiani, qualunque lingua essi di fatto parlassero.[5]

— 3 —

The editions of Boiardo's poem have a complicated history.[6] The first edition, 1482–83, has not survived and we know of its existence only from archival documents. The following ones, which consist of the first two books, were published in Venice: Piero de' Piasi, 1487 (1486 *more Veneto*); Cristoforo de' Pensis da Mandeo, 1491; the complete text of four books was published by Giorgio de' Rusconi, 1505; 1506 etc. The title in the early editions was *L'inamoramento de Orlando*. The title *Orlando in(n)amorato* became prevalent during the sixteenth century, and has only recently been replaced by the philologically more accurate *L'inamoramento de Orlando* which is adopted in the modern critical edition by Antonia Tissoni Benvenuti and Cristina Montagnani (1999).

Harris gives lists of the numerous re-elaborations and continuations of Boiardo's poem, such as those by Lodovico Domenichi, Michel Bonelli, Nicolò degli Agostini, Raffaele Valcieco da Verona, Pierfrancesco de' Conti.[7]

The most famous is of course Francesco Berni's *Rifacimento*, which also has a complex editorial history. It was written in 1531, and published posthumously in 1542 with the title *Orlando Innamorato nuovamente composto da M. Francesco Berni fiorentino*. This has a Milanese edition, printed by Andrea Calvo, 1542, and a Venetian one reproducing the first and last quire of the text, 'stampato in Vinetia per gli heredi di Lucantonio Giunta' with the false date of October 1541.[8]

À propos of the 'volgare uso tetro', mentioned by Ariosto in 1532, we were struck by the expression used by Giovanni Alberto Albicante in the sonnet addressed to Berni ('Berna gentill' che tra piú dotti ingegni' etc.) at the opening of the above mentioned Venetian edition of the *Rifacimento*. Albicante, known also as 'il Meschino' and 'il Furibondo', as well as 'il Bestiale', was a well-known literary figure of the early sixteenth century. He was involved in polemics against Doni and Aretino. The latter tried to ensure that his name was not unfavourably mentioned in Berni's *Rifacimento*.⁹ In Albicante's sonnet the first tercet reads:

> Stava il Boiardo quasi in scura notte:
> Si bel sogetto, et tu con la tua rima,
> Di Corvo nero l'hai cangiato in Cigno,¹⁰

Berni's *Rifacimento* was frequently reprinted in the seventeenth and eighteenth centuries; in 1806 it was included in the famous collection of the Milanese Società Tipografica de' Classici Italiani, and it is only from the Novecento that one may expect to find Boiardo's original rather than Berni's *Rifacimento* included in the most prestigious series of Italian Classics. In his 1951 edition of Boiardo's poem for UTET, Aldo Scaglione comments: 'Ora più nessuno legge il *Rifacimento* del Berni, che [...] si sostituì del tutto all'originale, tanto che esso [i.e. Boiardo's original] dalla metà del '500 fino al 1830 non fu più stampato'.¹¹

There is of course no comparison in terms of creative power and imaginative energy between Boiardo's poem, and Berni's fluent Tuscan *Rifacimento*. 'No one reads Berni's *Rifacimento* any more' is perhaps an exaggeration, and the comparison can still be made, but in the context of seminars on the history of the Italian language, rather than in terms of poetic quality.

— 4 —

In our graduate seminars in Toronto we found that our students were interested, as we were, by the attempt to clarify questions which at first sight seem to be simple and straightforward, but in fact turn out to be unexpectedly problematic.

First of all we need to consider the distinction between **spoken** and **written**. When we are teaching we use **speech** to communicate with our students (the graduate courses in the Italian Department at the University of Toronto are held in Italian), but the texts we distribute and analyse are **written** texts, belonging to different varieties (sometimes called Italian dialects) and periods (from the thirteenth to the twentieth century). We could say that our **metalanguage** is modern Italian, and our **object language** depends on the text we are analysing. For instance, in the case of Boiardo's *Inamoramento* it is a fifteenth-century Illustrious Emilian variety, and in the case of Berni's *Rifacimento* a Florentine sixteenth-century variety. In both cases we are dealing with **written** texts, using centuries-old (but not rigorously systematic) orthographic traditions blending Latin and Vernacular spelling conventions.

We generally illustrate what we know about the linguistic situation on the one hand through an explicit philological **commentary**, and on the other through **reading aloud**, i.e., **pronouncing** the relevant expressions, attempting to include, as far as we can, their phonological, rhythmic and prosodic features.

Easier said than done. This process of reading aloud inevitably produces an overlapping of (a) our modern Italian speech habits and (b) pronunciations intended to approximate those presumably considered acceptable by Boiardo and by Berni.

— 5 —

In our Toronto seminars we looked with our students at the two octaves which we reproduce here, respectively from Boiardo and from Berni:

> Già Brandimarte avìa sua spada trata,
> E dà tra gli altri sanza alcun riparo.
> Oh come ben intorno se sbarata,
> Facendo de lor peci de beccaro!
> Onde ala gente che venìa sì ratta
> Comenciava il tereno a parer caro,
> E non mostrano hormai cotanta freta,
> Che più che volontier l'un l'altro aspeta.[12]

> La spada avea già Brandimarte tratta,
> Contro la qual color non han riparo:
> Gli uccide gli consuma gli sbaratta:
> Parea di carne e sangue un lupo avaro;
> Onde a la gente che venia si ratta,
> Cominciava il terreno a parer caro;
> Nè più d'aver mostrava tanta fretta:
> Più volentier l'un l'altro adesso aspetta.[13]

In the introduction to the modern critical edition of *L'inamoramento*, Tissoni Benvenuti and Montagnani state: 'Rifiutando un utopico adeguamento della grafia alla pronuncia, abbiamo cercato di conservare al massimo l'assetto grafico dei testimoni presi a base', i.e., the Venetian ones of 1486 and of 1506.[14]

One aspect which we ought to keep in mind concerns phono-syntactic doubling. It is a feature which affects the history of Latin, and then of the vernaculars from the start, both in their spoken and in their orthographic development. In Northern Italy so called 'double' (or long) consonants were systematically reduced to 'single' (or short). This applied not only to internal positions but also between words. So you had not only *trata* instead of *tratta*, but also [a parer] instead of [a pparer], the written form being *a parer* in either case.

What modern readers notice immediately is the treatment of single/double consonants, particularly in rhyme position: *trata / sbarata / ratta,* and *freta / aspeta*.

In Berni we obviously have the expected double consonants according to Tuscan pronunciation. But we should keep in mind that in Boiardo's written *koinè* we have *ratta* with a double *tt*, and we may wonder whether the actual pronunciation was not more likely to have exhibited a short [t]. In Berni, and also in modern standard Italian based on Tuscan pronunciation, but generally not in a Northern pronunciation, we have, with phono-syntactic doubling *già* [bb]*randimarte, si* [rr]*atta, a* [pp]*arer, nè* [pp]*iù* [dd]*aver, più* [vv]*olentier* etc.

In Northern Italian fifteenth-century *koinài* the spelling and the pronunciation of dental and palatal affricates and fricatives are often problematic. Words corresponding to modern Italian forms such as *danza* may appear in writing like <dantia>, <danza>, <dança>, and may by uttered as [dantsa] or [dansa].

The third and fourth lines of the octave above have undergone lexical and syntactic changes that go beyond phonological Tuscanization. Note in particular the disappearance, in the *Rifacimento*, of Boiardo's *peci de beccaro*. For *peci*, cf. modern Italian *pezza*, *pezzo*, from Late Latin **pettia(m)* apparently of Celtic origin (see *peça/ pecia* 'appezzamento, pezzo', with the earliest documentation from 1253 in Stussi).[15] Woodhouse notes that Berni plays with two alternative forms ('e giunse ad un palagio o sia palazzo').[16]

We should like to conclude with a reference which seems to us relevant in this context. Luigi Meneghello, writes about the use of double consonants, and particularly double *ss* and double *zz* in his own dialect of Malo:

> Questa lingua, benché non registrata, benché territorialmente limitata (uno della Val di Là parla già diverso da noi), benché tutta divisa in se stessa e di continuo terremotata, non è però uno strumento da prendersi a gabbo. Gli utenti della koinè 'italiana', passando per di qui qualche volta ci si provano. Ma noi possiamo rispondere: 'Non c'è modo di mettervelo per iscritto, ma fin che abbiamo fiato, possiamo cojonarvi anche noi, pajazzi!'
> Ma per capire la differenza tra *pajassi* e *pajazzi* bisognerebbe che venissero ad abitare qui per qualche anno.[17]

Notes to Chapter 1

1. Bruno Migliorini, *Storia della lingua italiana* (Florence: Sansoni, 1960), p. 376.
2. Migliorini, p. 376, note 3.
3. Carlo Dionisotti, *Geografia e storia della letteratura italiana* (Turin: Einaudi, 1967), pp. 96–97.
4. H. F[rank] Woodhouse, *Language and Style in a Renaissance Epic: Berni's Corrections to Boiardo's 'Orlando Innamorato'* (London: MHRA, 1982), p. 3.
5. Dionisotti, pp. 138–39.
6. For which, see *I libri di 'Orlando innamorato'*, ed. by Riccardo Bruscagli (Modena: Edizioni Panini, 1987) and Neil Harris, *Bibliografia dell''Orlando Innamorato'*, 2 vols (Modena: Edizioni Panini, 1988–91).
7. Neil Harris, 'L'avventura editoriale dell''Orlando Innamorato', in *I libri di 'Orlando inamorato'*, ed. by Bruscagli, pp. 35–100; Harris, *Bibliografia*.
8. Harris, *Bibliografia*, p. 145 n. 31.b.
9. Cf. Pietro Aretino, *Lettere sull'arte*, commentate da Fidenzio Pertile, a cura di Ettore Camesasca, 3 vols (Milan: Edizioni del Milione, 1957–60), I, 150–52, letter to Francesco Calvo of 15 February 1540; Antonio Virgili, *Francesco Berni: con documenti inediti* (Florence: Successori Le Monnier, 1881), pp. 533–44, according to whom this sonnet, 'se non fu fatto per intero, fu ispirato e riveduto e corretto da Pietro Aretino', animated by his desire to damage Berni; Alberto Asor Rosa, 'Giovanni Alberto Albicante', *Dizionario biografico degli italiani*, 1960, vol. II, pp. 1–2.
10. Albicante, in Francesco Berni, *Orlando innamorato nuovamente composto da M. Francesco Berni fiorentino* (Vinetia: per gli heredi di Lucantonio Giunta, 1541), opening sonnet.
11. Matteo Maria Boiardo, *Orlando Innamorato. Sonetti e canzoni*, ed. by Aldo Scaglione, 2 vols (Turin: Unione Tipografico-Editrice Torinese, 1951), I, 27.
12. Matteo Maria Boiardo, *L'inamoramento de Orlando*, ed. by Antonia Tissoni Benvenuti and Cristina Montagnani (Milan and Naples: Ricciardi, 1999), II, xviii, 25.
13. Berni 1806: III, xlvii, 24.
14. Boiardo, *L'inamoramento*, I, p. LXXXVII.
15. Alfredo Stussi, *Testi veneziani del Duecento e dei primi del Trecento* (Pisa: Nistri-Lischi Editori, 1965), pp. 240–41.
16. Woodhouse, p. 12. See Boiardo, *L'inamoramento*, II, 25, 23 (p. 434): 'E caminando gionse ad un palazo'; the rhymes are *Barigazo / solazo / palazo*, and in Boiardo, *Orlando Innamorato. Barigaccio / sollaccio / palaccio*.
17. Luigi Meneghello, *Libera nos a malo* (Milan: Feltrinelli, 1963), p. 147.

CHAPTER 2

Ariosto and Lucian of Samosata: Partners in Ambivalence, together with St John

Letizia Panizza
Royal Holloway University of London

The partnership of Lodovico Ariosto with Lucian of Samosata,[1] the second-century Greek Sophist known for his witty, mocking dialogues and parodies, may seem an unlikely one, especially when the holy St John the Evangelist can be detected mouthing the pagan's teaching on the moon. One might argue that much has already been done to shed light on the multitudinous threads that characterize the *varietas* of *Orlando furioso*, with its (mainly) chivalric characters, settings, and sources.[2] I would, however, like to suggest that there is always room for yet another thread to highlight Ariosto's tapestry, more notes to add resonance to his composition — as he himself is fond of reminding us: 'Ma perché varie fila a varie tele | uopo mi son, che tutte ordire intendo' [But I need varied threads for various tapestries, since I intend to weave all of them together] (Canto 2: stanza 30, 5–6); and, more elaborately: '[...] far mi convien come fa il buono | sonator sopra il suo instrument' arguto, | che spesso muta corda, e varia suono, | ricercando or il grave, ora l'acuto' [I have to work like a good musician on his finely-tuned instrument, who often changes strings and searching now a low sorrowful note, now a high sublime one] (8: 29, 1–4). While the first image suggests Ariosto's complex subject matter taken from countless sources, the second would seem to emphasize his varied style, now serious and pathetic, now comic and bawdy. (As that lover of Ariosto, Italo Calvino, put it in *Il Castello dei destini incrociati*, the language and characters of the castle/court differs from the language and characters of the tavern: the former refined, allusive and idealistic; the latter crude, comic and plain-speaking.)

In this essay, I am going to make my case not just for the presence of Lucian, but for his importance in defining the *Orlando furioso* as a mock-epic — if an epic at all. Ariosto's poem, although intended as a continuation of Matteo Maria Boiardo's *Orlando Innamorato*, bears comparison with Teofilo Folengo's *Baldus*, a gigantesque parody of epic's pretensions to sublimity, heroism, and the ideals both of courtly love and of the widespread fashion in the Renaissance of Platonic love.[3] The points I shall focus on are: (1) Lucian's diffusion at the d'Este court in Ferrara before and during Ariosto's presence there; (2) clear references to Lucian's *Vera historia*, and dialogues of journeys to the afterlife, especially *Menippus*, and *Icaromenippus*; (3) how with the aid of Lucian, the role of John the Evangelist on the moon as Astolfo's mentor and Evangelical reformer becomes apparent; and (4) some conjectures about the absence of Lucian in Cinquecento and Seicento commentaries on *Orlando furioso*.

Lucian at Ferrara: Leon Battista Alberti and Pandolfo Collenuccio, Precursors of Ariosto[4]

In the late Quattrocento and early Cinquecento, the court of Ferrara ruled by the d'Este dynasty promoted Lucian translations and adaptations in Latin and the vernacular more than any other. Leonello (1407–1450), tutored by Guarino da Verona (one of the first humanists to translate Lucian), was a scholar in his own right, and particularly close to Leon Battista Alberti (1404–1472), many of whose short satirical dialogues, the *Intercenales*, are plainly inspired by Lucian. Alberti was at Ferrara in 1437 and 1438, and enjoyed the humanist Leonello's patronage as writer and architect. He also started his satirical novel *Momus* while in Ferrara, and may have planned to dedicate it to Leonello, who died in 1450 before its completion. In the Proemium to *Momus*, Alberti stresses the originality of his work in terms linking him to Lucian and also bearing relevance for Ariosto:

> I am turning my hand to a philosophical genre of a sort, and one by no means to be despised. Indeed I have learned by this same endeavour how much effort it requires when you take pains to be different from the rest by whatever means, while maintaining dignity and seriousness. [... It means] to preserve a humorous tone even when you're dealing with high and serious matters. [...] I have worked hard to make my readers laugh, but also to make them feel they are involved in a thorough inquiry into, and a worthwhile explication of, real life.[5]

In 1520, the publisher of the *editio princeps*, Jacopo Mazzotti, would reaffirm Alberti's sentiments in his Prefatory Letter:

> This work is certainly both full of precepts about living well and happily, and, it seems, depicts every kind of human life as if in a clear mirror. [...] All parts therein are sprinkled with so many witticisms, so many sayings that, I would argue, nothing more refined has been composed in this age. This writer of ours seems to have wanted to bring back that ancient manner of philosophizing, so that the truth, harsh and bitter in itself, might flow into the minds of men more easily by means of tales and jokes.[6]

When Duke Ercole d'Este (1431–1505) ruled Ferrara's splendid court, the humanist Pandolfo Collenuccio (1444–1504) crystallized further those aspects of Lucian that found most favour: the moral satirist, the salacious narrator, the comedy writer and lover of fables.[7] His Lucian, lighter than Alberti's, comes closest to Ariosto's, who would have been about thirty when Pandolfo died. Appointed *consigliere ducale* by Ercole in 1491, Collenuccio composed four Latin dialogues, and two vernacular ones, all given the general title of *Apologi* and published posthumously in 1526. The Latin ones, all dedicated to the Duke, remain on a moral plane, resembling Leon Battista Alberti's *Intercenales* as much as Lucian, and flatter Duke Ercole as the model prince. Lucian appears as an interlocutor in the longer of the two vernacular dialogues, *Lo Specchio d'Esopo*, where the character Aesop recommends 'my Greek friend' [Lucian] for his ability to defuse acrimonious philosophical disputes by telling outrageous fictions. Collenuccio conflates an incident from *Vera historia* — Lucian's boat with some of his companions is swallowed by a sea-monster — with a tale about a Lucius turned into an ass! This tale is really an early version of Apuleius' *The Golden Ass*, but many thought it was written by Lucian.

> Comeché a le gran falsitadi et errori, miglior remedio non sia che porvi al rincontro una espressa e gran busia [bugia] come un amico mio Greco già fece, che disse esser già diventato asino, e altre volte con le navi esser stato, et aver visso [vissuto] bon tempo asino quindici giorni nel corpo di un grandissimo pesce. (p. 93)[8]

> [There was no better way of opposing the enormous falsehoods and errors [of the philosophers] than by a big, express lie, as a Greek friend of mine [Lucian] once did, who said he had become an ass, and on other occasions had been aboard ships and remained alive for some time as an ass, fifteen days in the belly of a huge fish.]

When Hercules (Duke Ercole) arrives with Aesop at the court of a great king, they find the Roman playwright Plautus already there with Lucian. Aesop endows them both with similar qualities, cementing a relationship that Lucian himself makes between his kind of philosophical satire and comedy.[9] When Ercole asks who they are, Aesop responds:

> Oh candidissimi huomini! Oh suavissimi compagni! Oh dottissimi amici!... Sono omini d' ogni mano, dotti, acuti, umani, faceti, pronti, eleganti, destri et esperti, che con tanta dolcezza dimostrano le condizioni de la vita umana, e insegnano costumi e virtù, che chi con lor pratica, pare a pena che mal omo possa essere. (p. 94)

> [What decent men they are, what pleasant companions, what learned friends! [...] They are versatile: learned, probing, humane, witty, eager, elegant, skilled and experienced; for they illustrate the human condition, and instruct us in manners and virtue with such pleasantness that the person who keeps their company cannot really be a wicked man.]

It is given to Lucian to define the particular kind of philosophy Aesop represents, and to which he and Plautus also subscribe: a practical moral philosophy for the 'common man', without pedantry or hypocrisy, and within everyone's reach. This philosophy is entirely the opposite of elite scholastic teaching in Latin concentrating on complex syllogistic reasoning, understood only by a few:

> Et è filosofo, ma non come li altri, che con sillogismi, e longhe narrazioni e difficili, mostrano a li omini la via de la virtù, facendo oscuro quel che molto chiaro esser dovería, e non facendo però con le opere quello che con la lingua insegnano. Ma ha trovato una nova via breve et espedita, per la quale pigliando argumento di cose humili e naturali con dolci esempli dimostra quello che a li omini sia utile. E Plauto e io, soi compagni et amici, de la medesima setta siamo. (p. 96)[10]

> [He's a philosopher, but not like the others who show men the way to virtue by

means of syllogisms and lengthy, difficult explanations, rendering obscure what ought to be very plain, and failing to carry out in their deeds, furthermore, what their tongue preaches. But [Aesop] has found a new way, short and easy, by which he demonstrates what is helpful for people by means of pleasant exempla, taking his proofs from lowly and natural things. Plautus and myself, his friends and colleagues, belong to the same sect.]

To conclude: writers and courtiers at Ferrara were able to partake of a cultural tradition steeped in Lucian and his followers. In addition, Ferrara was a centre of Evangelical reform in Ariosto's maturity, sympathetic to the reforming humanist Erasmus and the arch-reformer Luther, both of whom urged a return to Scripture and interior piety, both of whom exposed and condemned a worldly papacy and Curia, bent on temporal power and prestige. Lucian seemed to prefigure the stories and paradoxes of the Gospel, homely on the surface, but concealing profound truths.

The Journey to the Moon in Lucian and Ariosto; The Meeting of Astolfo with St John

One of the most memorable incidents among many in Lodovico Ariosto's *Orlando furioso* is the trip of Astolfo, an eminent Christian knight, to the moon on his wonderful Pegasus-like hippogriff (Cantos 33–35). His mission is the recovery of Orlando's wits, lost through his infatuation with elusive Angelica. In a parody of Dante, he first descends to an unusual Hell — unusual because the only sin punished is ingratitude, and the only *exemplum* of this sin is a woman, Lidia, cruel and ungrateful to the many worthy men who loved her. (She could well personify Ariosto's enigmatic motto: *Pro bono malum* [Evil in return for good]). From Hell Astolfo ascends to the moon, where Paradise is located, and is welcomed by no ordinary mortal, but St John the Evangelist, author not only of the Gospel but of the visionary Apocalypse or Book of Revelation, a dense enigmatic allegory of the sufferings of the good in the face of famine, drought, plague, wars, persecution, and false prophets, with, however, the final triumph of the true Christian believer, and the damnation of the wicked. The end of the world, yes, but also the New Jerusalem. Of all the characters in Ariosto's poem, the authoritative St John should be listened to attentively: he will utter the words that Ariosto most wants us to hear. He first proclaims the value of poets, *sacri ingegni* [divinely gifted spirits], whom patrons should hold in the highest esteem and reward generously. Poets are few in number, yet can determine the fame or infamy of their masters by their speech (Canto 34, *stanza* 23). In fact, St John passionately condemns those who *caccian le buone arti in bando* [drive out the good fine arts].

This beginning of St John's message to Astolfo becomes even more puzzling with the seemingly amoral claim that kindness to poets and culture in general can redeem all other sins. On one level, Ariosto is sending a cogent warning to his own patrons at Ferrara; but there is a deeper level that manifests itself if we turn to Lucian's dialogues *Menippus* and *Icaromenippus*; and Lucian's most fantastic narrative, the *Vera Historia* [A True History]. In the former dialogue about the

Cynic philosopher Menippus recounts being taken to the underworld, where he meets Minos, the judge of all the dead, and Tiresias. In *Icaromenippus*, the same philosopher fashions wings for himself, like Icarus, and flies to the moon and from there to the seat of the gods, searching for the meaning of existence.

Why might Lucian, and so many centuries later, Ariosto, be so fond of Menippus? From humble slave origins, Menippus became a pupil of the Cynics, and, more importantly for Lucian and Ariosto, became the first to adopt a serio-comic style — combining humorous expression with philosophical views — and mixing verse with prose to create a hybrid genre.[11] Menippus' quest finds no answers in the underworld, where he observes representatives of various philosophical sects. They are quarrelsome and intolerant, they fail to practice what they preach, and also, talking to themselves alone, fail to reach out to the ordinary man and woman. Fortunately, just before returning to earth, Menippus comes across the legendary blind seer, Tiresias, renowned as the wisest of men, sitting alone, 'an old gentleman, pale, with a piping voice'.[12] He, too, dismisses philosophers, natural scientists and theologians, thus reinforcing the views of Menippus. Lucian has Menippus report the advice of Tiresias, which Ariosto will later have St John relate to Astolfo. Lucian rather than Aristotle and Plato, is made the pagan Greek who comes closest to the Christian message:

> He [Tiresias] took me aside, and after he had led me a good way apart from the others, and after he had bent his head slightly toward my ear. said: 'The life of the common sort is best, and you will act more wisely if you stop speculating about heavenly bodies and discussing about final causes and first causes, spit your scorn at those clever syllogisms, and counting all that sort of thing nonsense, make it always your sole object to put the present to good use, and to hasten on your way, laughing a great deal and taking nothing seriously. (*Menippus*, LCL, *Lucian*, vol. 4: 21–22).

But to come to a specific detail Ariosto took from *Menippus*: Lucian has the philosopher tell of the savage judgments the tyrant Minos meted out to criminals, whether kings or cobblers, with one exception:

> Dionysius of Sicily had been charged with many dreadful and impious crimes [...] but Aristippus of Cyrene appeared [...] he got him let off from the punishment within an ace of being chained up with the Chimera by saying that many men of letters found him obliging in matters of money. (*Menippus*, LCL, vol. 4, 13)

After St John eulogizes poets, the *sacri ingegni*, he calls down divine punishment on ungrateful patrons:

> Credi che Dio questi ignoranti ha privi
> de lo intelletto, e loro offusca i lumi;
> che de la poesia gli ha fatto schivi,
> acciò che morte il tutto ne consume.
> Oltre che del sepolcro uscirian vivi,
> ancor ch'avesser tutti i rei costumi,
> pur che sapesson farsi amica Cirra
> più grato odore avrian che nardo o mirra!
> (Canto 33: 24)

[Believe me, God has removed all intellect from these blockheads, | and darkened their light of reason | making them blind to Poetry | so that death may devour them entirely. | Besides, they might possibly rise from the tomb | even though their deeds were wholly evil, | provided they knew how to make friends with Parnassus! They would give off a fragrance more pleasing than spikenard or myrrh.]

Turning to *Icaromenippus*, we find that the warnings of Tiresias are reinforced. This dialogue reports Menippus' voyage to the moon, sun, and finally heaven where he meets the gods. Ariosto's moon finds its precursor here. Lucian creates a place of enlightenment, where Menippus is instructed this time by Empedocles, an ancient natural philosopher.[13] He taught that the universe is governed by contraries, and enjoyed the reputation of a divinely inspired miracle-worker. Menippus arrives with wings like Icarus, but taken from a vulture and an eagle so as not to melt. True to type, Empedocles accomplishes a miracle: he tells Menippus to flap his eagle wing, and, lo and behold! Sight sharper than an eagle's is granted to him. Looking down on Earth, he notices at first the *varietas* of human life, how inconsequential it is, how ludicrous, how much of a comedy that makes us laugh! When he peers inside private dwellings, he witnesses robbery, adultery, poisoning and other crimes. In other words, irrationality and madness define human life.

His visit to the gods, moreover, meant to open up theological secrets, fares no better. They quarrel among themselves, have no interest in human affairs; indeed, Zeus himself, supposedly omnipotent and omniscient, knows next to nothing about the past or the present, and is powerless to guide our destinies. Most humorous of all, the gods and Zeus complain about natural philosophers, especially the Epicureans with their atomism, materialism and doctrine of chance ruling all, because they diminish reverence for the gods by their mockery. So Menippus, with his acute sight granted by Empedocles, descends to earth cured of hubristic desires to fly high, content with a life of doing good.

The dialogues are, of course, a fiction of Lucian's that set up an analogy with Ariosto's poem: Lucian's use of Menippus is similar to Ariosto's later use of St John. In a purely fictitious setting, but with historical characters in fictitious circumstances, Lucian and Ariosto are asserting the significance of their own *métier*, that of the inspired writer/poet. Ariosto espouses Lucian's mixture of fantasy and truth, of fiction and fact — and, above all, the *serio ludere*, irony and ambivalence so characteristic of their style.

The main key to understanding the nature of Lucian's and Ariosto's ambivalence lies in the Preface (*proemium*) to *Vera Historia*: scholars and writers, Lucian affirms, need periods of refreshment (not entirely frivolous, he clarifies) after hours of serious labours so they may profitably relax their minds and put them in better shape for future labours. The play consists in unmasking authoritative writers — poets like Homer, historians like Herodotus, and philosophers like Plato and Pythagoras — who boast that they are telling the truth. 'That I might not be the only one excluded from the privilege of poetic licence, [...] I took to lying.' Lucian then discloses the heart of his paradox: 'But my lying is far more honest than theirs, for though I tell the truth in nothing else, I shall at least be truthful in saying that

I am a liar.' In conclusion to the Preface, Lucian proclaims defiantly:

> Be it understood then, that I am writing about things which I have neither seen nor had to do with nor learned from others — which, in fact, do not exist at all and, in the nature of things, cannot exist. Therefore my readers should on no account believe in them. (*Vera Historia*, LCL, *Lucian*, vol. 1, 4)

Lucian then embarks on his most imitated and loved fabulous voyages, parodying the adventures of Odysseus. The *Vera Historia*, together with Lucian's paradoxical encomia *Musca* [Praise of the Fly] and *Parasitus* [Praise of the Layabout or Hanger-on at Court] allow a new kind of paradox in which ambiguity, ambivalence and the appearance of lying gave freer rein to irony than in the staid Stoic moral paradoxes of Cicero.[14] (The *Vera Historia* can also be read as the counterpart to a serious treatise, *Quomodo historia conscribenda sit* or 'In what manner History should be Written.')

In the next stanze, 25, 26 and 27, from the same Canto 33, allusions to *Vera Historia* dominate. Note that the characters St John names are all from Homer (Achilles, Hector, Agamemnon, Penelope) and Virgil (Aeneas, the Emperor Augustus), never from sacred history, that is, the Old and New Testaments of the Bible. Nero, mentioned in stanza 26, is the counter-example of an emperor *not* praised because he persecuted writers — the philosopher and poet Seneca, for example:

> Non sì pietoso Enea, né forte Achille
> fu, come è fama, né sì fiero Ettorre;
> e ne son stati e mille e mille e mille
> che lor si puon con verità anteporre
> ma i donati palazzi e le gran ville
> dai descendenti lor, gli ha fatto porre
> in questi senza fin sublimi onori
> da l'onorate man degli scrittori. (33: 25)

[Aeneas was not as dutiful, nor Achilles as strong, | nor Hector as ferocious as their fame makes known; | for there have been thousands upon thousands upon thousands | who could in truth surpass them; | but the palaces and grand houses | given poets by their patrons' descendants have ensured | that the revered hands of writers | have bestowed on them the highest praises without end.]

> Non fu sì santo né benigno Augusto
> come la tuba di Virgilio suona.
> L'aver avuto in poesia buon gusto
> la proscrizion iniqua gli perdona.
> Nessun sapria se Neron fosse ingiusto
> né sua fama saria forse men buona,
> avesse avuto e terra e ciel nimici,
> se gli scrittor sapea tenersi anici. (33: 26)

[Augustus was not as holy nor as benevolent | as Virgil's trumpet hailed him, | but his good taste in poetry | means that his evil proscription is forgiven. | No one would know if Nero had been unjust | (even though heaven and earth were his enemies), | nor would his notoriety have been so widespread | if he had known how to keep writers as his friends.]

The next stanza, 27, brings us from *Menippus* to the *Vera Historia* in an unbroken line. I do not think it is a coincidence that in verse 5 we have *ver*, and in verse 6 *historia*: a writer's words and inventions create fictions that may resemble or depart entirely from what is credible. These 'lies' are neither reality nor truth nor fact. Note that St John brings out the strategy familiar to Empedocles and Lucian: turn what is written in these ancient fictions around to say the contrary.

> Omero Agamennòn vittorioso,
> e fe[ce] i Troian parer vili ed inerti;
> e che Penelopea, fida al suo sposo,
> dai Prochi mille oltraggi avea sofferti.
> E se tu vuoi che 'l *ver* non ti sia ascoso,
> tutta al contrario l'*historia* converti:
> che i Greci rotti, e che Troia vittrice,
> e che Penelopea fu meretrice.
>
> (33: 27. Emphasis mine)

[Homer made Agamemnon appear triumphant, | and the Trojans cowardly and good-for-nothing; | he made Penelope faithful to her husband, | and the victim of a thousand outrageous insults from suitors. | But if you don't want the truth to be hidden, | switch the story around completely to its contrary, | so that the Greeks were defeated, and the Trojans victorious, | and Penelope was a whore!]

In other words, poets can transform the supposed facts of history the way they want; not only that, they can, as master-craftsmen of the written word, switch human history around depending on the generosity of their patrons. By placing these words in the mouth of St John the Evangelist, Ariosto clearly wants his own patrons to take him seriously as court poet and show their munificence. But there are limits that St John also defines. Secular narrative is one thing, and that includes Ariosto's amusing tale of a St John on the moon talking to a fictional character, Astolfo. St John appreciated writers, as he was one, too. When it comes to sacred narratives like his own Gospel, however, where the 'patron' is a divine Jesus Christ, that is another thing, the narrative is no fiction, but the truth, surviving the ravages of Time and Death:

> E sopra tutti gli altri io feci acquisto
> che non mi può lever Tempo né Morte:
> e ben convenne a mio lodato Cristo
> rendermi guiderdon di sì gran sorte. (33: 29, 1–4)

[And above all others, I earned as my lot | what neither Time nor Death can take away from me; | so it was indeed right for my dear Christ, whom I praised, to reward me with such a great destiny.]

According to tradition, St John was the youngest disciple and also the most loved, and therefore endowed with special authority. The above distinction of St John can also be interpreted as an indirect criticism of the excessive adoration in which some Renaissance humanists held the Greek and Roman authors of antiquity, and also a call echoing the Evangelical reformists of the day to turn to the sacred Scriptures for a truth surpassing all previous learning. Lucian is an exception; he offers premonitions of the right directions we should head in. Menippus' eagle eyes stripped bare hypocrisy and the raving speculations of the worldly wise, and made fun of human folly. Ariosto, too, implies that his own poem may suffer destruction and oblivion. Only the word of God will last forever. The question that remains is: why did Ariosto choose St John, and not one of the other Evangelists — Matthew, Mark or Luke; or even a saint? One clue is that we have met St John before in Canto 28, in a tavern full of sour, crabbed women-haters. The only one present to defend women and their nature uses passages from Scripture, and specifically St John's Gospel. Ariosto would seem to be playing with his readers here, as he does not identify this venerable old man.

The Role of St John

The answer to the question about St John's presence lies, I would suggest, in St John's Gospel, in which the attention given to women is more pronounced than in the other Gospels. Jesus is portrayed as respectful, kind and forgiving to women, even social outcasts; in fact, St John presents three significant incidents concerning women not found in the other Gospels. First, the wedding feast at Cana (John 2. 1–10),[15] in which Jesus attends a local marriage with his mother Mary. It is Mary who urges Jesus to help the couple out when they run out of wine. 'Do what he tells you', she commands the servants. At her bidding, and for a relatively insubstantial reason, Jesus turns water into the best wine, so adding to the enjoyment of all. Second, the Samarian woman at the well (John 4. 5–30), in which Jesus not only speaks to a Samaritan (Samaritans were social outcasts despised by Jews), but to a Samaritan *woman* of doubtful reputation. Jesus engages her, furthermore, in high-minded religious conversation, even giving her the task of spreading his message to her (Samaritan) village, much to the scandal of his own disciples. Breaking down social and religious barriers, Jesus treats her as intelligent and responsible, in contrast to the condemnation and rejection of others.

Third, and perhaps most relevant, is the story of the woman taken in adultery (John 8. 1–11). The Pharisees, condemned in the Gospels as 'whitened sepulchres', drag a woman caught *in flagrante* into a crowded public place, and ask Jesus what they should do with her. According to their interpretation of the Mosaic Law, they make plain, she should be stoned to death. (No mention is made of the man!) What does Jesus do? At first, he says nothing, but then starts writing on the ground — the only mention in all the Gospels of Jesus writing. (What he wrote has remained a mystery.) He then addresses the Pharisees with the memorable words: 'If there is one of you who has not sinned, let him be the first to throw a stone at her.' One by one, St John tells us, they slither away until only the woman and Jesus remain. 'Since no one has condemned you, neither will I,' concludes Jesus. 'Go, and sin no more.' In recording all three episodes, St John goes out of his way to show that Jesus treated women with dignity, giving an authoritative example for all Christians to follow.

These three episodes are relevant to Ariosto's contemporary Cinquecento society. By performing his first miracle at a wedding feast, Jesus was in effect ennobling marriage — an indirect reproach to the clergy of Ariosto's time who maintained that the celibate life was superior, and more meritorious in God's eyes, than the married state, whereas Jesus never demanded vows of celibacy or virginity from his followers.[16] But the second and especially the third St John episodes bring to mind aspects of the *querelle des femmes* debates and in particular the sequence in *Orlando furioso* (Cantos 27–29), where a heated debate takes place in a tavern with the jilted knight Rodomonte and the innkeeper on one side denouncing all women as faithless by nature; and on the other, a mysterious 'uom d'età, ch'avea più retta | opinion degli altri, e ingegno e ardire' [a man mature in age, who had a more just | opinion than the others, and more intelligence and boldness] (28: 76, 1–2). Ariosto does not identify him. He has been listening to the outbursts of Rodomonte continually repeating: 'Oh, feminile ingegno [...] | come ti volgi e muti facilmente | contrario oggetto proprio de la fede! Oh infelice, oh miser chi ti crede!' [You women! How easily you change and alter your minds; you are exactly the opposite of fidelity! Unhappy and wretched are the men who have faith in you!] (27: 117, 3–8). There may be some excuse for Rodomonte's impetuosity; but the innkeeper's following misogynistic tirade is outrageous. No wife is faithful, for she has been created by God inferior in intellect and will to man — facts he has learned from books and cannot therefore be disputed! After the arguments and authorities comes the *exemplum*: a tale resembling a sociological survey of women's fidelity. Two excellent husbands, betrayed by their own wives, decide to find out whether a chaste wife exists. The results are predictable. These hard-working but disappointed husbands end up sharing Fiammetta, the daughter of an innkeeper (the lowest social class) in a *ménage à trois*. When they discover that Fiammetta has been bringing her own young lover into the bed as well, an unheard-of *ménage à quatre*, they come to the sour and deluded conclusion that no wife is 'better' or more chaste than any other. Never thinking to examine their own depravity, the two husbands admit defeat, and return chastened to their own wives.

Rodomonte of course approves enthusiastically: all the more grist to his mill. But at this point, our mysterious sage can take no more; all he has been hearing are lies:

> [...] Assai cose udimo dire,
> che veritade in sé non hanno alcuna;
> ben di queste è la tua favola una.
> A chi te la narrò non dò credenza,
> s'Evangelista ben fosse nel resto;
> ch'opinione più ch'esperienza
> ch'abbia di donne, lo facea dir questo.
> L'avere ad una o due malivolenza,
> Fa ch'odia e biasma l'altre oltre all'onesto [...]
> (28: 76, 6–8; 77, 1–6)

[We've heard so many things spoken | that have no truth in them whatsoever, | and without doubt your tale is one of these. | I place no trust in whoever told it to you | even if he were an Evangelist among other things, | for speculation about women rather than experience | made him speak this way. | Bearing ill will towards one or two women | makes him loathe and blame the entire sex beyond what is right.]

One target of this condemnation of misogynistic writers and their tales and tracts is none other than Boccaccio, some of whose *novelle* and certainly his *Corbaccio* go beyond what is right. The name Fiammetta should have alerted us to Boccaccio's *Decameron*, where she is one of the ten narrators, and especially Boccaccio's novel of the same name. The innkeeper's daughter, however, is just the opposite of the inn-keeper's Fiammetta: a faithful young girl, abandoned by her lover. She is virtuous and true; he the unfaithful one. In the *Decameron* itself, Day 2, *novella* 9, readers may recall a tale about a group of merchants who meet in an inn and start discussing what their wives get up to when they're away. None of them believes his wife is faithful. The most cynical, Ambrogiolo, gives a mini-dissertation on what women are 'really' like according to God's plan, and nature's: fickle, unable to resist temptation in the form of any man who solicits her. Men are the opposite. Readers may also recall that in *Il Corbaccio*, we face a torrent of invective meant to 'cure' a man of his infatuation with a *malvagia femina*, a wicked woman. It was considered repulsive even in the Cinquecento, particularly for its rhetorical claim that no wife is faithful, or even worse, no wife loves her husband.[17]

The anonymous, upright old man comes closest to resembling the Evangelist when he paraphrases the third episode from St John's Gospel about the woman taken in adultery: if not the Evangelist himself in disguise, he is certainly some kind of messenger of Jesus in the tavern among sinners. He begins by accusing men of the same sin they accuse women of; in fact they are all adulterers:

> Ditemi un poco: è di voi forse alcuno
> ch'abbia serbato alla sua moglie fede?
> Che neghi andar, quando gli sia oportuno
> all' altrui donna, e darle ancor mercede?
> Credete in tutto 'l mondo trovarne uno?
> Chi 'l dice, mente; e folle è chi 'l crede.
> Trovatene vo' [voi] alcuna che vi chiami?
> (Non parlo de le publiche ed infami.) (28: 79)

[Tell me yes or no: is there perhaps anyone among you | who has kept his marriage vow of faithfulness? | Who denies cheating, whenever he has the chance | with another man's wife, and also gives her gifts? | Do you think you'd find a single chaste man in the whole world? | Whoever says so, lies; and whoever believes him is mad. | Do you think you would find any woman who would call you faithful? | I am not talking about whores, or women of ill repute.]

Paraphrasing a quote from St John's Gospel: 'Love one another as I have loved you,' he continues not only reproaching men, but also framing a law to free women from punishment for adultery:

> Dovriamo amar, volendo essere amati,
> e tor [togliere] con la misura ch' a loro danno.
> Io farei (se a me stesse il darla e torre)
> tal legge, che uom non si potrebbe opporre.
> Saria la legge, che ogni donna colta
> in adulterio fosse messa a morte,
> se trovar non potesse, ch'una volta

> avesse adulterato il suo consorte:
> se provar lo potesse, andrebbe asciolta,
> né temeria il marito, né la sorte.
> Cristo ha lasciato nei precetti suoi:
> Non far altrui quel che patir non vuoi.
> (28: 81, 5–8; 82, 1–8)

[If men want to be loved, they must love in turn, | and give in the same measure as they take. | I would make such a law — if it were up to me to bind and not to bind a law — | that no man would be able to oppose. | It would state: Any woman caught | in adultery would not lose her life | provided she could prove her husband's | adultery at least once.| If she could do so, she would go free, absolved. | She would not be afraid of her husband, nor of her fate. | Christ has left us in his commandments: | Do unto others as you would have them do unto you.]

Ariosto had begun Canto 28 with a warning to women, and men who value women, *not* to listen to the rest of the canto with Rodomonte's pathetic lament and the innkeeper's appalling tale of a Fiammetta in bed with three men, a tale outdoing in obscenity anything found in Boccaccio (or Masuccio Salernitano). By warning women, Ariosto makes known his own disapproval of Rodomonte's and the innkeeper's misogyny. But after the holy man's condemnation of the double standard, Ariosto shows he has learned Christ's doctrine by extending to men what had been applied only to women:

> Oh, degli uomini inferma e instabil mente,
> come sian presti a variar disegno,
> tutti i pensier mutamo facilmente
> più quei che nascono da amoroso sdegno!
> (29: 1, 1–4)

[Oh, what weak and unstable reason belongs to men, | how quick they are to change their minds! | We're so prone to waver in all our plans, | especially when they arise from a lover's scorn.]

Ariosto's authorial confession turns the tables on the ranting and raving in the previous Canto. Men are the sinners — Ariosto includes himself — and women the victims.

While Ariosto is not the only author to assert reciprocity between women and men, he is the only writer I know to bring St John forward as the final authority not just on this issue but on the more important matter of love for one another as the central Christian message for men and women. Only this kind of love, it would seem, can cure moral anarchy on earth and the flight of reason to the Moon. Ariosto has St John incorporate Lucian, but surpass him, at the same time using Lucian's hide-and seek strategies to convey a reforming message resembling those of the nascent Reformation.

The Banishment of Lucian in Cinquecento Commentaries

The cultivation of Lucian as a moral philosopher using fables, paradox and parody very much anticipating the Gospel teaching was taken up by Erasmus of Rotterdam in northern Europe, and by his friend Thomas More. Lucian's reputation, however, has a darker side among conservative Catholics and the founders of Protestantism, Luther and Calvin. For them, irony, dissimulation, ambivalence and serious playfulness were out of place. By the time Ariosto died in 1533, the Reformation was in full swing, and the Council of Trent, meant primarily to combat the Protestant threat, was just over a decade away. Lucian was a blasphemer, an Epicurean voluptuary, and, yes, an atheist. Even more, he was the *coryphaeus atheorum* [the atheists' bandleader]. The fact is that Italian humanists of the Quattrocento had left out the most incriminating dialogues from their Latin translations, and the main vernacular Italian collection had been even more selective. The title pages of the seven editions beginning in 1525 (and ending in 1545, the year of the Council of Trent's opening), call Lucian a moral philosopher. The publisher of the *princeps*, Nicolò di Aristotele detto Zoppino, includes a brief from Pope Leo X (Giovanni de' Medici), recommending his (Zoppino's) publications, and a glowing encomium of his own, included in some of the later editions. If we wish to find relief from life's troubles and trials, Zoppino tells us readers, we will be cheered up only by Lucian. Such a worthy author (*tal degno auttore*) can be read by men and women of all ages — including young girls — and by every social class with profit.[18]

In northern Europe, Erasmus and Thomas More translated a large collection of Lucian's dialogues into Latin, including two decidedly anti-religious ones, *Alexander seu pseudomantis* [Alexander or the false prophet] (LCL, vol. 4, pp. 173–253), and *Philopseudes* [Lover of lies] (LCL, vol. 3, pp. 319–81) which Italian humanists, it seems, had avoided translating into Latin.[19] Both of them contained unreserved indictments of the supernatural, superstition and religious gullibility, whether on the part of philosophers or (pagan) priests. In the latter, the rationalist speaker, Tychiades, listens to his credulous opponent recount tales of spells, oracles, miracles, magic statues and apparitions, only to cut him short abruptly:

> We have powerful antidotes to such poison in the truth and in sound reason brought to bear everywhere. As long as we make use of this, none of these empty, foolish lies will disturb our peace. (*Philopseudes*, vol. 3, 40)

The most specifically anti-Christian dialogue is in the form of a letter, *Peregrinus* [The Passing of Peregrinus] (LCL *Lucian*, vol. 5, pp. 1–51), in which Christ is referred to as a *sophistes*, a sham teacher or preacher. Nobody dared touch it until another northern humanist, Vincent Obsopaeus, turned it into Latin later in the century. Lucian found himself rejected by many Catholics and Protestants alike. He was soon put on the Index of Forbidden Books (on the Roman one in 1557, 1559, 1565, 1590 and 1596). The diffusion and admiration for Aristotle's *Poetics*, with its theory of unities of time, place and genre, of the appropriate sublime style and heroic characters in the epic, was embraced by Torquato Tasso and his followers. Ariosto continued to be read and loved without the help of Lucian.[20]

Notes to Chapter 2

1. See my article, 'Vernacular Lucian in Renaissance Italy: Translations and Transformations', in *Lucian of Samosata Vivus et Redivivus*, ed. by Christopher Ligota and Letizia Panizza (London and Turin: The Warburg Institute and Nino Aragno Editore, 2007), pp. 71–114, where I first mentioned Lucian and Ariosto. All quotations from Lucian come from *Lucian*, Greek with English translation by A. M. Harmon, 8 vols (Cambridge, MA, and London: Harvard University Press, 1913–), references will be to paragraphs, not pages. Ariosto quotations are from *Orlando furioso*, 2 vols (Milan: Garzanti, 1974). Translations from Ariosto and other works are my own unless otherwise specified. For a complete prose translation of Ariosto by Guido Waldman, see *Orlando furioso* (Oxford: Oxford World Classics, 1983). A verse translation by Barbara Reynolds with numerous notes and appendices is available in Penguin Classics (Harmondsworth: 1977). For a general introduction in English, see Peter Brand, *Ariosto* (Edinburgh: Edinburgh University Press, 1974); and for a recent one in Italian, see Stefano Jossa, *Ariosto* (Bologna: Il Mulino, 2009). For Lucian in European literature, see Christopher Robinson, *Lucian and his Influence in Europe* (London: Duckworth, 1979), and for specific treatment of Lucian and Ariosto, see David Marsh, *Lucian and the Latins* (Ann Arbor: University of Michigan Press, 1998), pp. 92–100.
2. See Pio Rajna, *Le fonti dell' 'Orlando furioso'* (Florence: Sansoni, 1900), devoted mainly to the vast chivalric narratives Ariosto could have had at his disposal. A brief mention is made of Lucian's dialogue on the moon *Icaromenippus*, p. 546.
3. See Teofilo Folengo (pseudonym: Merlin Cocchaio), *Baldus*, ed. by Emilio Faccioli (Turin: Giulio Einaudi, 1989). *Baldus* was first published in Venice in 1517 with a title referring to the hybrid Latin-Italian language used: *Macaronices*. Platonic love was a controversial subject in the Cinquecento. For its ups and downs, see Letizia Panizza, 'Platonic Love on the Rocks: Castiglione Counter-Currents in Renaissance Italy', in *Laus Platonici Philosophi: Marsilio Ficino and his Influence*, ed. by Stephen Clucas, Peter Forshaw and Valery Rees (Leiden and Boston, MA: Brill, 2011), pp. 199–226.
4. For more extensive background, see Panizza, 'Vernacular Lucian' (as in note 1), pp. 91–95. For Renaissance culture at Ferrara and other northern courts, see Gianmario Anselmi, Luisa Avellini and Ezio Raimondi, 'Il Rinascimento padano', in *La letteratura italiana*, ed. by Alberto Asor Rosa, vol. 1, *Geografia e storia. L'età moderna* (Turin: Einaudi, 1988), pp. 531–59.
5. Leon Battista Alberti, *Momus*, Latin text ed. by Virginia Brown; English trans. by Sarah Knight, The I Tatti Renaissance Library (Cambridge, MA, and London: Harvard University Press, 2003), pp. 5, 7.
6. Translation mine. For Latin Prefatory Letter, see Alberti, *Momus* (Rome: Mazzocchi, 1520), s.n.
7. Critical edition of Collenuccio, *Opere*, ed. by M. Saviotti, 2 vols (Bari: Laterza, 1929). *Specchio d'Esopo* in vol. 2, *Operette morali*, pp. 85–100; notes about MSS and editions, pp. 358–63. For his life, see entry by E. Melfi, *DBI*, 27 (1982), 1–5. The quotations follow Saviotti. Collenuccio's dialogues were published after his death (Rome: Ludovico Vicentino, 1526), though his son, Theodoro, writes that he had copied them in 1497 (see MS Vat. Lat. 1228).
8. There is an obvious desire to conflate *The Golden Ass* by Apuleius with this shorter and cruder version, and in that way unite Lucian and Apuleius.
9. See *Bis accusatus* and *Dionysus*. In the former, Dialogue personified accuses Lucian of being abandoned for Comedy. Lucian defends himself: by combining the two, he attracts people to philosophy who would otherwise be repelled. In the latter, he compares his method of arguing to the comic and ramshackle army of Pan and Silenus. Neither of these was in the *volgare* collection, or appears to have been turned into Italian in the Renaissance.
10. Lucian himself praises Aesop in, for example, *Icaromenippus*, where his fables are seen as more effective in the acquisition of profound truths than the conflicting theories of philosophical sects. LCL, *Lucian*, vol. 2, 'Icaromenippus,' 10.
11. See *Oxford Classical Dictionary*, p. 672.
12. *OCD*, p. 1078.
13. See *OCD*, p. 382. A versatile early natural scientist, his talents included poetry, oratory, and, reputedly, miracles. Central to his natural philosophy was his theory that the universe,

composed of four elements — earth, air, fire and water — was ruled by contraries: Love and Strife, attraction and repulsion, composition and dissolution. He was also held up as the father of Sicilian rhetoric.

14. See Marsh, *Lucian and the Latins* (as in n. 1), pp. 148–80; Idem, 'Lucian and Paradox in the Early Quattrocento', *Acta Conventus Neo-Latini Bariensis*, ed. by R. Schnur (Tempe, AZ: Medieval & Renaissance Texts & Studies, 1998), pp. 395–400. Also Letizia Panizza, 'The Semantic Field of Paradox in 16th and 17th Century Italy: From Truth in Appearance False to Falsehood in Appearance True', in *Il vocabolario della République des Lettres. Terminologia filosofica e storia della filosofia. Problemi di metodo*, ed. by M. Fattori (Florence: Olschki, 1997), pp. 197–220.
15. Quotations from *The Jerusalem Bible* (London: Darton, Longman and Todd, 1966).
16. See Letizia Panizza, 'Italian Humanist Predecessors of Erasmus's Encomium matrimonii of 1518', in *Erasmus and the Republic of Letters*, ed. by S. Ryle (Turnout: Brepols, 2014), pp. 343–82 (for the numerous debates in the Quattrocento and early Cinquecento in favour of the married life over celibacy).
17. See Letizia Panizza, 'Rhetoric and Invective in Love's Labyrinth: Il *Corbaccio*,' in *Boccaccio: A Critical Guide to the Complete Works*, ed. by Victoria Kirkham, Michael Sherberg and Janet Levarie Smarr (Chicago, IL: University of Chicago Press, 2013), pp. 183–93; notes, pp. 419–26.
18. For this section, see L. Panizza, 'Vernacular Lucian', pp. 71–76 (as in note 1). Lucian's dialogues were used in schools to teach Greek, beginning with Guarino Veronese, which may explain the need to leave out the religiously problematic ones.
19. Janus Lascaris, a Greek humanist teaching in Italy, published the Latin *editio princeps* of Alexander in 1496 (Florence: Lorenzo de Alopa). See the modern translation in Italian, *Alessandro o il falso profeta*, with an introduction by Dario Del Corno, and translation and notes by Loretta Campolunghi (Milan: Adelphi, 1992). History of translations manuscripts and editions on pp. 38–41.
20. See Stefano Jossa (as in note 1), and also his more comprehensive study, *La fondazione di un genere. Il poema eroico tra Ariosto e Tasso* (Rome: Carocci, 2002).

CHAPTER 3

❖

'A difesa di sua santa fede'. Il poema cristiano dell'Ariosto (*Orlando furioso*, XXXIV 54–67)

Stefano Jossa
Royal Holloway University of London

Aveva quattordici anni quando Girolamo Savonarola rientrava a Ferrara, dopo sei anni di assenza, per riandarsene due anni dopo, ma non lo nominò mai nelle sue opere: i rapporti di Ludovico Ariosto col frate domenicano non sembrano aver lasciato traccia, se mai hanno avuto luogo. Eppure lo stampatore Giovanni Mazocco (Mazzocchi) del Bondeno aveva in catalogo proprio un titolo di Savonarola (tra soli undici pubblicati) prima di dare alle stampe l'*Orlando furioso*, le *Prediche devotissime*; e un altro scritto savonaroliano sarebbe uscito poco dopo il poema ariostesco, le *Prediche di frate Hieronymo da Ferrara sopra Ezechiel*.[1] Nell'epistola dedicatoria del primo dei due volumi savonaroliani di Mazocco, indirizzata a Isabella d'Aragona, regina di Napoli, Giovanni Brasavola insisteva sulla ferraresità del frate domenicano, 'nostro colendo citadino ferrarese':[2] operazione intrisa di orgoglio municipale e già parzialmente svincolata dallo stigma ereticale che la morte sul rogo avrebbe dovuto comportare, ma soprattutto segnata da una richiesta senza precedenti ('Sentendo continuamente serenissima Regina, multiplicare li deuoti desiderii de molte persone cosi forestiere come compatriote nostre, de uedere, et legere le diuine opere, et maximamente le fructuosissime prediche del uenerando religioso, et tromba de Christo frate Hieronymo Sauonarola nostro colendo citadino ferrarese').[3]

E' improbabile, insomma, che Savonarola non figurasse, direttamente o indirettamente, nel background ariostesco: non necessariamente ascoltato da ragazzo per le strade di Ferrara o letto più tardi sui libri, ma anche soltanto evocato, citato, discusso o censurato. Si tratterebbe di una conoscenza culturale anziché personale, ma, appunto, sempre di conoscenza si tratterebbe: Maurice Halbwachs ha spiegato che la memoria culturale non nasce da un contatto diretto, ma fa parte del più generale quadro di riferimento di un gruppo sociale; non è una memoria del singolo, ma una traccia della sua presenza in un sistema di relazioni.[4]

La prolificissima scrittrice americana di horror e fiction Chelsea Quinn Yarbro, vincitrice nel 2014 del 'World Fantasy Award for Life Achievement', non ha esitato del resto nel suo romanzo ucronico (ai confini della fantascienza) *Ariosto*, del 1980, a immaginare un Ariosto emigrato in America che legge all'amico e mecenate

Damiano de' Medici una lettera di Tommaso Moro (della cui figlia Ariosto è, nella finzione romanzesca, precettore), in cui si parla dei 'rumors' che circondavano inevitabilmente la morte di Savonarola:

> 'Ah, here.' Lodovico found the place and began to read. '"Poland and Austria seem content to follow Italy's lead for as long as the truce with the Turks continues to be honored by both sides. The main concern of the Dukes here is the continuing religious conflicts in the German states. There have been rumors that Savonarola is dead, but his great age makes such gossip inevitable. He preached at Easter and his followers burned a dozen Lutherans immediately afterward. The Elector could do nothing without endangering himself. So far Savonarola has attracted few Poles to his cause, but with German monks traveling here regularly, there is legitimate cause for worry. Though I am a good Catholic and opposed to the enemies of the Church, I could wish that Luther had lived somewhat longer in order to stop the hysteria of these religious wars. [...]"'[5]

A parte il fatto che Savonarola morì quando Lutero aveva 15 anni e Thomas More 20, il romanzo della Yarbro dice davvero poco su Ariosto dal punto di vista storico; ma la suggestione di un incontro tra i due grandi della Ferrara di fine Quattrocento non è solo materia da romanzo. Un confronto fra Ariosto e Savonarola era stato infatti proposto, più seriamente, da Francesco De Sanctis in occasione di un discorso celebrativo per il quarto centenario della nascita dell'Ariosto (1874), quando sottolineava la ricorrenza, insieme a una festa agricola, delle onoranze riservate in quel momento ai due grandi ferraresi: 'onoranze a Savonarola, il quale, se avesse avuto innanzi i libri dell'Ariosto, li avrebbe di certo bruciati; e poi onoranze a Ludovico Ariosto, il quale, se avesse avuto innanzi il Savonarola, l'avrebbe ucciso con quel sorriso che bastò ad uccidere tutto quel bel mondo feudale di trovatori, di castellani e di cavalieri'.[6] Incompatibili, i due, secondo De Sanctis, al punto da rappresentare i due estremi opposti della cultura rinascimentale. Così opponendoli, però, De Sanctis definiva un campo, quello della cultura rinascimentale, appunto, che aveva in loro i due poli antitetici e in mezzo il terreno comune, col risultato che le due polarità finivano col giocare comunque nello stesso spazio culturale anziché semplicemente escludersi a vicenda. Savonarola e Ariosto definirebbero quindi quella che Jurij Lotman avrebbe chiamato la semiosfera della cultura rinascimentale, dove 'ad avere un ruolo primario non sarà allora questo o quel mattone, ma il "grande sistema"':[7] l'incontro di due elementi, per quanto oppositivi, crea non solo conflitto, ma anche uno spazio comune, che è fatto di osmosi, in cui ciascuno da un lato si radicalizza, ma anche traduce l'altro per integrarlo dentro di sé, in una dialettica irrisolta tra ideologizzazione e omogeneizzazione.

Non è questo il caso, naturalmente, perché Savonarola e Ariosto si sarebbero fatti la guerra solo nell'immaginazione di De Sanctis. Resta vero, tuttavia, che l'intuizione desanctisiana di uno spazio comune potrebbe portare a interessanti ipotesi di ricerca, prima fra tutte quella di una presenza savonaroliana nella memoria culturale ariostesca, legittimata, come si è detto, non solo dalla ferraresità di entrambi, ma anche dall'editore in comune.[8]

Andare alla ricerca di tracce o spie di una presenza savonaroliana nell'*Orlando furioso* sembra comunque impresa improba, visto che tanto lo stesso De Sanctis quanto Benedetto Croce hanno scoraggiato un tentativo di questo tipo, nella convinzione che Ariosto si fosse formato in un mondo 'senza religione, senza patria, senza moralità' (De Sanctis) e che fosse uno 'spirito altrettanto areligioso quanto afilosofico' (Croce). La definizione desanctisiana dell'*Orlando furioso* come 'un mondo vuoto di motivi religiosi, patriottici e morali, un mondo puro dell'arte, il cui obbiettivo è realizzare nel campo dell'immaginazione l'ideale della forma' non poteva che respingere ogni tentativo di cercare rapporti tra il poema e il suo contesto:

> Questo mondo, dove non è alcuna serietà di vita interiore, non religione, non patria, non famiglia, e non sentimento della natura, e non onore e non amore, questo mondo della pura arte, scherzo di una immaginazione che ride della sua opera e si trastulla a proprie spese, è in fondo una concezione umoristica profondata e seppellita sotto la serietà di un'alta ispirazione artistica. Il poeta considera il mondo non come un esercizio serio della vita nello scopo e ne' mezzi, ma soprattutto come una docile materia abbandonata alle combinazioni e a' trastulli della sua immaginazione.[9]

Ariosto poeta senza serietà e senza religione, poeta dell'arte senza contenuto, in cui l'unica cosa seria è l'arte sua appunto, al di là di ogni valore etico, politico o religioso: il gioco poetico prevale sull'esperienza storica e la possibilità di un dialogo con le istanze emergenti del dibattito pubblico contemporaneo non sarà neppure da prendere in considerazione. L'argomento sarà ripreso e sviluppato da Croce, fino ad arrivare a una totale dismissione di qualsiasi potenzialità religiosa del discorso ariostesco:

> Con disposizione, invece, affatto scherzevole egli guardava le credenze religiose, Dio, Cristo, il paradiso, gli angeli, i santi; e la preghiera di Carlo Magno a Dio, e la missione dell'angelo Michele in terra e il viaggio di Astolfo nel mondo della Luna e i colloqui di lui con l'evangelista Giovanni, e gli atti e detti dei romiti in cui s'imbattono Angelica ed Isabella e perfino quelli del santo romito che battezza Ruggiero, corrispondono a questo stato d'animo scherzoso e quasi beffardo. Non c'è qui nemmeno il serio del giuoco e nel giuoco, che è delle parti cavalleresche; né poteva esservi, perché il rapporto verso la religione non consente che o la riverenza piena o la piena irriverenza. E l'Ariosto era irriverente, o, ch'è lo stesso, indifferente, spirito altrettanto areligioso quanto afilosofico, non angosciato da dubbi, non pensoso del destino umano, non curioso del significato e valore di questo mondo che vedeva e toccava, e nel quale amava e dolorava: estraneo del tutto, come a ogni altra filosofia, a quella del Rinascimento, sia dei Ficini sia dei Pomponazzi.[10]

I cento e più anni che ci separano da De Sanctis e Croce hanno abbondantemente ridimensionato le loro letture, dimostrando il profondo radicamento di Ariosto nella cultura del suo tempo: opportunamente, ad esempio, Emilio Bigi nel suo commento al poema osservava che 'come forse non tutti sanno, la religione ha nel *Furioso* un posto relativamente ampio, ben più ampio, in ogni caso, che nell'*Innamorato* o nella continuazione dell'Agostini o nel *Mambriano*', sottolineando il carattere talvolta 'umoristico' degli accenni ariosteschi, come nel caso della punizione inflitta dall'arcangelo Michele alla discordia (XXVII 37–38=AB XXV 37–38) o quando Astolfo sembra addirittura giustificare il peccato originale (XXXIV 60=AB XXXI 60).[11] Eppure la questione della religiosità ariostesca è stata affrontata solo in tempi relativamente recenti, e al di fuori della ristretta cerchia accademica degli specialisti del poema, grazie a un saggio di Gigliola Fragnito, che parte dalle censure inquisitoriali all'*Orlando furioso*, e a due libri di Franco Picchio, che ha insistito sui riferimenti esoterici del poema.[12] Esaminando le inquietudini religiose dell'Ariosto a partire dalle sue amicizie letterarie e dagli interventi del censore, la Fragnito ha proposto un ritratto di un Ariosto sensibile a generici motivi provvidenzialistici e anticlericali, ma soprattutto disponibile a tensioni spirituali, di cui si suggeriva un approfondimento alla luce 'dei rapporti dell'Ariosto con le istituzioni regolari ferraresi e le forme di pietà in esse coltivate', soprattutto attraverso 'il contatto con la spiritualità e con il profetismo di matrice savonaroliana del monastero domenicano di Santa Caterina, dove furono monache la sorella suor Virginia e le nipoti suor Prudenza e suor Domitilla, figlie della sorella Taddea'.[13] Picchio ha dal canto suo proposto di leggere l'*Orlando furioso* come prodotto di un autore intriso di filosofia neoplatonica e curiosità ermetiche, curiosamente in bilico tra ortodossia ed eresia, pronto ad accogliere istanze utopiche di *renovatio* religiosa: 'una corteccia cavalleresca in superficie che nasconde platonicamente midolla teologiche al suo interno'.[14] Picchio mescola materiali interessantissimi, con analisi documentate e intelligenti, a intuizioni suggestive, ma poco approfondite, bisognose di ulteriori riscontri, che rendono il quadro a volte poco chiaro: come si può pretendere, infatti, che Ariosto conoscesse, anche solo a distanza o per sentito dire, certi testi e dibattiti? Dati sulla conoscenza diretta, o sulla diffusione culturale, dei testi non vengono prodotti e tutto resta più affascinante che convincente: più che di memoria culturale, infatti, qui si tratterebbe di militanza intellettuale, con tutti i dubbi del caso.

Nessun commentatore o critico ha tuttavia messo a sufficienza in rilievo il fatto che l'episodio del viaggio di Astolfo sulla luna può essere letto anche, se non soprattutto, nell'orizzonte di una filosofia della salvezza cristiana. Bisogna concentrarsi sull'antefatto: si tratta dell'episodio che precede l'ascesa di Astolfo sulla luna e racconta il suo incontro con san Giovanni Evangelista (XXXIV 54–67=AB XXXI 54–67), dove si annuncia l'"alto misterio" (55, 7) che presiede al compito del cavaliere: qui per la prima e unica volta la missione di Astolfo è definita all'interno di un orizzonte salvifico della storia umana, dal momento che san Giovanni gli fa presente che si trova lì, ad incontrarsi con lui, 'per imparar come soccorrer dei | Carlo, e la santa fe' tor di periglio' (56, 1–2). Recuperare il senno di Orlando è funzionale a un progetto divino che prevede la vittoria dei cristiani sui musulmani: siamo nella zona a più alta densità religiosa del poema, dove il nome di Dio ricorre ben sette volte in dieci ottave e la difesa della 'santa fede' è statuita come la vera e unica missione di Orlando sulla terra (56, 2 e 63, 5). Che tutto avvenga per 'voler divino' è del resto ribadito due volte (55, 3 e 66, 3). Proprio qui, infine, Ariosto è esplicito riguardo alla colpa di Orlando, che sta nel tradimento della fede (64): abbandono del 'fedel populo' e innamoramento 'd'una pagana' (64, 3 e 5), due tradimenti religiosi prima ancora che politici ed etici. Orlando è stato infedele tanto al popolo dei fedeli, i Cristiani, quanto alla fedeltà parentale verso suo cugino Rinaldo:

> renduto ha il vostro Orlando al suo Signore
> di tanti benefici iniquo merto;
> che quanto aver più lo dovea in favore,

> n'è stato il fedel popul più deserto.
> Sì accecato l'avea l'incesto amore
> d'una pagana, ch'avea già sofferto
> due volte e più venire empio e crudele,
> per dar la morte al suo cugin fedele.

La fedeltà, come ha dimostrato Albert Ascoli a più riprese, è uno dei valori centrali del poema:[15] infedele verso la fiducia in lui riposta dai suoi confratelli e verso il patto di sangue nei confronti dei parenti, Orlando è soprattutto ingrato verso Dio. La sua infedeltà è quindi religiosa, politica e familiare, con una colpa a 360° che non si può redimere se non sul piano di un disegno provvidenziale.[16]

Franco Picchio ha parlato a proposito del viaggio di Astolfo sulla luna di 'itinerario a Dio',[17] ma si è limitato a individuare un rito di passaggio nel tragitto del personaggio, in linea con la sua ricerca di istanze iniziatiche, esoteriche e mistiche all'interno del poema. Piuttosto che insistere sull'Ariosto ermetico, che pure merita attenzione e considerazione, è forse più opportuno verificare nel dettato testuale del poema le presenze (o assenze) di tracce del coevo dibattito religioso. Nel corso di questo brano Ariosto entra infatti in questioni dottrinali, che sembrano assolutamente tangenziali al suo discorso, e forse persino un po' improprie in un poema come il suo, ma potrebbero invece essere un modo di instaurare un dialogo con la consapevolezza culturale dei suoi lettori. La prima questione è quella dell'immortalità di San Giovanni: commentando un punto molto discusso nell'esegesi delle sacre scritture e nel dibattito teologico, l'interpretazione di *Giovanni 21: 22*, il narratore ariostesco si schiera a favore della tesi dell'immortalità dell'apostolo evangelista. La frase di Gesù a Pietro, 'Perché pur t'affanni, | s'io vo' che così aspetti il venir mio?', traduzione quasi letterale dell'evangelico 'Si eum volo manere donec veniam, quid ad te?', riceve infatti un esplicito commento teologico da parte di Ariosto, che da narratore continuamente imbrigliato nelle maglie del suo poema qui si fa vero e proprio interprete della sacra scrittura (58):

> quel tanto al Redentor caro Giovanni,
> per cui il sermone tra i fratelli uscìo,
> che non dovea per morte finir gli anni;
> sì che fu causa che 'l figliuol di Dio
> a Pietro disse: — Perché pur t'affanni,
> s'io vo' che così aspetti il venir mio? -
> Ben che non disse: egli non de' morire,
> si vede pur che così volse dire.

Emilio Bigi avverte nel suo commento che 'l'Ariosto accoglie proprio la interpretazione della frase di Gesù che ne avevano dato gli altri discepoli, e che era stata poi largamente accolta nel Medioevo, anche se respinta risolutamente da S. Tommaso d'Aquino e da Dante (cfr. *Par.* XXV 122 ss.)'.[18] La questione era stata infatti ampiamente dibattuta dai padri della Chiesa, con interventi di Girolamo a favore dell'immortalità e di Agostino contro. Di qui discendeva anche la convinzione che Giovanni avrebbe raggiunto nel Paradiso terrestre i profeti Enoch ed Elia, ripresa da Ariosto nell'ottava successiva. Una lunga tradizione iconografica nell'Italia centrale (un trittico di scuola romana del sec. XII nel Duomo di Tivoli; l'affresco giottesco nella cappella Peruzzi in Santa Croce a Firenze; quello di Taddeo Gaddi nella cappella del palazzo dei conti Guidi di Poppi; la predella della pala dell'Evangelista di Giovanni del Biondo, già in Orsanmichele) rappresentava San Giovanni che levitava estatico dalla tomba, posta in Chiesa, per raggiungere Cristo e gli apostoli morti prima di lui tra lo sgomento dei fedeli. Tommaso d'Aquino aveva però fatto presente che l'interpretazione dipendeva dall'erronea traduzione dal greco della *Vulgata* con 'Sic eum volo manere' anziché 'Si eum volo manere', con conseguente spostamento dall'ipotetico all'affermativo, senza tuttavia prendere risolutamente posizione a favore della morte naturale di Giovanni.[19] Dalla discussione di Tommaso dipendeva probabilmente Dante, quando nel XXV canto del *Paradiso* faceva dire a Giovanni che 'In terra è terra il mio corpo' (v. 123), con conseguente esclusione dell'ipotesi dell'immortalità.

Non c'è tuttavia bisogno di risalire così indietro nel tempo. La questione era stata infatti ripresa intorno al 1450 dal grande umanista Giorgio di Trebisonda, il Trapezunzio, che era tornato, con argomenti filologici, all'interpretazione dei più antichi padri della Chiesa, fondata sul 'Sic eum volo manere' della *Vulgata*, che il cardinal Bessarione aveva proposto di correggere in 'Si eum volo maner', lezione poi adottata da Lorenzo Valla nel suo commento al Nuovo Testamento: il Trapezunzio aveva sostenuto invece che il 'sic' della *Vulgata* era interpretativo anziché un errore, perché il testo greco implicava comunque, a causa del tempo verbale, una logica affermativa.[20] La scelta ariostesca di tradurre con 'se' e di sostenere l'immortalità di Giovanni rivela quindi la consapevolezza di un dibattito in corso, di cui si ritiene la soluzione filologica della linea Bessarione-Valla, ma senza assumerne le conseguenze, anzi aderendo all'interpretazione del Trapezunzio.

L'argomento era dibattuto e controverso proprio ai suoi tempi, dunque;[21] ma la posizione ariostesca non era troppo pacifica, se uno dei suoi primi commentatori, Simone Fornari, sentirà il bisogno di sottolineare che Ariosto parla qui da poeta anziché da interprete scritturale, spostando il piano di lettura dall'esegesi biblica a quello dell'invenzione romanzesca:

> Leggesi nel Vangelo scritto dall'istesso Giovanni, che apparendo Christo a suoi discepoli doppo la morte, et resurrezione, significò trall'altre volte a tutti loro quello, che per lo nome suo havesse ciascun d'essi a patire. In modo che rimanendo Giovanni essente di tal prophetia, Pietro come curioso, et amichevole del suo Giovanni, chiese a Christo che dicesse anchora quello, che a costui dovesse avenire. A cui Christo disse, se io voglio che e si rimanga, fin che io vegna, perche t'affatichi cercandomi di cio? Per le quali parole surse tra gli Apostoli un ragionamento si fatto, che quel discepolo non morrebbe. Alla quale oppenione subito soggiunse Giovanni ne suoi scritti in questo modo. Et non havea detto Giesu allui, non morrà: ma se io voglio, che egli si rimanga, fin ch'io torni che è questo a te? Per lo qual modo di dire, par che Giovanni volesse occorrere al parer degli altri Apost. havuto d'intorno a fatti suoi, et quasi accennare che così non fusse, come essi pensavano. *Ma il Poeta per dar luogo alla sua invenzione* interpreta come se Giovanni dicesse, che tutto che tutto che Christo palesemente non mostrasse che egli non dovea morire, pur si vede che questo volle inferire.[22]

Fornari suggerisce che il poeta deve esercitare la propria invenzione al punto da scostarsi dalle verità ricevute per dimostrare la propria bravura poetica: posizione che svincola il poeta e il suo testo da qualsiasi verifica di referenzialità esterna, garantendogli una sorta di immunità programmatica di fronte alla tradizione, nonché alle verità della storia e della religione. L'autonomia della poesia sta già diventando, a quell'altezza cronologica, argomento apologetico contro ogni sospetto religioso.[23]

Che Ariosto dissenta dalle autorità teologiche (Agostino e Tommaso) e poetica (Dante) più influenti dell'epoca, potrebbe non essere assolutamente decisivo ai fini di una sua presunta eterodossia: che riveli però una consapevolezza fortemente critica di questioni teologiche irrisolte e dibattute al suo tempo, è piuttosto significativo, se si pensa che sensibilità e interessi religiosi gli sono stati abitualmente negati, a partire, come abbiamo visto, dalla lezione di De Sanctis e Croce.[24]

Un secondo punto problematico è costituito dalla salvezza per grazia anziché per azioni, come ha messo in rilievo la Fragnito, sottolineando come il punto non avesse tuttavia attratto in alcun modo l'attenzione dell'inquisitore (56):[25]

> Né a tuo saper, né a tua virtù vorrei
> ch'esser qui giunto attribuissi, o figlio;
> che né il tuo corno, né il cavallo alato
> ti valea, se da Dio non t'era dato.[26]

La questione era stata oggetto di antica contesa tra Agostino e Pelagio, ma era certamente viva nel dibattito teologico cinquecentesco, dal momento che di lì a pochi anni avrebbe diviso Erasmo e Lutero in una delle dispute più famose del tempo.[27] Ariosto sembra qui aderire alla teoria della predestinazione, per cui le azioni umane, senza l'aiuto divino, non sono sufficienti: la posizione ariostesca sembra muoversi in un'orbita paolina e agostiniana, ma è impossibile sulla base del solo dettato testuale definirne l'orizzonte dottrinale di appartenenza, tanto che Picchio, riferendosi in verità soprattutto al canto successivo, il XXXV, ha piuttosto suggerito di indagare 'gli umori pelagiani che permeano gli episodi delle spiegazioni teologiche di San Giovanni nel cerchio della Luna'.[28] L'arrivo di Calvino a Ferrara avverrà troppo tardi (1536) perché si possano attribuire ad Ariosto tentazioni riformate esplicite. Più che cercare improbabili riferimenti religiosi, allora, andrà forse ricordato che la teoria della predestinazione era in quegli anni al centro della speculazione di Pietro Pomponazzi, che aveva a più riprese soggiornato a Ferrara.[29] La questione è però certamente presente nella predicazione savonaroliana, col suo culmine nel discorso sopra il salmo *Quam bonus*, di cui riportiamo un passaggio di sintesi:

> Non è adunque vero che per l'opere e meriti nostri preesistenti, Iddio ci dia la grazia, e che siamo predestinati a vita eterna, quasi che l'opere e li meriti sieno causa della predestinazione, cum sit ch'e' sia tutto l'opposito, perché l'opere e li meriti sono effetti della predestinazione, e la volontà divina è causa della predestinazione, come di sopra abbiamo detto.[30]

Il testo non è incluso nelle prediche pubblicate da Mazocco, né era disponibile sul mercato librario del tempo, essendo stato stampato per la prima volta solo nel 1528. Però risaliva al 1493 ed era parte di un progetto spirituale più ampio, di cui Ariosto poteva essere tanto direttamente consapevole, quanto partecipe persino involontario grazie a quella memoria culturale e collettiva che si fonda sul quadro culturale di appartenenza.[31]

Ariosto savonaroliano? Niente autorizza un'interpretazione del genere, ma che l'humus culturale nel quale nasce la riflessione ariostesca comprendesse probabilmente anche Savonarola è ipotesi da non trascurare. Ciò sembra infatti confermato dal successivo spunto teologico, la controversa proposta di giustificazione (ancorché solitamente intesa come umoristica) del peccato originale contenuta nell'ottava 60:

> De' frutti a lui del paradiso diero,
> di tal sapor, ch'a suo giudicio, sanza
> scusa non sono i duo primi parenti,
> se per quei fur sì poco ubbidienti.
> 60, 5–8

La sopravvalutazione, spesso superficiale, dell'ironia ariostesca come strumento di puro scherzo ha portato molti critici a destituire di valore passi come questo: Ariosto non prenderebbe mai nulla sul serio e si limiterebbe a giocare con la sua materia, come hanno voluto, su una scia di lunga durata, critici del calibro di De Sanctis e Ferroni, passando per Pirandello, perdendo di vista il valore sempre ermeneutico dell'ironia ariostesca.[32] Eppure la discussione del peccato originale era tema centrale nel dibattito teologico del tempo: era fondamentale, ad esempio, proprio nella riflessione savonaroliana. In *Il trionfo della croce* Savonarola dedica un capitolo intero alla riflessione sulla possibilità e ragionevolezza del peccato originale (*Quae de originali peccato Christiana religio asserit, nec impossibilia esse nec ratione carentia*), di cui citiamo solo la conclusione:

> Non è dunque il peccato originale, come credono alcuni, una macula o infezione che dia detrimento alla natura umana, cioè che la privi di qualche suo bene naturale; ma solo, come è detto, è privazione di questa originale giustizia, nella quale nascendo l'uomo non è privato di cosa che li sia debita naturalmente.[33]

Anche qui non sarebbe ragionevole ipotizzare riferimenti diretti, dipendenze testuali, adesioni dottrinali o militanze ideologiche. Ariosto non è né savonaroliano, né antisavonaroliano: è consapevole, però, probabilmente anche attraverso Savonarola, di un dibattito in corso, di cui si fa specchio prima che interprete. Il testo aveva infatti avuto ampia diffusione, nell'originale latino e in traduzione volgare, fin dal 1497, con almeno sette versioni a stampa prima della pubblicazione del primo *Furioso*;[34] e la questione del peccato originale pervade comunque tutta l'opera savonaroliana, con continue ricadute nella predicazione.[35]

Sorge infine ovvia la domanda: fino a che punto Ariosto era a conoscenza delle speculazioni filosofiche e teologiche del suo tempo? Non vorremmo ricadere negli eccessi di Picchio, che parte da dati senza dubbio significativi per dedurne militanze nascoste e adesioni nicodemite, ma la cornice sopra richiamata della memoria culturale ci consentirà di evitare ogni rischio di attribuzione ad Ariosto di orizzonti teologici espliciti: si tratta invece, dal punto di vista ariostesco, di rimarcare la propria appartenenza a un ambito, quello di un poema chiaramente e programmaticamente cristiano, che implica anche la conoscenza delle dispute dottrinali e la disponibilità a discuterne. I dati a nostra disposizione non consentono di andare al di là di una prima ricognizione di sintonie esteriori e coincidenze tematiche, ma ancora una volta un Ariosto partecipe della cultura del suo tempo sembra prevalere sull'Ariosto isolato e sognatore che troppo spesso è stato propinato ai lettori moderni. Una critica troppo protesa ad affidare al poema tassiano, complice Tasso stesso, la palma di poema cristiano ha dimenticato con troppa facilità l'impegno cristiano di Ariosto e la sua disponibilità a confrontarsi col dibattito religioso del tempo.[36] Altri sondaggi andranno svolti in questa direzione, ma fin d'ora l'immagine dell'Ariosto 'senza religione', nonché 'areligioso', può essere affidata alla storia dei suoi critici anziché a quella del poeta e del suo poema.[37]

Notes to Chapter 3

1. *Prediche deuotissime et piene de diuini mysterii del venerando et sacro theologo frate Hieronymo Sauonarola da Ferrara. Defensione del predetto contra li calumniatori* (Ferrara: Giovanni Mazzocchi, 1513); *Prediche di frate Hieronymo da Ferrara sopra Ezechiel* (Ferrara: Giovanni Mazzocchi, 1516 adi X di septembrio). L'unica ricognizione della collocazione dell'*Orlando furioso* nel panorama editoriale coevo, a quanto mi risulta, si deve a Dennis Looney, ma è ancora inedita: 'Giovanni Mazzocchi, Publisher of the First Edition of *Orlando Furioso* in 1516'. Ringrazio l'autore per avermene messo a disposizione copia elettronica: Looney ha rilevato la disponibilità di Mazocco/Mazzocchi a pubblicare autori e materiali in pericoloso contatto con posizioni eterodosse e luterane. Su Mazocco e la sua politica editoriale si potrà partire da Jane E. Everson, *Bibliografia del* Mambriano *di Francesco Cieco da Ferrara* (Alessandria: Edizioni dell'Orso, 1994), pp. 66–67, ed Eleonora Azzini, 'Mazzocchi, Giovanni (Giovanni Mazzocco di Bondeno)', in *Dizionario Biografico degli Italiani* (Roma: Istituto dell'Enciclopedia Italiana), 72 (2009), pp. 623–25.
2. *Prediche devotissime*, c. al v.
3. *Ivi*. Sul savonarolismo ferrarese si potrà partire dai saggi raccolti a cura di Gigliola Fragnito e Mario Miegge, *Savonarola da Ferrara all'Europa. Atti del Convegno internazionale (Ferrara, 30 marzo-3 aprile 1998)* (Firenze: Sismel — Edizioni del Galluzzo, 2001), da integrare almeno con Tamar Herzig, *Savonarola's Women. Visions and Reform in Renaissance Italy* (Chicago, IL: University of Chicago Press, 2008), in particolare il cap. 3 'The Prophet's Following on His Own Town: Savonarolism in Ferrara', pp. 67–96.
4. Cfr. Maurice Halbwachs, *La memoria collettiva*, a cura di Paolo Jedlowski, postfazione di Luisa Passerini (Milano: Unicopli, 1996). Le riflessioni di Halbwachs sono state approfondite e sistematizzate da Nora e Assman, ma restano punto di partenza per ogni discussione della memoria culturale: per una messa a fuoco in ambito italiano cfr. Elena Agazzi, 'Memoria culturale', in Michele Cometa, *Dizionario degli studi culturali*, a cura di Roberta Coglitore e Federica Mazzara (Roma: Meltemi, 2004), pp. 254–61.
5. Chelsea Q. Yarbro, *Ariosto* (New York: Tor, 1988), p. 209.
6. Francesco De Sanctis, *Discorsi per le feste ariostee a Ferrara* (1875), in Id., *La poesia cavalleresca e scritti vari*, a cura di M. Petrini (Bari: Laterza, 1954), pp. 298–300 (p. 300).
7. Jurij M. Lotman, *La semiosfera. L'asimmetria e il dialogo nelle strutture pensanti*, a cura di Simonetta Salvestroni (Venezia: Marsilio, 1985), p. 58.
8. All'argomento erano particolarmente interessati gli storici britannici di inizio Novecento, ma senza andare troppo al di là del riconoscimento di una compresenza territoriale e culturale: cfr. Edmund G. Gardner, *The King of Court Poets: A Study of the Work, Life and Times of Lodovico Ariosto* (London: Archibald Constable, 1906), pp. 17, 35, e 283; Joseph S. Nicholson, *Life and Genius of Ariosto* (London: Macmillan, 1914), pp. 18–19.
9. Francesco De Sanctis, *Storia della letteratura italiana*, a cura di Nino Cortese (Napoli: Morano, 1936), vol. 2, p. 48.
10. Benedetto Croce, *Ariosto, Shakespeare e Corneille* (Bari: Laterza, 1929), p. 39.
11. Emilio Bigi, 'Introduzione', in Ludovico Ariosto, *Orlando furioso* (Milano: Rusconi, 1980), pp. 7–70 (p. 31).
12. Gigliola Fragnito, 'Intorno alla "religione" dell'Ariosto: i dubbi del Bembo e le credenze ereticali del fratello Galasso', *Lettere Italiane*, 34, 1992, 208–39, poi in Id., *Cinquecento italiano. Religione, cultura e potere dal Rinascimento alla Controriforma* (Bologna: il Mulino, 2011), pp. 289–323; Franco

Picchio, *Ariosto e Bacco. I codici del sacro nell'*Orlando furioso (Torino: Paravia, 1999); Id., *Ariosto e Bacco due. Apocalisse e nuova religione nel* Furioso (Cosenza: Pellegrini, 2007).
13. Fragnito, *Cinquecento italiano*, p. 322.
14. Picchio, *Ariosto e Bacco due*, p. 346.
15. Cfr. Albert R. Ascoli, 'Faith as Cover-Up: Ariosto's *Orlando furioso*, canto 21, and Machiavellian Ethics', *I Tatti Studies: Essays in the Renaissance*, 8 (1999), 135–70, e Id., 'Fede e riscrittura. Il *Furioso* del '32', *Rinascimento*, 43 (2004), 93–130.
16. Sul carattere religioso dell'ingratitudine di Orlando nei confronti dei 'benefici' concessigli da Dio si può vedere ora il bel saggio di Nicolò Maldina, 'Ariosto, l'ingratitudine di Orlando e gli amori di Sansone nel *Furioso*', *Studi e problemi di critica testuale*, 88 (2014), 1, 127–74, che parte da premesse non troppo distanti dalle mie e procede con metodo in parte simile, ma si concentra soprattutto sulla questione del tradimento di Orlando attraverso una filigrana biblica e patristica, senza prendere in considerazione la disseminazione di punti teologici che l'episodio propone, come invece farò io.
17. Picchio, *Ariosto e Bacco due*, p. 17.
18. Bigi, *Ad locum*, in Ariosto, *Orlando furioso*, p. 1447.
19. Cfr. Agostino, *In Evangelium Ioannis tractatus centum viginti quatuor*, *Tractatus 124* (*PL* 35, coll. 1969–76); Tommaso d'Aquino, *Super Evangelium S. Ioannis lectura*, *Caput XXI Lectio V*, e *Catena aurea in quatuor Evangelia*, *Expositio in Ioannem a capite XII ad caput XXI*, *Lectio V* (disponibile online al sito <http://www.corpusthomisticum.org>).
20. Per tutta la vicenda cfr. John Monfasani, *George of Trebizond: A Biography and a Study of His Rhetoric and Logic* (Leiden: Brill, 1976), pp. 92–102. Sulla correzione del Valla cfr. anche Riccardo Fubini, *L'umanesimo italiano e i suoi storici* (Milano: Franco Angeli, 2001), p. 172.
21. Un altro testo che sostiene la non-morte di Giovanni è l'*Apocalypsis Nova*, un trattato teologico attribuito al francescano portoghese Amedeo da Sylva, morto nel 1482, ma probabilmente scritto una ventina d'anni dopo da un altro francescano, il bosniaco Juraj Dragišić, detto Benigno Salviati, che di recente è stata considerata particolarmente influente nell'ambiente mediceo e tra le fonti di Sebastiano del Piombo e Raffaello: cfr. Stefania Pasti, 'Giulio dei Medici e l'*Apocalypsis Nova*. Una fonte per i quadri di Raffaello e Sebastiano del Piombo per la cattedrale di Narbonne', *Bollettino dei monumenti musei e gallerie pontificie*, 30 (2012), 105–52.
22. *La spositione di M. Simon Fornari da Rheggio sopra l'Orlando furioso di M. Ludovico Ariosto* (Firenze: Torrentino, 1549), pp. 585–86 (corsivo mio).
23. La poetica di Fornari è enunciata all'inizio della sua *Spositione*, con un occhio rivolto all'invenzione e l'altro alla verosimiglianza: 'Secondo Lattanzio Firmiano non è convenevole al Poeta. tutto che il suo nome si derive dal fingere, che percio debba ne suoi poemi porre manifeste bugie, samza alcun colore di verità. Ma dee trovare il principio vero, et sopra quel tale spiegare lo 'ngegno, adornando et accrescendo al suo suggetto con fintioni verisimili.' (pp. 75–76). Sull'atteggiamento dei censori nei confronti dell'*Orlando Furioso* e del commento del Fornari si sta intensificando proprio di recente la bibliografia: cfr. Maria Antonietta Passarelli, 'Ein Beispiel für die Zensur vulgärsprachlicher Texte: Simone Fórnaris Kommentar zum *Orlando furioso*', in *Inquisition, Index und Zensur: Wissenskulturen der Neuzeit im Widerstreit* (Paderborn: Schöningh, 2001), pp. 279–91; Gigliola Fragnito, '"Vanissimus et spurchissimus homo": Ariosto all'esame dei censori', in Rudj Gorian (ed.), *Dalla bibliografia alla storia. Studi in onore di Ugo Rozzo* (Udine: Forum, 2010), pp. 107–29; Jennifer Helm, 'Literary Censorship: The Case of the *Orlando furioso*', *Dimensioni e problemi della ricerca storia*, 1 (2012), *La censura ecclesiastica in età moderna*, 193–214; ead., *Poetry and Censorship in Counter-Reformation Italy* (Leiden-Boston: Brill, 2015). Il canto 34, ha messo in rilievo la Helm, fu oggetto dell'attenzione di due censori almeno, Gabriele Barrio e Tommaso Galletti, fra la seconda metà del XVI e l'inizio del XVII secolo.
24. Sulla presenza di Dante nel dibattito religioso cinquecentesco in Italia il punto di partenza è il libro di Davide Dalmas, *Dante nella crisi religiosa del Cinquecento italiano. Da Trifon Gabriele a Lodovico Castelvetro* (Roma: Vecchiarelli, 2005), dove si dimostra la prevalenza del Dante ortodosso sui suoi possibili usi in chiave riformata.
25. Fragnito, *Cinquecento*, p. 255.
26. Era un punto, del resto, che lo stesso Astolfo aveva già anticipato nella sua risposta al Senapo dopo averlo liberato dalle arpie che infestavano il suo regno: 'S'io il fo, me non, ma Dio ne loda

solo, | che per tuo aiuto qui mi drizzò il volo' (XXXIII 117, 7–8).
27. Si veda almeno Fiorella De Michelis Pintacuda, *Tra Erasmo e Lutero* (Roma: Edizioni di Storia e Letteratura, 2001). Sugli echi italiani della polemica (ma soprattutto ferraresi, con Bonaventura Pistofilo e Celio Calcagnini in primo piano), cfr. Silvana Seidel Menchi, *Erasmo in Italia (1520–1580)* (Torino: Bollati Boringhieri, 1987), pp. 95–99, che attesta che la prima copia del *De libero arbitrio* erasmiano fu portata proprio a Ferrara da Pistofilo a Calcagnini. Bonaventura Pistofilo, cancelliere del duca Alfonso I d'Este, è il dedicatario della VII satira dell'Ariosto e compare in *Orlando furioso*, XLVI 18, 1–2; Celio Calcagnini compare in *Orlando furioso*, XLII 90, 5–8, e menzionò Ariosto nella sua *Equitatio*.
28. Picchio, *Ariosto e Bacco due*, p. 240.
29. Si veda almeno la più recente edizione di Pietro Pomponazzi, *Il fato, il libero arbitrio e la predestinazione*, saggio introduttivo, traduzione e note di Vittoria Perrone Compagni; testo latino a fronte secondo l'edizione critica di Richard Lemay (Torino: Aragno, 2004).
30. Si cita da *Sermoni e prediche di F. Girolamo Savonarola de' predicatori* (Prato: Ranieri Guasti, 1846), p. 302.
31. L'argomento è infatti una costante della predicazione savonaroliana: nelle 'Prediche sopra Ezechiele' compare un sermone dell'8 dicembre 1496, dove Savonarola descrive il ruolo della grazia e del Vangelo nella salvezza; Girolamo Savonarola, *Prediche sopra Ezechiele*, ed. by Roberto Ridolfi, 2 voll (Roma: Belardetti, 1955), pp. 42–54.
32. L'ironia dell'Ariosto come strategia retorica e conoscitiva, nell'orizzonte del dubbio socratico, è stata di recente puntualizzata da Giuseppe Sangirardi, 'Trame e genealogie dell'ironia ariostesca', *Italian Studies*, 69. 2 (2014), 189–203, e Christian Rivoletti, *Ariosto e l'ironia della finzione. La ricezione letteraria e figurativa dell''Orlando Furioso' in Francia, Germania e Italia* (Venezia: Marsilio, 2014), pp. 1–51.
33. Si cita da Girolamo Savonarola, *Il Trionfo della croce*, edito per la prima volta nei due testi originali latino e volgare per cura di Lodovico Ferretti (Siena: presso la direzione della Biblioteca del clero, 1899), p. 237.
34. Cfr. la *Bibliografia dell'opera*, in Savonarola, *Il Trionfo della croce*, pp. xxvii–xxxix (pp. xxvii–xxix).
35. Nelle *Prediche devotissime* apparse presso Mazocco, ad esempio, se ne fa menzione a più riprese: Savonarola, *Prediche devotissime*, pp. 157, 356 e 360.
36. Andranno almeno ricordati passi dal sapore religioso come la preghiera di Medoro in XVIII 184–85; l'allegoria dell'eresia in XXVI 31–53; l'impresa infernale di Astolfo in XXXIV 4–92; e la conversione di Ruggiero in XLI 47–67.
37. Naturalmente, riconoscere la partecipazione ariostesca all'universo culturale del suo tempo non significherà ridurne l'individualità e la specificità, soprattutto poetiche, che stanno proprio nell'ironia, nell'apertura di uno sguardo doppio che rilancia sistematicamente il dubbio e mette in discussione ogni verità costituita, in sintonia col più generale obiettivo di rappresentare un mondo senza certezze, attraversato da inquietudini di ogni tipo, sul cui sfondo l'individuo è solo e perciò tanto più avventuroso.

CHAPTER 4

Illegitimate Texts, Illegitimate Heroes: Ariosto's Aeneas and the Querelle des Femmes

Eleonora Stoppino
University of Illinois at Urbana–Champaign

Recent criticism on the *Furioso* has suggested that Ariosto's treatment of Aeneas in cantos XXXIV, XXXV and XXXVI unsettles the Virgilian model. Such Virgilian re-reading is connected to Ariosto's deconstruction of the virtues of poetry as praise (canto XXXV) and to the representation of his patrons. This essay addresses the question from the point of view of preceding popular chivalric poems, such as the *Aquila* (printed for the first time in 1483), which features criticisms of Aeneas. By inserting Ariosto's representation of Aeneas in the context of its popular predecessors, this essay probes the assumption that Ariosto's text draws a clear distinction between medieval and classical models and further explores the connection of the *Furioso*'s intertextual practices with the discussion of female fame. Following the tale of Aeneas in the fourteenth and fifteenth centuries, we will find ourselves within an intricate *selva* of texts, surprisingly called with the same name, *Aquila*, and we will try to identify the two main textual strands that Ariosto had in front of him as he was imagining his own Aeneas.

In this essay, I would like to contest the assumption that chivalric and classical models can always be distinguished in the *Furioso*. Through recent research on medieval popular models and their political use in Ariosto's poem, it has become apparent that Ariosto's choice of models is not in line with fixed post-humanistic hierarchies.[1] That is to say, Ariosto does not privilege the classical text over the medieval chivalric poem. In the cluster of cantos from XXXIV to XXXVI, the poetic practice Ariosto adopts in unmasking poetry as a tool of power not only shows his exceptional 'compromising' ability, but it also points to the importance of legitimacy as a key term in the study of intertextuality.[2]

Aeneas has a crucial role in this interplay of textual references, construction of authority and legitimacy, and debate over the role of women in society and in representation. Aeneas — the runaway Trojan prince, the survivor, the founder of Rome — is in the *Furioso* at the centre of the debate on the veracity of poetry and, equally, at the centre of the debate on the betrayal of women. By casting the Virgilian hero as the juncture of these two sets of critical discussion, I argue, Ariosto is placing this portion of his poem squarely within the system of references provided by the *cantari* and *poemi cavallereschi*. Ariosto's Aeneas, ultimately, is not Virgil's Aeneas, or at least, not only. He is the Aeneas of the medieval tradition of praise and blame. Two centuries after Dante, who makes Aeneas 'quel giusto', Ariosto is still questioning the legitimacy of the hero. It is intriguing that, in doing so, he is partially in line with what we now consider illegitimate texts. Anonymous and not beautiful, the *cantari* and *poemi cavallereschi* incarnate for us all that is spurious in the chain of textual production. Their graceless presence in major texts is seen more as a contamination than as a conscious re-elaboration of literary materials. I argue that new tools of intertextual analysis are needed to contend with the specific textual practice of the *Furioso*, tools that escape the contiguous dichotomies of 'matter' and 'form', 'popular' and 'authorial', 'medieval' and 'classical'.[3]

The questions we could ask are: what Virgil is Ariosto using? What is the relevance of his choice? The Virgilian hero seems to be the catalyst of the discussion on legitimation and the fears that surround it in the poem. Cantos XXXIV, XXXV and XXXVI of the *Furioso* are punctuated by troubling references to the figure of Aeneas. We see the Virgilian hero first as one of the infernal shadows Astolfo encounters in his descent into Hell:

Perché le donne più facili e prone	Since women are more gullible, those who
A creder son, di più supplicio è degno	deceive them deserve a worse punishment.
Chi lor fa inganno. Il sa Teseo e Iasone	Theseus knows this, and so does Jason,
E chi turbò a Latin l'antiquo regno;	and the invader of Latinus' ancient realm;[4]
Orlando furioso XXXIV, 1–4	

Aeneas is in Hell as a traitor of women, apparently, and the reader assumes that his betrayal consisted of abandoning Dido after having seduced her. The only other reference to Aeneas in the poem before this passage is a comparison of the love of Angelica and Medoro with the secret loves of Aeneas and Dido (canto XIX). The periphrasis used in canto XXXIV, however, refers to a different episode: the conquest of Lavinia and, with her, of the ancient kingdom of the Latins. The periphrastic expression shifts our attention from Dido to Lavinia. As I have shown elsewhere, the conquest of Lavinia and of Latino's 'antiquo regno' by Aeneas are the underlying theme and mirror image of the violent love story of Lidia and Alceste, which is one of the central episodes of the canto.[5] The same expression, 'antiquo regno', is used almost as a code word to refer to the kingdom of Lydia's father. This doubling of episodes, which is rather frequent in the *Furioso*, underlines in this canto the violent nature of dynastic alliances, and portrays Aeneas as the *primus raptor*, the archetypal 'thief' of daughters and kingdoms. The double reference, to Lavinia and to Dido, prepares the reader for the multiplicity and instability of the figure of Aeneas in the sequence of cantos to come.

Aeneas' compromised fame takes centre stage in canto XXXV, when Astolfo, who has left Hell, follows St John the Evangelist in the Earthly Paradise and then on the Moon. As Astolfo observes the relentless work of time, the 'old young man' who dooms humans to oblivion, St. John pronounces a harsh condemnation of the fictions of poetry:

Non sì pietoso Enea, né forte Achille
fu, come è fama, né sì fiero Ettorre;
e ne son stati e mille e mille e mille
che lor si puon con verità anteporre:
ma i donati palazzi e le gran ville
dai descendenti lor, gli ha fatto porre
in questi senza fin sublimi onori
da l'onorate man degli scrittori.

Non fu sì santo né benigno Augusto
come la tuba di Virgilio suona.
L'aver avuto in poesia buon gusto
la proscrizion iniqua gli perdona.
Nessun sapria se Neron fosse ingiusto,
né sua fama saria forse men buona,
avesse avuto e terra e ciel nimici,
se gli scrittor sapea tenersi amici.

Omero Agamennón vittorioso,
e fe' i Troian parer vili et inerti;
e che Penelopea fida al suo sposo
dai Prochi mille oltraggi avea sofferti.
E se tu vuoi che 'l ver non ti sia ascoso,
tutta al contrario l'istoria converti:
che i Greci rotti, e che Troia vittrice,
e che Penelopea fu meretrice.
    Orlando furioso XXXV, 25–27

Aeneas was not so devoted, nor Achilles as strong,
nor Hector as ferocious as their reputations suggest.
There have existed men in their thousands
who could claim preference over them.
What has brought them their sublime renown
have been the writers honored with gifts
of palaces and great estates
donated by these heroes' descendants.

Augustus was not as august and beneficent
as Virgil makes him out in clarion tones,
but his good taste in poetry compensates
for the evil of his proscriptions.
No one would know whether Nero had been wicked
— he might even, for all his enemies
on earth and in heaven, have left a better name —
had he known how to keep friendly with writers.

Homer made Agamemnon appear the victor
and the Trojans mere poltroons;
he made Penelope faithful to her husband,
and victim of a thousand slights from her suitors.
But if you want to know what really happened,
invert the story:
Greece was vanquished, Troy triumphant,
and Penelope a whore.

'Tutta al contrario l'istoria converti:' the only way to venture a guess on the truth is to invert the poets' lies. Poets lie, and truth is hidden beneath their fictions. The false praise of poetry had already appeared in the guise of 'exploded crickets' on the Moon, along with the lost brains and days of humankind.

Aeneas is the first example of this long list of 'fake' heroes, which ends with Penelope, the whore. Durling, Quint, and Ascoli in particular have explored this episode, seeing in it a deconstruction of poetry as praise, whose mouthpiece is none other than an evangelist.[6] They have further connected this element with the ambiguous treatment of Ariosto's patrons within the poem, highlighting a pattern of 'patron undermining' and a strategy of self-sabotage of Ariosto's own praise.[7] In this light, it is not insignificant that the other instance in which Aeneas is mentioned in the poem is as a hollow double of the local captain Alessandro Feruffino:

Qual Ettorre et Enea sin dentro ai flutti,
per abbruciar le navi greche, andaro,
un Ercol vidi e un Alessandro, indutti
da troppo ardir, partirsi a paro a paro,
e spronando i destrier, passarci tutti,
e i nemici turbar fin nel riparo,
e gir sì inanzi, ch'al secondo molto
aspro fu il ritornare, e al primo tolto.
    Orlando furioso XXXVI, 6

As when Hector and Aeneas sallied forth
into the sea to burn the Greek galleys,
I saw Hercules and Alessandro, drawn on
by excessive boldness, spur their steeds and
together outstrip the rest of us
to harry the enemy right within their defenses.
They thrust so far that the latter had an awkward
passage back while the former was cut off.

But why Aeneas? What accounts for the privileged status of Aeneas as an anti-hero saved by poetic praise — or rather, what accounts for his poetic vulnerability in Ariosto's hands? Let us turn to the tormented history of the Trojan hero in the Middle Ages to seek an explanation. The counter-legend of Aeneas as *impius*, as the traitor of Priamus and Troy is already present in the classical tradition. From Livy (*Ab Urbe condita*, I, 1) to Horace, from Seneca to Tertullianus, up to Servius and Donatus in the fourth century, the anti-hero tradition is alive and well, and also very well studied.[8] The two archetypes of the medieval versions of this tradition are the Pseudo Dares of Phrygia's *De excidio Trojae* (fifth century AD) and the pseudo-Dictys Cretensis' *Ephemeridos belli Trojani* (fourth century AD).[9] Along with Antenor, the survivor of the war on the Trojan side is accused of having betrayed his homeland and bought his freedom.

In the medieval tradition, epitomized by Benoît de Sainte-Maure's *Roman de Troie* and reworked by Guido delle Colonne in his *Historia destructionis Troiae*, this element is present, even though less prominent than the other criticism levelled against the hero: the betrayal of Dido's sincere love. The figure of medieval Dido, as Marilynn Desmond and Margaret Ferguson have studied it, became the image of a certain claim of female right in opposition to the necessities of history.[10] The issue, thus, is further complicated by the involvement of the couple Aeneas–Dido in the convoluted medieval dichotomy of praise and blame of women. Dante's position in the history of the medieval Aeneas is, *a posteriori*, simple to elucidate: the *Commedia* single-handedly returns to the monolithic positive hero of the *Aeneid*, the self-sacrificing destined founder of the Empire.[11] As Valentina Prosperi convincingly demonstrated, Dante's portrayal of Aeneas as the pious hero who has to abandon Dido out of dynastic necessity was a conscious choice on the author's part. Dante knew well the Pseudo-Dictys and Pseudo-Dares traditions (as do his commentators), and decided to expunge them with his most powerful weapon: complete silence.[12]

If Dante's silence is perfectly in line with our reception of Aeneas and with a few humanistic representations of the hero, like for instance that of Coluccio Salutati,[13] it is worth exploring for a moment the *selva* of the Trojan matter in the late Italian Middle Ages, in the period that goes from the fourteenth century to the advent of the printing press.[14] Guido delle Colonne's text, which started circulating around 1287, was extremely influential, especially when it comes to transmitting the legend of Aeneas the traitor. The text circulated both in the original Latin and in the vernacular, through *volgarizzamenti* by Filippo Ceffi (*c.* 1324) and Matteo Bellebuoni (*c.* 1333). The text was ultimately printed in Venice in 1481. Its version of the story of Aeneas influenced Binduccio dello Scelto in the composition of his *Storia di Troia* (*c.* 1300), which portrays Aeneas as a traitor.[15] The nineteenth-century works by Rajna and Gorra cover the texts in verse that were then available (Rajna) and prose (Gorra), focusing in particular on the tradition of a text, known as *Cantari della guerra di Troia* (Rajna) or *Poema d'Achille* (Gorra, who based the title on the modern ligature of the Laurentian MS that preserves the text), likely dating back to the third quarter of the fourteenth century. The *Cantari della guerra di Troia* have now been edited by Dario Mantovani under the title *Guerra di Troia*.[16] The entire tradition explored so far contains references (more or less lengthy) to the fact that Aeneas betrayed his homeland. In the *Guerra di Troia* it is just a hint to material presumably to come, now lost to us, in which we would have heard about the 'gran tradimento che fè Enea' [Aeneas's great betrayal].[17] I focus on this textual tradition because it is clearly connected with the first printed *cantari* that recount the story of Troy, the *Troiano* and its continuation, the *Aquila* (Venice, 1483). As Anna Montanari has demonstrated, these two texts, studied by Rajna and Parodi, had been printed for the first time in Venice in 1483, and an exemplar of this edition is now at the Biblioteca Trivulziana in Milan (Triv. Inc. C 108).[18]

In the *Aquila*, one of the only two *cantari* printed in the fifteenth century on the stories of Troy, we see very clearly the issue of the poets' lies. A third element of blame emerges, though: Aeneas is illegitimate and of low birth.

Però vedete, per fama novella,	So you see, fame tells you,
Si come Enea di vero fo bastardo.	that Aeneas was in truth a bastard son.
Chi altro crede si crede bugiardo,	Different beliefs come from liars,
Ben che Virgilio e alquanti poeti	even though Virgil and other poets
D'Enea parlan fabulosamente	say wonderful things of Aeneas
Che figlio fusse de Venus di Creti,	and that he was the son of Venus
Per livargli la infamia violente	in order to erase the infamy
D'esser bastardo per li sir mansueti	of bastardy for the good lords
Che nasceron di lui, ciascun valente,	who came from his lineage, and were all good,
E anco lo scusan d'esser traditore,	and they excuse his betrayal
Per tore a discendenti il disonore.	to take away the shame from his descendants.
Ma el vero fo che Enea fo bastardo	But the truth is that Aeneas was illegitimate
Et a Prïamo si fo traditore.	and that he betrayed Priamus.
Aquila I, 19–21[19]	

The idea of Aeneas's illegitimacy is not new: the same trait was present in Andrea da Barberino's *Ugone d'Alvernia*,[20] and Parodi ventured the hypothesis that the *Fatti di Enea* in the Covoni MS. (II, III, 136 BNCF) could be a source of the *Troiano/Aquila nera*. This prose *Fatti* contain, in fact, a tightly knit presentation of the connection between power, poetry and legitimacy: 'Discepolo fu Ottaviano del buon poeta Vergilio e da lui molto onorato, li quali [imperatori romani] perché da Enea discesero nolli vuole vituperare d'essere discesi di sangue d'uno bastardo né d'uno traditore' (c. 123r).[21]

I do not mean to demonstrate that Ariosto took St John's speech directly from the *Aquila* — there are other, widely circulating sources for this theme, and it may prove hard to trace direct filiations. I simply would like to suggest that Ariosto is exponentially increasing uncertainty over the hero by taking advantage of the medieval debate over praise and blame. The selection of one version, or even the automatic pre-eminence of one author, do not seem to be at the basis of Ariosto's modus operandi.

Other authors, both Ariosto's predecessors and contemporaries, prefer to select one version. Dante, in particular, is the most apparent example of a tendency to find in the Vergilian Aeneas, the pious hero of the *translatio imperii*, the true version of 'Aeneas'. Dante must have known the pseudo-Dares and Dyctis version of the legend of Aeneas, as we have seen;[22] Dante knew, similarly, different tales on the death of Odysseus; Dante, nonetheless, as a true proto-humanist (or possibly as the greatest humanist), selected the Vergilian model for Aeneas and proceeded to cut off 'il troppo e'l vano'. Virtually all the early commentaries to the *Commedia* mention these alternative traditions of the true nature of Aeneas. The *impius Aeneas* tradition was well established and very successful up to the end of the sixteenth century. As Prosperi shows, the majority of scholars trained as humanists did not follow the mono-Vergilian direction, when it came to the legend of Aeneas.[23] But in one of those slow processes of formation of cultural hegemony that are so difficult to perceive from a far chronological distance — those processes that Jane Everson has always been so skilful at exploring and illuminating — over the course of one hundred years, Dares and Dyctis had lost and Virgil had won again. To better understand this process, we may want to compare the already mentioned *Aquila*, whose incunabulum appears in 1483, with a text of almost the same title, *Aquila volante*, of which we have extant incunabula dating back to 1492, 1494, 1495, and 1497.[24]

The tale of the two Aquile is a simple one. The *Aquila nera* is the continuation of the classically inspired chivalric text known as *Troiano*, a text in verse that displays all the marks of the *cantari* tradition. The *Aquila volante* is a version of a portion of a famous text by the Carmelitan friar Guido da Pisa, the *Fiorita* [*Flourishing of Legends*], which had autonomous circulation under the name *Fatti d'Enea* [*Aeneas's Feats*].[25] In a very telling turn of events, though, the printed version of this text, which circulated under the title *Aquila volante*, has been long attributed to the humanist Leonardo Bruni. Needless to say, the *Aquila volante* preserves the Vergilian version (*pius Aeneas*), while the *cantare Aquila nera* is an example of the *impius Aeneas* genealogy. It is not surprising, in this context, that the retroactive reading of cultural products makes the *Aquila volante* into a humanistic text, still searchable today under the name of its (fake) author, and leaves the *Aquila nera* in the marshes of anonymity.

Books on Trojan stories were very common at the Este courts, and we find two *Cronicas Troianas* in the inventory of the books of Duke Federico Gonzaga of Mantua.[26] What is peculiar in the representation of Aeneas is the conflation of all these aspects within the character of the *impius Aeneas*: traitor of his city, thief of kingdoms and women, and, last but not least, traitor against Dido. Furthermore, all these elements are connected, in the *Furioso*, with the instability of poetic fame.

There are many reasons why Aeneas becomes such a catalyst for all themes connected to infamy. It is peculiar, though, that this does not happen in the *Inamoramento de Orlando*.[27] I think that the crucial reason why all these references to Aeneas crop up precisely in this context, in these three cantos, is that they are building up to a theme Ariosto will expand upon in the thirty-seventh canto: the *querelle des femmes*. The *querelle des femmes* is a close relative of the debate over Aeneas in the Middle Ages. The passage quoted above on the false glory of heroes and heroines (Penelope) favoured by poets continues with a reference to Dido:

Da l'altra parte odi che fama lascia	Listen on the other hand to what reputation
Elissa, ch'ebbe il cor tanto pudico;	Dido left behind, whose heart was so chaste;
che riputata viene una bagascia,	she [is] reputed a strumpet
solo perché Maron non le fu amico.	purely because Virgil was no friend of hers.
Non ti maravigliar ch'io n'abbia ambascia,	Don't be surprised if this embitters me

e se di ciò diffusamente io dico.	and if I talk about it at some length:
Gli scrittori amo, e fo il debito mio;	I like writers and am doing my duty by them,
ch'al vostro mondo fui scrittore anch'io.	for in your world I was a writer too.
Orlando furioso XXXV, 28	

This defence of Dido is just a preview of the open defence of women in the beginning of canto XXXVII:

Se, come in acquistar qualch'altro dono	If those accomplished ladies who have striven
che senza industria non può dar Natura,	night and day with the most diligent application
affaticate notte e dì si sono	to acquire some gift that Nature bestows only
con somma diligenzia e lunga cura	upon the industrious — and some brilliant work
le valorose donne, e se con buono	will have been the happy product — if those ladies,
successo n'è uscit'opra non oscura;	I say, had devoted themselves instead to those studies
così si fosson poste a quelli studi	which confer immortality upon mortal virtues,
ch'immortal fanno le mortal virtudi;	
e che per se medesime potuto	and had been able by themselves to achieve
avesson dar memoria alle sue lode,	undying reputation
non mendicar dagli scrittori aiuto,	without having to beg it from authors,
ai quali astio et invidia il cor sì rode,	whose heart is so eaten by malice and envy
che 'l ben che ne puon dir, spesso è taciuto,	that they often pass in silence over the good
e 'l mal, quanto ne san, per tutto s'ode;	while promulgating all the evil they know,
tanto il lor nome sorgeria, che forse	their fame would soar to heights
viril fama a tal grado unqua non sorse.	perhaps beyond the reach of any of the male sex.
Non basta a molti di prestarsi l'opra	For many men are not satisfied
in far l'un l'altro glorioso al mondo,	with titivating each others' reputations:
ch'anco studian di far che si discuopra	they must also take it upon themselves
ciò che le donne hanno fra lor d'immondo.	to disclose any blemishes in woman.
Non le vorrian lasciar venir di sopra,	They — the men of old, I mean — would never allow
e quanto puon, fan per cacciarle al fondo:	women the upper hand, but did their utmost
dico gli antiqui; quasi l'onor debbia	to keep them down, as though the fair sex's honor
d'esse il lor oscurar, come il sol nebbia.	would cloud their own, as mist obscures the sun.
Ma non ebbe e non ha mano né lingua,	But there was never a hand set to paper,
formando in voce o discrivendo in carte	nor a tongue forming words,
(quantunque il mal, quanto può,	that possessed the power (though it employed
accresce e impingua,	every skill to inflate evil
e minuendo il ben va con ogni arte),	and belittle good)
poter però, che de le donne estingua	to extinguish woman's glory to the point
la gloria sì, che non ne resti parte;	where none survives:
ma non già tal, che presso al segno giunga,	some does, but not the full tally
né ch'anco se gli accosti di gran lunga:	— not by a long streak!
Non restate però, donne, a cui giova	You ladies who incline to meritorious deeds,
il bene oprar, di seguir vostra via;	do persist in following your bent;
né da vostra alta impresa vi rimuova	do not be deflected from your high calling
tema che degno onor non vi si dia:	by the fear of not being paid the honor due to you.
che, come cosa buona non si trova	Just as there is no good which lasts forever,
che duri sempre, così ancor né ria.	so it is with the bad:
Se le carte sin qui state e gl'inchiostri	if hitherto paper and ink have not favored you,
per voi non sono, or sono a' tempi nostri.	we have now arrived in our own day.
OF XXXVII 1–6	

Ariosto, it has been noted, was not alone in his defence of women, and further work is necessary to explore the connections of the *Furioso* with lesser known texts Ariosto may have had the occasion to encounter, or simply texts that witness a flourishing interest in the use of female warriors to explore and express anxieties over the role of women. One example is the poem written by Andrea Stagi, titled *Amazonida*, which functions as a perfect companion to the prologue to canto XXXVII.[28] The dedicatory octave of the *Amazonida*, published in Venice by Christophorus de' Pensis in 1503, presents the problem with clarity:

Et perché ve fia nota la cagione	And so that you may know the reasons
De li antiqui poeti e loro scusa	and excuses of the ancient poets
Perché hanno scripto de donne amazone	who have written of the Amazons
Sì poca particella e sì confusa	so little and so poorly:
Chi feriti d'amore a lui l'oppone	some say it is because of love wounds,
Et che de celebrar donne recusa	some refuse to celebrate women,
Et Saphos ch'aria pinta ogni partita	and Sappho, who'd have depicted every deed
Se scusa ch'el suo Phaon l'ha impedita.	claims that her Phaon prevented her.

There are three reasons for the lack of verses that glorify women, according to Stagi: the existence of cruel women ('chi feriti d'amore a lui l'oppone'), lack of willing poets ('che de celebrar donne recusa'), and their own inability due to feminine weakness (Saphos). The *Amazonida* provides a rare opportunity to observe a lowbrow version of the defence of women in Ferrara, very close to Ariosto's poem. It is an interesting coincidence, in fact, to find the poem by Stagi quoted in the inventory of Domenico Sivieri, a Ferrarese book merchant active in Ariosto's years.[29] The poem, before falling into oblivion, circulated and was read in the same environment in which we place the conception and reception of the *Furioso*.[30] The sites of production of this classically inspired collection of Amazonian deeds, moreover, were predictably the same that witnessed and increased the explosion of popular *cantari* dedicated to giantesses and female warriors dear to Ariosto's fantasy: the same Cristoforo de' Pensi had printed, in 1498, the *Ancroia*, possibly the most read popular poem of the second half of the fifteenth century.[31]

It is then significant that a poem like the *Amazonida* presents, in a schematic version, the inception of a concern with the position of women in relation to poetry. Connecting poetic authorship with the power to fabricate fame, indicating the female gender as the victim of such power, and finally identifying Amazons as the privileged site to study and correct this problem, Stagi paves the way for the sustained discussion of praise and blame which lies at the heart of cantos XXXIV, XXXV and XXXVI of the *Furioso*.

It is, however, not the *Amazonida* but rather the *Aquila* that affords us the key to decode Ariosto's cluster of references to Aeneas. Because, as it often happens with these texts, the *Aquila* supplies pure ideology, without masking or pretension. It puts it out in the open: illegitimacy is the threat — the illegitimate text, the illegitimate hero, the betrayal of and by women. Aeneas is the unreadable text; his bastardy is the source of illegitimacy, the deep reason for his betrayal. Interestingly enough, the reason for his success as a character is the legitimacy of the lineage he has 'produced'. In a sort of retroactive legitimation, Aeneas is made whole again.

Ultimately, the legitimation of Ariosto's text as a classic rests, among other elements, on the assumption of his identity with us in the recognition of legitimate models. Ariosto is embracing the threat of the illegitimate text, of the multitude of versions of the source, of the multiple Aeneas. In a way we, his critics, still resist.

Notes to Chapter 4

1. Dennis Looney, *Compromising the Classics: Romance Epic Narrative in the Italian Renaissance* (Detroit, MI: Wayne State University Press, 1996); Jane Everson posed the question with great clarity, through her foundational work on the *Mambriano* and programmatically in *The Italian Romance Epic in the Age of Humanism* (Oxford: Oxford University Press, 2001). Antonia Tissoni Benvenuti and Cristina Montagnani have shed light on the profound connection between the *Inamoramento de Orlando* and the chivalric poems and *cantari* through their work for the edition of Boiardo's poem. Anna Montanari's articles and her work on the forthcoming catalogue of incunabula of chivalric texts productively follow in their footsteps. Sergio Zatti and Stefano Jossa continue to explore the functioning and vast implication of Ariosto's poetics of mediation. See also Eleonora Stoppino, *Genealogies of Fiction: Women Warriors and the Dynastic Imagination in Ariosto's* Orlando furioso (New York: Fordham University Press, 2012).
2. I use here 'compromise' in the technical term given by Dennis Looney in *Compromising the Classics*.
3. Groundbreaking work in this sense has been done by Antonia Tissoni Benvenuti; see in particular 'Intertestualità cavalleresca', in *Tre volte suona l'olifante... (La tradizione rolandiana in Italia fra Medioevo e Rinascimento)*, Issue 8 of *A tre voci* (Milan: Unicopli, 2007), pp. 57–78. For models of analysis that integrate different intertexts, see Stoppino, pp. 1–15 and 88–115.
4. Quotations of the text are from Ludovico Ariosto, *Orlando furioso*, ed. by S. Debenedetti and C. Segre (Bologna: Commissione per i testi di lingua, 1960). Unless otherwise noted, I use the English translation by Guido Waldman (Oxford: Oxford University Press, 1974).
5. See Stoppino, in particular pp. 104–15.
6. Robert Durling, *The Figure of the Poet in Renaissance Epic* (Cambridge. MA: Harvard University Press, 1965), pp. 146–50; David Quint, 'Astolfo's Voyage to the Moon', *Yale Italian Studies*, O.S. 1 (1977), 398–408; Albert Russell Ascoli, *Ariosto's Bitter Harmony: Crisis and Evasion in the Italian Renaissance* (Princeton, NJ: Princeton University Press, 1987), especially pp. 284–304. On Ariosto's treatment of his patrons, see in particular pp. 381–89. See also Stefano Jossa, 'The Lies of Poets: Literature as Fiction in the Italian Renaissance', in *Renaissance Studies in Honor of Joseph Connors*, ed. by Machtelt Israëls and Louis Waldman (Harvard: Harvard University Press, 2013), pp. 565–74.
7. Albert Russell Ascoli, 'Ariosto and the "Fier Pastor": Form and History in *Orlando Furioso*', *Renaissance Quarterly*, 54 (2001), 487–522.
8. See Jean-Pierre Callu, '"Impius Aeneas?" Echos Virgiliens du Bas-Empire', in *Présence de Virgile. Actes du Colloque des 9, 11 e 12 Décembre 1976*, Paris E.N.S., Tours, ed. by Jacques Perret and Raymond Chevallier (Paris: Les Belles Lettres, 1978), pp. 161–74; Francesco Chiappinelli, *Impius Aeneas* (Acireale and Rome: Bonanno, 2007).
9. Dictys Cretensis, *Ephemeridos Belli Troiani libri A Lucio Septimio ex Graeco in Latinum sermonem translati* Accedit papyrus Dictys Graeci ad Tebtunim inventa, edidit Werner Eisenhut, Lipsiae, in aedibus B. G. Teubneri, MCMLVIII; Daretis Phrygii, *De Excidio Troiae historia*, recensuit Ferdinandus Meister, Lipsiae, in aedibus B. G. Teubneri, MDCCCLXXIII. The Latin versions of the texts are considered to date back to the fourth century AD for Dictys and to the middle of the fourth century AD for Dares, while the original Greek texts should date back to, respectively, between 66 and 200 AD for Dictys and after the second century AD for Dares. For an essential introduction, see Nathaniel Edward Griffin, *Dares and Dictys: An Introduction to the Study of Medieval Versions of the Story of Troy* (Baltimore, MD: J. H. Furst Company, 1907). To understand the pervasive presence of these narratives in Medieval and Early Modern Italy, there is now the valuable study by Valentina Prosperi, *Omero sconfitto. Ricerche sul mito di Troia dall'antichità al Rinascimento* (Rome: Edizioni di Storia e Letteratura, 2013).

10. Marilynn Desmond, *Reading Dido: Gender, Textuality, and the Medieval* Aeneid (Minneapolis: University of Minnesota Press, 1994); Margaret Ferguson, *Dido's Daughters: Literacy, Gender, and Empire in Early Modern England and France* (Chicago, IL: University of Chicago Press, 2003). On the development of the legend of Dido, see also Paola Bono and M. Vittoria Tessitore, *Il Mito di Didone. Avventure di una regina tra secoli e culture* (Milan: Bruno Mondadori, 1998).
11. On the Dantean revision of Aeneas, see Giorgio Inglese, 'Una pagina di Guido delle Colonne e l'Enea dantesco (con una postilla a If II 23 "per lo loco santo")', *La cultura*, 35 (1997), 403–33; Giorgio Inglese, 'Storia e Comedìa: Enea', in Id., *L'intelletto e l'amore. Studi sulla letteratura italiana del Due e Trecento* (Milan: La Nuova Italia, 2000), pp. 123–64; Ilaria Tufano, 'Dal tradimento alla negromanzia. La vicenda di Enea nel Trecento italiano', *Critica del testo*, 13 (2010), 235–56; Prosperi, pp. 39–66.
12. Dante's knowledge and his 'libera quanto radicale scelta creativa e ideologica' are demonstrated beyond any doubt by Prosperi, pp. 40–66. As will be clear, I am also in agreement with her explanation for Dante's choice, due to his investment in the imperial project as a necessary condition for the advent of Christ, and, as a providential project, necessarily based on the fall of Troy as a symbol of human pride (see pp. 64–66).
13. Quoted by Prosperi, p. 27.
14. These texts were studied, and partially edited, by: Pio Rajna, 'Il *Cantare dei cantari* e il sirventese del Maestro di tutte le arti', *Zeitschrift für romanische Philologie*, 2 (1878), 241–50, now in Id., *Scritti di filologia e linguistica italiana e romanza*, ed. by Guido Lucchini, I (Rome: Salerno, 1998), pp. 525–602; Ernesto Giacomo Parodi, 'I rifacimenti e le traduzioni italiane dell'*Eneide* di Virgilio prima del Rinascimento', *Studi di filologia romanza*, 2 (1887), 206–40, pp. 365–66; Egidio Gorra, *Testi inediti di storia troiana* (Turin: Loescher, 1887); Francesco Ugolini, *I cantari d'argomento classico. Con un'appendice di testi inediti*, Biblioteca dell'*Archivum Romanicum*, 19 (Genève and Florence: Olschki, 1933), pp. 45–53.
15. See for instance the enraged accusation pronounced by Hecuba: 'Eneas, ladro traditore disleale, vecchio e gattivo. Come usasti tu tradire tuo signore ch'è stato morto dinanzi a' tuoi occhi?' Binduccio dello Scelto, *Storia di Troia*, ed. by Gabriele Ricci (Parma: Fondazione Pietro Bembo/Ugo Guanda Editore, 2004), CCCCCVIIII, p. 776.
16. *La guerra di Troia in ottava rima*, critical edition by Dario Mantovani, *Biblioteca di Carte Romanze* (Milan: Ledizioni, 2013). For the critical history of the texts and a thorough description of the manuscripts that preserve it, see pp. 9–14.
17. *Guerra di Troia*, cantare V, ii, 6 (p. 262). See Ugolini, p. 39.
18. Anna Montanari, ' "Sì come mi raconta el gran poeta". Le storie di Enea nei cantari in ottave a stampa', *Libri & Documenti*, 30 (2004), 1–17. Montanari signalled to me that there are at least two other incunabula of the two texts, a Florentine edition (*c.* 1490, GW 12521), now at the Maryland Walters Art Gallery in Baltimore, and a Venetian 1491 edition (GW 12520) in Munich, Staatsbibliothek. I have examined both the Trivulziana and the Baltimore texts.
19. Incunabulus Triv. Inc. C 108, Biblioteca Trivulziana, Milan.
20. Andrea da Barberino, *Storia d'Ugone d'Alvernia*, ed. by Francesco Zambrini (Bologna: Romagnoli, Sceltà di curiosità letterarie inedite o rare, 188 et 190, 1882; repr. Bologna, Commissione per i testi di lingua, 1968), 2 vols, II, 75–77. *La discesa di Ugo d'Alvernia allo Inferno secondo il codice franco-italiano della Nazionale di Torino*, ed. by Rodolfo Renier (Bologna: Romagnoli, Scelta di curiosità letterarie inedite o rare, 194, 1883), see p. 9: 'fuze de quy, che non te credo niente, | za fusty traditore de ty et altra zente | per ty yn molte parte ay fato dislialmente | de Troia donda el fo el suo abasamento | che yn ty se fidase faria molto malamente'.
21. Parodi, pp. 365–66.
22. Prosperi, pp. 40–66.
23. Ibid., pp. 27–38.
24. I have consulted the 1495 edition (printed Milan by Antonio Zaroto), preserved at the Biblioteca Civica 'Angelo Mai' in Bergamo (another copy exists at the Biblioteca Nazionale Braidense in Milan).
25. Anna Montanari studies the verse *volgarizzamenti* of this same text, which circulated widely in print under the name *Eneida vulgare*, in the article quoted above, especially pp. 9–12.
26. In Spanish according to Alessandro Luzio and Rodolfo Renier, *La coltura e le relazioni letterarie*

di Isabella d'Este Gonzaga, ed. by Simone Albonico (Milan: Edizioni Sylvestre Bonnard, 2005), originally published in *Giornale storico della letteratura italiana*, 1899–1903 (p. 280).
27. Antonia Tissoni Benvenuti and Cristina Montagnani have found abundant evidence of knowledge of the *Troiano* on Boiardo's part. See Tissoni Benvenuti's *Commentary* to *Inamoramento* III v, 18–21; and also *idem*, 'Rugiero o la fabbrica dell'*Inamoramento de Orlando*', in *Per Cesare Bozzetti. Studi di letteratura e filologia italiana*, ed. by Simone Albonico, A. Comboni, G. Panizza and C. Vela (Milan: Fondazione Arnoldo e Alberto Mondadori, 1996), pp. 69–89; *idem*, 'Presenza dell'antico nell'*Inamoramento de Orlando*', in *Intertestualità e smontaggi*, ed. by Roberto Cardini and Mariangela Regoliosi (Rome: Bulzoni, 1998), pp. 77–110.
28. The *Amazonida*'s first modern edition is that by Ernesto Spadolini (1908), reviewed by Rodolfo Renier in *Giornale storico della letteratura italiana*, 54 (1909), 220–23. See Carlo Dionisotti, 'Fortuna e sfortuna del Boiardo nel Cinquecento', in *Il Boiardo e la critica contemporanea*, ed. by Giuseppe Anceschi (Florence: Olschki, 1970), pp. 221–41, now revised as 'Fortuna del Boiardo nel Cinquecento', in Carlo Dionisotti, *Boiardo e altri studi cavallereschi* (Novara: Interlinea, 2003), pp. 143–61. For the *Amazonida*, see in particular pp. 151–53. Stagi belonged to a circle likely connected to the Gonzagas of Mantua, as demonstrated by references in his text, in particular to the poet Marco Cavallo. For these connections, see Luzio and Renier, *La coltura e le relazioni letterarie di Isabella d'Este Gonzaga*, ed. by Simone Albonico (Milan: Edizioni Sylvestre Bonnard, 2005), originally published in *Giornale storico della letteratura italiana*, 1899–1903, p. 239. I consulted two extant copies of the 1503 edition of the poem, the one preserved at the Biblioteca Casanatense in Rome (RM0313) and the one owned by Harvard's Houghton Library (*IC. St136.503a), as well as the rare 1908 edition. I quote the text from the 1503 edition, and translations are mine. The poem has been neglected as an object of study, as Carlo Dionisotti noted in 1970. There is only one known sixteenth-century edition after the Venetian one. Verrier, in *Le Miroir des Amazones. Amazones, viragos et guerrières dans la littérature italienne des XVe et XVIe siècles* (Paris: L'Harmattan, 2003) mentions the text as an important contribution to the Amazonian literature of the Renaissance (192–97). The text has been recently edited by Stefano Andres (Pisa: ETS, 2102), who had begun an exploration of it in his monograph *Le Amazzoni nell'immaginario occidentale. Il mito e la storia attraverso la letteratura* (Pisa: ETS, 2001). This worthy endeavour will certainly open the way to further studies.
29. Angela Nuovo, *Il commercio librario a Ferrara tra XV e XVI secolo. La Bottega di Domenico Sivieri* (Florence: Olschki, 1998), p. 25; and *idem*, 'I "libri di battaglia". Commercio e circolazione tra Quattro e Cinquecento', in *Boiardo, Ariosto e i libri di battaglia*, ed. by Andrea Canova and Paola Vecchi Galli (Novara: Interlinea, 2007), pp. 341–59 (p. 353).
30. I started exploring connections between the *Amazonida* and the *Furioso* in *Genealogies of Fiction* (pp. 61–80). Stefano Jossa explores complementary elements of the Renaissance Amazon as a political myth in 'Nemiche dell'uomo. Il mito delle Amazzoni nel poema cavalleresco', in *Nello specchio del mito. Riflessi di una tradizione. Atti del Convegno di Studi (Università degli Studi Roma Tre, Roma 17–19 febbraio 2010)*, ed. by G. Izzi, L. Marcozzi, C. Ranieri (Rome: Franco Cesati, 2012), pp. 219–48.
31. Cristoforo de' Pensi di Mandello was active in Venice between 1487–88 and 1506. On the connections between *Amazonida* and *Ancroia* in the context of a resurgence of Amazonian themes, see Stoppino, pp. 64–65.

CHAPTER 5

❖

Forme dell'intreccio nel *Mambriano* di Francesco Cieco

Annalisa Izzo
Université de Lausanne

La mancanza di un'edizione critica recente e attendibile rappresenta, com'è ben noto, l'ostacolo maggiore allo studio di un'opera certamente significativa per la storia della tradizione epico-cavalleresca italiana quale il *Libro d'arme e d'amore nomato Mambriano* di Francesco Cieco da Ferrara.[1]

Purtuttavia, la dedizione ultratrentennale che Jane Everson[2] ha coltivato nei confronti di questo testo ha favorito la rinascita di interesse verso un poema che, almeno nel primo Cinquecento, conobbe una non disprezzabile fortuna editoriale e critica. In particolare, è merito della studiosa che celebriamo in questo volume se comincia oggi ad aprirsi una breccia nella roccaforte dei luoghi comuni che pesa sul *Mambriano*. Tra questi, particolarmente ricorrente è l'accusa di una mancanza di coerenza nella struttura narrativa.[3] Se prescindiamo da critiche tramandatesi nel tempo e frutto, in definitiva, di approssimativa conoscenza dell'opera, bisogna ammettere che nuoce ad una lettura oggettiva il vizio di un comparatismo gerarchizzante. Nel senso che troppo spesso ci si avvicina al *Mambriano* come termine deteriore di confronto con l'*Inamoramento* e col *Furioso*, interessati più ad evidenziare ciò che può leggersi come limite e arretratezza rispetto ai due capolavori, che a far emergere le forme e le ragioni dell'alterità. Tra i più recenti interventi di Everson volti ad incoraggiare nuove prospettive di studio, un saggio del 2011 s'impegna a dimostrare come la mescidanza di temi e situazioni proposte dal Cieco sia leggibile, di fatto, come espressione 'dell'ambivalenza culturale che caratterizza il suo ambiente e i suoi principali lettori',[4] individuando nella tradizione della narrativa medievale, in quella epico-latina e nella allusione alla contemporaneità dell'autore i tre binari principali sui quali si organizza la materia del racconto.

Nel contesto della recente tendenza a valorizzare, dei poemi cavallereschi tra Quattro e Cinquecento, proprio la costruzione narrativa, una prospettiva dalla quale guardare alla struttura dell'opera, per verificarne la tenuta come per comprenderne il disegno, è quella che si interessa precisamente alla grammatica del racconto, vale a dire all'organizzazione dei segmenti narrativi, agli stacchi tra un segmento e l'altro, alla forma del discorso, eccetera.[5] Un aspetto particolare di questa grammatica, ad esempio, è la presenza del 'racconto nel racconto' in relazione con l'uso del discorso del personaggio. Osservati globalmente, nell'interazione con il racconto di primo grado, tali 'inserti' ci dicono molto sulla forma dell'intreccio.

Nel *Mambriano* si nota, in effetti, una dicotomia forte tra i canti I–XXV e XXVI–XLV. Mentre i racconti intercalati nella prima parte dell'opera si qualificano come narrazioni digressive ed estrapolabili, nella seconda parte, oltre il canto XXV, tali racconti diventano parte integrante della trama principale (il protagonista e i personaggi del racconto metadiegetico[6] sono presenti anche nella diegesi di primo grado; il racconto del narratore interno determina un'azione del paladino, oppure la giustifica; il racconto non è chiuso in sé ma si completerà grazie all'azione del paladino; il racconto metadiegetico può essere integrato da altri racconti narrati da personaggi nella trama principale). Nei canti I–XXV l'intervento metadiegetico del personaggio, infatti, dà luogo o a una narrazione esemplare, novellistica, legata alla trama principale solo da rapporti tematici; oppure ad un racconto analettico volto o a coprire un segmento della *fabula* principale non presentato dal narratore principale, o, addirittura, a riprendere eventi già narrati dal narratore primo (analessi omodiegetica).[7] Oltre il canto XXV invece, ma in particolare dal canto XXXVI al XLV, il racconto metadiegetico ha un ruolo preponderante nell'attivazione di nuovi episodi della trama principale. Il fatto non può che leggersi come una precisa scelta compositiva, soprattutto in considerazione del ruolo pervasivo che, invece, assume il discorso diretto nella totalità dell'opera.

Questa dicotomia tra prima e seconda parte del poema, in effetti, non soltanto rinvia a modelli letterari diversi, ma risponde anche a due diverse pratiche della tecnica dell'*entrelacement*. Per approfondire questo aspetto e in guisa di definizione di tale tecnica, rileggiamo quanto scriveva Praloran:

> [*entrelacement*] non è esattamente costruire la narrazione su due o tre fili (magari episodicamente) e in modo spesso irrelato (una volgarizzazione del modello tale quale lo vediamo in alcune tarde *chansons* e da qui naturalmente nei cantari e nei poemi cavallereschi italiani), ma costruire un disegno diegetico che verte proprio sulla pluralità delle *storie* in modo che il racconto risulti *acentric* come sottolinea Vinaver e cioè distribuito con un equilibrio variabile tra i principali eroi.[8]

I racconti metadiegetici della seconda parte del *Mambriano* (principalmente la storia raccontata ad Ivonetto dal cavaliere sepolto vivo, XXXVI.14–37, e quella raccontata da Orio D'Oria ad Orlando, XXXIX.29–XL.98) si caratterizzano per la loro importanza sia in termini di estensione in ottave, sia per gli sviluppi che essi determinano nella ramificazione della trama principale, attraverso l'agire del paladino, narratario interno della storia raccontata in metadiegesi. In questo senso essi si fanno strumento concreto di un racconto *acentric*, teso alla pluralità di storie, al movimento centrifugo. Non così i racconti della prima parte.[9] Insomma, se da un lato il ruolo e la funzione del racconto metadiegetico non possono non considerarsi espressione significativa della strategia d'intreccio pianificata dall'autore,[10] dall'altro il *Mambriano* ci pone di fronte a due visioni opposte di tale strategia.

Per cui vien fatto di chiedersi: qual è la pratica dell'*entrelacement* pianificata dal Cieco? È possibile, a conti fatti, riconoscere un disegno perseguito dal poeta, o davvero dobbiamo arrenderci all'idea dell'‘affastellamento' di storie (almeno a partire da un certo punto)?

Per tentare una risposta è necessario collocare l'osservazione del racconto metadiegetico all'interno di un ambito di analisi più esteso, vale a dire dell'insieme di quegli elementi formali che possiamo leggere come spie dell'organizzazione dell'intreccio. Il modo e la posizione degli stacchi tra le singole storie o sequenze narrative costituiscono, ad esempio, una di queste spie. Ho provato pertanto a reperire le formule di trapasso narrativo, 'gli spostamenti di obiettivo operati dal narratore all'interno della storia',[11] e a guardarle un po' più da vicino al fine di contribuire a dissodare il terreno dello studio circa gli aspetti formali peculiari di quest'opera. L'indagine che propongo si esercita su campioni significativi di testo. Ho infatti circoscritto il censimento ai dieci canti iniziali, ai dieci finali e al canto XXVI, in quanto punto di passaggio da un sistema d'intreccio all'altro.

Il censimento ha mostrato un'interessante alternanza di procedimenti fittizi e reali di transizione. Mi spiego. In alcuni casi la transizione non è effettiva ma si limita a coincidere con una formula: il narratore non cambia veramente filo narrativo, semplicemente o sposta il fuoco del racconto su una scena parallela, poco distante, oppure, addirittura, ripete una formula metanarrativa ('Diciamo come', 'Lasciàn', 'Torniamo' ecc.)[12] senza che a questa corrisponda un cambio di sequenza o di soggetto. Per chiarire con qualche esempio: nel canto II, Mambriano e Rinaldo si stanno affrontando in nome di Carandina. Ad un certo momento gli uomini di Mambriano afferrano il loro signore, ferito e stordito, e lo conducono alla nave (ottave 13 e 14), mentre Rinaldo sul lido continua a far strage (ottava 15). Accortosi della partenza di Mambriano, Rinaldo se ne fa beffa (ottava 16). Ma ecco l'attacco dell'ottava 17: 'Tornando a quei che verso il mar fuggivano' (ossia al gruppo di Mambriano di cui si parla nelle ottave 13 e 14). Il verbo *tornare*, frequentemente in opposizione a *lasciare*, è tipico delle formule di trapasso narrativo nella tradizione canterina[13] ed è qui usato in modo da suggerire un intervento del regista, che passa da un filo all'altro del racconto, organizzando e gestendo la materia da narrare. Tuttavia, com'è evidente, qui c'è poco da tenere le fila:[14] la scena su cui si ritorna era stata lasciata appena due ottave più sopra e i suoi protagonisti non sono che gli interlocutori di Rinaldo, al centro delle ottave 15 e 16 immediatamente precedenti. La situazione si ripete, leggermente diversa, poco più avanti. Infatti, dopo aver descritto per circa tredici ottave (17–29) la condizione di Mambriano, tratto in salvo sulla nave, il narratore torna a Rinaldo così: 'E mentre che costui traversa il mare | Voglio a Rinaldo un poco ritornare' (II.29.7–8). Se nel primo esempio siamo di fronte a una transizione puramente fittizia, nel secondo ci spostiamo da una zona all'altra della scena del racconto — gli uni ormai in piena navigazione, l'altro sulla spiaggia — per osservare l'aumentare della distanza tra i due fuochi della narrazione, una loro divaricazione verso linee narrative autonome. Di fatto, nel secondo caso, il trapasso — benché relativo a situazioni contigue nel tempo e nello spazio — apre una nuova sequenza narrativa che vede Rinaldo allontanarsi dalla spiaggia, ristorarsi con Carandina e, durante il banchetto, ascoltare la novella raccontata da una fanciulla.

Situazioni di questa natura sono frequenti nel testo[15] e testimoniano di un uso non marcato, si potrebbe dire, della funzione di regia, a vantaggio di una progressione piuttosto lineare del racconto. I fili narrativi sono sì molteplici, legati a una ricca schiera di personaggi (Mambriano, Rinaldo, Carandina... per ricordare solo gli esempi appena evocati), ma la transizione dall'uno all'altro si vuole piana, fatta per accostamento di scene parallele.

Questa propensione sembra confermata — fino a un certo punto — dai trapassi reali. Tra gli stacchi non fittizi si segnalano, in prima battuta, quelli che continuano a veicolare un'alternanza abbastanza orizzontale dei fili narrativi.

Nel canto III, ad esempio, subito dopo l'incipit metanarrativo (ottave 1 e 2), si riprende la storia non già da dove essa era stata lasciata sul chiudersi del canto II — vale a dire il banchetto durante il quale Rinaldo ascolta la novella — bensì proprio dal viaggio per mare di Mambriano, lasciato in sospeso, come s'è detto, mentre navigava nel canto II, ottava 29. 'Lascierò star Rinaldo e Carandina, | E tornerommi a quel pagan supremo, | Che verso Creta quanto può declina' (III.2–3): si noterà quindi che, nonostante siano intercorse almeno ottantotto ottave tra il momento in cui il filo narrativo di Mambriano si era interrotto (II.29) e quello in cui esso viene ripreso (III.2), di fatto l'intreccio resta piano e lineare; durante quelle ottave, mentre Mambriano navigava, l'altro personaggio principale, Rinaldo, si riposava ascoltando una storia. Lo slittamento da un filo narrativo all'altro non pone alcun problema sul piano spazio-temporale né su quello della completezza dell'informazione circa le avventure dei personaggi.

Il trascorrere di molte ottave potrebbe andare di pari passo con una maggiore incisività dello stacco. Ma le cose non stanno sempre così. Vediamone un esempio. Nel canto VI ottava 9 il narratore lascia Malagigi in partenza verso l'isola di Carandina. Il racconto tornerà su di lui nel canto successivo, il VII all'ottava 20. Tra i due spezzoni c'è stato il terribile assedio di Montalbano da parte dei saraceni, gli scontri molteplici tra gli opposti schieramenti, lo scambio di prigionieri, il riorganizzarsi di Carlo, privato dell'aiuto di Rinaldo e Orlando. Tutta la vicenda militare si svolge tra VI.10 e VII.19. In effetti le sequenze narrative sono numerose, è come se una macchina da presa registrasse alternativamente ciò che succede ora in uno schieramento, ora nell'altro; tuttavia l'insieme delle scene è riconducibile ad un sol filo narrativo, il grande affresco che narra i combattimenti presso Montalbano assediata. Quando il narratore decide di abbandonare il campo di battaglia torna immediatamente al filo narrativo abbandonato per ultimo, cioè a Malagigi che naviga i mari. Se avesse cercato un disegno più complesso dell'intreccio, dopo le vicende guerresche il narratore avrebbe potuto spostare il fuoco del racconto su fili legati a personaggi più lontani, Rinaldo sull'isola di Carandina, Orlando prigioniero della montagna. Invece, anche in una situazione più articolata, si ha l'impressione che il Cieco continui a prediligere un'alternanza agevole di fili della trama, offrendo al lettore la possibilità del controllo della materia.

In alcuni casi, tuttavia, una certa complessità seduce il narratore. Nel canto IV ottava 2 Mambriano sta solcando le onde con un poderoso esercito alla volta della Guascogna, da dove intende attaccare tutta Francia. Ma ecco lo stacco: 'Lasciamo alquanto il popolo infedele, | E ritorniamo a l'opre alte e profonde | Fatte per man d'Orlando gentil conte' (IV.2.5–7) — si noti, innanzitutto, che è la prima volta che nel poema si parla del Conte. Il racconto tornerà su Mambriano solo a V.83.5. Nel frattempo, nello spazio di quasi due canti si alternano molte sequenze narrative, principalmente legate — e questo è importante — alla vicenda di Orlando, che si intreccia con le vicende di suo cugino Astolfo, con quelle degli innamorati Androsilla e Carmenio e con quelle di Fulvia. Questo ampio segmento comporta l'apparizione sulla scena narrativa di molti personaggi, alcuni (come lo stesso Orlando) per la prima volta, che introducono un nuovo e autonomo filo dell'intreccio. Inoltre qui — a differenza che nell'esempio precedente, dove grosso modo tutto avveniva nel campo di battaglia presso Montalbano — i confini spaziali e geografici dell'azione si allargano e i personaggi seguono le loro traiettorie, gli uni allontanandosi dagli altri. Resta il fatto che quando questo lungo e articolato segmento si chiude (su Orlando e Astolfo prigionieri con Fulvia nella montagna, Carmenio e Androsilla felici sposi in Portogallo) il narratore ritorna subito al segmento lasciato per ultimo prima dello stacco, vale a dire a quello stesso Mambriano che navigava verso Guascogna: 'Ma perché Mambrian con le sue genti | È giunto nel paese dei cristiani | Bisogna che di lui ragioni alquanto' (V.83.5.).

Ancor più complesso è lo stacco del canto XLI, ottava 12.6–8. Qui, infatti, si recupera il filo della storia di Astolfo ('Acciò che Astolfo di me non si lagni | Voglio lasciarli per alquanti giorni | Perché gli è tempo ormai che a lui ritorni')[16] abbandonato addirittura al XXXVIII.56.5–8 ('L'Inglese allora, più ardito che saggio | (...) | Si mise a cavalcar verso la Spagna'). Ripercorrere le singole sequenze e i fili dell'intreccio che si sviluppano tra questi due momenti della vicenda di Astolfo sarebbe lungo.[17] In estrema sintesi, si proseguono le vicende di Ivonetto e di Rinaldo e si torna su quelle di Orlando ('Or non più di costor; torniamo a Orlando', XXXVIII.72.1) alle quali si intrecciano quelle di Orio D'Oria che racconta al paladino le proprie vicissitudini. Così, tra il momento in cui Astolfo viene lasciato sulla strada diretta in Spagna e il momento in cui il narratore lo recupera, il lettore segue avventure che fanno capo a personaggi diversi e che si organizzano piuttosto che sul dominante principio lineare (com'era negli esempi precedenti), su quello dell'*emboîtement*. Si ricordi, tra l'altro, come al racconto di Orio faccia seguito un'analessi di Orlando la quale altro non è se non la continuazione della storia stessa di Orio (XL.99–XLI.6).

Una situazione affine si riscontra tra lo stacco che lascia Orlando in marcia verso la Galizia (XLI.12.1–5) e il momento in cui il personaggio viene ritrovato ('Lasciamo ora Marsiglio che s'accampa | Al Vantatorio albergo, confortando | (...) | E ritorniamo al gentil conte Orlando', XLII, 38.1–4). Anche qui le vicende che intercorrono tra i due punti sono numerose. Alla *foisonnante* linea narrativa di Astolfo, si legano le vicende di Gioroante, sua figlia Argonetta e suo figlio Andropeo, a cui sono intrecciate, a loro volta, le vicende di re Marsiglio.

Simile complessità di sequenze si ripete nel momento in cui, XLIII.37, si fa ritorno all'assedio messo in atto da Marsiglio contro Gioroante, lasciato appunto al XLII.38 (tra i due momenti si è sviluppata la linea narrativa che fa capo a Orlando, hanno avuto luogo gli scontri del Conte e di Orio contro i ladroni, il ferimento di Orio, l'arrivo a Granata, l'incontro e il racconto di Polima che ha determinato l'intervento del paladino contro Grandonio).

Ma di fatto lo stacco più vertiginoso — quello che poi contiene al suo interno gli ultimi due stacchi ricordati — si incontra quando il racconto lascia Orlando in viaggio verso Francia e fa ritorno sul personaggio di Rinaldo, XLIV.86.1: 'Or lasciamolo andar che Dio il conduca | A salvamento e parliam del cugino | Che sconsolato a Montalban s'imbuca'. Rinaldo era stato messo in sospeso ben sei canti prima quando, ricevute in premio enormi ricchezze da Carlo, faceva ritorno a Montalbano coi suoi settecento uomini ('Or non più di costor; torniamo a Orlando', XXXVIII.72.1). Il segmento narrativo che separa questi due punti è davvero tra i più lunghi e i più complessi del poema. Probabilmente mai prima d'ora un personaggio è stato lasciato tanto a lungo in sospeso. Proviamo a schematizzare la successione di eventi. Un primo filo narrativo segue Orlando che, sbaragliata una banda di ladroni, libera un prigioniero che si rivela essere Orio D'Oria. Dopo un nuovo scontro coi malviventi, il giovane racconta la sua storia al paladino (da XXXIX.29). Orlando, nell'ascoltarne le vicissitudini capisce di aver incontrato già alcune delle persone coinvolte nei fatti e quindi racconta ad Orio l'esito di alcuni aspetti della vicenda (XL.98–XLI.5). Rimessisi in viaggio, i due incontrano un gruppo di pellegrini bisognosi di aiuto, per cui tutti si mettono in movimento alla ricerca degli assassini che hanno aggredito il gruppo. A questo punto (XLI.12) il narratore passa ad un altro filo della storia, quello di Astolfo che, dopo aver rubato la spada Durlindana, aggredisce un cavaliere per averne la damigella. Quindi, graziatolo, si fa insegnare da lui dove possa trovare avventure. Il cavaliere lo indirizza verso l'albergo Vantatorio dove tiranneggia Gioroante, padre della bella Argonetta. Astolfo parte verso l'albergo, ma nottetempo Malagigi gli sottrae Durlindana cambiandola con una spada di legno. All'indomani Astolfo attacca Gioroante ma è beffato dal rendersi conto che la sua spada è di legno. Viene quindi fatto prigioniero. Nel frattempo il suo scudiero si mette in salvo fuggendo, ma incontra Malagigi che, sotto le mentite spoglie di un pastore, gli offre il modo di liberare Astolfo: gli consegna infatti una cintola magica che rende invisibili, spiegandogli come fare per soccorrere il padrone. Intanto si viene a sapere che Andropeo, fratello di Argonetta, è tenuto in assedio da Marsiglio. Munito della cintola, lo scudiero, tornato all'albergo Vantatorio, usa l'oggetto magico per cercare di approfittare delle grazie della bella Argonetta. Tuttavia viene smascherato e la ragazza si impossessa della cintola che rende invisibili e che usa subito per recarsi presso Marsiglio al fine di convincerlo a liberare Andropeo (XLII.4). Ma Marsiglio cerca di approfittare di lei. La giovane pur di non farsi disonorare si avvelena e il suo corpo viene bruciato. Marsiglio allora rinforza l'assedio contro Andropeo. Qui, per circa dieci ottave, il narratore racconta l'ossidione dal punto di vista della vittima, che però finisce per soccombere (XLII.29). Ed ecco allora un nuovo passaggio di filo narrativo: si lascia Marsiglio e si torna a Orlando (XLII.38) che viaggia ancora assieme ad Orio quando incontra Malagigi il quale gli restituisce Durlindana e gli racconta che Astolfo è fatto prigioniero da Gioroante. Ripartiti, i due arrivano ad una spelonca di ladri. C'è uno scontro e Orio resta gravemente ferito. Orlando fa strage di malviventi e prega per la salvezza di Orio. Le sue speranze sono esaudite e insieme ad Orio libera un prete fatto prigioniero dai malviventi. Il prete chiede a Orlando di ricostruire il tempio in cui veniva tenuto prigioniero: Orlando e Orio ripartono dopo otto giorni, alla volta dell'albergo Vantatorio, ma si perdono e arrivano a Granata. Qui incontrano Terigi e Ivonetto che sono alla ricerca del Conte da oltre due mesi (XLII.73) e che possono finalmente restituirgli l'armatura. Intanto il gruppo è raggiunto da una donna, Polima, che si lamenta per il fatto di dover subire l'oppressione di Grandonio che ha invaso le sue terre. Polima spiega anche che Sinodoro si sta muovendo in suo aiuto, ma invano. Tutti sono condotti a Belsito dove si muove attacco a Grandonio che viene sconfitto da Orlando e fatto prigioniero (XLIII.22). Il narratore introduce allora una nuova interruzione (XLIII.37) e torna a raccontare dell'assedio di Marsiglio contro Gioroante che fa di tutto per rintracciare la figlia, ma invano. Viene sollecitato quindi ad agire contro Marsiglio, approfittando di una mossa falsa di quest'ultimo. La situazione si ribalta e Marsiglio viene fatto prigioniero (XLIII.62) insieme ad altri. Gli uomini di Marsiglio allora vanno a chiedere rinforzi a Grandonio, a sua volta prigioniero di Polima. Orlando costringe il tiranno a rendere alla donna le sue terre (XLIV.7) e quindi Grandonio parte verso Gioroante per attaccarlo. Intanto parte anche Orlando alla volta dell'albergo Vantatorio per liberare Astolfo (XLIV.14–15) ma sulla strada incontra Sinodoro. Lo incoraggia a far ritorno a Piraga dove promette di tornare appena liberato Astolfo. Finalmente il Conte sconfigge Gioroante, libera il cugino (XLIV.52) e tutti gli altri prigionieri, tra cui Marsiglio e Grandonio. I due paladini si mettono in viaggio verso Piraga, dove Orlando resta un mese (XLIV.85), prima di partire verso la Francia. Solo a questo punto si ritorna a narrare di Rinaldo (XLIV.86) che era stato lasciato mentre, carico di premi, faceva ritorno a Montalbano (XXXVIII.72).

Come il riassunto mostra, l'interruzione nel filo narrativo di Rinaldo apre spazio al racconto di numerosissime sequenze facenti capo a fili diversi: principalmente quello di Orlando e quello di Astolfo, ma ad essi si intrecciano quelli di tantissimi altri personaggi, da Orio a Polima, da Grandonio a Gioroante a Marsiglio eccetera, ciascuno titolare per un tratto più o meno lungo di un proprio filo di trama. All'interno di questo lunghissimo segmento narrativo si aprono tre principali stacchi narrativi, come abbiamo visto (XLI.12 da Orlando ad Astolfo; XLII.38 da Marsiglio a Orlando; XLIII.37 da Orlando a Marsiglio e Gioroante); ma vi sono poi ulteriori passaggi da una situazione all'altra segnalati da altre forme di transizione (per esempio i racconti in secondo grado, quello di Orio e quello di Polima principalmente), oppure non segnalati affatto e verso i quali si slitta semplicemente per successione di eventi (le vicissitudini dello scudiero di Astolfo, quelle di Marsiglio, quelle di Argonetta, quelle di Andropeo), ciascuno narrato dal punto di vista del suo protagonista.

Tale situazione è veramente straordinaria per complessità, tenuto conto della struttura globale dell'intreccio. Tra i canti XXXVIII e XLIV osserviamo dunque che le formule di trapasso narrativo sono sempre meno fittizie. Laddove nella prima parte del poema l'abbandono di un argomento in favore di un altro si faceva sulla base di una contiguità degli eventi, di una loro contemporaneità cronologica e/o spaziale, o di una successione di episodi legata alle vicende di un personaggio principale, nella seconda gli spostamenti di obiettivo all'interno della storia si fanno sempre più arditi, si inarcano su sequenze sempre più lunghe, sempre più ricche di personaggi e sempre più articolate sul piano spazio-temporale. Questa strategia esprime una logica dell'intreccio differente da quella praticata volentieri nella prima parte del poema; una logica che mira più esplicitamente alla complessità, alla divaricazione più marcata tra i due punti che permettono di ricongiungere uno stesso filo, alla narrazione di vicende che non sono più affiancate per la continuità di un legame oggettivo ma che si innestano l'una dentro l'altra, in *emboîtement*. Allo stesso modo in cui cambia la natura del racconto intercalato (a partire dalla storia narrata dal "nuovo Meleagro" a Ivonetto XXXVI.14–37), per farsi più incisiva sullo sviluppo globale della *fabula*, così gli stacchi da una sequenza all'altra, i passaggi di filo narrativo e le relative formule si fanno strumento consapevole di una diversa e più artificiosa dinamica narrativa.

In sostanza quindi, l'indagine sugli stacchi narrativi sembra confermare l'impressione di uno slittamento verso una diversa prassi dell'*entrelacement*, che andrà imputata, io credo, ad una maggiore ricettività (critica, come si vedrà) al modello boiardesco nelle zone conclusive dell'opera. E tuttavia il Cieco non rinnega mai veramente una visione dell'intreccio narrativo come sistema razionale, entro il quale il lettore come il narratore devono potersi orientare. Lo confermano alcuni elementi che restano costanti dal primo all'ultimo canto del poema. Prima di tutto il fatto che il passaggio da un filo all'altro avviene sempre in situazione di stasi del personaggio: nella maggior parte dei casi questi sta viaggiando quando la narrazione che lo riguarda si interrompe per passare ad altro; in altre circostanze viene lasciato prigioniero; qualche altra volta resta in situazione di riposo o inerzia. Si è già ricordato il passo in cui il narratore lascia Mambriano per tornare a raccontare di Rinaldo: 'E mentre che costui traversa il mare | Voglio a Rinaldo un poco ritornare' (II.29.7–8); altri esempi sono:

> Or lasciamolo andar; torniamo un poco | Al scudier d'Ivonetto (...) (XXXVIII.57.1–2)
>
> Or lasciamolo andar che Dio il conduca | A salvamento, e parliam del cugino (XLIV.86.1–2)
>
> Ma perchè molto lunga è questa andata | Tornar mi voglio al senator romano | Che già duo mesi quel famoso conte, | È stato e sta rinchiuso sotto il monte (IX.49.5–8)
>
> Lascio Carmenio e la bella Androsilla | Celebrare il glorioso sposalizio, | [...] | Torniamo a Balugante, ch'ebbe indizio (V.69. 1–4)
>
> Lasciam costei che si lamenta e duole | E ritorniamo un poco ai due cugini (VIII.11.1–2)

Tale assenza di tensione nel momento dello stacco garantisce un recupero cronologicamente verisimile della situazione.[18] Ma non è questo il solo fattore a determinare un effetto di coerenza entro una trama carica di eventi e personaggi. Sul piano temporale, ad esempio, andrà notato che il passaggio del tempo solo rarissimamente viene determinato in modo esplicito. In effetti si tace quasi sempre l'informazione che consentirebbe un accordo delle cronologie dei vari personaggi.[19] In questo senso, il Cieco si accosta di più alla strategia sperimentata da Boiardo che, rispetto ai romanzi francesi, 'lascia le avventure in una specie di nebulosa temporale, minimizzando o meglio rinunciando (...) a tessere tutta quella trama di rapporti cronologici che avrebbe contribuito a rendere coerente lo sviluppo delle varie *storie*'.[20] La conseguenza, rispetto all'*Inamoramento*, tuttavia, è opposta, vale a dire che il lettore, lasciato libero di fare congetture circa la durata delle azioni — raccontate quasi sempre in successione e solo molto raramente in analessi, questo è un altro elemento fondamentale — tende a correlarle e a razionalizzarle cronologicamente. A rafforzare questo effetto interviene poi la pressoché totale assenza di ellissi narrative: dal momento che il narratore prende in mano un filo della trama facente capo ad un personaggio, lo segue scrupolosamente fino alla prossima interruzione (e il silenzio cala, s'è visto, in situazione di "inattività"). Per cui non c'è margine per le ambiguità o la sorprendente presenza, ad esempio, di un personaggio in un dato luogo o in un dato momento.[21] Infine uno degli elementi determinanti per favorire quest'effetto di razionale successione dei fatti è la straordinaria ricorrenza della *scena* come velocità narrativa. Mi riservo di mostrare in un'altra occasione il funzionamento di questa strategia, così marcata nel *Mambriano*. Per il momento basti osservare che la scelta di una rappresentazione drammatizzata delle vicende, impostata cioè per gran parte sul dialogo, consente di far procedere l'azione in presa diretta e di poter costruire così l'impressione di una narrazione che copre eventi paralleli nel tempo.

In conclusione, alcuni fattori caratterizzano la forma dell'intreccio nel *Mambriano* in modo costante — vale a dire a prescindere dallo scarto che può riconoscersi tra prima e seconda parte dell'opera nel trattamento di alcuni strumenti della sintassi narrativa: 1) stasi del personaggio lasciato in sospensione narrativa; 2) silenzio circa l'orologio delle vicende; 3) ricorso molto circoscritto all'analessi; 4) tendenza alla completezza di informazione, quindi assenza di ellissi narrative; 5) velocità in modalità *scena*. Questo sistema crea un effetto di verisimiglianza che sembra avvicinare il progetto del Cieco molto di più all'*entrelacement* praticato dai romanzi della tradizione arturiana del XIII secolo che non a quello, straordinariamente innovativo, di Boiardo. E tuttavia, parallelamente, il Cieco fa sempre più suo, man mano che la tela si completa, un disegno narrativo dalla vertiginosa proliferazione di storie e personaggi, le cui vicende sono sempre meno irrelate e sempre più si intersecano e si co-determinano. Siamo di fronte, mi sembra, ad un'opera che costruisce deliberatamente la sua evoluzione interna verso la complessità. E che, in maniera critica, sceglie i principi organizzativi della sua materia ora dalla tradizione ora dalla modernità.

Il tentativo di costruire un disegno strutturato su due modelli formali contrastanti (la tendenza centripeta e quella centrifuga) è particolarmente manifesto nel segmento narrativo che va dal canto XXXVIII al XLIV, dove la materia prolifera eccezionalmente ma viene contenuta e resa gestibile proprio dai fattori sopra elencati. Espressione di ciò è anche il fatto che moltissimi fili narrativi, seguiti come indipendenti, riescano verisimilmente a ricongiungersi presso il castello Vantatorio, al canto XLII.

Da queste prime osservazioni mi pare si possa sostenere che il Cieco abbia una sua precisa visione della prassi dell'*entrelacement*. Una visione in gran parte più tradizionalista di quella boiardesca, che crede fortemente all'espressione del controllo e del contenimento della materia narrativa, ma che allo stesso tempo fa proprio un gusto per l'esplosione di quella materia. Una visione che cerca il compromesso tra complessità e misura: i fili delle storie sono innumerevoli ma proprio perciò il narratore deve dipanarli con disciplina, come se il piacere stesse proprio nella possibilità di non perdersi all'interno di un terreno narrativo tanto ampio e articolato.

Che tale compromesso sia felicemente riuscito non è l'oggetto della mia riflessione. Ciò che mi sembrava importante fare era aggiungere un tassello all'analisi, tutta *in progress*, dell'opera del Cieco, nella convinzione che solo una prospettiva che non la gerarchizzi nel confronto estetico-stilistico ci consentirà di capire davvero come quest'opera funziona. Ciò che dovrebbe interessarci, come critici, è comprendere il senso di una proposta alternativa, in dialogo con i suoi modelli. Ma prima di poterlo fare ci resta ancora da poterla leggere e saperla illuminare.

Notes to Chapter 5

1. Pubblicato postumo nel 1509, secondo la datazione proposta da Jane Everson il *Mambriano* fu redatto tra il 1490 e il 1502/1506 (data, quest'ultima, della morte del poeta). Cfr. Jane E. Everson, *Bibliografia del 'Mambriano' di Francesco Cieco da Ferrara* (Alessandra: Edizioni dell'Orso, 1994), p. 23.
2. I primi studi escono tra il 1983 e il 1984, mentre precisamente vent'anni fa usciva appunto *Bibliografia del 'Mambriano' di Francesco Cieco da Ferrara* (Alessandra: Edizioni dell'Orso, 1994).
3. Marco Villoresi, ad esempio, tra i critici recenti, imputa all'autore di 'affastellare imprese d'armi e d'amore', in *La fabbrica dei cavalieri. Cantari, poemi, romanzi in prosa fra Medioevo e Rinascimento* (Roma: Salerno, 2005), p. 346.
4. Jane E. Everson, *Il 'Mambriano' di Francesco Cieco da Ferrara fra tradizione cavalleresca e mondo estense*, in *L' uno e l'altro Ariosto. In corte e nelle delizie*, a cura di Gianni Venturi (Firenze: Olschki, 2011), p. 155.
5. In merito si vedano almeno: Leonzio Pampaloni, 'Per una analisi narrativa del *Furioso*', *Belfagor*, 26 (1971), 133–50; C. Peter Brand, 'L'entrelacement nell'*Orlando furioso*', *Giornale storico della letteratura italiana*, 154 (1977), 509–32; Elissa Weaver, 'Lettura dell'intreccio dell'*Orlando furioso*. Il caso delle tre pazzie d'amore', *Strumenti critici*, 3 (1977), 384–406; Daniel Javitch, 'Cantus interruptus in the *Orlando furioso*', *Modern Language Notes*, 95.1–2 (1980), 66–80; Giuseppe Dalla Palma, *Le strutture narrative dell'*'Orlando furioso'* (Firenze: Olschki, 1984); Marco Praloran, *Tempo e azione nell' 'Orlando Furioso'* (Firenze: Olschki, 1999) e Id., 'Le strutture narrative dell'*Orlando furioso*', *Strumenti critici*, 1 (2009), 1–24; Annalisa Izzo, ' "Al fin trarre l'impresa". Prassi di chiusura narrativa e ideologia del tempo nell'*Orlando furioso*', *Strumenti critici*, 2 (2005), 225–46 e Ead., 'Il racconto di secondo grado nel *Furioso*', *Italianistica*, 3 (2008), 77–85.
6. Riprendo la formulazione di Genette, che definisce metadiegetici gli eventi raccontati in un racconto di secondo grado. Cfr. Gérard Genette, *Figures III* (Paris: Seuil, 1972), pp. 238–39.
7. Per questa analisi e per uno studio del racconto metadiegetico nel *Mambriano* mi permetto di rinviare al mio 'Appunti su novelle e discorso diretto nel *Mambriano*', in, *L' 'Orlando furioso' e la tradizione cavalleresca*, a cura di A. Izzo, *Versants* 59.2 (2012), fascicolo italiano, pp. 49–66.
8. Marco Praloran, 'Il modello formale dell'entrelacement nell'*Orlando innamorato*', in, *Tipografie e romanzi in Val Padana tra Quattro e Cinquecento*, Ferrara Giornate di studio 11–13 febbraio 1988, a cura di Riccardo Bruscagli e Amedeo Quondam (Modena: Panini, 1992), p. 118.
9. Al canto II.42–115, alla corte di Carandina, una fanciulla prende la parola per allietare la compagnia e racconta la storia della figlia del re di Cipro; al canto VII.36–75, di nuovo alla corte di Carandina, Malagigi racconta di un'avventura avuta presso un mercante di Alessandria d'Egitto; al canto X.5–59, durante la festa per il matrimonio di Fulvia e Feburro, il giullare Tripaldo racconta di come sia riuscito a sposare una ricca fanciulla e di uno scherzo fattole; ai canti XV.82–XVI.98 al vecchio Pinamonte innamorato di Bradamante viene raccontata, affinché gli serva da lezione, la storia dell'ateniese Agrisippo; ai canti XXI.31–XXIII.10, per incoraggiare Carandina, una fanciulla racconta la storia di Lodorico; al canto XXV.7–92 la fanciulla che ha raccontato la storia del re di Cipro viene richiesta da Rinaldo di raccontarne un'altra: la gara delle tre mogli che beffano i mariti. Tutti questi inserti narrativi hanno come scopo principale quello di allietare o di fornire un *exemplum*. In nessun caso essi provocano un'azione nel racconto di primo grado e rispetto a questo restano perciò irrelati.
10. Voglio dire con ciò che il racconto metadiegetico non può essere analizzato esclusivamente rispetto al problema del genere letterario, cioè alla presenza del genere novellistico (tra gli altri) all'interno del "contenitore" 'libro d'arme e d'amore'.

11. Maria Cristina Cabani, *Le forme del cantare epico-cavalleresco* (Lucca: Maria Pacini Fazzi, 1988), p. 179.
12. *Ibidem*.
13. Cfr. Cabani, *Le forme del cantare epico-cavalleresco* (Lucca: Maria Pacini Fazzi, 1988), p. 180.
14. In certa misura vale anche in questi casi ciò che Cabani afferma relativamente ai trapassi narrativi nella tradizione canterina, e cioè che 'si tratta più della sovrapposizione e dell'applicazione passiva di una tecnica di altra origine (romanzesca nel caso specifico) ridotta alla sua essenza formulare', cit. p. 179. Tuttavia, come spero risulti da questo intervento, va sfumata, relativamente al *Mambriano*, l'idea di un uso passivo e non consapevole di questa tecnica.
15. Per ulteriori esempi di situazioni contingenti e parallele presentate a mezzo di formule di trapasso narrativo, si vedano almeno: 'Lasciam di lui, e torniamo a un araldo', V.98.4; 'Lasciam costei che si lamenta e duole | E ritorniamo un poco ai due cugini', VIII.11.1–2 ; 'Torniamo a Orlando magnanimo conte', XXXV.41.1; 'Torniamo a Orlando', XXXV.41.1; '[...] e quivi vo' lassarlo | Per non scordarmi il nipote di Carlo', XXXVII.9.7–8. Gli esempi sarebbero molti, ma vale la pena in questa sede notare anche la presenza di snodi/luoghi in cui convergono molteplici fili narrativi corsi in parallelo segnalati da formule di trapasso: è il caso del palazzo di Uriella in cui convergono i percorsi di Astolfo ('Torniamo a dir d'Astolfo', XXXVI.91.1), Rinaldo (XXXVII.2) e Ivonetto ('Lascierò gire il gentil conte Orlando | [...] | E al pro' Ivonetto mi verrò accostando', XXXVII.3–5), oltre a molti altri cavalieri (XXXVI.9). Anche Orlando si avvicina al palazzo: '[...] e quivi vo' lassarlo | Per non scordarmi il nipote di Carlo', XXXVII.9.7–8.
16. Come mi ricorda Stefano Jossa, che ringrazio, la dialettica tra autore e personaggio è affidata proprio ad Astolfo in un passo del *Furioso*: 'il qual mi grida e di lontano accenna, | e priega ch'io nol lasci ne la penna' (XV 9, 7–8).
17. D'altra parte una descrizione più dettagliata di questi stessi eventi sarà opportuna tra breve, come si capirà.
18. Su questo fronte il Cieco segue da vicino la tradizione arturiana, del *Lancelot* per esempio, e scarta la proposta boiardesca della dinamizzazione dell'attesa a mezzo di stacchi imposti nel momento di massima tensione di un evento.
19. I pochi segnali temporali espliciti riscontrati nel campione analizzato creano, qua e là, un effetto di cronologia puntuale. Si tratta, però, a ben vedere, solo di uno stratagemma, perché, eccezion fatta per questi limitati scorci, una vera cronologia nel poema non esiste. A titolo di esempio: ci viene detto il tempo trascorso da Orlando prigioniero nella montagna a causa di Balugante: 'Ma perchè molto lunga è questa andata | Tornar mi voglio al senator romano | Che già duo mesi quel famoso conte, | È stato e sta rinchiuso sotto il monte' (IX.49.5), e poco dopo ci viene confermato lo stesso lasso temporale trascorso per coloro che da Balugante erano stati lasciati a guardia della montagna: 'Or avendo costor già consumati | Duo mesi a far tal guardia in quel contorno' (IX.74.1–2); quando Orlando e Orio liberano il prete fatto prigioniero dai ladri si dice di lui: 'E ben due mesi gli era stato ascosto' (XLII.68.1), poche ottave oltre, Terigi e Grifonetto, imbattutisi in Orlando a Granata: 'Signor, dicendo, fra il popolo ispano | Due mesi e più t'abbiam cercato invano' (XLII.73.7–8).
20. Praloran, 'Il modello formale dell'entrelacement nell'*Orlando innamorato*', cit., p. 121.
21. È questo — insieme all'uso sporadico dell'analessi — uno degli elementi di forte scarto dall'esempio boiardesco.

CHAPTER 6

❖

Corpi guerrieri, corpi ama(n)ti. Significati e simbologie di Rinaldo ferito in alcuni poemi cavallereschi italiani tra Quattrocento e Cinquecento

Annalisa Perrotta
Sapienza Università di Roma

All'interno della tradizione epico-cavalleresca il corpo dell'eroe occupa un posto fondamentale: se al centro delle storie c'è la guerra, al centro della guerra c'è il corpo dei combattenti. La rappresentazione del corpo dell'eroe è però ambivalente: i corpi possono presentarsi come invincibili, dotati di una forza iperbolica; possono essere giganteschi, invulnerabili. Oppure, possono divenire improvvisamente penetrabili, bisognosi di difesa ed essere perciò coperti da armature ricchissime e spesso fatate, simbolo di una forza che il corpo in sé non ha. I corpi sono inoltre centro di relazione, in particolare quando il poema cavalleresco consente l'ingresso via via più consistente delle donne. A questo punto, l'invulnerabilità del corpo dell'eroe si costruisce anche per contrapposizione con un altro corpo, rappresentato come esposto e fragile, quello delle donne che non vestono l'armatura.

Alla fine del Quattrocento, al poema cavalleresco viene affidato anche il compito di rielaborare le paure che in quel momento erano suscitate dalle minacce alla cristianità provenienti dal mondo islamico. La rappresentazione del corpo dell'eroe, nella sua forza e nella sua fragilità, è il veicolo principale per comunicare le ansie del pubblico, e lo strumento principale per alleviarle e consolarle.

In un'opera letteraria, lavorare sulle rappresentazioni del corpo in azione e nella relazione con gli altri personaggi serve a sondare i significati più profondi di un testo. Il corpo dei personaggi ha un valore simbolico che sopravanza la mera denotazione, e non solo nel momento in cui viene descritto o menzionato, ma anche quando viene colto nelle sue manifestazioni, come l'espressione delle emozioni, o quando subisce gli effetti dell'azione altrui, come un attacco o un gesto violento. La rappresentazione del corpo, inoltre veicola messaggi ideologici molto precisi (l'autorità, la norma sociale, l'essere soggetto o oggetto di potere e così via). Per queste ragioni la rappresentazione del corpo è stata ed è tuttora oggetto di numerosi studi, anche da presupposti e prospettive molto diverse, e continua ad essere periodicamente al centro del dibattito critico sui testi.[1]

Questo saggio analizza un aspetto specifico della corporeità: la rappresentazione della vulnerabilità/invulnerabilità del corpo di un eroe centrale nella tradizione cavalleresca italiana, Rinaldo figlio d'Amone.[2] Considererò in particolare tre poemi cavallereschi italiani del XV secolo e degli inizi del XVI secolo: *Cantari di Rinaldo* (fine XIV secolo),[3] *Historia di Altobello e di re Troiano suo fratello* (1476) e *Leandra* di Pietro Durante (1508). La scelta di questi testi ha seguito innanzitutto un criterio tematico: in essi Rinaldo è tra i personaggi principali, se non il fulcro della narrazione, e in tutti e tre i testi subisce delle ferite, reali o metaforiche. Il secondo criterio riguarda il successo di questi testi nel primo periodo della stampa: ancora poco studiati, godettero allora di una grande fortuna di pubblico, stando alle edizioni di cui ci è pervenuta notizia e alle testimonianze indirette.[4]

Le ferite reali o metaforiche di Rinaldo saranno dunque al centro dell'analisi. Rinaldo, insieme ad Orlando, è il personaggio più popolare della letteratura cavalleresca italiana. Rispetto ad Orlando, che muore vergine e senza ferite a Roncisvalle, Rinaldo ama le donne, specie le saracene, e ha numerosi figli in giro per la Pagania: la differenza delle scelte di vita e delle vicende dei due personaggi sembra avere una qualche influenza nella rappresentazione del loro corpo in battaglia. Nella tradizione italiana Rinaldo gode di una fortuna anche maggiore e meno discussa rispetto a quella del cugino, spesso oggetto di ironie e di abbassamenti comici.[5] Nella tradizione italiana la presenza di Rinaldo sul campo di battaglia è garanzia di vittoria per i cristiani: dotato di una forza e di una resistenza iperboliche, il corpo di Rinaldo appare invulnerabile. Per questo motivo, i pochi episodi in cui proprio il corpo di Rinaldo viene raggiunto dalla punta di una lancia o di una freccia e viene ferito si caricano di significati simbolici e ideologici del tutto speciali. In ciascun episodio analizzato, i significati legati al corpo ferito sono naturalmente contestuali: quello che qui si vuole mettere in risalto è la connessione tra la perforazione del corpo come fatto narrativo e metanarrativo (violazione intima del corpo dell'eroe, ma anche fatto inaspettato e dunque violazione dell'ordine atteso della narrazione), e la comunicazione di messaggi che si muovono su un piano simbolico: la vitalità e la forza dei giovani combattenti chiamati al sacrificio di sé, vitalità che sembra trarre origine dal sangue versato (*Cantari di Rinaldo*); la perforabilità del corpo di Rinaldo come simbolo della fragilità dell'esercito cristiano (*Altobello*); la connessione profonda tra corpo e psiche (*Altobello*); il rapporto tra il superamento delle ferite metaforiche d'amore, il recupero dell'integrità morale e l'amplificazione dell'invulnerabilità fisica a vantaggio della causa cristiana (*Leandra*).

Il giovane Rinaldo (e i suoi fratelli) e il conflitto con i padri

Punto di partenza di questo studio sono i *Cantari di Rinaldo*, testo fondativo per la tradizione del personaggio in Italia. Nella storia raccontata nei *Cantari*, Rinaldo viene ferito solo due volte. Anche quando, alla fine del poema, Rinaldo viene ucciso durante la costruzione della cattedrale di Colonia, episodio che prelude alla sua santificazione, il suo corpo non viene ferito, e il personaggio muore senza spargimento di sangue.

Il primo episodio che vede Rinaldo ferito si svolge durante la sua infanzia, e viene raccontato all'interno di un'analessi nel cantare XVIII. Beatrice, madre di Rinaldo, riconosce il figlio dopo dieci anni di assenza grazie a una cicatrice sul viso, ricordo di una ferita che il piccolo Rinaldo si era fatto mentre giocava: aveva allora costruito un fantoccio e aveva improvvisato una giostra; nello scontro, una scheggia della propria lancia lo aveva colpito sul viso. La ferita non aveva messo in pericolo il piccolo eroe, e a ben vedere dalle parole del racconto non sembra nemmeno che ci fosse stato un vero e proprio taglio: si dice solo che il troncone della lancia aveva lasciato un segno, che era poi diventato marchio identitario, mezzo di agnizione di Rinaldo e per estensione anche dei suoi fratelli, che stanno con lui.

> La madre nel suo viso guarda fiso
> e a quello *segno* ben *l'affigurava*;
> a lei parve vedere il paradiso:
> ben gli conobbe tutti per certezza.
> (*Cantari di Rinaldo*, XVIII 29.4–29.7)[6]

Il secondo episodio, invece, appartiene alla linea narrativa principale. Si tratta del famoso episodio dell'agguato di Valcolore, che segue da vicino la linea narrativa del testo francese, il *Renaut de Montauban*. Si tratta di un episodio studiato sia perché caratterizzato da una fitta rete di elementi simbolici, sia per il suo ruolo cruciale nella ricostruzione della tradizione del *Renaut*.[7] Due ragioni portano a trattarne brevemente in questa sede: da una parte l'episodio rappresenta in modo esemplare il significato simbolico legato al corpo ferito dell'eroe, dall'altra proprio il tradimento di Valcolore costituisce un modello che verrà riletto e modificato nella tradizione successiva, in particolare nell'*Altobello* (vedi *infra* par. 2).

L'episodio si inserisce all'interno dell'inesausta lotta del potere centrale, rappresentato da Carlo Magno, contro Rinaldo e i suoi fratelli. Carlo è il sovrano ingiusto guidato da cattivi consiglieri; Rinaldo il paladino fedele ma perseguitato, e nel contempo dimidiato tra l'ossequio al sovrano e la necessità di trovare un proprio spazio vitale, fisico, ma anche simbolico di realizzazione di sé. I figli di Amone sono temuti perché troppo forti, ma sono anche indispensabili per la sicurezza del mondo cristiano dall'attacco dei saraceni; si muovono così su un crinale ambiguo e tutto politico: desiderano l'autonomia, ma anche veder riconosciuto il proprio valore da parte del sovrano/padre; dichiarano la propria fedeltà alla corona, e nel contempo nutrono un risentimento per i torti che vengono loro fatti: in questo quadro l'autodifesa e l'attacco tendono a sovrapporsi e a confondersi.[8]

Ecco i principali fatti relativi all'episodio dell'agguato di Valcolore come narrato nei *Cantari di Rinaldo*:

— i Maganzesi espugnano il castello di Monbendello (fedele a Rinaldo) e fanno strage degli abitanti (XXXI 11–16);

— per mettere sotto pressione i quattro figli di Amone e costringerli alla fuga, Orlando, Ulivieri, Turpino e il Danese si accampano vicino a Monte Albano, presso il fiume Balanzone (XXXI 17–20);

— invece di scappare, Rinaldo e i suoi fratelli vanno allo scontro, riescono a rubare ad Orlando e Ulivieri l'insegna reale e la spiegano sulla torre principale del castello di Monte Albano (XXXI 21–XXXII 2);

— per vendicarsi, su consiglio di Gano, Carlo tende un agguato a Rinaldo e ai suoi fratelli. Attraverso l'intercessione di Ivone, fratello di Clarice, Rinaldo viene persuaso ad andare a Valcolore per incontrare Carlo e i suoi e stipulare un accordo. Secondo le disposizioni di Carlo, i quattro fratelli dovranno essere disarmati (potranno portare solo la spada), dovranno cavalcare quattro muli e vestire mantelli rossi (XXXII).

— Rinaldo è sospettoso, ma Ivone si fa garante delle buone intenzioni di Carlo: Carlo li vuole disarmati per potersi fidare completamente a sua volta; il gesto di fiducia di Rinaldo è prova della sua volontà di accordarsi con Carlo e della sua fedeltà, nonostante tutto. Quando si ritrovano a Valcolore, all'incrocio di quattro strade, vengono assaltati da quattro lati (XXXIII).

Non appena si vede accerchiato e ferito, Rinaldo sfodera la spada e comincia a fare strage dei suoi nemici. Procura un cavallo e uno scudo per sé e per ciascuno dei suoi fratelli, togliendoli agli avversari. I quattro fratelli vengono feriti ma dimostrano tutto il loro valore e riescono a rifugiarsi in una torre diroccata, munita di mura e fosso. Resistono con tutte le loro forze fino all'arrivo di Malagigi, che riporta loro cavalli e armature e con un unguento risana tutte le loro ferite: in questo modo, con i corpi di nuovo sani e interi, i quattro sono reintegrati nella condizione di cavalieri.

Infatti, Rinaldo e i fratelli sono stati attirati in un tranello che comporta una fuoriuscita dalla condizione di cavalieri: non vestono più armature, ma solo mantelli (con i quali tentano vanamente di proteggersi: 'e de' mantel [...] a braccia se li avolser forte stretti', *Cantari di Rinaldo*, XXXIII 37.5–37.7); non hanno più i loro cavalli, ma asini 'ambianti' ('chi in asino si fida, asin si truova', dice Rinaldo, vedendosi a terra perché il suo asino non ha retto il suo corpo che si muove nel combattimento: *Cantari di Rinaldo*, XXXIII 33.7); hanno però portato con sé le spade. Sono dunque inermi (non hanno scudi né armature), ma possono ferire. Questa è la circostanza in cui Rinaldo viene ferito:

> Giunse quel Folco dispietato e rio
> e ferì il pro' Rinaldo manifesto;
> *quel mantel non gli valse el dir d'un fio:*
> *la coscia gli passò il ferro rubesto*
> e 'l suo muletto li cadde di sotto;
> la grossa lancia si spezzò di botto.
>
> Cadde Rinaldo per la grieve doglia
> e *nella coscia rimase la lancia.*
> (*Cantari di Rinaldo*, XXXIV 6.3–7.2)
>
> La lancia si cavava dalla coscia:
> Frusberta trasse sanza far tenore;
> non curando *suo sangue che fa troscia,*
> riscontrossi con Folco traditore.
> sopra dello elmo un tal colpo li croscia
> che infino al petto con Frusberta il fende,
> poi lo scudo li tolse e 'l caval prende,
> e la coscia fasciossi con quel manto.
> (*Cantari di Rinaldo*, XXXIV 8.2–9.1)

Rinaldo colpito reagisce, non si cura del sangue che 'fa troscia'[9] e trasforma il dolore e lo scorno in energia nel combattimento (lui, che era stato ferito alla coscia 'fende' il feritore fino al petto). Anche gli altri fratelli vengono feriti: Guicciardo viene ferito alla testa, Alardo alla spalla; 'per le ferite ognun suo sangue geme' (*Cantari di Rinaldo*, XXXIV 16.4). Ricciardetto viene colpito al ventre 'e le budella uscian dalla ferita' (*Cantari di Rinaldo*, XXXIV 18.4). Nonostante le ferite, tutti si battono eroicamente, soprattutto Rinaldo. Le ferite e il sangue versato rendono i fratelli irriconoscibili:

> Per le ferite che avìeno in quel caso
> persona mai non li avria conosciuti;
> a verun si pareva occhio né naso
> per li gran colpi che avìeno ricevuti;
> di sangue ognuno arebbe pieno un vaso.
> (*Cantari di Rinaldo*, XXXIV 34.1–5)

L'abbondanza del sangue versato va considerata con attenzione. L'immagine del sangue profuso, infatti ('di sangue ognuno arebbe pieno un vaso', *Cantari di Rinaldo*, XXXIV 34.1), rimanda innanzitutto al sacrificio, ma anche alla virilità e alla vitalità.[10] Poco prima dell'arrivo risolutivo e salvifico di Malagigi, Ricciardetto chiede di essere messo in condizioni di combattere: le sue viscere vengono rimesse in sede, e tutti sono ammirati per il suo coraggio. Ricciardetto motiva così il proprio ardire, rivolgendosi a Rinaldo:

> '[...] Tu hai più dolore
> che non ho io, ed assai più tormento;
> ché io veggio il sangue tuo che a gran furore
> ti fa da dosso tanto spargimento'.
> Per lo bel detto che disse Ricciardo,
> ciascun di lor ne diventò gagliardo
>
> e difendeasi come valorosi,
> non curando alle loro gran ferite.
> (*Cantari di Rinaldo*, XXXV 14.3–15.2)

Il sangue che si versa invece di indebolire incita e dà vigore. I fratelli si sentono vittime di un inganno, e sentono di dover dare spazio fino in fondo alla propria ragione. Carlo è un 'padre' traditore che pretende ossequio, e invece tenta di distruggere i suoi 'figli'. Questi si abbandonano dunque a quello che somiglia innanzitutto a un martirio, per via dell'abbondanza di sangue versato; ma anche a una prova di forza e resistenza fisica (sebbene feriti, i fratelli non si arrendono ai loro assalitori) e a un segno della benevolenza divina: la situazione, disperata, viene alla fine risolta da Malagigi, *deus ex machina* che mette fine alla prova, ripristinando le condizioni iniziali.

Altobello. L'insufficienza del corpo di Rinaldo e la necessità di alleanze

Il secondo caso che qui si esamina riguarda ancora un'opera anonima, andata in stampa alla fine del Quattrocento, la *Historia di Altobello e di re Troiano suo fratello*.[11] La storia godette di una certa popolarità a cavallo tra Quattrocento e Cinquecento:

Francesco Cieco da Firenze ne scrisse una continuazione pochi anni dopo (la probabile prima edizione è del 1483 e non ci è pervenuta)[12] e, come segno di distinzione, il titolo di quest'opera compare nel canone negativo della poesia cavalleresca stilato da Teofilo Folengo nell'*Orlandino*.[13] Il titolo prende il nome dall'eroe principale del poema, un persiano convertito, alleato indispensabile dei cristiani in una crociata contro i saraceni.

Nell'*Altobello* la presunta invincibilità di Rinaldo è seriamente messa in dubbio. Rinaldo, infatti, viene ferito da una freccia avvelenata e si ammala. La rappresentazione dell'infermità del paladino costituisce il meccanismo attraverso il quale viene motivata la necessità — vitale per l'esercito cristiano — di alleati esterni: l'autore descrive l'infermità di Rinaldo con precisione, indugiando sulle conseguenze psicologiche e narrative della sua impossibilità di combattere. Ecco i fatti principali della vicenda:

— Rinaldo, Ulivieri, il Danese, Dudone e Orlando partono per la Pagania per iniziativa di quest'ultimo (I);

— giunti in Persia, incontrano due loro ammiratori, due fratelli persiani che adorano le loro armi e sono felicissimi di averli ospiti: si tratta di Troiano e Altobello (II);

— giungono poi presso una città fortificata, cinta d'assedio dal pagano Valerano che vuole conquistare la mano di Fiordespina, regina della città; si uniscono alla guerra dalla parte di Valerano, ma poi passano dalla parte di Fiordespina (III–IX).

Durante la guerra contro Valerano, Rinaldo è colpito a tradimento. Il paladino è stato vittima di un inganno: viene infatti ferito di nascosto da un nemico che non si batte e non indossa nemmeno l'armatura, per poter essere più libero nei movimenti e più preciso nella mira: 'stava soto un arborsello | el brazo dreto tien tuto quanto nudo' (*Altobello*, VII 87.1–2).[14] Ecco la descrizione del colpo:

> quel sarazino allora prexe el dardo
>
> el quale ave sì ponzente ponta,
> *ferì Renaldo alla cosa senestra*
> *passando li cosali e la proponta*
> *e l'oso de la cosa li molesta*
> Renaldo mai non sentì tal onta
> in quela parte voltò la testa
> per veder donde vien el *colpo fello*
> vete *quel traditor a l'arborselo*. (*Altobello*, VIII 2.8–3)
>
> Per lo *tanto sangue li era usito*
> Renaldo niente non sentia
> *el viso tanto avea inpalidito*. (*Altobello*, VIII 22.1–3)

Il colpo che ferisce Rinaldo è visto come al rallentatore: la freccia avvelenata penetra i diversi strati protettivi (i cosciali, la 'proponta' o 'trapunta', che stava sotto l'armatura propriamente detta)[15] e arriva a violare la parte più interna, l'osso. La violazione intima del corpo del paladino ha effetti inaspettati, molto diversi da quelli che aveva avuto nei *Cantari di Rinaldo*. La ferita sanguina e Rinaldo, ormai in fin di vita, viene allontanato dal campo di battaglia e riportato al castello dai suoi compagni:

> Gran sangue l'insì fuora de la ferita
> e tanta quantità che la lena
> li mancava per superchio de sangue.
> Ma pur con furia Fusberta mena,
> onde pezo saracini langue. (*Altobello*, VIII 9.8–10.4)
>
> [...] li era tanto sangue insito,
> che a pena se podea sostinere.
> Sopra Baiardo tanto è indebilito,
> che a pericolo stava de cadere.
> De sarazini e' li era forte ferito
> colpi de soperchio li de ultra el dovere.
> Le forte arme lo campo da morte (*Altobello*, VIII 13.1–5 e 7)

Rinaldo tenta di mostrare vigore nonostante la ferita. Il vigore, in questo caso, non è quasi una conseguenza dell'energia e la vitalità profusa nella 'troscia' di sangue, come nei *Cantari*. Qui Rinaldo continua a fare strage di saraceni, ma poi, più umanamente, perde forza fino ad accasciarsi sul cavallo.

La descrizione di Rinaldo ferito occupa i cantari IX–XV e ha tre fasi:

(1) la ferita;

(2) la malattia: Rinaldo è in punto di morte soprattutto a causa del veleno che è andato in circolo nel suo corpo e che gli toglie le forze. Il corpo malato rappresenta la seconda tappa della rappresentazione dell'insufficienza del corpo di Rinaldo;

(3) la convalescenza: Malagigi, nuovamente nella funzione di *deus ex machina*, ha trovato la cura per sconfiggere il veleno; Rinaldo però, di fronte alle conseguenze della sua prolungata assenza dalla battaglia, diventa pazzo.

L'autore dell'*Altobello* ha ben presente la storia e il testo dei *Cantari di Rinaldo*, sia per la caratterizzazione del protagonista, nei suoi rapporti con Carlo Magno e soprattutto con il padre Amone, sia per un episodio che segnala la raggiunta maturità di cavaliere di Altobello: il giovane uccide il gigante Galasso nella stessa maniera in cui Rinaldo aveva ucciso Mambrino, con una evidente ripresa testuale.[16] L'episodio del ferimento di Rinaldo nell'*Altobello* rimanda per alcuni elementi al tradimento di Valcolore dei *Cantari di Rinaldo*: in entrambi i testi Rinaldo viene colpito a tradimento, il dardo penetra nella coscia e provoca un copioso sanguinamento.

Nel caso specifico di un'opera come l'*Altobello* le riprese sono particolarmente significative: Altobello, infatti, è discepolo prediletto di Rinaldo in fatto d'armi, ne segue i consigli, ha il permesso di cavalcare Baiardo in battaglia; piano compositivo (*Cantari di Rinaldo* come modello di alcuni episodi della storia) e piano narrativo (Rinaldo maestro d'armi di Altobello) sembrano dunque sovrapporsi. La ripresa tematica del tradimento di Valcolore indica questo episodio dei *Cantari* più che come un modello, come un nucleo generativo dell'episodio descritto nell'*Altobello*: un episodio denso di valore simbolico e di implicazioni per la rappresentazione del personaggio nei *Cantari* viene ripreso in un momento altrettanto cruciale nell'*Altobello*, con lo scopo di fornire indicazioni politiche precise sulla condotta della guerra dei cristiani contro i pagani. Al centro di entrambe le rappresentazioni c'è il corpo ferito di Rinaldo, che cambia di segno nel tempo — circa un secolo — che separa le due opere: il corpo ferito di Rinaldo nei *Cantari* è un miracolo, per il vigore che la ferita sembra procurare; è un miracolo anche perché la guarigione di Rinaldo (e dei suoi fratelli) è segno di un favore delle forze soprannaturali, rappresentate da Malagigi e dalle sue speciali arti di guaritore. È la vittoria contro la paura e l'invidia dei padri verso i figli, che segna l'avvicendarsi delle generazioni. Nel testo più tardo, l'*Altobello*, il corpo dell'eroe è invece investito di un'ansia nuova: qui l'Altro non è il sovrano-padre debole e pusillanime, non Gano e i Maganzesi, personaggi sui quali è convogliata la competizione e l'aggressività interne alla corte, ma il Nemico esterno e incontrollabile, i saraceni che costituiscono una minaccia tale da violare la parte più intima dei paladini, la loro fragilità al di sotto dell'armatura.

Come nei *Cantari di Rinaldo*, anche nell'*Altobello* il ruolo di Malagigi e della sua arte magica è fondamentale. Nella tradizione italiana, il mago svolge spesso la funzione di guaritore. Accanto alla ripresa, però, l'*Altobello* presenta anche un'importante variazione; Malagigi evoca i diavoli dopo un sogno premonitore, e viene a sapere da questi in che pericolo si trova Rinaldo: la sua arte, infatti, questa volta non basterà a guarire il paladino, ma sarà necessario pregare e attendere l'aiuto divino. L'insufficienza dell'arte di Malagigi si inscrive nella generale limitazione, in quest'opera, della forza dei paladini, nella quale la vicenda stessa di Rinaldo può essere collocata; d'altra parte, serve anche a distinguere la condizione di Rinaldo (ferito a tradimento, avvelenato, malato) da quella di altri casi tradizionali di ferimento in battaglia, per i quali Malagigi aveva saputo intervenire con disinvoltura.[17] Ancora una volta è proprio attraverso la modificazione di tratti topici o fondativi della tradizione che l'autore costruisce la vicenda e ne sottolinea la novità.

La seconda fase dell'episodio di Rinaldo ferito/ammalato conferma la novità della storia narrata nell'*Altobello*, e serve ancora una volta a sottolineare gli effetti imprevedibili che la scoperta della vulnerabilità può avere nella percezione del personaggio (e dunque nella sua rappresentazione). Il corpo di Rinaldo vulnerabile, poi malato e dunque incapace di combattere è intollerabile e costituisce in sé il capovolgimento di un ordine dato, che implica di necessità una seconda alterazione: la follia.

Rinaldo diventa folle quando i suoi compagni tornano vittoriosi dopo aver messo in fuga gli eserciti nemici. Vogliono entrare nel castello, Altobello è ferito e ha bisogno di medicazioni: ma Rinaldo, 'insano', tiene le chiavi del castello e non vuole fare entrare i paladini perché teme che vogliano togliergli la donna e il tesoro. Non fa entrare nemmeno Altobello ferito. Dice a Troiano cose terribili, come di non sperare che il battesimo lo migliori, perché, anzi, sarà un pessimo cristiano. Questo suo stato dura fino a quando Malagigi e Ricciardetto non gli tolgono le chiavi con la forza: Rinaldo torna a letto e Orlando sale minaccioso le scale. Nel poema la pazzia di Rinaldo viene esplicitamente nominata: nel cantar XIII si parla del 'bon Renaldo qual è insano' (XIII 46,7). Nel XIV cantare Malagigi placa Orlando, molto adirato per il comportamento di Rinaldo, dicendogli:

> [...] Caro cusino che farai
> ben vedi che Renaldo è inpazato
> de sua vita arme portar più mai
> tanto tempo che ancora non è sanato

> e la mia sapientia ben lo sai
> ch'io camperia uno dal morire
> e ancora non posso Renaldo varire.
> (*Altobello*, XIV, vv. 4.3–8)

Rinaldo ferito e Rinaldo folle sembrano essere due elementi strettamente correlati tra loro. Nella rappresentazione, livello corporeo e livello psichico risultano saldamente connessi e interdipendenti.

La pazzia di Rinaldo si può spiegare proprio all'interno della situazione eccezionale in cui il paladino si è trovato in questo episodio. Rinaldo non poteva sopportare una situazione di tale capovolgimento — l'indomito fiore dei paladini che diviene un infermo lamentoso, sempre sul filo della comicità — senza che ne fosse coinvolto il suo equilibrio. Egli dunque scambia gli amici per nemici e cerca di difendere la donna e il tesoro. I suoi compagni, infatti, sono anche vincitori di una guerra che Rinaldo ha cominciato, ma non ha combattuto fino in fondo e della quale potrebbe dunque non godere i frutti. La guerra era scoppiata in difesa di Fiordespina e del suo tesoro: ma Rinaldo non l'ha combattuta, e sente di aver perso il diritto al possesso di entrambi. Rinaldo, all'inizio di questa vicenda, era l'unico difensore di Fiordespina, dal momento che i suoi compagni combattevano nel campo avverso di Valerano. Inoltre, il palazzo dove si svolge la seconda parte della guerra contro Valerano, che vede i paladini passare di campo, Rinaldo ferito, e l'arrivo di Troiano e Altobello, era stato lo stesso nel quale Rinaldo e Fiordespina si erano rifugiati, inseguiti dall'esercito di Valerano, e dove avevano passato la loro prima notte da amanti. La malattia toglie a Rinaldo il possesso della donna e della terra, che si era conquistato per primo e sui quali avrebbe potuto accampare diritti. È da qui che scaturisce la distorsione con la quale Rinaldo percepisce i paladini vittoriosi. La distorsione si sposta sul piano religioso quando Rinaldo svaluta la conversione di Troiano: affermare che Troiano sarà peggiore dopo il battesimo significa capovolgere il valore della conversione al Cristianesimo. Di fronte ad Orlando poi, Rinaldo scappa a letto zoppicando ('Renaldo zapegando co[r]se alleto', *Altobello*, XIII 50.5): la figura del possente paladino tocca qui il punto più basso della sua rappresentazione, trasformandosi in un povero storpio.

La malattia di Rinaldo ha una precisa funzione nell'economia del racconto: mettere in evidenza l'indispensabilità del nuovo personaggio, Altobello. Altobello è un giovane persiano convertito, ha sedici anni, e si alea con i cristiani sostituendo, seppure temporaneamente, Rinaldo. La necessità per i cristiani di stringere alleanze politiche, in particolare in vista di una nuova crociata, è la posizione espressa in questo poema. La perforabilità del corpo di Rinaldo e la sua instabilità psichica sono argomenti decisivi a sostegno di questa posizione.

Leandra. Il corpo invincibile di Rinaldo

Nell'*Altobello* il corpo di Rinaldo è inaspettatamente e pericolosamente vulnerabile. Nel poema che andiamo a considerare ora, invece, il corpo dello stesso personaggio incarna una forza e una invulnerabilità iperboliche, esagerate. Il tratto dell'invincibilità e della forza di Rinaldo è insistito fino al parossismo. Queste caratteristiche sono, però, il punto d'arrivo di un processo che ha il suo momento centrale nell'amore passionale tra Rinaldo e una donna saracena, Leandra: qui un'altra ferita, metaforica, d'amore, compromette non il fisico, ma la condotta morale del paladino. In maniera più complessa e articolata che nell'*Altobello*, anche in questo caso il piano fisico e quello dell'interiorità appaiono interconnessi.

Il poema intitolato *Leandra* di Pietro Durante di Gualdo Tadino è stampato per la prima volta nel 1508 a Venezia, per i tipi di Giacomo Penzio. Si tratta di un poema formalmente atipico: è infatti non in ottave, ma in seste.[18] Gode di un'enorme fortuna di pubblico nel Cinquecento e nel Seicento (solo nel Cinquecento si ha notizia di almeno 14 edizioni, secondo i dati del censimento nazionale delle edizioni italiane del XVI secolo Edit 16), ma la sua innovazione formale non avrà influenza alcuna sui poemi cavallereschi successivi. Il titolo del poema, *Leandra*, corrisponde al nome della donna saracena amata da Rinaldo. La loro storia d'amore occupa solo tre canti su ventiquattro, ma ha un ruolo cruciale nella crescita del personaggio di Rinaldo. Inoltre, che il nome di una donna che non sia una guerriera nemica (come nel caso dell'*Ancroia*, o della *Rovenza*) diventi il titolo di un'opera è un inedito nel poema cavalleresco, e indica il ruolo simbolico eccezionale che Leandra occupa nel poema, nonché l'atteggiamento di gioco insistito con la tradizione, tra conservazione e innovazione, del notaio Pietro Durante.[19]

Proprio l'atteggiamento di Pietro Durante nei confronti della tradizione cavalleresca rende la *Leandra* un testo prezioso ai fini del nostro discorso. Durante è un lettore appassionato di storie cavalleresche e uno scrittore ambizioso, che si confronta con i propri modelli in modo critico e con il desiderio di innovare il genere. Indipendentemente dai modesti esiti artistici del suo tentativo, l'operazione di Durante risulta molto preziosa per un discorso che indaghi il significato culturale e simbolico di alcuni *topoi* narrativi. Innanzitutto la *Leandra* è un poema rinaldiano: la competizione tra i due cugini, Rinaldo e Orlando, tratto topico presente anche in testi d'autore come il *Morgante* e l'*Orlando innamorato*, è ostentata e declinata qui a favore di Rinaldo; diviene anche competizione letteraria con poemi più esplicitamente orlandiani, come il *Morgante* (è questa una delle ragioni letterarie della polemica di Folengo — autore dell'*Orlandino* — contro Pietro Durante).[20] Durante giudica le proprie fonti non solo dal punto di vista letterario, ma anche da quello morale, e l'impianto copiosamente moralistico ed esemplare è uno dei tratti caratteristici della *Leandra*. In questa operazione la discussione e modificazione dei *topoi* — e in particolare del *topos* che riguarda il corpo invulnerabile di Rinaldo — ha un'importanza centrale.

La *Leandra* ha una trama tradizionale, molto vicina ad altre storie narrate nei poemi cavallereschi stampati alla fine del XV secolo. L'avvio della vicenda coinvolge i due acerrimi nemici, Rinaldo e Gano. In seguito a un tranello di Gano, Rinaldo rischia la vita e questo genera un conflitto interno alla corte di Parigi. Rinaldo, Orlando, Ulivieri e Uggieri il Danese si allontanano dalla corte per dirigere la propria rabbia altrove, contro i Pagani anziché contro Carlo.

Nelle prime sue imprese in Pagania, Rinaldo manifesta la sua forza iperbolica in modo del tutto eccezionale. Le seste che descrivono la sua forza si ripetono in formule ricorrenti, che insistono su questo punto: Rinaldo colpisce, taglia, fende, ma non riceve ferite. Eccone un esempio: in questo passo Rinaldo durante una battaglia in difesa di una città dagli assalti del pagano Baldrucche è accerchiato, si difende e attacca:

> *tagliando* giva l'arme come cera. (*Leandra*, II 87.5)

> et *taglia, et fora* et più persone uccide
> e delli colpi suoi ognuno stride. (*Leandra*, II 89.5–6);

> *tagliando elmi, braccia, gambe e cervelli*
> *le carni et l'arme taglia squarta et passa*
> così Rinaldo ardito li fraccassa. (*Leandra* II 93.4–6)

> *Uccide, taglia, fende, fora et squarta*
> el franco cavallier battendo el dente
> paria che l'arme loro fosser di carta
> tanto li *taglia* el brando dolcemente. (*Leandra*, II 99.1–4)

L'accumulazione insistita di verbi che appartengono al campo semantico della perforazione manifesta la centralità simbolica del gesto. Rinaldo è forte e invulnerabile; i nemici sono perforabili, come fossero di carta: questa immagine sembra sottolineare il carattere letterario delle battaglia, ma anche l'importanza collettiva di vedere rappresentato sulla carta il gesto rassicurante ed esemplare di chi, invincibile, 'uccide, taglia, fende, fora et squarta' i comuni nemici della cristianità:

> Rinaldo el giorno fo percosso assai
> da quella gente dolorosa e trista
> et dubitò più volte de soi guai
> *havia la carne sua livida et pista*
> *ferita non avia mercè de Dio.* (*Leandra*, II 47.1–47.5)

Rinaldo può essere pestato, ma non forato. Questa situazione di impenetrabilità cambia nel canto IV. I paladini arrivano alla corte del Soldano, che sta organizzando una giostra, per trovare marito a sua figlia Leandra, la più bella donna della Pagania. Finora, nulla di insolito. La trama rispetta perfettamente i principali *topoi* delle narrazioni cavalleresche. Al contrario di quanto accade nelle storie tradizionali, però, la vicenda d'amore guadagna importanza e spazio via via che la storia procede. Il tratto più evidente e più nuovo di questo amore è l'insistenza sulla dimensione fisica dell'attrazione erotica. L'amore è rappresentato come un desiderio fisico corrisposto e irresistibile. Rinaldo vuole sposare Leandra anche se lei è saracena. Leandra desidera stare con Rinaldo anche dopo aver scoperto che è cristiano e ha ucciso suo fratello. Il cuore di Rinaldo viene perforato dalla freccia d'amore; significativa la citazione intratestuale: amore fa del cuore di Rinaldo quello che Rinaldo faceva dei nemici saraceni.

> Ben che Rinaldo avesse el cor di pietra
> pur remirando quei bell'occhi adorni
> quel capo d'oro et quella fronte lieta,
> non da principio, ma poi molti giorni
> dal fiero amor Rinaldo *fo ferito*
> pel dolce sguardo da i bell'occhi uscito.

> Sopr'ogni mortal cosa amor triumfa
> *ogni armadura spezza rompe et fende.*
>
> *Amore spezza et rompe ogni armadura*
> amor fa'l cor gentile senza spavento
> amore admolla ogni aspra cosa dura
> amor gentile accrescie el sentimento
> amore in cor gentile sempre mai regna
> con sua victoriosa et alta insegna. (*Leandra*, IV 60–62)

Se il *topos* della freccia d'amore in sé non stupisce, è invece interessante la sovrapposizione dei due *topoi*, entrambi legati alla perforazione ma appartenenti a generi letterari diversi: il gioco tra vulnerabilità e invulnerabilità, come vedremo, avrà un ruolo fondamentale nel percorso di crescita morale che Rinaldo affronta nella *Leandra*.

L'amore tra Rinaldo e Leandra ha un valore esemplare: è un amore 'falso' per l'intensità del desiderio che sprigiona. Questo amore rende Rinaldo, invulnerabile in battaglia, del tutto esposto alle ferite d'amore. Rinaldo ferito è soggetto del desiderio amoroso. Il desiderio di Rinaldo è corrisposto, e viene espresso attraverso descrizioni lunghe e particolareggiate, inedite nella tradizione cavalleresca italiana. L'autore descrive lo scambio erotico dei due amanti come un lento e progressivo avvicinamento dell'uomo al corpo della donna. All'inizio Rinaldo si limita a parlarle; poi, a poco a poco, prende possesso del suo corpo: la morde, la succhia, la mangia. Ovviamente l'uomo è il solo agente in questa circostanza; solo il corpo della donna è esplorato, nominato; il suo piacere non è legato al corpo di Rinaldo (anche se proprio il corpo di Rinaldo le era piaciuto, quando lo aveva visto in battaglia) ma è piuttosto una conseguenza dell'azione di Rinaldo su di lei. Il desiderio di Rinaldo smembra, parcellizza il corpo di Leandra:

> Rinaldo l'abbracciava con dilecto
> una mano al pecto et l'altra alla centura
> basiava el *viso*, el *collo*, el *bianco pecto*
> dicendo tal bellezza el cor mi fura
> et quelle *pomarancie* che havia in seno
> basiandole Rinaldo venia meno.
>
> Quelle suave et *candide mammelle*
> basiaua a llei Rinaldo mottigiando.
> [...]
> Ora gli basia el *viso*: hora la *fronte*
> Ora le *labra* roscie gli suchiava
> Ora la strengne, et or tien le man gionte
> Ora la bella *gola* gli toccava
> le *guancie*, el *naso*, et quelle arcate *ciglia*
> Rinaldo con la bocca spesso piglia.
>
> *Rinaldo tutta quanta la mordia*
> *et tutta con amor la va suchiando*
> Leandra nel suo cor tutta godia
> 'Amor' dician l'un laltro sospirando
> specchiandose Rinaldo in quel bel viso
> gli dicia spesso 'Questo è 'l paradiso'. (*Leandra*, 176–77; 179–80)

La situazione determinata da un tale desiderio indurrà Leandra prima a fuggire con Rinaldo, e poi, assediata dall'esercito del padre, a suicidarsi gettandosi dall'alto di una torre. Quando il corpo di Leandra raggiunge il suolo, si smembra, si disintegra:

> Sentendo poi la donna el gran rumore
> et remirando el novo castellano
> paria de doglia gli crepasse el core
> 'Superno Dio' parlò humile et piano
> 'l'anima mia ti sia raccomandata'
> et for del muro Leandra s'è giptata.
>
> E cadde in terra la gentil donzella
> *et tucta quanta si se fragassava*
> *el capo se spezzava, et le cervella*
> lo spirito el bel corpo abbandonava
> que fo dell'alma sua solo el sa Dio
> ma 'l fin de tale amor fo molto rio. (*Leandra*, VI 174–75)

Al corpo di Leandra era legato il traviamento, l'errore di Rinaldo; quel corpo che gli strumenti retorici della poesia amorosa avevano contribuito a parcellizzare, ora assume su di sé l'idea stessa di fragilità, disintegrandosi al suolo. Il corpo di Leandra si distrugge perché conteneva l'errore che Rinaldo doveva allontanare da sé per rientrare pienamente nel ruolo attribuito al suo personaggio dalla tradizione italiana: combattente e martire per la fede. La morte di Leandra rappresenta la punizione per un amore 'falso', ma dà anche a Rinaldo la possibilità di ricordare e insieme di espiare il proprio peccato. Dopo l'espiazione, Rinaldo è pronto per intraprendere una nuova serie di battaglie: raggiungerà l'estremo oriente, il regno del famoso prete Gianni, combatterà da solo contro centinaia di nemici e la sua forza iperbolica sarà il segno della volontà divina. Rinaldo è strumento della volontà divina e agisce per desiderio di fama e onore; la fragilità del corpo — la controparte della sua invulnerabilità — giace a pezzi ai piedi delle mura della fortezza.

Rinaldo commette peccato, la donna di cui è innamorato muore, e lui continua a combattere nel ricordo di lei. Ecco cosa accade quando, durante la crociata che chiude la prima parte del poema, Rinaldo incontra il cugino di Leandra:

> Leandra tua divota *habi ad memoria*
> deh, *per suo amore*, Rinaldo, *me perdona*
> [...]
> Quando Rinaldo *intese ricordare*
> *la sua Leandra*, molti suspir getta.
> Paria ch'el cor di for voglia saltare
> et 'Milli et milli volte benedecta —
> dicia Rinaldo — sia quell'alma degna
> che fo ver me nel mondo sì benegna'. (*Leandra*, XII 61.1–2; 62)

> 'Rotta è l'aspra catena e 'l nodo sciolto
> e quel crudel arciere *facto ha gran volo*
> collo splendore lucente del bel volto
> e io tapino son rimasto in duolo,
> *ma non potria né morte né natura*
> *dal cor levarme quella immagin pura.*

> Ben che sia rotto l'arco e quella corda
> qual me mandò si forte l'impio dardo
> pur tremo forte quando me ricorda
> el doze sentillare del dolce sguardo,
> mai forza de destino né forza d'arme
> potrà l'immagin sua dal cor levarme.' (*Leandra*, XII, 68–69)

Al canto XIII ha inizio la seconda metà del poema e una nuova fase delle imprese di Rinaldo: ora Rinaldo è sbattuto da una tempesta in Cappadocia e comincia il proprio viaggio, insieme ad Astolfo e a Ricciardetto, per combattere contro i pagani e convertirli al cristianesimo. La sua forza è senza pari, supera anche quella dei suoi compagni cristiani. Loro tre da soli, Rinaldo in testa, sbaragliano migliaia e migliaia di nemici.

> Rinaldo contra loro se chiude e scaglia
> tenendo la sua spada con doi mani
> uccide taglia squarta fende et fora
> gridando spesso 'Appollo mora mora!' (*Leandra*, XIII 50.3–6)

La tesi che qui si propone è che Rinaldo conquisti un nuovo ruolo nella cristianità, di combattente per la fede e convertitore di popoli, grazie a Leandra e al suo suicidio, che ne toglie di mezzo il corpo. Parallelamente, Rinaldo recupera una nuova invulnerabilità grazie a uno spostamento simbolico della propria fragilità sul corpo di Leandra, oggetto d'amore, e in quanto tale mai intero, ma sempre occhi, fronte, bocca e così via. Come era stato anche nell'*Altobello*, piano fisico e piano psichico (in questo caso per quello che concerne la condotta morale, la capacità di giudizio secondo una norma morale condivisa), sono di nuovo percepiti come due aspetti tra loro strettamente interconnessi.

In conclusione la *performance* di invulnerabilità del corpo di Rinaldo in battaglia è possibile perché Leandra, uccidendosi, ha tolto di mezzo un elemento di distrazione che rappresentava, simbolicamente, oltre che la fragilità morale di Rinaldo, anche la sua vulnerabilità.

Questa breve disamina di alcuni episodi che rappresentano il corpo di Rinaldo ferito è servita per mettere in rilievo il valore simbolico dell'integrità del corpo dei paladini e l'eccezionalità della sua compromissione dal punto di vista del significato che questo fatto assume nell'economia del racconto. Il quadro è ancora parziale, ma mostra l'invincibilità del corpo dei paladini come uno di quei *topoi* che è utile studiare con particolare attenzione per compendere più profondamente anche quei poemi composti da artigiani della narrazione, che conoscevano molto bene e dominavano gli strumenti del loro mestiere. L'alterazione di una tessera narrativa attesa dal pubblico consente di comunicare in modo efficace un significato nuovo e di adattare la narrazione alle esigenze del momento. Questo avviene nella rilettura che l'*Altobello* fa delle classiche storie di Rinaldo tramandate dai *Cantari*, per sottolineare l'insufficienza delle forze cristiane e la necessità di alleanze; e avviene anche nella connessione tra integrità fisica e morale nella *Leandra*, e nel sacrificio di un corpo — quello della donna amata — a beneficio dell'invincibilità dell'altro.

Notes to Chapter 6

1. Limitatamente agli studi di letteratura italiana, tra le pubblicazioni più recenti specifiche sul tema si vedano *The Body in Early Modern Italy*, a cura di Julia L. Hairston e Walter Stephens (Baltimore, MD: Johns Hopkins University Press, 2010; *In Corpore: (im)material bodies in Italy*, a cura di Judith Bryce, Loredana Polezzi e Charlotte Ross (= *Italian Studies*, 60.2 (2005)); e poi, *In Corpore: Bodies in Post-Unification Italy*, a cura di Loredana Polezzi e Charlotte Ross (Cranbury, NJ: Farleigh Dickinson University Press, 2010).
2. Albert R. Ascoli analizza le fantasie maschili di invulnerabilità e impenetrabilità del corpo del guerriero nell'*Orlando furioso*, mettendole in relazione con il valore della verginità femminile: gli episodi che analizza riguardano principalmente le coppie Sacripante/Bradamante, Rodomonte/Isabella, Rodomonte/Bradamante. Albert R. Ascoli, 'Like a Virgin: Male Fantasies of the Body in the Orlando Furioso', in *The Body in Early Modern Italy*, pp. 142–57.
3. Sulla datazione Elio Melli, autore dell'edizione critica, rimanda alle posizioni espresse da Pio Rajna, che colloca la composizione dell'opera alla fine del XIV secolo. Si veda *I cantari di Rinaldo da Monte Albano*, a cura di Elio Melli (Bologna: Commissione per i testi di lingua, 1973), p. LXI, e Pio Rajna, 'Rinaldo da Montalbano', *Il Propugnatore*, 3.1 (1870), 213–41 (parte prima); *Il Propugnatore*, 3.2 (1870), 58–127 (parte seconda). Il contributo di Rajna si legge ora in Id., *Scritti di filologia e linguistica italiana e romanza*, a cura di Guido Lucchini (Roma: Salerno Editrice, 1998), tomo I, pp. 101–89.
4. Per un discorso metodologico sui numeri relativi alle edizioni antiche e la loro ricostruzione si veda Neil Harris, 'Statistiche e sopravvivenze di antichi romanzi di cavalleria', in *Il cantare italiano fra folklore e letteratura*, a cura di Michelangelo Picone e Luisa Rubini (Firenze: Olschki, 2007), pp. 383–411.
5. Cfr. Giovanni Palumbo, *Le eterne fortune dell'eroe Orlando. Armi, cavalleria e amore nella tradizione della 'Chanson de Roland'*, in *La letteratura cavalleresca dalle 'chansons de geste' alla 'Gerusalemme liberata'*, a cura di Michelangelo Picone (Pisa: Pacini editore, 2008), pp. 9–24, e Marco Villoresi, *Le Varianti di Orlando. Un personaggio e le sue trasformazioni*, in Giovanni Palumbo, Antonia Tissoni Benvenuti, Marco Villoresi, *'Tre volte suona l'olifante...'. La tradizione rolandiana in Italia fra Medioevo e Rinascimento* (Milano: Unicopli, 2007), pp. 79–93.
6. I *Cantari di Rinaldo* si leggono nell'edizione *I cantari di Rinaldo da Monte Albano*, cit. All'interno delle citazioni i corsivi sono miei.
7. Si vedano Nicoletta Marcelli, 'I "Cantari di Rinaldo da Monte Albano"', *Interpres*, 18 (1999), 7–57 (pp. 10–13); Jacques Thomas, 'Signifiance des lieux, destinée de Renaud et unité de l'œuvre', in *Études sur 'Renaut de Montauban'*, a cura di Jacques Thomas, Philippe Verelst, Maurice Piron (= *Romanica Gandensia*, 18 (1981)), 7–45 (pp. 20–32); *L'episodio di Vaucouleurs nelle redazioni in versi del 'Renaut de Montauban'. Edizione diplomatica-interpretativa con adattamento sinottico*, a cura di Antonella Negri (Bologna: Pàtron, 1996).
8. Questo aspetto della relazione tra Rinaldo e Carlo è già nel testo francese: si veda Thomas, 'Signifiance des lieux', pp. 10–11.
9. La parola 'troscia' significa propriamente 'pozza d'acqua', ma anche 'rigagnolo' e per estensione con valore iperbolico 'fiotto di sangue' o 'copioso versamento di lacrime': Salvatore Battaglia, *Grande dizionario della lingua italiana*, XXI (Torino: UTET, 2002), p. 411.
10. Sulla simbologia del sangue, Piero Camporesi, *Il sugo della vita. Simbolismo e magia del sangue* (Milano: Edizioni di Comunità, 1984).
11. La prima edizione che conosciamo è stata stampata a Venezia nel 1476. La novità del personaggio di Altobello nell'epica italiana era stata notata per la prima volta da Ruedi Ankli, 'Il più antico poema cavalleresco a stampa nel suo contesto culturale: l'*Altobello* del 1476', *Rassegna europea della letteratura italiana*, 10 (1997), 9–27; per un'interpretazione storico-politica del poema si veda Annalisa Perrotta, 'Alleanze necessarie. Cristiani, saraceni e persiani nell'*Altobello*', in *Il cantare italiano fra folklore e letteratura*, pp. 127–44.
12. La probabile prima edizione del poema intitolato *Persiano*, non pervenuta, fu stampata a Venezia da Luca di Domenico. Del poema si sono conservati tre incunaboli, dell'edizione veneziana del 1493, per i tipi di Cristoforo Pensa. Il suo autore, Francesco Cieco, è chiamato anche Francesco

d'Antonio da Firenze o semplicemente Francesco d'Antonio, da non confondere col Francesco Cieco, autore del *Mambriano*: Jane E. Everson, 'The Identity of Francesco Cieco da Ferrara', *Bibliothèque d'Humanisme et Renaissance*, 45 (1983), 487–502.

13. Teofilo Folengo, *Orlandino*, I 29: 'Son certi pedantuzzi di montagna, | che, poi ch'han letto *Ancroia* et *Altobello* | e dicon tutta in mente aver la *Spagna* | e san chi ancise Almonte o Chiariello, | credono l'opre d'altri sian d'aragna, | le sue non già, ma d'un saldo martello; | e così avien che l'asino di lira | crede sonar, quando col cul suspira'; si cita da Teofilo Folengo, *Orlandino*, a cura di Mario Chiesa (Padova: Antenore, 1991), p. 23.

14. Le citazioni dall'*Altobello* sono tratte dall'edizione *Historia di Altobello e di Re Troiano suo fratello* (Venezia: Gabriel de Grassis, 1481), conservata nella Biblioteca nazionale centrale di Firenze.

15. Per la definizione di 'proponta' si veda la nota linguistica di Luciano Banchi in *Li fatti di Cesare*, a cura di Luciano Banchi (Bologna: Commissione per i testi di lingua, 1863), p. 339.

16. Nel canto IV dell'*Altobello* Rinaldo in un momento di difficoltà invoca tutti i suoi affetti, tra cui anche 'Padre Amone che ce voi poco bene | ma pur te increseria la morte mia' (*Altobello*, IV 24.1–2). Il motivo dell'ostilità di Amone verso i suoi figli è centrale nei *Cantari*, dove se ne fa una questione politica di obbedienza a Carlo. Per un'analisi dell'episodio dell'uccisione del gigante Galasso, in *Altobello*, XI 48–49, da confrontare con i *Cantari di Rinaldo*, XXV 35–37, si veda Perrotta, 'Alleanze necessarie', pp. 134–35.

17. Nell'*Ancroia*, per esempio, Malagigi guarisce Guidone il Selvaggio, ferito in un agguato dei Maganzesi di cui era rimasto vittima con suo padre Rinaldo. Il mago riesce a guarire Guidone con estrema facilità. La citazione è tratta dall'edizione veneziana del 1482, senza indicazioni dello stampatore, conservata nella Biblioteca Casanatense di Roma: 'Alhora intrambe duo se ne andaro | dove giacea el salvagio Guidone | e tostamente il capo gli levaro | una radice in boche gli pone | e puoi da bere alquanto gli donaro | e tutti polsi col vin gli lavone | lavato i polsi bona fu la radice | Guidon levosse diciendo "Son felice"' (*Ancroia*, IV 100).

18. Ecco come l'autore giustifica la sua scelta anticonformista: 'Chiusi in sei versi questa nostra rima | perché è più breve et più retonante. | In quella d'otto versi, dico, prima | che venghi al fin se scorda quel davante. | Non mi pontar lectore, se tu t'abbaglie. | Hor su non più seguian de le battaglie' (*Leandra*, I 13). Le citazioni da Pietro Durante, *Leandra* (Venezia: Giacomo Penzio, 1508); ringrazio Gabriele Bucchi per avermi messo a disposizione le sue copie del libro conservato nella Biblioteca Trivulziana.

19. Sulla *Leandra* è intervenuto brevemente Carlo Dionisotti, 'Fortuna del Boiardo nel Cinquecento', in Id., *Boiardo, Ariosto e altri studi cavallereschi*, a cura di Giuseppe Anceschi e Antonia Tissoni Benvenuti (Novara: Interlinea, 2003), pp. 143–61 (pp. 159–60); il saggio era apparso in *Il Boiardo e la critica contemporanea*, a cura di Giuseppe Anceschi (Firenze: Olschki, 1970), pp. 221–41; si veda anche Gabriele Bucchi, 'La *Leandra* di Pietro Durante da Gualdo: meraviglie esotiche e propaganda religiosa in un poema cavalleresco del primo Cinquecento', in *Carlo Magno in Italia e la fortuna dei libri di cavalleria*, a cura di Johannes Bartuschat e Franca Strologo (Ravenna: Longo, 2016), pp. 359–83.

20. Per la competizione dell'autore della *Leandra* con il *Morgante* di Pulci si veda per esempio la sesta in cui Rinaldo risparmia un gigante pensando ai vantaggi di averlo a suo servizio, che potrebbe essere un'allusione al poema pulciano: 'alla fine Renaldo con suspire | condusse nella terra quel gigante | per aver fama piu che 'l sir d'Anglante' (*Leandra*, II 42.5–6). Per la polemica di Folengo contro Pietro Durante, si veda Folengo, *Orlandino*, 'Sonetto de l'auttore', vv. 12–14: 'così fusse l'auttor de la *Leandra* | acciò che'l cancar gli mangiasse gli occhi, | in un fondo di torre fatto a scarpa!'. Per la competizione Orlando-Rinaldo, Folengo, *Baldus*, XXV 528–51.

PART II

Academy

CHAPTER 7

I vari volti del teatro di Giulio Camillo (attraverso nuovi manoscritti)[1]

Lina Bolzoni
Scuola Normale Superiore di Pisa

Alla fine, nell'ultimo canto dell'*Orlando furioso*, la nave del poema arriva in porto e l'Ariosto, il poeta che aveva rischiato a sua volta di essere travolto dalla follia dell'amore, trova ad aspettarlo, sulla riva, una folta schiera di dame e cavalieri, di principi e poeti. Sono i suoi lettori ideali, una specie di foto di gruppo della *république des lettres* che, come sempre capita, scatena le ire di chi non vi è incluso. Fra questi, Niccolò Machiavelli, che esprime il suo disappunto in modo colorito (m'ha 'lasciato indreto come un cazo'), un disappunto reso più acuto dall'ammirazione che prova per il poema.[2] E' straniante per noi, che guardiamo a quella folla che si accalca sulla riva dalla distanza dei secoli, non trovare Machiavelli e trovare invece un personaggio che sarebbe stato a lungo dimenticato e disprezzato, Giulio Camillo:

> E quei che per guidarci ai rivi ascrei
> mostra piano e più breve altro camino,
> Iulio Camillo. (*Orlando Furioso*, 46,12,5–7)

Chi era dunque questo Camillo, al quale Ariosto (non si sa con quanta convinzione) riconosce una specie di ricetta magica, quella che insegna la via breve e facile al comporre poesia? Ripercorrendo la sua vita e quel che sappiamo di lui, ho spesso pensato che se Marguerite Yourcenar l'avesse conosciuto avrebbe potuto dedicargli un romanzo, qualcosa di simile ad esempio a *L'Œuvre au noir*. Camillo (1480ca–1544)[3] è grasso e balbuziente, parla come un invasato e riduce così al silenzio letterati scettici e raffinati cortigiani. Pratica l'alchimia, ha inventato un 'oro potabile' che dovrebbe far ringiovanire e riduce quasi in fin di vita lo sfortunato cliente che lo aveva sperimentato. E' filosofo e oratore, maestro di grammatica e di retorica, scrive in versi e in prosa, in latino e in italiano. Nato in Friuli, si forma nei circoli intellettuali di Venezia e Padova; a Bologna assiste agli esperimenti di anatomia ed è in contatto con gruppi eretici; a Roma frequenta i 'ciceroniani', coloro che volevano riportare la scrittura latina allo splendore dei tempi di Cicerone, come se il tempo non fosse passato; conosce Erasmo, che lo considera con profonda diffidenza. Trova dei protettori potenti, che finanziano, con maggiore o minore generosità, i suoi progetti: il re francese Francesco I, e poi il governatore spagnolo di Milano, Alfonso D'Avalos. Muore proprio a Milano, a quanto pare per stravizi amorosi in compagnia di due donne: degna conclusione di una vita che aveva coltivato sia l'ebbrezza dei sensi che quella dell'ascesi mistica. Giulio Camillo si presenta a prima vista come uno dei tanti ciarlatani, più o meno ingegnosi, che fra Quattro e Cinquecento girano le corti d'Italia e d'Europa per guadagnarsi la vita. Tale opinione del resto, non assente fra i contemporanei, era destinata a lunga durata, sino a trionfare nel '700. Nello stesso tempo molti dei contemporanei lo esaltano come divino e la cerchia dei suoi amici è di tutto rispetto. Abbiamo già ricordato l'elogio che Ariosto gli dedica; Camillo inoltre è amico di letterati come Pietro Bembo e strettamente legato al circolo di Pietro Aretino. Di grande fascino sono i suoi rapporti con gli artisti, con architetti come Serlio, con pittori come Lorenzo Lotto, Pordenone, Francesco Salviati e soprattutto Tiziano che gli aveva fatto un ritratto, oggi perduto, e aveva dipinto molte delle immagini che dovevano ornare il teatro della memoria. Proprio qui, nel progetto del teatro della memoria, sta il cuore del fascino dell'opera del Camillo, e nello stesso tempo stanno le ragioni dell'incredulità e dei sospetti che lo circondarono.

Oggi, a distanza di secoli, siamo in grado di capire meglio il suo progetto, di guardare ad esso come a un'immagine emblematica dei sogni, dei miti, ma anche delle sperimentazioni di un'intera età. Possiamo dire che il progetto del Camillo prende sul serio i sogni del suo tempo, e ce ne dà un'immagine che risulta distorta per eccessiva fedeltà. Il suo teatro reinterpreta infatti in modo originale la tradizione secolare dell'arte della memoria: vuole insegnare la via per ricordare tutte le scienze, dando ordine all'enciclopedia del sapere; nello stesso tempo si propone di catturare il segreto della bellezza, si presenta infatti come una grande macchina che aiuta a ricordare, e a riprodurre, i segreti che stanno alla base delle grandi opere d'arte classiche. Esso vuole infatti riprodurre in sé l'ordine divino che si esprime nei diversi livelli della realtà, scandito dalle sette colonne che concentrano in sé vari significati: rappresentano i sette pianeti e le divinità che il mito greco associa loro, ma significano anche sia i giorni della creazione, sia le prime sette sephiroth, i nomi divini della tradizione mistica ebraica, e ancora i principii primi della filosofia pitagorica e ermetica. Le sette colonne del teatro diventano così le immagini di memoria di un tentativo sincretistico che aveva il suo modello illustre in Pico della Mirandola,[4] ma che tendeva a esaltare la natura divina della *mens* piuttosto che la superiore verità del cristianesimo. Il teatro fornisce il sistema di luoghi e di immagini per un sistema di memoria che vuole contenere in sé tutto il sapere e, insieme, fornisce il modello per rappresentare l'interiorità: una interiorità in cui l'io si realizza solo in una dimensione universale, capovolgendo il rapporto fra spettatore e spettacolo.

Quando Camillo muore grandissima parte della sua opera è inedita. Solo nel 1550 viene pubblicato il testo, *L'idea del theatro*, che ci consegna lo schema del suo progetto.[5] E anche la stesura di questo testo è avvolta nella leggenda: lo avrebbe dettato, ci racconta il suo amico Girolamo Muzio, in 7 mattine: 'per sette mattine ad hora di matutino svegliandoci, et dittando egli et scrivendo io infino al dì chiaro, habbiamo ridutta la opera a compimento'.[6] Ma il racconto del Muzio, con il suo indulgere sul 7, il numero magico del teatro, e sull'alba, ha suscitato sospetti. In realtà sono via via venuti alla luce nuovi manoscritti che in sostanza confermano la struttura dell'*Idea*, e altri che sottopongono l'immagine del teatro a un gioco indiavolato (e affascinante) di metamorfosi. Daremo qui gli elementi essenziali per provare a ricostruire i vari volti del teatro, spesso inseriti in una complessa vicenda di plagi e di riscritture.

Il teatro di Camillo resta a lungo un fantasma, un tesoro da riscoprire; è d'altra parte l'*opus magnum*, l'opera definitiva, quella che dà la chiave universale di accesso alle arti e al sapere, e che per sua natura non può mai essere veramente compiuta, non può mai vedere la fine. C'è un misto di ammirazione e di attesa, di entusiasmo e di insoddisfazione, nelle dediche e nelle prefazioni che accompagnano le edizioni delle sue opere dopo la sua morte. Quanto Camillo ha fatto è solo in realtà un abbozzo, scrive ad esempio Ludovico Dolce: la natura purtroppo fa mancare presto coloro a cui ha dato grande ingegno. Così è capitato per Pico della Mirandola, Angelo Poliziano, il Navagero e appunto Camillo,

> a cui, se stato fosse conceduto di vivere il tempo, che è conceduto a molti, che ci vivono inutilmente, non è dubbio che dal suo più tosto divino, che humano ingegno, non si fosse partorito giovamento grandissimo a gli studiosi delle belle lettere, percioché egli haveva con la dottrina delle buone arti congiunta la cognition delle poetiche et oratorie discipline in sì fatto modo, che niuno è, che non istupisca solo a leggere gli accennamenti de suoi pensieri.[7]

Possiamo dire oggi, io credo, che al di là dei toni messianici del Dolce, il quadro che esce dalle dediche è sostanzialmente fedele. Lo mostrano i vari manoscritti che sono venuti alla luce e che ci consegnano una versione più ampia dell'*Idea*, una griglia più articolata dei 'luoghi' in cui collocare il materiale. Il quadro che ne risulta è però piuttosto concorde, testimonianza di un'ansia classificatoria, di una ricerca enciclopedica che possiamo benissimo collocare accanto all'*Idea*, o meglio alle sue spalle, sullo sfondo, così da arricchirne le prospettive, da moltiplicarne le dimensioni.

Abbiamo a disposizione, per il momento, quattro manoscritti che ci consegnano questa versione più ampia del teatro: il cod. Ottob. Lat. 1777 della Biblioteca Vaticana (V),[8] il cod. Zibaldone Nappi, 52, busta II, n.1 della Biblioteca Universitaria di Bologna (B), cc. 473r-552r, in cui l'opera del Camillo è intitolata *Teatro* (o *Theatro*, nel codice bolognese);[9] la versione conservata a Manchester, The Rylands University Library, (M) Christie, Ms 3 f 8, che si intitola *Theatro della sapientia* e proviene da Napoli, dalla biblioteca di un convento dei Cappuccini, come si legge nella nota di possesso del frontespizio;[10] l'ultima versione rinvenuta nel codice genovese (G), sezione Conservazione, I, 1, 6 della Biblioteca Berio, reca il titolo di *Theatro universale di tutte le arti et scienze ridotte per tavole generali alli suoi primi principii et luochi comuni appartenenti ad ogni concetto di materia d'arte o di lingua*[11] e costituisce, per molti aspetti, come vedremo, un caso a parte.

Doveva circolare anche del materiale sparso, come ci testimoniano i *Luoghi* conservati a Milano, alla Biblioteca Ambrosiana: il cod. I 204 inf., contiene alle cc. 311–21 (numerazione più antica 1–10) *Alcuni luoghi di Giulio Camillo* e alle cc. 323–37v *Luoghi havuti dal Ziletti. Credo siano cose di Giulio Camillo o simili*. Il cod. I 108 inf. contiene alle cc. 273–304 (con numerazione più antica 1–30) i *Luoghi di Giulio Camillo*.[12] Si tratta appunto di frammenti del materiale che trova collocazione nei luoghi del teatro, in V, B e G. E' difficile dire, come scrive Corrado Bologna, 'se questi fogli siano stati smembrati per mere ragioni meccaniche da una copia completa del *Theatro*, o invece diffusi intenzionalmente nella forma attuale'.[13] Siamo di fronte a una galassia di testi, in cui è difficile dire quale sia l'apporto di discepoli, commentatori, copisti. Come capita del resto anche per il commento a Petrarca, che impegna Camillo così a lungo, e con tanto successo: l'editore moderno ha riconosciuto che è impossibile ricondurre la tradizione dei testi a un unico archetipo e che bisogna fare i conti anche con le tracce lasciate dall'insegnamento, dalla comunicazione orale.[14]

Sarebbe necessario curare una edizione che permetta di chiarire i rapporti e la cronologia che legano fra di loro B, V, M, G. Ma già a una prima lettura emergono elementi significativi. In tutti e 4 i manoscritti troviamo lo stesso schema di base dell'*Idea*: abbiamo anche qui i sette pianeti e i sette gradi, indicati con gli stessi segni grafici:

(1). Il pianeta, inteso anche come dio
(2). Il primo mondo, la natura elementare
(3). Il secondo mondo, la natura
(4). L'uomo interiore
(5). L'uomo esteriore
(6). Le azioni
(7). Le arti

Varia l'ordine con cui si dispone il materiale: V, M e G iniziano infatti con Saturno, mentre B inizia con Venere. Varia anche lo spazio assegnato a spiegare e commentare l'ordine seguito. Del tutto particolare è il caso di G che, come vedremo, contiene sostanzialmente il testo dell'*Idea* e lo integra entro una più ampia trattazione enciclopedica. Ciò che più immediatamente differenzia i manoscritti dall'*Idea* è l'uso sistematico delle categorie aristoteliche: sostanza, qualità, quantità, relazione, loco, tempo, sito, avere, fare, subire, secondo la terminologia del Camillo. Le categorie erano per Aristotele i generi sommi che raccolgono tutte le proprietà che si possono predicare dell'essere, sia in riferimento alle qualità primarie, sia in relazione con gli accidenti, con le qualità sottoposte al cambiamento. E' significativo che Camillo le citi, nel *Trattato dell'imitazione*, insieme alle lettere dell'alfabeto, proprio per rendere credibile il carattere universale del suo Teatro:

> se da poi che si trovarono i libri già scritti fusse smarrito il numero delle lettere dell'alfabeto, e che alcuno volesse prometter di condurle tutte fuor dei libri a certo e picciol numero, sarebbe egli uccellato da quelli che meriterebbono maggiore uccellamento?... Appresso, prima che fussero stati veduti i predicamenti d'Aristotile, chi avrebbe mai creduto che a dieci principii tutte le cose che sono in cielo, in terra e nell'abisso si potessino ridurre? E pur sono in luce, e tutto dì si veggono, leggono e si conosce che sono bastanti soli dieci.[15]

Nei manoscritti ogni luogo del teatro viene per così dire filtrato attraverso la griglia delle 10 categorie, ed è appunto questo procedimento che aumenta il materiale, che moltiplica gli elenchi di ciò che possiamo collocare/trovare in ciascuno dei luoghi. Rispetto allo schema dell'*Idea* è come se si aprisse così un altro scenario, come se la scena del Teatro acquistasse in profondità spalancandosi su altre dimensioni, su altre prospettive.

In tre dei nostri manoscritti (V, M, B) dominano gli elenchi e molto minor spazio hanno, rispetto all'*Idea*, le parti per così dire teoriche, che collegano il Teatro al modello del cosmo, alla natura profonda del mondo e dell'uomo. Un'eccezione è rappresentata dalla parte dedicata all'anima umana, con una ricca gamma di citazioni (ad esempio, oltre a Aristotele e san Tommaso, Averroè, Alessandro di Afrodisia, Giovanni Damasceno (V, c. 64v–65v, B, c. 500v–501r). Quel che differenzia nettamente questi tre manoscritti dall'*Idea* è, per quanto ho potuto vedere, l'assenza della tradizione cabalistica, che viene invece ampiamente convocata nell'*Idea* (e in G) per rafforzare il sistema delle corrispondenze tra le diverse tradizioni filosofiche e religiose, fino a costituire un ingrediente essenziale del teatro.

Camillo aveva posto il suo teatro all'insegna della metamorfosi, dell'arte della trasmutazione: una cifra in certo senso profetica, che ben si addice ai modi della sua fortuna, ai diversi volti che via via assume, vivendo anche di vita autonoma: modello, fantasma, mito affascinante che altri interpretano, rivestendolo di forme nuove, ricombinandone gli elementi nel gioco di una indiavolata *ars combinatoria*. C'è infatti una linea, nella fortuna del teatro, in cui da un lato il modello architettonico si fa forte, per cui i luoghi e la struttura di un edificio vengono in primo piano, oscillando tra teatro e villa; d'altro lato le immagini acquistano una particolare energia: più che inserirsi nello schema, così da scandire i luoghi dell'ordine, fisico e mentale, tendono ad assumere una forza autonoma, a imporsi soprattutto per la capacità di costruire intorno a sé una rete di associazioni, di pescare e riattivare ricordi, insegnamenti morali, suggestioni iconologiche e letterarie.

Ci sono, in questa intricata vicenda, protagonisti, registi e comparse. Alcuni ci sono noti, come Anton Francesco Doni e Orazio Toscanella, altri restano, per il momento, nell'ombra. C'è sicuramente una complicata storia di plagi, di attribuzioni incerte, una storia non ancora completamente chiarita e che, secondo la logica teatrale, non ha risparmiato, e forse non risparmierà in futuro, qualche buon colpo di scena. Proviamo a raccontarla. All'inizio sta un onesto testimone, Orazio Toscanella (1520ca.-1579).[16] Toscano di origine, vive a Venezia, dove si guadagna la vita come precettore privato, maestro di scuola e collaboratore dei più importanti editori. La sua situazione economica non è delle più floride, ma è uno appassionato del suo lavoro, che ha una grande fiducia nel libro, nel libro in volgare e costruito in modo tale da facilitare l'accesso al sapere: Toscanella realizza infatti parte del progetto utopico della Accademia veneziana della Fama, quello di rendere visibile il sapere attraverso tavole, alberi, schemi, diagrammi, che mettono sotto gli occhi il procedimento logico seguito, e aiutano la memoria e l'invenzione. Inutile dire che Giulio Camillo è oggetto della sua ammirazione, è uno dei suoi punti di riferimento. Ricordo l'emozione provata anni fa quando, leggendo un suo commento all'*Orlando furioso*, stampato nel 1574, ho trovato citati dei brani che, assicurava l'autore, venivano dal Camillo, anzi dal teatro perduto del Camillo, proprio quello conservato in Francia e a lungo ricercato invano, anche dai nostri migliori eruditi di fine 600.[17] Il testo, affermava il Toscanella, proveniva dalla 'libreria dello illustrissimo Cardinal Vecchio di Lorena', da cui era stato tratto 'dal rarissimo Luigi Alamanni'.[18] Certo i brani che Toscanella attribuiva a Camillo proponevano qualcosa di diverso da quanto si conosceva: il teatro 'o, per dirlo più chiaramente il libro delle sue nuove inventioni', si veniva delineando come un palazzo ornato di immagini (la fama, l'amore, la fortuna, lo sdegno, la morte, il sonno e il sogno) accuratamente descritte, secondo un'iconologia spesso bizzarra e fantasiosa, capace di ricombinare i lacerti di una complessa memoria letteraria, visiva, mitologica e scritturale.[19] Le immagini segnavano le tappe di un percorso morale, e insieme dichiaravano di essere capaci di accogliere in sé (di ricordare/far ricordare/esprimere) tutti gli *exempla* antichi e moderni concernenti il tema, così da 'allegare et porre ciascuna cosa al luoco suo', come leggiamo a proposito del sogno.[20] Si trattava di una iconologia morale, che in qualche modo integrava lo schema astrologico che sta alla base del teatro?

In realtà — con gli opportuni travestimenti di luoghi e opere d'arte in chiave 'francese', tali da rendere credibile l'attribuzione al Camillo protetto dal re Francesco I — i brani che Toscanella attribuiva al teatro di Camillo corrispondevano a brani di un'opera di Anton Francesco Doni, le *Pitture ... nelle quali si mostra di nuova inventione Amore, Fortuna, Tempo, Castità, Religione, Sdegno, Riforma, Morte, Sonno et Sogno, Huomo, Repubblica, et Magnanimità*, pubblicata nel 1564, che era stata preceduta da una versione manoscritta, *Le nuove pitture*, contenuta in un manoscritto autografo del 1560 (Città del Vaticano, Biblioteca Apostolica Vaticana, cod. Patetta 364). Riflettendo, diversi anni fa, sulla misteriosa vicenda che lega fra di loro le *Pitture* del Doni e il commento ariostesco del Toscanella, scrivevo: 'Si presentano, a questo punto, due possibilità, la prima è che Doni abbia plagiato Camillo... C'è però anche una seconda possibilità, che cioè il Toscanella si fosse trovato fra le mani un manoscritto in cui qualcuno aveva riscritto le invenzioni del Doni attribuendole a Camillo.'[21] Se la prima possibilità non sembra plausibile (a causa fra l'altro dello stile bizzarro e capriccioso, ascrivibile a Doni piuttosto che a Camillo) è la seconda ipotesi che di recente ha trovato una felice conferma. Nel lontano Texas, a Austin, un'intelligente politica di acquisti ha fatto sì che un intero fondo di manoscritti italiani, di provenienza bolognese (Ranuzzi collection) fosse acquisito dall'Harry Ransom Research Center. E proprio qui, in un volume con un titolo un po' anodino, *Varie prose di diversi auttori manoscritte. Tom. 2* (Mss. Ph 12801), è conservato un manoscritto dal titolo 'Teatro, o palazzo d'invenzione figurato in Francia rappresentante la distribuzione di diverse virtù ne quartieri del medemo palazzo, e particolarmente quelle della fortuna del tempo della riforma della magnanimità dell'amore della religione della repubblica dello sdegno del sonno e sogno e della morte fatto da messer Giulio Camillo e cavato dalla libreria del cardinal vecchio di Lorena'.[22] Me l'ha segnalato un giovane ricercatore, Eugenio Refini, che stava dando la caccia, nelle biblioteche di diversi paesi, ai volgarizzamenti di Aristotele, nell'ambito del progetto di ricerca 'Vernacular Aristotelianism in Renaissance Italy. 1400–1650'. Come già appare dal titolo, e come la lettura del testo ha confermato, è proprio questo il nostro manoscritto: non esattamente quello che Toscanella usava e citava (le cose non sono mai semplici e lineari), ma certo il più vicino, quello che attribuiva a Camillo una versione del teatro inteso come 'palazzo d'invenzione', una versione rimasta in Francia, nella biblioteca del cardinale vecchio di Lorena da cui era stata tratta, come ci dice la lettera che apre il testo, attribuita a Luigi Alamanni: gli stessi personaggi chiamati in causa dal Toscanella. A questo punto la partita si arricchiva e complicava: oltre a due opere del Doni — il manoscritto delle *Nuove pitture* (1560) e il testo a stampa delle *Pitture* (1564) — oltre alle *Bellezze del Furioso* del Toscanella (1574), con le citazioni dei brani attribuiti a Camillo, un altro giocatore si sedeva per così dire al tavolo: il manoscritto di Austin. E' difficile datarlo in modo preciso, sembra risalire a fine 500, o al primo 600, ma certo doveva derivare da un testo anteriore al 1574, come quello che era nelle mani del Toscanella.[23]

Già è stato notato che si rivelavano complessi i rapporti fra il testo del Toscanella e le due versioni del Doni: ad esempio la parte più ampia riservata alla pittura dello Sdegno accomuna il Toscanella e il manoscritto delle *Nuove pitture*, ma a sua volta il Toscanella è più vicino al testo a stampa delle *Pitture* nella parte dedicata al notarikon sulla morte.[24] Il ritrovamento del manoscritto di Austin (l'ultimo, per il momento, colpo di teatro) ci permette di allargare il confronto a tutto il testo, al di là dei brani già citati dal Toscanella. E di nuovo la situazione si intorbida, perché il nuovo manoscritto contiene la pittura della Magnanimità, che non compare nel manoscritto delle *Nuove Pitture*, ma solo nell'edizione a stampa. Evidentemente ci manca ancora qualche tassello del mosaico. Va detto poi che la distribuzione delle materie non corrisponde né a quella della *Pitture* né a quella delle *Nuove Pitture*, anzi il titolo ci promette un ordine che poi non sarà rispettato: si inizia infatti con la Magnanimità, non con la Fortuna. Ma altrettanto infedele, si deve notare, si rivela il titolo delle *Pitture* del Doni, che mette per primo l'Amore, mentre il testo prende le mosse dalla Fortuna e si conclude con la Morte, non con la Magnanimità come il titolo aveva promesso. Evidentemente l'ordine, così essenziale nell'*Idea del theatro*, era diventato molto meno stringente, una griglia variabile, difficilmente controllabile, tendenzialmente esplosiva.

La parte centrale della lettera attribuita all'Alamanni che, come si diceva, apre il manoscritto di Austin, è dedicata a delineare l'ordine delle invenzioni: è un percorso per le varie stanze di un edificio, che vengono designate in modo diverso, così da dare la parvenza di una vera mappa e da aiutarci a ricordare la successione dei luoghi:

    c.9v La sala della magnanimità
    c.12v La camera della fortuna
    c.17r Camera del tempo
    c.24r Anticamera della riforma
    c.31r Camera della religione
    c.37v Studio della repubblica
    c.39v Loggia dello sdegno
    c.46r Stanza dell'amore
    c.49r Ridotto del sonno et del sogno
    c.55 L'Androne della morte.

La terminologia architettonica è piuttosto minimale, e solo qua e là compaiono delle associazioni che ci aiutano a collocare il soggetto della invenzione proprio in quella stanza e non in un'altra: è il caso dello studio 'il più bello et il più fornito di libri che si possa vedere', dove si colloca la Repubblica, con tutte le testimonianze dei 'padri antichi delle patrie libere' e dei suoi trionfi (c. 3v); comprendiamo inoltre molto bene come il Sonno e il Sogno siano collocati in 'un ridotto per l'inverno da starsi al foco ben serrato et ben comodo' (c. 3v).

Dopo la lettera dell'Alamanni, troviamo quello che viene presentato come l'inizio del teatro di Giulio Camillo e che corrisponde al *Proemio* delle *Pitture* del Doni. La riscrittura in chiave francese di personaggi, luoghi, 'invenzioni', che abbiamo già notato nei brani citati da Toscanella, diventa qui una pratica piuttosto diffusa. L'Alamanni, esule fiorentino alla corte francese, si presta bene a garantire l'autenticità dell'operazione.

Il manoscritto di Austin, allo stato attuale delle conoscenze, sembrerebbe dunque una riscrittura delle 'pitture' del Doni, il quale risulterebbe così, per una specie di contrappasso, vittima a sua volta di quella disinvolta appropriazione di testi altrui da lui tante volte praticata. Ricorrenti sono, come abbiamo visto, la costruzione di una patina francese, l'inserimento delle 'pitture' entro un percorso architettonico, e infine i rinvii al teatro di Camillo, con risultati per lo meno ambigui. Quello che abbiamo di fronte ci appare come un *collage* con punti di sutura piuttosto deboli. In altri termini il modello enciclopedico, con la sua ansia classificatoria, e quello iconologico appaiono difficilmente combinabili.

Restano molti problemi aperti. Chi è stato il regista di questa operazione che così pienamente aveva convinto il Toscanella? Quale è stato in tutto questo il ruolo del Doni? Gli erano arrivati dei suggerimenti, frammenti di 'invenzioni' attribuiti a Camillo che lui aveva ripreso e riscritto? Non essendo in grado, finora, di trovare una risposta, metteremo per il momento da parte le questioni su paternità, plagi, riscritture, per sottolineare che tutto ciò è stato possibile. I testi delle invenzioni, delle 'pitture', hanno potuto attraversare tante frontiere, comparire sulla scena non solo attribuiti a autori diversi, ma usati anche in contesti così lontani fra di loro, quali l'arte della memoria, la costruzione di palazzi veri e/o mentali, la lettura di grandi testi letterari, come l'*Orlando Furioso*, l'iconologia. Forse rendersi conto di questo è ancora più appassionante che cercare chi ha plagiato chi. Vediamo infatti in atto una complessa interazione fra parole e immagini, fra poemi e edifici, reali o immaginari, insomma una raffinata sperimentazione del potere delle immagini, letterarie e artistiche, che abbiamo dimenticato e che ha caratterizzato un'intera epoca.

Notes to Chapter 7

1. Dedico con grande piacere a Jane Everson la sintesi di una ricerca i cui risultati sono confluiti in un libro di recente pubblicazione: Giulio Camillo, *L'Idea del theatro* con *L'idea dell'eloquenza*, il *De transmutatione* e altri testi inediti, a cura di Lina Bolzoni (Milano: Adelphi, 2015).
2. Cfr. la lettera di Machiavelli a Lodovico Alamanni del 17 dicembre 1517, in Niccolò Machiavelli, *Tutte le opere*, a cura di Alessandro Capata (Roma: Newton Compton, 1998), p. 948, che fa riferimento alla prima edizione del *Furioso*, del 1516. L'elogio di Camillo fu aggiunto da Ariosto nell'edizione del 1532. Anche Tasso cita più volte Camillo: cfr. *La cavaletta overo de la poesia toscana*, in *Dialoghi*, a cura di Ezio Raimondi (Firenze: Sansoni, 1958), pp. 305–07, 312; *Il Conte overo de l'imprese*, p. 186; *Discorsi del poema eroico*, IV, 4, in *Discorsi dell'arte poetica e del poema eroico*, a cura di Luigi Poma (Roma-Bari: Laterza, 1964), p. 196.
3. Su Camillo cfr. Giorgio Stabile, 'G. Camillo', in *Dizionario biografico degli italiani* (Roma:

Istituto dell'Enciclopedia italiana, 1974), pp. 218–30; Francis Yates, *L'arte della memoria* (Torino: Einaudi, 1972), pp. 121–59; Cesare Vasoli, *I miti e gli astri* (Napoli: Guida, 1977), pp. 185–218, 219–46; Lina Bolzoni, *Il teatro della memoria. Studi su Giulio Camillo* (Padova: Liviana, 1984), e *La stanza della memoria. Modelli letterari e iconografici nell'età della stampa* (Torino: Einaudi, 1995); il numero a lui dedicato di *Quaderni utinensi*, III (1985): *Giulio Camillo Delminio e altri autori*; gli interventi di Corrado Bologna, 'Giulio Camillo, il canzoniere provenzale N', *Cultura neolatina*, 47 (1987), 71–97; 'Il "theatro" segreto di Giulio Camillo. L'Urtext ritrovato', *Venezia Cinquecento*, I.2 (1991), 217–71; 'Esercizi di memoria. Dal "theatro della sapientia" di Giulio Camillo agli "esercizi spirituali" di Ignazio di Loyola', in *La cultura della memoria*, a cura di Lina Bolzoni e Pietro Corsi (Bologna: Il Mulino, 1992), pp. 169–221; Kate Robinson, *A Search for the Source of the Whirlpool of Artifice: The Cosmology of Giulio Camillo* (Edinburgh: Dunedin Academic Press, 2006); Giulio Camillo, *Chiose al Petrarca*, a cura di Paolo Zaja (Roma-Padova: Antenore, 2009) e *Autografi dei letterati italiani: Il Cinquecento*, a cura di Matteo Motolese, Paolo Procaccioli e Emilio Russo (Roma: Salerno Editrice, 2009), pp. 95–104.
4. Cf. Lina Bolzoni, 'Scrittura e arte della memoria. Pico, Camillo e l'esperienza cinquecentesca', in *Giovanni Pico della Mirandola. Convegno internazionale di studi nel cinquecentesimo anniversario della morte (1494–1994)*, a cura di Gian Carlo Garfagnini (Firenze: Olschki, 1997), pp. 359–81.
5. Giulio Camillo, *L'idea del theatro*, a cura di L. Bolzoni (Palermo: Sellerio, 1991).
6. Girolamo Muzio, *Lettere*, a cura di A. M. Negri (Alessandria: Edizioni dell'Orso, 2000), p. 138.
7. In Giulio Camillo, *Opere* (Venezia: Domenico Farri, 1579), c. A iiv.
8. Su questo codice, che risale probabilmente al primo Seicento, cfr. Bologna, 'Il Theatro segreto di Giulio Camillo', pp. 234–42, che ricorda come 'nella schedatura del fondo ms. Ottoboniano (consultabile presso la Biblioteca Ap. Vaticana, Sala Con. Mss., n. 89), compilata dallo *scriptor latinus* Pier Luigi Galletti, è definito *Teatro di Giulio Camillo* (sch. n. 967). Galletti ne dichiarava la provenienza dalla libreria della famiglia Altemps, che fu organizzata dal duca Giovanni Angelo, venendo poi incorporata dopo la sua morte (5.XII.1620) entro l'Ottoboniana, per approdare infine nella Vaticana' (p. 235).
9. Il testo è stato segnalato da Franco Bacchelli, 'Di una lettera su Erasmo ed altri appunti da due codici bolognesi', *Rinascimento*, s.II, 18 (1988), 257–87, che nella nota 1 a p. 257 scrive: 'nessuno si è accorto che gli ultimi 79 fogli del codice (da c. 473r a c. 552r), nemmeno nominati negli *Inventari* [del Sorbelli] sono una lunga e minuziosa descrizione delle partizioni del Teatro di Giulio Camillo'. Franco Bacchelli mi ha gentilmente comunicato alcune informazioni sul codice bolognese, che qui trascrivo. La designazione *Zibaldone Nappi* è impropria. E' in realtà un grosso brogliaccio, che nel '600 era di proprietà di Ovidio Montalbani (e poi nel '700 di Giacomo Biancani Tazzi, archeologo, numismatico e ricco raccoglitore di codici). Il Montalbani ha fatto legare assieme allo zibaldone quattrocentesco e primocinquecentesco del notaio Cesare Nappi vari fascicoli del terzo e quarto decennio del Cinquecento molto importanti anche per la storia dell'eresia a Bologna. In quella sezione si trova infatti l'unica copia dei *Carmina* del siciliano Lisia Fileno, alias Camillo Renato, che poi morì esule in Svizzera verso il 1575, dopo aver protestato contro il martirio di Serveto. Il fascicolo contenente il Teatro è stato con ogni probabilità aggiunto in un secondo tempo.
10. Cfr. Bologna, 'Il Theatro segreto di Giulio Camillo', pp. 217–71; sulla provenienza da Napoli, cfr. p. 253.
11. Il manoscritto, trovato da Maurizia Migliorini, che me lo ha gentilmente segnalato, fa parte del ricco fondo acquisito da Carlo Giuseppe Vespasiano Berio (1712–1794), un dotto abate appassionato di scienza. Risale probabilmente al secondo Cinquecento. Ho seguito, per le citazioni, la moderna numerazione delle carte, che arriva a c. 338. A c. 95 inizia la seconda parte.
12. Bologna, 'Il Theatro segreto di Giulio Camillo', pp. 249–52; *Tra i fondi dell'Ambrosiana. Manoscritti italiani antichi e moderni*, a cura di M. Ballarini, G. Barbarisi, C. Berra e G. Frasso (Milano: Cisalpino, 2008) p. 176. Lo Ziletti cui si fa riferimento nel primo manoscritto potrebbe essere Giordano Ziletti, editore attivo a Venezia a metà 500, oppure, come ha suggerito Corrado Bologna, Francesco Ziletti, uno stampatore legato a Gianvincenzo Pinelli.
13. Bologna, 'Il Theatro segreto di Giulio Camillo', p. 249.

14. Paolo Zaja, *Introduzione*, a Camillo, *Chiose al Petrarca*: si riconoscono, entro 'un unico progetto esegetico riconducibile al magistero camilliano, fasi distinte di elaborazione e organizzazione non necessariamente rappresentative di una riconoscibile volontà autoriale' (p. XVI).
15. Giulio Camillo, *Trattato dell'imitazione*, in *Trattati di poetica e retorica del Cinquecento*, a cura di B. Weinberg, (Bari: Laterza, 1987), I, 161–85 (pp. 172–73). Nel *De imitatione dicendi*, Biblioteca Apostolica Vaticana, cod. Vat. lat. 6565, Camillo cita la tradizione dell'arte della memoria e dice che è possibile imprimersi nell'animo un ordine basato sulla natura dei pianeti e sulle categorie aristoteliche (c. 4v e c. 5v) così da ritrovare facilmente tutto quel che serve.
16. Cfr. Bolzoni, *La stanza della memoria*, pp. 53–75.
17. 'Vi fu il celebre P. Montfaucon, che facilmente a richiesta di qualche nostro letterato di Friuli, e forse dell'Arcivescovo Fontanini, ch'era di lui amicissimo, scrisse all'abate Boivin bibliotecario del Re di Francia, pregandolo che facesse diligenza in ricercare se questo Teatro restato presso il re Francesco, vi potesse essere in quella regia Biblioteca. Ma il lodato Abate li rispose, con lettera datata di Parigi il 21 giugno 1700 che sta originale presso lo spesso lodato Signor Abate Fontanini, che avendo scorsi tutti i Cataloghi, e spezialmente de' Mss. d'essa Biblioteca non ne aveva rinvenuto vestigio.' G. G. Liruti, *Notizie delle vite ed opere scritte da' letterati del Friuli*, 3 voll. (Udine: Fratelli Gallici 1780), III, 129.
18. Orazio Toscanella, *Bellezze del Furioso di M. Lodovico Ariosto* (Venezia: Pietro dei Franceschi, 1574), p. 19.
19. Toscanella, *Bellezze del Furioso*, p. 89. Cfr. inoltre pp. 19, 24, 154–56, 187–89, 191–93.
20. Toscanella, p. 89.
21. Lina Bolzoni, 'Riuso e riscrittura di immagini. Dal Palatino al Della Porta, dal Doni a Federico Zuccari, al Toscanella', in *Scritture di scritture. Testi, generi, modelli nel Rinascimento*, a cura di Giancarlo Mazzacurati e Michel Plaisance (Roma: Bulzoni, 1987), pp. 171–206 (p. 199).
22. Come mi segnala Eugenio Refini, che ringrazio, la Ranuzzi Collection (che contiene codici dell'omonima famiglia bolognese) fu acquistata prima da Thomas Phillips e poi comprata dall'Harry Ransom Center di Austin: cfr. Sotheby & Co., *Catalogue of The Celebrated Collection of Manuscripts formed by Sir Thomas Phillipps, Bt. (1792–1872), New Series, Fourth Part, The Property of the Trustees of the Robinson Trust*, 25 June 1968, p. 132. Il codice Ph 12801 'Varie prose di diversi autori', misc. XVII, segnalato da P. O. Kristeller, *Iter Italicum*, V (Leiden: Brill, 1993), 207b, comprende una serie di tre manoscritti; il testo attribuito a Camillo è nel secondo tomo. Si tratta di una miscellanea primo-seicentesca di testi vari copiati da mani diverse. Legatura in cartone e costola membranacea. mm. 145×192.
23. Di scarso interesse sembra essere il manoscritto conservato a Trieste, Biblioteca Civica, Ms. I, 3, intitolato *Il Petrarcha del Doni, composto in Arquà, dove si figurano di nuova inventione molte Pitture con favole et historie non più udite, diviso in dodici trattati*, che 'presenta una selezione del testo del 1564' (Sonia Maffei, 'Introduzione', a Anton Francesco Doni, *Pitture del Doni Academico Pellegrino*, a cura di S. Maffei (Napoli: La stanza delle Scritture, 2004), p. 40; cfr. Giorgio Masi, Carlo Alberto Girotto, 'Le carte di A. F. Doni', *L'Ellisse*, 3 (2008), 206–07).
24. Pierazzo, 'Dalle *Nuove pitture* al *Seme della zucca*', in *'Una soma di libri'. L'edizione delle opere di Anton Francesco Doni*, a cura di Giorgio Masi (Firenze: Olschki, 2008), pp. 271–97 (pp. 280–83); Maffei, 'Introduzione', p. 74.

CHAPTER 8

Le origini dell'Accademia degli Intronati e un componimento inedito di Marcantonio Piccolomini

Franco Tomasi
Università di Padova

Sulla data di fondazione dell'Accademia degli Intronati gli studiosi, in tempi lontani e recenti, si sono spesso confrontati, e talvolta scontrati, nel tentativo di ricostruire con certezza le origini di una istituzione culturale destinata, pur attraverso molte difficoltà, a una vita di lungo periodo. Liquidate già a inizio Novecento le ipotesi storiografiche più fantasiose, quelle secondo le quali l'Accademia sarebbe sorta addirittura nella stagione medioevale, il quadro si è andato progressivamente chiarendo dapprima grazie al diligente regesto delle fonti operato da Lolita Petracchi Costantini e poi, soprattutto, in virtù dei lavori di Leo Kosuta, Nerida Newbigin e di altri ricercatori; anche se, andrà detto, proprio per la primissima fase della vita dell'Accademia — quella che si sviluppa nella seconda metà degli anni Venti — si deve ancora oggi procedere per la via delle ipotesi probabili più che per quella delle certezze documentarie.[1] Tanta attenzione al momento della nascita dell'Accademia non deve sorprendere né si deve essere indotti a pensare che si tratti semplicemente di una di quelle questioni erudite capaci di accendere discussioni infinite, talvolta di scarso peso per la progressione degli studi e delle conoscenze. L'Accademia degli Intronati, in realtà, nel corso del Cinquecento rappresenta sì uno dei momenti di maggior prestigio per la cultura senese, ma sotto la patina autocelebrativa degli scritti d'occasione la sua storia si rivela assai accidentata e complessa, specie perché il suo destino è strettamente legato alle burrascose vicende della politica cittadina, che, come si ricorderà, dal 1525 al 1559 vive un gioco di continui rovesci che portarono Siena a perdere l'autonomia politica. A specchio di questo tormentato gioco di mutamenti, infatti, anche l'Accademia, nel breve giro di un trentennio, conosce ripetute chiusure e rifondazioni, quasi sempre in coincidenza con i momenti politicamente più decisivi della città, tanto che ricorre spesso, nei testi intronatici, anche quelli più antichi, la celebrazione di una resurrezione, come documenta ad esempio il sonetto di Mino Celsi composto in onore della Zucca Intronata e di uno dei suoi primi fondatori, Francesco Bandini Piccolomini, sul quale torneremo, lo Scaltrito Intronato ('Fu da Scaltrita man piantata *in prima*, | svelta poi da maligna atra tempesta, | per lo stesso cultor *oggi rinverdi*").[2] Andrà poi ricordato di passaggio che anche l'attività teatrale, per la quale gli Intronati occupano un ruolo di sicuro rilievo nel panorama europeo, è fortemente connessa a speciali occasioni politiche. In un quadro così mosso cercare di fare luce sul primo periodo di vita dell'Accademia risulta quindi di un certo interesse perché permette di osservare il progressivo affinarsi del suo programma culturale anche in rapporto allo sfondo politico nel quale opera, specie se si tiene conto che questo lavoro di definizione passa attraverso il già ricordato gioco di contrastati momenti di ripartenze, in nome del quale si occultano alcuni aspetti per valorizzarne altri: ad ogni 'rinascita' dell'Accademia, in altre parole, si ricostituisce il programma complessivo attraverso una dialettica tra ieri ed oggi, tra memoria e progetto, rivendicando il patrimonio genetico originario dell'Accademia stessa, ma operando nel contempo un sottile gioco di adattamento a nuove contingenze, culturali e politiche. A documentare questa dinamica basti tornare con la mente al *Dialogo de' giuochi* di Scipione Bargagli, ambientato non a caso nel 1559, cioè in uno dei momenti più significativi di riapertura dell'Accademia — ben presto rivelatosi fallimentare –, quello posto sotto il segno del potere mediceo. Nel dialogo di Bargagli si definiscono, sotto il segno di una irenica continuità, le regole costitutive della vita accademica sulla base dei ricordi di un protagonista della primissima stagione, quel Marcantonio Piccolomini, detto il Sodo Intronato, al quale si deve il componimento che pubblichiamo in questa sede; un testo che si spera possa fornire un utile tassello per fare maggior luce sulle fasi aurorali della vita dell'Accademia e che vuole anche essere un doveroso omaggio alla studiosa che, con i suoi progetti, ha saputo dare avvio a una nuova stagione di ricerca sulle Accademie italiane, a partire proprio da un sistematico censimento dei materiali noti e meno noti.[3]

Prima ancora di analizzare il componimento di Piccolomini e la lettera che lo accompagna, è però necessario, per poterlo più agevolmente contestualizzare, fare una rapida sintesi sulle ipotesi che oggi siamo in grado di avanzare circa la fondazione dell'Accademia. Si ripete spesso, talvolta più per una sorta di consuetudine che in virtù di una accertata documentazione, che l'Accademia sarebbe stata fondata nel 1525 da un gruppo di sei nobili senesi; la data è ripresa da testimonianze tra loro diverse, anche se tutte piuttosto tarde, mentre il numero dei fondatori, e persino una precisazione cronologica — il mese di maggio –, si deve a una lettera del 1570 di Mino Celsi a Francesco Betti.[4] Come accade in tutti i casi polizieschi di difficile soluzione, il primo problema nasce dal fatto che la testimonianza di Celsi non è in realtà così limpida: in prima istanza si dovrà dire che le lettere in questione sono due; la prima, in italiano, ha il vantaggio di essere autografa, ma è conservata solo nella sua parte finale, ed è un resoconto, anche piuttosto vivace, dell'ammissione all'Accademia degli Intronati nel 1543 di Celsi stesso e di alcuni suoi compagni che avevano dato vita a un'altra Accademia, quella dei Desiosi, nei primi anni Trenta. Solo nella parte finale della lettera si fa cenno all'Accademia fiorentina, con un tono che parrebbe rispondere alle richieste di informazioni di Betti sul mondo accademico italiano. La seconda, in latino, edita all'interno del volume *Magnum Theatrum Vitae Humanae* (Lugduni, 1656) e indirizzata sempre a Betti, rappresenta una vera e propria rassegna di accademie italiane, non solo senesi (sono comprese infatti Bologna e Padova, però con una attenzione focalizzata soprattutto sugli anni

Sessanta del secolo), ma ha un tono molto diverso rispetto alla prima lettera, tanto che difficilmente la si può liquidare come una generica traduzione, specie in virtù dello stile asettico, quasi da voce del Maylender *ante litteram*, assai differente da quello della prima lettera.[5] Qualche dubbio insomma resta sull'autorevolezza della seconda lettera e sul suo rapporto con la prima: il moderno editore delle opere di Celsi non riconosce lo stile consueto nel latino del senese; non sono precisati i nomi dei sei nobili che avrebbero fondato l'Accademia; e, inoltre, sulla base dei documentati studi di Leo Kosuta, sappiamo che il mese di maggio del 1525 è da escludere, dato che uno dei sicuri fondatori dell'Accademia, Antonio Vignali, non si trovava nella città senese a partire dal febbraio dello stesso anno a causa dei suoi guai giudiziari.[6]

A integrare questo primo documento, non privo come si è visto di ombre, forse dovute anche alla grande distanza dei tempi evocati (a scrivere è un Celsi sessantenne rifugiatosi per ragioni di credo religioso in Svizzera), interviene una lettera del giureconsulto Guido Panciroli, nella quale si ricorda che un gruppo di quattro studenti senesi (Antonio Vignali l'Arsiccio, Marcantonio Piccolomini il Sodo, Giovan Francesco Franceschi il Moscone e Giovan Battista Ornoldi il Salavo), già noti come accademici Intronati, avevano frequentato i corsi di Rinaldo Petrucci nello Studio pisano nell'anno accademico 1525–26.[7] Panciroli si spingeva inoltre, senza però indicare alcun documento, a suggerire che l'Accademia fosse sorta proprio a Pisa. Ad eccezione di quest'ultima considerazione, le notizie di Panciroli, suffragate dai documenti reperiti da Kosuta, sono di sicura importanza, specie perché permettono di riconoscere un primo gruppo di studenti, di fatto tra loro coetanei, già attivamente inseriti in un'esperienza accademica mirata, persino a danno degli studi universitari, all'esercizio della lingua volgare e alla lettura e analisi delle poesie di Francesco Petrarca, grazie soprattutto all'impulso di Antonio Vignali.[8] Di una vitalità dell'Accademia degli Intronati in questo giro di mesi è poi ulteriore testimonianza il dialogo osceno dello stesso Vignali, l'Arsiccio Intronato, cioè la *Cazzaria*, un'opera nella quale il senese mette in scena se stesso e il Sodo Intronato, Marcantonio Piccolomini, oltre a ricordare di passaggio il nome di numerosi altri accademici.[9] Come hanno osservato molti degli studiosi che si sono soffermati sul testo, il dialogo presenta elementi di grande rilievo ben oltre la più provocatoria ed esibita oscenità; vi sono infatti almeno tre differenti sezioni nell'opera, una prima di tema più esplicitamente sessuale, una seconda relativa alla lingua italiana e ai suoi rapporti con le lingue classiche, e, infine, una terza contenente un lungo racconto a chiave della situazione politica senese contemporanea. Rispetto a quanto andiamo osservando, sarà utile fermarci solamente sull'ultima parte della *Cazzaria*, quella in cui Vignali introduce una puntuale narrazione delle vicende politiche senesi degli anni 1525–26; più in particolare il racconto si sofferma sulla caduta di Alessandro Bichi, assassinato il 6 aprile del 1525, e sulle animate discussioni immediatamente successive alla sua morte.[10] Se infatti Bichi rappresentava l'ultimo tentativo del Monte dei Nove di rimanere al potere, dopo aver governato Siena nei due primi decenni del secolo grazie alla famiglia dei Petrucci, e la sua fragile politica, sostenuta da Clemente VII, aveva permesso ai restanti Monti di allearsi dimenticando le reciproche inimicizie, ben presto, scomparso il tiranno e cacciati i Nove, erano emerse difficoltà e tensioni sulla forma costituzionale da adottare e, conseguentemente, sulla distribuzione del potere e delle cariche.[11] Si tratta, in altre parole, di un racconto che pare svolgere una doppia funzione: rispondere a un compito testimoniale, al pari di altri diari senesi, sia pure in un travestimento davvero insolito; e, insieme, proporre una riflessione di carattere politico sulle difficoltà della situazione senese, in nome di una concordia, miraggio quasi irrealizzabile, ma unica condizione capace di garantire la stabilità. Il tutto, sia chiaro, secondo un punto di vista politicamente orientato, chiaramente ostile al Monte dei Nove, i cui membri sono ricordati come ancora 'dispersi per lo mondo, esuli e odiati'.[12] In altre parole, questa parte di dialogo, solo raramente interrotta con digressioni che tornano sul tema osceno, ha tutto l'aspetto di un *instant book* composto a ridosso degli avvenimenti narrati. Difficile pensare che possa essere stato redatto a grande distanza di tempo, visto che non si fa alcun cenno a ulteriori difficoltà politiche, che pure ci sarebbero state, e pesanti, a causa della crescente ostilità di Clemente VII, e che sarebbero poi culminate in un momento di grande importanza per la storia senese, cioè la vittoria di Porta Camollìa (luglio 1526), con la quale si veniva ulteriormente consolidando il potere dei Popolari a danno dei Nove. Se ci siamo soffermati su questo aspetto è perché il dialogo sembra essere di fatto la prima vera espressione della Accademia Intronata, qualsiasi forma e costituzione avesse, una espressione per certi versi provocatoria e quasi paradossale — come non pensare all'impresa? — di una cultura capace di mettere in cortocircuito differenti forme espressive, ma pensata in stretta relazione al momento politico in corso, rispetto al quale prende una posizione ben determinata.

Proviamo allora a fare un primo bilancio sulla base di quanto abbiamo visto: nella seconda metà del 1525, specie dall'autunno in poi, la presenza dell'Accademia degli Intronati appare certa e in parte già dotata di una sua precisa identità (spirito paradossale che la anima; interesse per la lingua e la poesia italiana; nome dell'Accademia e soprannomi); nella figura di Antonio Vignali, inoltre, non pare forzato vedere uno dei principali protagonisti e, assai probabilmente, il vero e proprio animatore e fondatore del consesso accademico. Molte testimonianze del resto, sia pure più tarde, convergono nell'indicare nell'Arsiccio il promotore dell'iniziativa, a partire dal commento di Antonio Borghesi a un sonetto di Vignali contenuto nelle rime di Luca Contile, andate a stampa nel 1560, nel quale viene ricordato come 'inventore de l'Accademia de gli Intronati di Siena'.

Certo dunque un primo assetto di una accademia, priva della sua impresa (nella *Cazzaria* mai vi si fa cenno), come anche di una regolamentazione stringente, forse già attiva dal 1524, come ipotizza persuasivamente Kosuta, tanto più che Vignali già nel febbraio del 1525 aveva dovuto abbandonare precipitosamente Siena perché accusato di omicidio. Successivamente, e quasi di sicuro verso il 1527, dopo il Sacco di Roma, si arriva a una più precisa definizione degli statuti, come anche alla proposta dell'impresa della Zucca.[13] Le testimonianze incrociate di Scipione e Girolamo Bargagli ci permettono non solo di avanzare questa ipotesi, ma anche di riconoscere in Vignali il probabile inventore dell'impresa, assai verosimilmente aiutato o supportato dal compagno della prima ora Marcantonio Piccolomini. Ai documenti che abbiamo ricordato possiamo ora aggiungere il componimento in endecasillabi sciolti del Sodo Intronato che pubblichiamo in questa sede; si tratta infatti di un testo composto 'In lode dell'impresa de gl'Intronati di Siena' particolarmente prezioso per noi perché introdotto da una lettera datata (8 aprile 1528) e dedicata a Francesco Bandini Piccolomini, personaggio di significativa importanza per la prima storia dell'Accademia. Il futuro Arcivescovo della città — ebbe la nomina nell'aprile del 1529 ma ricevette l'ordinazione solamente nell'ottobre del 1538 — è da sempre, e sulla base di numerosi documenti, considerato tra i fondatori dell'Accademia.[14] Anzi, stando alla testimonianza dei cosiddetti 'Tabelloni', le liste di accademici Intronati stilate nel corso dei secoli, al suo nome spetta sempre il primo ruolo.[15] La figura di Francesco Bandini, appartenente al Monte dei Popolari assieme al fratello Mario, obbliga però, ancora una volta, ad interrogarsi sul rapporto che si andava istituendo tra l'Accademia intronatica e la politica cittadina, visto che i due fratelli Bandini in questi anni sono protagonisti di primissimo piano della presa del potere dei Popolari, una conquista che passa anche attraverso fasi di notevole durezza, in nome del desiderio di eliminare, in via definitiva, l'ombra di un possibile ritorno dell'odiato Monte dei Nove.[16] Proprio nell'estate del 1527, in coincidenza con il primo anniversario della vittoria di Porta Camollìa, si consuma uno dei momenti più feroci di questa politica con la 'rotta dei Goffani', una violenta repressione contro i Nove di cui i due fratelli sarebbero stati tra i principali registi.[17] Se nei capitoli dell'Accademia si registra una precisa volontà di rimanere estranei alle vicissitudini del mondo, in altre parole alle scivolose questioni della politica, certo è che, anche alla luce di questo documento, l'appoggio dei Bandini agli Intronati, se pure non significa meccanicamente un cogente controllo in chiave di moderna politica culturale, certamente sarà stato in grado di condizionare i primi anni di vita dell'Accademia, non a caso fiorente proprio nel periodo di maggior fortuna del partito filopopolare. Non andrà dimenticato, ad esempio, che del finanziamento per allestire una commedia in vista dell'arrivo in città di Carlo V nel 1530 se ne faccia carico proprio Mario Bandini, che, inoltre, compare come uno dei primi protagonisti del rito del *Sacrificio*, celebrato nella notte del carnevale del 1532.[18] Ma anche al nome del fratello si possono allegare diverse testimonianze che ne comprovano un assiduo impegno in qualità di promotore e mecenate delle attività accademiche, come la testimonianza di Muzio Pecci, che in una sua epistola ricorda le letture di Petrarca tenute a casa dell'Arcivescovo, o i componimenti lirici di Mino Celsi e la veglia del 1542 di Marcello Landucci, il Bizzarro Intronato.[19] Insomma, un pulviscolo di segnali che, sia pur nella loro frammentarietà, mostrano che la tendenza verso la neutralità politica dell'Accademia è comunque legittimata e sostenuta dai poteri forti della città (e, a ben vedere, così accadrà anche per le successive rifondazioni, sino a quella patrocinata da Cosimo de' Medici).

Veniamo ora all'autore del lungo componimento in endecasillabi sciolti che si pubblica in appendice: Marcantonio Piccolomini, il Sodo Intronato, è un personaggio, come abbiamo già avuto modo di vedere, profondamente legato all'Accademia sin dalle sue origini. Nato a Siena nel 1504, di qualche anno più giovane di Antonio Vignali, fu sicuramente suo compagno di studi a Pisa nell'anno accademico 1525–26, come ci documenta il suo carteggio. Non molto, in realtà, ci è dato sapere circa la sua biografia durante questi anni, e poco aiutano in questo senso i suoi due epistolari manoscritti che sono conservati presso la Biblioteca Comunale di Siena, dato che coprono un periodo che va dal 1539 fino quasi agli ultimi anni della sua vita (morì a Roma nel 1579).[20] Sicuramente sappiamo che nell'aprile del 1538, quando aveva già a carico un figlio naturale, fu coinvolto nel corso di un allestimento di una commedia nell'assassinio dello studente Pietro Apollonio, probabilmente per un debito che Piccolomini non aveva saldato; e per questa ragione fu bandito da Siena, per poi esservi riammesso, grazie a un processo istituito da Francesco Bandini, nel novembre del 1544.[21] Avrebbe poi, con fortune alterne, svolto negli anni successivi il ruolo di segretario presso il cardinale Giovan Francesco Gambara, soggiornando principalmente a Milano, Macerata, Brescia e tornando, saltuariamente, anche nella città natale. Ma, come si diceva, dei suoi primi anni non molto è dato di conoscere, se non da documenti che, direttamente o indirettamente, testimoniano la sua attività come accademico Intronato: oltre al dialogo di Vignali già ricordato, lo ritroviamo, ad esempio, con il suo nome accademico, tra i partecipanti a una silloge di versi in morte di Giovan Battista Gualandi, detto il Bogino, allestita da Aonio Paleario negli ultimi mesi del 1531, come anche nelle vesti di Archintronato a fare da maestro delle cerimonie per il *Sacrificio*, allestito dall'Accademia nel carnevale del 1532.[22] Più in generale la sua produzione letteraria ascrivibile agli anni Trenta appare in linea con lo spirito e il programma intronatico: esegesi petrarchesca, dialogistica e scritti in prosa con al centro le figure di nobildonne senesi.[23] Sono opere rimaste inedite e per le quali lo stesso Piccolomini doveva aver forse perso interesse negli anni successivi, divisi tra il lavoro di segretario e un ambizioso progetto di raccolta di proverbi, opera cui aveva lavorato lungamente, ma di cui si sono perse le tracce.[24]

Il testo edito in appendice costituisce quindi una testimonianza della prima produzione poetica del Sodo e ci fornisce inoltre una significativa immagine dell'Accademia. La lettera prefatoria, datata all'8 aprile 1528, e il componimento stesso, permettono di escludere che a Francesco Piccolomini si debba anche l'invenzione dell'impresa, ipotesi avanzata in passato da qualche studioso, visto che non vi si fa mai cenno. Il lungo testo lirico si suddivide infatti in due parti ben distinte, una prima che costituisce una cornice (vv. 1–25) nella quale viene celebrato lo Scaltrito Intronato, cioè Bandini Piccolomini, quale mecenate dell'Accademia ('[...] la fama de' *vostri* Intronati', v. 9), ed una seconda, assai più lunga (vv. 25–153), nella quale si immagina che la musa Erato racconti alle sue sorelle la nascita della nuova accademia, il suo programma culturale e, infine, che la stessa musa illustri il significato dell'impresa adottata. Rispetto al primo saggio letterario che in qualche modo si può attribuire all'accademia, la *Cazzaria* più volte ricordata, si dovrà subito notare che nel testo di Piccolomini non si trova alcuna traccia del tono provocatorio e osceno, ma anzi sia già posto significativamente al centro della vita accademica il pubblico femminile, quelle 'donne senesi' (v. 99) che saranno 'il principio regolatore del gusto Intronatico'.[25] Altrettanto prioritaria è la vocazione agli studi della poesia, latina e volgare (vv. 106–07), come anche l'elezione esclusiva del tema amoroso (vv. 84–88), indicato come luogo privilegiato delle discussioni accademiche. Prima di spiegare il significato dell'impresa, la cui immagine le Muse provvederanno ad abbellire in segno di approvazione, si ricorda il senso del nome che l'Accademia si è voluta attribuire:

> Costoro [*gli Intronati*], con modo nuovo, sotto il velo
> di sciocheza, nel mezo a i campi armati
> a i tristi influssi e i tempestosi mari
> che deverien turbar le menti humane,
> non cognoscer fingendo, con fortezza
> seguon la lor lodevole intentione.

L'impresa della Zucca con i pestelli e il sale, segno di una saggezza preziosa nascosta da una scorza rozza ('Meliora latent' è uno dei motti), è quindi conseguenza diretta del programma culturale di un'accademia che ricerca una poesia grazie all'ingegno e alla prudenza (vv. 5–6 e 138), accenno, quest'ultimo, che fa chiaramente riferimento al secondo motto 'Sic sapere prudentia est', che campeggia nelle più antiche testimonianze dell'impresa.

In un testo che ha l'ambizione di essere insieme una lode verso il mecenate e una definizione di più ampio respiro del programma culturale dell'accademia, sarà da rilevare come vi sia, nei versi di Piccolomini, la precisa e dichiarata volontà di inserire la scena letteraria e intellettuale senese nel più ampio quadro della cultura italiana, indicata con i luoghi ritenuti di maggiore significatività (Venezia, Ferrara, Firenze e Napoli, vv. 35–39). Certo, si potrà dire che si tratta di elementi piuttosto topici, ma si dovrà riconoscere che alle spalle vi sia una regìa cittadina che ambiziosamente intende presentare l'Accademia come latrice di una propria specificità. In questo senso il rapporto con il potere politico, sia pure così spesso mutevole, costituisce un necessario elemento di sopravvivenza, in virtù del quale altri esperimenti accademici, anche di grande prestigio, saranno destinati a tramontare per non risorgere più (si pensi all'Accademia Grande, forte di personaggi quali Claudio Tolomei e Bartolomeo Carli Piccolomini),[26] mentre altri, sotto il segno di un abile gioco di metamorfosi e di prudente distanza, saranno destinati a maggiore fortuna. Il componimento di Piccolomini allora, oltre ad offrire una testimonianza cronologicamente 'alta' delle attività accademiche e del loro originario significato, permette anche di riconsiderare il legame, di sicura importanza, che nei primi decenni di vita si era andato stabilendo tra il potere politico, in particolare quello dei fratelli Bandini, Mario e Francesco, e i protagonisti dell'Accademia.

Appendice

Il componimento e la lettera si trovano nel ms. Vat. Lat. 5225, vol. II, cc. 421r–425v della Biblioteca Apostolica Vaticana; fanno parte di una sezione di testi di autori senesi, in particolare di Accademici Intronati, composita dal punto di vista materiale (fascicoli diversi tra loro per dimensioni, materiale cartaceo e mani), ma piuttosto coerente dal punto di vista geoletterario. Andranno segnalati componimenti — molti dei quali inediti — di Antonio Vignali, l'Arsiccio (cc. 383r–400v), di Mino Celsi, l'Asciutto (c. 401r), di Marcantonio Cinuzzi, lo Scacciato (cc. 402r–420v e 433r–491v), di Marcantonio Piccolomini, il Sodo (cc. 421r–426r) e di Alessandro Piccolomini, lo Stordito (c. 430r); vi sono inoltre due componimenti adespoti, un'ode all'Aurora e una traduzione in endecasillabi sciolti del secondo epodo di Orazio (*Beatus ille qui procul negotiis*). Per la trascrizione del testo si sono seguiti criteri sostanzialmente conservativi, limitando gli interventi all'interpunzione e ai segnali del discorso diretto, allo scopo di rendere più intelligibile il testo.

[c. 421r]

La Grillandetta del Sodo Intronato al R.^{do} suo s.^{re}, el s.^{re} Scaltrito [*Francesco Bandini*]

Et non giova punto, Padron mio hon., che 'l vostro Sodo si sia per coltivarsi alla zappa condotto, et in tutto dato a li esercitij rusticani, che ad ogni modo il suo steril terreno, con tutto lo studio dell'agricoltura, non germoglia altro che triboli pungenti et venenosi, fra i quali avvolgendomi a queste mattine trovai questi pochi salvatichi fiori, de i quali tessuta questa piccola grillandina, la vi mando per grandiss.o miracolo. Odorateli, non con quel pensiero che se ne i fertili et ben colti giardini fussero stati spiccati, ma come usciti d'un folto et selvaggio cespo di spine più tosto per superflua humidità, che per buona dispositione da la terra prodotti; et se il lor strano odore non v'aggrada, sicuramente ne fate quello che de le vili et noiose cose si suol fare, che al toccarle pungono, et me scusate appresso di V. S. se il censo debito a voi dei frutti del mio lavoro non son tali, quali a voi ricevere o a me dare si converrebbe. Et restate certo che 'l mio desiderio è di satisfarvi così come di vedervi sempre felice grandissimo.

De la Ripa mia villa, alli VIII d'Aprile MDXXVIII

[c. 422r]

In lode dell'impresa de gl'Intronati di Siena

   Da quella parte ov' 'l desio mi spinge
   e la fama d'un tanto nome accenna
   sciorrò la lingua a lodar l'alta impresa
   che con tal arte fu per segno eletta
   a mostrar la prudenza e 'l bel pensiero   5
   ch'in un rozo vestir nascoso alberga,
   tessendo opra degna di virtute
   ch'a tutto 'l mondo manifesta et chiara
   mostra la fama de vostri Intronati.
   Ma non osa la man metter la penna   10

per dar principio al mio giusto desire
senza 'l vostro favor, Scaltrito degno,
Scaltrito honore al nostro secol primo,
senza 'l qual s'affatica indarno e sforza
chiunque scrivendo all'honorata cima 15
del trionfale allor gionger desia.
Aiuti dunque la tremante mano
et regga al legno mio non uso intrare
così gross'onda, e dal contrario vento
difenda la mia vela il favor vostro, 20
ond'io dando principio al mio camino,
lasciato il tempestoso mar Tirreno, [422v]
poggiar possa sicuro al fonte chiaro
che con l'acque dottissime et gioconde
le spalle al gran Parnaso irriga et bagna. 25
D'intorno al qual ne la stagion novella,
secondo il loro antico et bel costume,
accolte eran le Ninfe d'Elicona
per celebrare et far al mondo eterna
la fama e 'l nome degno di coloro 30
che nelli studi seguitando el vero
meritorno e 'l bel titol di Poeta,
e lo stil d'oro et l'honorate frondi.
In mezzo a tutte in voce alta et soave
ERATO bella espose in nuovo stile 35
le lode di Vinegia et di Ferrara,
e del fiorito pian che l'Arno inonda,
tornando spesso a delicato litto
del bel Pastor d'Arcadia albergo et nido,
poi cominciò: ' Non sia chi 'l vanto toglia 40
o il pregio ingombri a la città sanese
di quanto humano ingegno in parte alcuna
meritasse già mai per dotta impresa
nel faticoso nostro alto viaggio; [423r]
però che la virtù del mondo tutta 45
quivi raccolta a molti figli in mezo
disposta è di mostrar gli alti segreti
e le vie tutte d'acquistare il cielo
per merito de i fatti egregi et rari,
e di lasciare a i secoli futuri 50
i nomi lor d'eterna fama impressi.
Ivi ha dritto ella il seggio, et ivi ha posto
quel segno ov'arrivar già mai non puote
alcuno ingegno human perfettamente;
ivi, qual vera madre al dì vicina 55
ch'esser gli deve termine a la vita,
i cari figli caramente abbraccia
mostrando lor le richeze e 'l gran tesoro
di che contenti vuol lassarli heredi;
ivi ogni suo instrumento et forza adopre 60
in coltivar di questi suoi la mente

et in far la man lor nel scriver destra
et la lingua nel dir pronta et veloce; [423v]
ivi ell'ha aperto di scientia il vaso
spargendo in copia un suo liquor soave,   65
c'ha forza di far gli huomini immortali.
Fra quei lo sparge, et lo sospinge et sferza,
ond'usciti del sonno et de la nebbia
che lungamente avviluppati e ciechi
gli ha tenuti lontan dal vero lume,   70
quali i fiori al venir soglian dal vento
che doppo il verno a noi tiepido spira
trar fuori allegro de la terra il viso
et l'herbetta ingemmar ridenti e vaghi,
si dimostron costor di gloria adorni   75
e di dotti pensier vestiti e cinti,
novellamente al nobil magistero
di gaudio colmi e di fervore intenti
et con varie et leggiadre inventioni
con detti dolci, et parol'alte et gravi   80
mostrar già chiara et certa la speranza
de i frutti ch'usciran del lor lavoro,
a noi giocondo et pretioso cibo.
Costor non pur de le divine leggi
dei naturai segreti o fatti antichi, [424r]   85
ma di sottili e amorose fila
tesson la tela lor bianca e gentile,
tal che se 'l ciel del suo favor gli presta,
come par che prometta, et voi sarete
al voler lor propitie, in breve tempo   90
s'odirà qui de i suoi frutti 'l rimbombo
famoso uscir di queste ombrose valli
e venir glorioso ai nostri orecchi
con quel furor, con quello impeto e suono
che Borea soglia far tra i faggi et i pini,   95
di monte in monte il grido lor volando
e sentirassi l'unica beltade,
che d'honesti pensier colma e d'honore
tra le Donne senesi anticamente
ha tenuto felice il primo seggio   100
con chiare note et piene di dolceza
cantare in versi e infino al cielo alzare
per questi vedrem noi dal falso sciolto
da 'l lungo esilio, et dall'orror diviso
nudo tornar pien di letitia il vero;   105
e la lingua latina et la toscana [424v]
usciran colte e del loro vanto adorne,
et fia chiaro di quanto poter sia
l'humano ingegno a le grand'opre intento
per costor fatte a tutto 'l mondo amiche;   110
secure usciren noi de gli antri oscuri
e de le valli tenebrose e buie.

> Onde fino a quest'hor nascose e sole,
> temendo il gran furor de la fortuna,
> ci siamo state paventose e triste, 115
> per costor potren presto rivedere
> le ville dilettevoli e i palagi
> onde già ci cacciar le genti avare,
> et ripresa la toga e i lunghi panni
> in civil pompa andar per le cittadi 120
> ad habitar sotto i dorati tetti
> tra la porpora e l'ostro e le corone,
> però che, empiendo di dottrina e 'l mondo
> e la vita insegnando di Saturno,
> scacciaran da la terra ogn'opra vile 125
> et ogni rio pensier noioso et schivo; [425r]
> tal che per tutto ove risplende il sole
> saremo accolte, et adorate ancora.
> Costoro, con modo nuovo, sotto il velo
> di sciocheza, nel mezo a i campi armati 130
> a i tristi influssi e i tempestosi mari
> che deverien turbar le menti humane,
> non cognoscer fingendo, con fortezza
> seguon la lor lodevole intentione,
> et per segno di sì nobil soggetto 135
> con due pestagli hanno una zucca aggiunta
> dentro a la qual mostrar nascoso sale
> che la prudenza e il loro ingegno importa'.
> Riser le Muse, et sollazando insieme
> ballando in giro a quella ninfa intorno, 140
> cantorno i versi di vittoria allegri
> et fecer, promettendo il lor favore
> sempre a noi grande per espressa fede,
> spargendo in guisa di minuta pioggia
> con picciol rama l'acqua del bel fonte, 145
> la Zucca verde e i bei pestagli d'oro
> ponendoli di fiori grillanda e vezo. [425v]
> Poi, pregando le stelle ad una ad una
> con dotti preghi et parole alte et grandi
> che ci fusser secondi in ogni impresa, 150
> ad uno Allor che sopra il fonte spande
> le verdi braccia trionfanti e liete
> poser l'alma et felice nostra Zucca.

Notes to Chapter 8

1. Discontinua e talvolta di qualità deludente la bibliografia sull'Accademia; ci si limita a indicare in questa sede i titoli di cui si è tenuto maggior conto: Curzio Mazzi, *La Congrega dei Rozzi* (Firenze: Le Monnier, 1882; rist. anastatica Siena: 2001); Lolita Petracchi Costantini, *L'Accademia degli Intronati e una sua commedia* (Siena: Editrice d'Arte 'La Diana', 1928); Leo Kosuta, 'Aonio Paleario et son groupe humaniste et réformateur a Sienne (1530–1546)', *Lias*, 7 (1980), 3–59; Id., 'L'Académie siennoise. Une académie oubliée du XVIe siècle', *Bullettino Senese di Storia Patria*, 87 (1980), 123–57; Id., 'Notes et documents sur Antonio Vignali (1500–1559)', *Bullettino Senese di*

Storia Patria, 89 (1982), 119–54; *I prigioni di Plauto tradotti da l'Intronati di Siena*, a cura di Nerida Newbigin (Siena: Accademia Senese degli Intronati, 2006).

2. Il sonetto di Mino Celsi si trova nel ms. C.IV.24, c. 175r della Biblioteca Comunale di Siena (d'ora in poi BCS); è stato edito da Luigi De Angelis, *Biografia degli scrittori sanesi* (Siena: Stamperia comunitativa presso G. Rossi, 1824; rist. anastatica Bologna: Forni, 1976), vol. I, p. 57; poi da Petracchi Costantini, pp. 16–17 (assente invece nell'edizione delle opere di Celsi curata da Bietenholz, per la quale cf. n. 5). Per analoghe considerazioni sul primo periodo di vita del consesso accademico senese mi sia consentito rinviare al mio intervento 'L'Accademia degli Intronati e Alessandro Piccolomini: strategie culturali e itinerari biografici', in *Alessandro Piccolomini (1508–1579). Un siennois à la croisée des genres et des savoirs. Actes du Colloque International (Paris 23–25 septembre 2010)*, réunis et présentés par Marie-Françoise Piéjus, Michel Plaisance, Matteo Residori (Paris: Cirri, 2011), pp. 23–38.

3. Ci si riferisce, ovviamente, al progetto *The Italian Academies, 1525–1700: The First Intellectual Networks of Early Modern Europe* promosso e organizzato da Jane E. Everson; ulteriori notizie si trovano nel lavoro della stessa studiosa, 'Propaganda, dibattito scientifico o autori e pubblicazioni a proprie spese (aps): le Accademie del Cinque e Seicento e il mondo della stampa', in *Dissonanze concordi. Temi, questioni e personaggi intorno ad Anton Francesco Doni*, a cura di Giovanna Rizzarelli (Bologna: Il Mulino, 2013), pp. 123–47 (pp. 125–27).

4. Secondo le congetture di Curzio Mazzi, vol. II, p. 391, seguito da Petracchi Costantini, p. 17, i sei sarebbero da identificare in Antonio Vignali (Arsiccio), Francesco Bandini Piccolomini (Scaltrito), Marcantonio Piccolomini (Sodo), Giovan Francesco Franceschi (Moscone), Alessandro Marzi (Cirloso) e Francesco Sozzi (Importuno).

5. Lettere edite in Mino Celsi, *In haereticis coercendi quatenus progredi liceat. Poems — Correspondence*, a cura di Peter G. Bientenholz (Napoli: Prismi, 1982), pp. 538–43 (docc. IIIa–IIIb).

6. Cf. Kosuta, 'Notes et documents', p. 122.

7. Guido Panciroli, *De claris legum interpretibus [...]* (Venezia: Marco Antonio Brogiollo, 1637), p. 362. Sulla sicura attendibilità della testimonianza di Panciroli, tavolta messa in dubbio dagli studiosi, vedi quanto afferma Kosuta, 'Notes et documents', p. 123, n. 22.

8. Queste le parole di Panciroli, p. 362: 'Quatuor enim ex suis [*di Rinaldo Petrucci*] civibus optimae indolis iuvenes, Arsiccium, Sodum, Masconertem et Flavum, in iure discipulos alebat; qui legum studiis minus dediti, politioribus literis impensius incumbebant, ac Francisci Petrarcae carmina inter se familiariter interpretabantur, Arsiccio, praesertim impellente, qui etsi corpore deformis prope monstrum referret, praeclarum tamen ingenium male habitans habebat'.

9. Antonio Vignali (Arsiccio Intronato), *La Cazzaria*, testo critico e note di Pasquale Stoppelli, Introduzione di Nino Borsellino (Roma: Edizioni dell'Elefante, 1984); sicuramente riconoscibili sono i seguenti accademici: Affumicato (Achille d'Elci), Bizzarro (Marcello Landucci), Cirloso (Alessandro Marzi), Duro (Andrea Landucci), Importuno (Francesco Sozzi), Moscone (Giovan Francesco Franceschi), Ombroso (Figliuccio Figliucci), Salavo (Giovan Battista Ornoldi), Soppiantone (Giunta Borlinghieri). Non riconoscibili, forse a causa dei problemi di trasmissione del testo, edito probabilmente una prima volta tra il 1530 e 1540, sono: Caperchia (forse Capercio, cioè Francesco Tedesco), Folletico (potrebbe essere, secondo Stoppelli, esito corrotto di Sollecito, cioè Giovanni Lucrezio, o — più probabile — Falotico, cioè Antonio del Diligente), Impassionato, Musco, Discreto, Sosperone (forse deformazione di Susurgnone, cioè Giovan Maria Rimbotti), Svegliato (Stoppelli, n. 210, ricorda che corrisponde a Diomede Borghesi, ma è attribuzione insostenibile per ragioni cronologiche; ipotizza una deformazione per Svogliato, cioè Lattanzio Tolomei, presente tra i primi accademici). Vi è inoltre l'Accorto, Juan de Luna, che però sarebbe entrato nell'Accademia solo più tardi (e ciò fa sospettare che si tratti di aggiunta successiva alla prima stesura del dialogo).

10. Andrà quindi corretta la nota 173 (pp. 146–47) di Stoppelli, che, pur collocando correttamente il dialogo nel periodo storico, vedeva nel tiranno velato dal nomignolo 'Cazzone' Fabio Petrucci, in realtà esiliato sul finire del 1524, e non assassinato, come invece si afferma nella *Cazzaria* (p. 108).

11. Su questi anni, e sul complesso dibattito sorto dopo l'uccisione di Bichi, cf. Ann Katherine Chiancone Isaacs, 'Popolo e Monti nella Siena del primo Cinquecento', *Rivista Storica Italiana*, 82 (1970), 32–80 (pp. 32–35).

12. *La Cazzaria*, p. 94; andrà osservato che Vignali distingue i rappresentanti delle grandi famiglie dei Nove, i Cazzi, da quelli delle famiglie meno ricche e importanti, i Cazzi piccoli, vale a dire l'aristocrazia minore sistematicamente esclusa dal potere, cui appartiene lo stesso Vignali.
13. Cf. Scipione Bargagli, *Oratione in lode dell'Accademia Intronata* (Siena: Matteo Florimi, 1611), pp. 458–59.
14. Sulla figura di Francesco Bandini vedi la relativa 'voce' di Giuseppe Alberigo del *Dizionario biografico degli italiani* (Roma: Istituto della Enciclopedia italiana, 1963, vol. 5, pp. 735–36).
15. Sui 'Tabelloni', documenti spesso infidi per le manipolazioni subite nel corso dei secoli, si veda: Petracchi Costantini, pp. 10–11; L. Sbaragli, 'I "Tabelloni" degli Intronati', *Bullettino Senese di Storia Patria*, 49 (1942), 177–213 e 238–67; Price Zimmermann, 'A Sixteenth Century List of the Intronati', *Bullettino Senese di Storia Patria*, 72 (1965), 91–95; Kosuta, *L'Académie siennoise*, p. 131, n. 30. Si potrà aggiungere, a questo proposito, che l'elenco degli Intronati, ancora inedito, conservato nelle ultime carte del ms. della BCS, E.IV.1, colloca ai primi sei posti, a partire da Francesco Bandini Piccolomini, le figure che sono state identificate come quelle dei fondatori dell'Accademia (cf. n. 4).
16. Per Mario Bandini cf. R. Cantagalli, 'Mario Bandini, un uomo della oligarchia senese negli ultimi tempi della Repubblica', *Bullettino Senese di Storia Patria*, 71 (1964), 51–81 e, dello stesso studioso, la 'voce' del *Dizionario biografico* (Roma: Istituto della Enciclopedia italiana, 1963), vol. 5, pp. 714–18.
17. Cf. Cantagalli, pp. 61–62
18. Per i documenti del finanziamento, cf. *I prigioni di Plauto*, p. XII e nn. 13–14; per il *Sacrificio* vedi *Gl'ingannati con il Sacrificio e La Canzone nella morte d'una civetta*, a cura di Nerida Newbigin (Bologna: Forni, 1986).
19. Sulle letture petrarchesche cf. Tomasi, pp. 28–32 e n. 15; tra i componimenti di Celsi, oltre al sonetto già ricordato alla n. 2, si può ricordare un volgarizzamento del secondo epodo di Orazio (*Beatus ille qui procul negotiis*) dedicato a Francesco Bandini (cf. Celsi, pp. 403–05); la veglia di Landucci è edita da Françoise Glénisson-Delannée, 'Une veillée *intronata* inédite (1542) ou le jeu littéraire à caractère politique d'un diplomate: Marcello Landucci', *Bullettino senese di storia patria*, 98 (1991), pp. 63–101.
20. I due mss., conservati presso la BCS, sono: C.IV.25, in realtà un regesto compiuto nel Settecento da Benvoglienti di un codice oggi apparentemente perduto; C.VIII.18, un codice allestito in vista della stampa. Qualche altro pezzo sciolto si trova nel ms. D.VII.1 (cc. non numerate; lettera del 9 marzo 1559 a Scipione Cibo, da Parma), e nel ms. D.VII.8 (cc. 42r–43v, lettera del 27 ottobre 1537 a Bernardino Buoninsegni del 1537, da Siena, con allegato il sonetto *Quanto l'Arte imitar può la Natura*), sempre alla BCS. Alcune lettere, datate tra il 1558 e il 1560 e indirizzate a Cosimo de' Medici, si conservano all'Archivio di Stato di Firenze (cf. *Carteggio universale di Cosimo I de Medici, ad indicem*); per un regesto completo delle lettere del senese cf. Franco Tomasi, *L'epistolario di Marcantonio Piccolomini*, in *Archilet. Per uno studio delle corrispondenze letterarie di età moderna*, Atti del seminario di Bergamo, 11–12 dicembre 2014, a cura di Clizia Carminati, Paolo Procaccioli, Emilio Russo, Corrado Viola (Verona-Bolzano: Quiedit, 2015), pp. 263–95; per un sintetico profilo si veda la 'voce' curata da chi scrive per il *Dizionario biografico degli italiani* (Roma: Istituto della Enciclopedia italiana, 2015), vol. 83, pp. 231–32.
21. Cf. Giovanni Minnucci e Leo Kosuta, *Lo studio di Siena nei secoli XIV–XVI. Documenti e notizie biografiche* (Milano: Giuffrè, 1989), pp. 527, 574–75.
22. Cf. Kosuta, 'Aonio Paleario', pp. 4–5 e nn.; la silloge, dedicata da Paleario alla vedova di Gualandi, Aurelia Bellanti, contiene anche un sonetto di Figliuccio Figliucci, l'Ombroso Intronato; ai due testimoni manoscritti ricordati da Kosuta (cf. n. 18), si può ora aggiungere il ms. BCS H.X.15. Per il *Sacrificio* cf. n.16.
23. Per l'analisi di una sua lezione su *Rvf* 19 cf. Tomasi, pp. 30–31; un suo dialogo è stato edito da Rita Belladonna, 'Gli Intronati, le donne, Aonio Paleario e Agostino Museo in un dialogo inedito di Marcantonio Piccolomini, il Sodo Intronato (1538)', *Bullettino Sanese di Storia Patria*, 99 (1992), 48–90; un trattatello, intitolato, la *Vita di Eufrasia Marzi* è analizzato da Konrad Eisenbichler, *The Sword and the Pen: Women, Politics, and Poetry in Sixteenth-Century Siena* (Notre Dame, IN: University of Notre Dame Press, 2012), pp. 42–44.
24. Cf. Franco Pignatti, 'Frottola e proverbio nel XVI secolo. Con qualche notizia sulla perduta

raccolta paremiografica di Marcantonio Piccolomini', in *Il proverbio nella letteratura italiana dal XV al XVII secolo*. Atti delle Giornate di studio Università Roma Tre — Fondazione Marco Besso, Roma 5–6 dicembre 2012, a cura di Giuseppe Crimi e Franco Pignatti (Manziana: Vecchiarelli, 2014), pp. 247–82.
25. Riccardo Bruscagli, 'Nel salotto degli Intronati', in Girolamo Bargagli, *Dialogo de' giuochi che nelle vegghie sanesi si usano difare*, a cura di Patrizia D'Incalci Ermini, introduzione di R. Bruscagli (Siena: Accademia Senese degli Intronati, 1982), pp. 9–39 (p. 19).
26. Sull'Accademia Grande o Senese cf. Kosuta, 'L'Académie siennoise'; per significative osservazioni sul rapporto tra politica e Accademia negli anni di cui ci siamo occupati in questo lavoro cfr. inoltre Salvatore Lo Re, 'Bartolomeo Carli Piccolomini testimone e interprete della crisi senese (1525–1531)', *Transalpina*, 17 (2014), 65–84.

CHAPTER 9

Performing Female Cultural Sociability between Court and Academy: Isabella Pallavicino Lupi and Angelo Ingegneri's *Danza di Venere* (1584)

Lisa Sampson
University of Reading

On New Year's Eve 1583, Angelo Ingegneri, an up-and-coming Venetian theatre expert and distinguished member of both the Accademia Olimpica of Vicenza and the Accademia degli Innominati of Parma, dedicated his printed pastoral drama, *Danza di Venere* [Dance of Venus] to the young aristocrat Camilla Lupi (1569–1611) of Soragna (near Parma). He describes in his unusually long and detailed prefatory letter how the girl, then aged around fourteen and unmarried, ennobled his work by deigning to play the role of the lead nymph, 'in compagnia d'altre nobili damigelle (fra di quelle sembrando vera Diana, cinta delle sue vaghe cacciatrici: o più tosto chiarissima luna nel mezzo di tante rilucenti stelle)' [accompanied by other noble maidens (whereby you seemed a true Diana, surrounded by her delightful huntresses, or rather the dazzling moon in the middle of a multitude of shining stars)]. Camilla's graceful performance made his 'pastorale e rozza musa' [pastoral and rustic muse] pleasing to the ears of 'una corte quasi regale, com'è quella di Parma' [an almost royal court, like that of Parma] as well as to the young prince, Ranuccio Farnese.[1] Ingegneri notes that his play was originally composed 'a contemplazione dell'Academia Olimpica, oggidì famosissima e gloriosa' [with the Olympic Academy in mind, which is today most famous and glorious]. However, it was completed under the patronage of the girl's mother, the Marchesa Isabella Pallavicino Lupi.[2]

Ingegneri's dedicatory letter of *Danza di Venere* is unusual for various reasons besides its length. Firstly, in contrast to other existing documentation of elite female dramatic performances found mostly in manuscript sources (which I have termed elsewhere *drammatica secreta*), it highlights Camilla Lupi's performance in *print*.[3] Secondly, there is noticeably no mention of the *apparato* or stage set used for the occasion of the performance, unlike some earlier Ferrarese printed pastoral plays, despite the clearly political dimension of the performance with the Farnese court in attendance.[4] Thirdly, no date or specific occasion is mentioned for the performance, and the ambiguously worded reference to the venue has been the object of recent critical discussion.[5] As we shall see, the possible political message of the play makes it significant whether the play was performed in the Parma court (which at that time lacked an official theatre) or in the elegant Lupi castle in the imperial feud of Soragna, as hitherto unused evidence suggests is more likely.[6] Finally, it is notable that the play was published distinctly from the performance venue in Vicenza by the short-lived Stamperia Nova (1584–85), with the city's emblem on the frontispiece; even though Ingegneri had collaborated with the Viotti press of Parma to prepare the first full edition of Tasso's *Gerusalemme liberata* in 1581, with the support of Pallavicino Lupi, as we will see. The Stamperia Nova is associated with only three other publications, of which two are by authors linked to Pallavicino, though the printer seems to have been later connected with the Accademia Olimpica.[7]

Ingegneri was following an established practice by the late sixteenth century in dedicating his play to a female patron — or implicitly two female patrons, since the preface celebrates equally Camilla's mother. Especially in reserved circles in Ferrara, Mantua and Florence there was a longstanding tradition of elite female cultural and theatrical protagonism, which resulted in pioneering new developments in dramatic, musical and balletic performance from the 1570s to the 1580s. These include the famous and highly exclusive Ferrarese innovations of the *concerto delle dame* (*musica secreta*), and the *balletto della duchessa* patronized by the last Duchess of Ferrara, Margherita Gonzaga d'Este.[8] Other female patrons with a strong interest in secular dramatic texts and performance in these years included the Duchess of Mantua, Eleonora de' Medici Gonzaga, and the Marchesa of Massa and Carrara, Marfisa d'Este, with whom Ingegneri also had some contact.[9] We learn from the dedication that Isabella Pallavicino Lupi, the Marchesa of Soragna commissioned the play because '[aveva] pensiero d'essercitar, con tale occasione, la pronta memoria, il felicissimo ingegno e la grazia incomparabilmente leggiadra di Vostra Signoria Illustrissima [Camilla Lupi]' [she wanted to exercise on this occasion the ready memory, the most lively mind, and the incomparably elegant grace of your Ladyship].[10] The performance was apparently designed to showcase the girl's rhetorical and intellectual skills as well as her beauty, virtues which are linked with her desired future marriage. Such an aim coincides with the importance given to the theme of matrimony and love in the play, as represented visibly and thematically by Venus.

The printed play's strategic positioning between academy and court thus raises various questions relating to the dramatic and textual patronage of this play.[11] Why was there a change of dedicatee? How far did this change affect the way the play-text was composed? What is the resulting textual status of the printed version, and how does this text reflect or alter the meanings of the original performance it commemorates?

This essay suggests that a complex dynamic of displaying/concealing is evident in the paratexts of the 1584 *princeps*, which is identifiable within the play-text itself and in the performance event, as far as it can be reconstructed. Building on recent important studies on Ingegneri and the *Danza di Venere* by Guido Baldassarri, Laura Riccò, and Roberto Puggioni, this study will therefore shift the focus onto how the text was (re)shaped for performance and in print.[12] An analysis of the performance event will throw light on the socio-political uses and dramaturgical impact of aristocratic female social performances in the Parma area in the 1580s, then a somewhat peripheral centre though closely connected with the courts of Mantua and Ferrara. This essay will also consider Ingegneri's strategic presentation of the play in the period when he was preparing the famous inaugural performance of the Teatro Olimpico of Vicenza (March 1585), which would consolidate his reputation in the history of Italian theatre. It will be argued that the play-text and paratext suggest different agendas at work related to the self-fashioning both of the dramatist and patron — practical, theoretical and aesthetic on Ingegneri's part, and socio-political on the part of the patron. These agendas were projected particularly onto Camilla's performance before the Farnese court of Parma.

Danza di Venere: The Protagonists and the Performance Context

Before exploring further the Soragna performance, let us briefly discuss the 'co-protagonists' of the event. Angelo Ingegneri (c. 1550–1613) is well known to theatre historians not only for his key role in the acclaimed Teatro Olimpico performance of Orsatto Giustinian's translation of Sophocles' *Edipo Re*, but also for his important treatise on dramatic poetry (*Discorso della poesia rappresentativa* [Discourse on Poetry for the Stage], 1598) and for his tragedy (*Tomiri*, 1607).[13] *Danza di Venere* is his first known play, and is influenced especially in the second half by the most significant example of pastoral drama at that time, Tasso's *Aminta* (printed 1581). *DV* too has a relatively simple plot which focuses on relations between the nymph Amarilli and the shepherd Coridone; it is set in Sicily on the feast day to Venus. Coridone, who had gone mad (or melancholic) after learning his father's identity was unknown, is cured — through Venus's influence — when he sees the beautiful Amarilli and falls in love with the nymph. However, his desire to marry her is thwarted by Amarilli's father, who has promised her to a 'foreign' and legitimate shepherd. Coridone then resorts to a planned abduction during the societal Dance of Venus using a group of satyrs. This plan goes awry and, on believing Amarilli dead, Coridone apparently dies of grief. His resuscitation, after the recognition of his true, legitimate identity and the annulment of the nymph's previously contracted marriage, allows the conventional happy ending.

As Laura Riccò has shown, Ingegneri's *Danza di Venere* served as a silent 'subtext' to his Aristotelian project with the *Discorso* (1598) to chart the theoretical development of pastoral drama, as a counterpart to Guarini's model. Surprisingly, however, Ingegneri makes no direct reference to his play alongside the numerous other examples of this genre.[14] This play's performance also informed his ideas on the social uses of pastoral, as is most obvious in his comments on the potential of the 'third genre' to allow decent women and virgins on stage: 'admettendo le vergini in palco e le donne oneste, quello che alle comedie non lice, danno luoco a nobili affetti, non disdicevoli alle tragedie istesse' [by allowing virgins and honest women on stage (which would not be appropriate in comedy), pastorals can give rise to noble emotions, fitting even for tragedies].[15] The treatise and the play are only brought together explicitly in a joint edition in Genova in 1604, which rededicates

Danza di Venere to Giovanvincenzo Imperiali on the occasion of his marriage and for obvious reasons removes the references to the Pallavicino Lupi women from the paratext and text (I.5.699, 714–21).[16]

Isabella Pallavicino Lupi (*c.* 1550–1623) is a less-known figure, because of the still fragmentary and inaccessible sources on her.[17] From what can be pieced together there is clear evidence of her exceptional activity and unusual visibility as a patron in many fields of arts and letters, as well in religious arenas, like several notable Pallavicino women before her.[18] We have no direct verification as yet, unfortunately, of her near contemporary Francesco Agostino Della Chiesa's claim that Pallavicino 'parlava, e scriveva elegantemente latino, e componeva versi toscani' [spoke and elegantly wrote Latin as well as composing Tuscan verse].[19] But she is celebrated during her widowhood (presumably in her twenties, from 1571) for her literary refinement, virtue and qualities as a cultural patron by writers from across northern and central parts of Italy criss-crossing courts, academies and religious orders.

Pallavicino gained particular renown for having negotiated with the Duke of Ferrara and financed the first complete edition of Tasso's *Gerusalemme liberata* printed in Parma (1581), as recorded in the dedicatory letter by Ingegneri.[20] This marks the first evidence of her association with the Venetian. More unusually, following her association with the Innominati academy of Parma and the Olimpici of Vicenza she later founded her own academy (the 'Illuminati') in Farnese by 1600, which she seems to have actively headed, as 'Principessa'. She may in addition have instigated the establishment of the Mariani press there.[21] The Marchesa clearly also cultivated eclectic forms of social visibility, as shown by her patronage of a celebrated 'hairy-faced' girl, a gift from the Duke of Parma, who was painted by Lavinia Fontana among others in the 1590s.[22] Pallavicino's cultural patronage involved her in negotiations over financial and religious matters with Bishops, Cardinals and Dukes on a par with other better known female patrons of her day.[23] Her culture and conspicuous spending earned her both praise from literati including Torquato Tasso, Tommaso Stigliani and Ingegneri, and accusations of prodigality by moralists. This trait seems to underlie her later break with her son, the heir to Soragna.[24]

Pallavicino's patronage of secular theatre appears to have been equally innovative and visible during the few years when she held cultural pre-eminence in Soragna. In all, four printed plays were dedicated to her in 1584–88 (counting Ingegneri's indirect dedication), of which three were pastoral plays. This genre became increasingly popular following the publication of Tasso's *Aminta* (1581) and was, as noted, considered suitably decent for women to engage with. Those dedicating plays to her may have hoped for remuneration or recognition perhaps linked with past or hoped for performances. This may have been the intention when the bookseller Francesco Mammarello dedicated the second edition of Giovanni Donato Cucchetti's *La Pazzia, pastorale* to her in 1586, following a performance in Parma which the Marchesa had not attended.[25] The actors were the otherwise unknown Compagnia dei Pellegrini, who performed a new prologue for the occasion and lavish *intermedi* of a distinctly political nature, which Carlo Ossola argues significantly altered the interpretation of the play.[26]

The dedication by Anton Maria Garofani, a cleric and Pallavicino courtier, of a posthumous re-edition of Niccolò Secchi's *Il Beffa, commedia* (1584) to Isabella Pallavicino Lupi just one day after Ingegneri's *Danza di Venere*, suggests a lively but polemical local interest for drama. Garofani explicitly contrasts his virtuous patron's taste for new plays with the local academies or *ridotti* of 'male pezze d'huomini spenserati' [unpleasant, thoughtless men] who mostly 'pascono la mal composta sua natura, e di chimere, e di fabriche in aria; & alla fine con qualche Apologia del non dir mai bene, adempieno quelle parti del corpo eshauste, alle quali non pò supplire l'otio, per grande, ch'ei sia' [satisfy their badly formed nature with idle fancies and castles in the air, and finally with an apology for always speaking ill, they fill those exhausted parts of their body which idleness cannot satisfy, however great it is].[27] Such remarks recall the fourth and final play (co-)dedicated to Pallavicino, Maddalena Campiglia's *Flori, favola boschereccia* (1588). In the second dedicatory letter, to Curzio Gonzaga, Campiglia similarly refers to anticipated male detractors, at which she declares her own alternative 'feminine' style of dramaturgy which may contravene certain 'male' academic norms.[28]

Pallavicino is also associated with another of the earliest examples of female-authored drama, by the Parmense aristocrat Barbara Torelli Benedetti. Torelli's undedicated manuscript play *Partenia* refers to the Marchesa under her hellenizing nickname 'Calisa', as immortalized by Tasso.[29] Together with Campiglia, Torelli was important in promoting a new type of 'serious', de-eroticized and spiritualized pastoral drama modelled especially on Tasso's *Aminta*, which explored unconventional, feminine-oriented ideas on love and marriage. *Flori* and *Partenia* point to the role played by Pallavicino and her circle in experimenting with the new trend in Italian culture at this time of 'converting' secular genres, which Virginia Cox has argued 'served in many ways to shift the centre of literary gravity onto more classically feminine terrain'.[30]

Yet Pallavicino's approach to dramatic patronage should properly be regarded as bi-gendered, since she also promoted public dynastic spectacle of a more 'masculine' kind during the years when she enjoyed political influence as a widowed Marchesa of the imperial feud of Soragna and as the guardian of her infant son and daughter. An anonymous manuscript *discorso* of 1586 delivered to the Innominati academy of Parma, perhaps by Ingegneri, provides new evidence of a chivalric spectacle hosted by Pallavicino in Soragna featuring prince Ranuccio Farnese:

> Sig.r Principe, voi nelle prime [azioni cavalleresche] già tanto instrutto che finchè durerà Soragna od almeno giachè sarà quell'orizzonte illustrato dal doppio di beltà, e di valore suo splendidissimo Sole la Signora Donna Issabella [sic], viverà la stupenda memoria delle prove quivi fatte dall'Eccellenza Vostra.
>
> [Your highness the Prince is already so well trained [in chivalric actions] that as long as Soragna lasts, or at least as long as its horizon is illustrated by its most splendid sun, Lady Isabella, who is doubly resplendent in beauty and merit, so shall the marvellous memory survive of the feats your Excellency committed there.][31]

Pallavicino also prepared a lavish pastoral performance starring her young ladies-in-waiting as nymphs as part of the varied five days of celebrations to mark her son's dynastic wedding in 1589 on the model of other local feudal rulers of both sexes, including the notorious Barbara Sanseverina Sanvitale, Marchesa of nearby Sala and Colorno.[32] In this regard she could draw on her personal experience of political spectacle in Brussels at the court of Margaret of Austria, whom Isabella served as a lady-in-waiting (by 1567–86).

This information suggests that Pallavicino was well aware of the gendered and political potential of theatre, and its specifically epideictic function in addressing a court and its ruler. As Maria Galli Stampino has argued, such a function was equally possible in pastoral drama despite its apparently 'non-political' nature.[33] The courtly audience attending the *Danza di Venere* performance, possibly in late 1583, in the castle of Soragna and played by a girl from two powerful feudal families poised for a dynastic marriage, must equally have been alert to such questions. The play's focus on love and marriage raised issues that were especially sensitive in the period just following the notorious collapse of the marriage of Ranuccio Farnese's sister, Margherita, to Vincenzo Gonzaga (annulled 9 October 1583). Moreover, relations between the powerful, pro-imperial Pallavicino family and the more recently papal installed Farnese rulers were also problematic in the last years of the 'Stato Pallavicino', which occupied strategic territories between the Farnese territories of Parma and Piacenza.[34] Old enmities clearly lingered following the anti-Farnese plot in which Duke Pier Luigi was assassinated with the support of the Pallavicini clan in 1547. Despite the families' formal reconciliation Alessandro Farnese finally annexed their state in 1587 when he became Duke. In this light, I want to suggest that the *Danza di Venere* performance functioned as a controlled form of social and political address in these key years — a delicate operation, which would explain the use of the apparently 'apolitical' pastoral and a 'feminized', submissive mode of performance, and the subsequent oblique presentation of the printed play.

The Commission of *Danza di Venere*, c. 1583

As we have seen, Isabella Pallavicino Lupi already knew Ingegneri when she commissioned a play from him, following their collaboration on the 1581 edition of *Gerusalemme liberata*. Other intermediaries, including especially Muzio Manfredi, a member of the Innominati Academy of Parma like Ingegneri, may also have intervened to bring the play to her attention.[35] Ingegneri had joined the Olimpici in April 1580, a year after this Academy decided to break several years of theatrical silence and perform a pastoral play. He states that he began composing his pastoral play at the 'particular request' of Giacomo Ragona his 'very dear and eminently qualified Lord'.[36] The unspecified 'indisposizioni' [indispositions] and 'tanti altri travagli' [many other travails] which caused the play to be left incomplete may, on the other hand, discreetly allude to the academy's decision on 19 February 1583 to perform a tragedy, which would better reflect their Aristotelian interests and grandiose self-celebratory aims.[37] We do not know when exactly Ingegneri proposed his play to Pallavicino; perhaps after he realized it was unlikely to be performed by the Olimpici. Perhaps the group even rejected his play, as was the case with Fabio Pace's (now lost) pastoral *Eugenio*.[38] Nor do we know if and how *Danza di Venere* corresponds with the play entitled *La limonata* that Ingegneri apparently presented to the academy.[39] But given the author's status in the academy from

1580, it is likely that *Danza di Venere* in its early form underwent critical discussion within the academy. It may even have been read aloud publicly, as Pace's play was in January 1583, followed by virtuoso female singing by Maddalena Casulana. The existing version of Ingegneri's play, with its choral dancing and emphasis on erotic love, would perhaps have made it seem less appropriate for a public academy performance. However, a strong female role (played by a man) had been portrayed in their 1562 performance of Trissino's tragedy *Sofonisba*.

While the influence of academy discussions on Aristotelian dramaturgy and ancient and modern performance practices are clearly traceable in Ingegneri's printed *Danza di Venere*, it is more problematic to quantify how far the play was adapted or completed for Pallavicino's purposes. From the opening scene, certainly, *Danza di Venere* corresponds to the stated aim of showcasing her daughter's rhetorical skills, beauty and virtues. Amarilli is appropriately the first human character to enter the stage after the prologue, featuring Venus with her cupids. The nymph's appearance before daybreak, as the first to worship the goddess, emphasizes the nymph's religious devotion, as declared from her opening lines:

> Deh, che sia benedetta
> Da la madre d'Amor per mille volte
> Questa voglia, ch'è in me, di farle onore. (I.1.101–03)

[Ah, let this desire in me to honour my goddess be blessed countless times by the mother of Love.]

Despite Ingegneri's comparison of the girl to Diana in his dedication, the play itself does not entertain the prospect of the girl choosing the single life, a choice which often provides an 'obstacle' to be overcome in pastoral plays, including Tasso's *Aminta*. Instead, Amarilli's rather unusual devotion to Venus justified for Ingegneri the use of a 'private' (domestic) love plot in his pastoral.[40] As for Camilla-Amarilli's beauty, this was demonstrated in the second scene by its virtuous effects on the deranged shepherd, Coridone. On seeing her asleep on stage, he is visibly (and verbally) transformed from an uncouth rustic into a noble Petrarchan lover in a way that explicitly dramatizes Boccaccio's tale of Cimone.[41]

Camilla's oratorical skills and memory would have been put to the test in her unusually lengthy speaking role, amounting to 413 lines (counting half lines) — around an eighth of the total number of 3263, not counting the prologue — as against the 199 spoken by Silvia in Tasso's *Aminta* in only three scenes.[42] Amarilli appears across all five acts of the play, in nine scenes out of twenty-four, and has to dance and sing (without instrumental accompaniment) during the chorus of the central 'Dance of Venus' in Act III. The mixed-metre, lyric section at the end of the first scene, which begins 'Quel rosignuol, che sì soave piange' (1.1.129–38), might also have been sung solo.[43] Camilla and her ladies may perhaps have been trained in this kind of performance by Ingegneri, who within the next two years or so would direct the *Edipo Re* performance with its complex choruses set to music by Andrea Gabrieli. Ingegneri may even have directed the performance on stage in the guise of the elderly shepherd, Leucippo, given the Venetian's long association with this literary 'nickname'.[44]

However, Pallavicino may also have been involved in training her daughter, just as she later oversaw the education in the Soragna court of Camilla's daughter (also named Isabella, 1593–1651) up to the age of around eight:

> i suoi ordinarii trattenimenti et occupationi in tutto questo tempo furono d'imparare a leggere e scrivere; *a suonare e ballare; et a recitare drammi e rappresentationi pastorali:* conciosiaché in esse havea una mirabile attitudine (italics mine)
>
> [her customary entertainment and occupation at that time was to learn to read and write; to *play instruments and dance; and to perform plays and pastoral performances;* since she had a marvellous aptitude for these]⁴⁵

The fact that these activities stopped after the girl's disfigurement from smallpox ended possibilities for her marriage, indicates their very specific purpose.

Camilla's public performance as a marriageable girl should be seen as a bid by her mother to display her as a living embodiment of the feminine virtues of chastity, piety, and beauty, as well as of the humanist ideal of the 'learned lady'. As Virginia Cox notes, this ideal would give her symbolic capital and perhaps display her ability to act as a diplomatic and cultural mediator, as required sometimes for aristocratic consorts.⁴⁶ Interestingly, Ingegneri's celebration of her 'felicità dell'ingegno e [...] grazia nel favellare miracolosa' [mental acuity and [...] miraculous grace in speaking] and 'donnesco sapere' [feminine knowledge],⁴⁷ recalls the same qualities praised in the new type of 'learned actress' then gaining great prominence on the public and court stage in Italy. Vincenza Armani (d. 1569), who had been admired by the Parma court, was notably commended in print for her quick-wittedness, unaffected eloquence, and erudition, and was said to have 'first introduced pastorals on stage'.⁴⁸ While perhaps attributing skills similar to a female *virtuosa* to Camilla, Ingegneri carefully offsets any potentially negative associations with a professional actress by calling the aristocrat an 'onestissima verginella' [most honest virgin], like Diana surrounded by her ladies. Hardly surprisingly in view of norms of decorum, he makes no mention of any male performers, though five male speaking characters appear in the cast list. The group of bestial satyrs who will burst on stage in Act III are notably omitted from this paratext.⁴⁹

Overt and 'Secret' Meanings of the *Danza di Venere*

In presenting the play's main theme of marriage Ingegneri's dedication involves a careful reframing of the action to emphasize the girl's dynastic function. Ingegneri highlights a key scene in the play (II.3) in which the nymph Amarilli (Camilla) is given a didactic lesson on marital obedience by her father with 'prudenti avvertimenti' [prudent warnings] for her future marriage. The dramatist concludes by hoping that she will indeed marry someone of equally prestigious rank.⁵⁰ This initial presentation of the scene conceals the fact that Amarilli/Camilla briefly voices real concerns about bad or jealous husbands in arranged (political) marriages (lines 1169–74; 1185–90). On-stage, the father figure (Licida) may also have had less authority than is suggested in the dedication. In a pastoral played before a mixed-sex, courtly audience, Licida's obsession with legitimacy and patrimony in marriage over his daughter's welfare (II.2.1021–26; II.3) may have been ambivalently received.

His 'realistic' perspectives on marital relations and misogynistic views, including the suggestion that wives should be beaten to keep them submissive (II.3.1241–49), must also have presented a tonal contrast to the 'courtly' and neo-Platonic inspired *innamoramento* scene with Coridone in the first act (though this also has a 'comic' subtext).

Socio-political ideas on marriage are most dramatically represented at the centre of the play in Act III, 3–4. These scenes feature the 'Dance of Venus' and its violent interruption with the dramatic abduction (rape) of Amarilli *on stage* by a whole group of satyrs, rather than the solitary and sometimes comic figure normally found in pastoral plays.[51] The dance involves two choruses of four nymphs and four shepherds, singing a repeated polymetric text unaccompanied, with the stage instruction 'ballando, cantano' [sing while dancing].[52] Space does not permit a detailed examination of the structural and symbolic function of the dance, which has been described as a 'micro-spectacle' of cosmic (but perhaps also gender) harmony, visualizing Platonic ideals of interior harmony and love's power to create concord out of violence ('raptio') and discord.[53] Additionally, the dance allowed Ingegneri to explore in practice much debated ideas relevant to the Teatro Olimpico performance regarding whether choral episodes and inter-act choruses should be danced, sung, or accompanied by instruments, either by the actors themselves or by others offstage. For the Soragna event he may even have used an all-female cast (besides himself as the 'older' shepherd). Although mixed amateur noble performances could take place privately in court, as in a performance of *Andromeda* hosted by Barbara Sanseverino Sanvitale involving the youthful Vincenzo Gonzaga and Ippolita Torelli, all-female pastoral performances were also possible in reserved courtly contexts. Indeed, Muzio Manfredi envisages this for his 1602 pastoral, *Contrasto amoroso*, where he suggests a woman could play the single young shepherd.[54] Ingegneri may also have been consciously imitating the tradition of virtuoso, choreographed ballets established since 1581 by the Duchess of Ferrara Margherita Gonzaga Estense. Indeed, one performed in 1582 involved her performance with seven ladies, four dressed as nymphs and four cross-dressed as shepherds — a configuration like that in *Danza di Venere*.[55]

I would argue that the fact that Amarilli is abducted during the dance by a group of satyrs, instigated by the despairing Coridone, must have carried political connotations, as well as Neoplatonic and traditionally erotic associations as in epithalamiums. It would have evoked a rich stock of classical myths of rapes, including Lucretia and the Sabine women, as well as Boccaccio's tale of Cimone, which combined erotic conquest with political ideas of destabilizing regimes and refounding new orders of greater or lesser morality, based on marriage.[56] It is in these central scenes, evoking order/disorder and questions of the legitimacy of such conquest, that more potentially subversive aspects come to the fore in performance, aspects that were deliberately concealed from *readers* or given a different gloss in the author's paratext.

Building up to the attack, numerous political or military metaphors are used in the first two scenes of Act III. Allusions are made to conquest ('assalto', III.2.1881), to the importance of force, submission and rebellion, recalling the language of Giraldi's satyr play *Egle* (performed in Ferrara in 1545) whose rape sequence Ingegneri explicitly reworks in line with the happy ending of the play.⁵⁷ The political message of the play would likely have been reinforced and given topical immediacy by Camilla Lupi's impersonation of the part of Amarilli. Audience members may have recalled the case of her own maternal grandmother, also Camilla Pallavicino (the mother of Isabella), who was brutally abducted shortly after her marriage in 1545 by Duke Pier Luigi Farnese (great-grandfather of Ranuccio) when he attacked and occupied the feud of Cortemaggiore in the absence of her husband. On this occasion the aim was, however, probably to prevent male succession.⁵⁸ Camilla was only freed in 1547 after Pier Luigi's assassination in a plot to which, as mentioned, the Pallavicino were party. Could the staged abduction then of the younger Camilla Lupi — a Pallavicino by matrilineal descent, as Ingegneri's dedicatory letter clearly reminds us — carried out by bestial satyrs (and pointedly not her lover) have been meant as a reminder to the Farnese of the consequences of such violence if not reconciled through matrimony? And could it have served to question the happy ending that ensued when marriage followed? If so, such political critique or warning is carefully veiled in the play-text and defused by being ventriloquized by a male voice, both on stage and in print. Amarilli is herself presented as a model of obedience to her father, steadfast against persuasion by Coridone's friend, Titiro, to resist the forced marriage:

> TITIRO   Negar, gridar. Vorrebbe
> Il tuo padre sforzarti?
> AMARILLI Ahi, che *troppo disdice*
> *A buona figlia il contrastare a cui*
> *Solo ubbidir conviensi.* [...]
> Che vuoi ch'io faccia? Dimmi.
> Ma guarda non *m'essorti*
> *Ribellarmi al mio vecchio;*
> Al qual (che che di me dispor gli piaccia)
> *Voglio ubbidir mai sempre.* (III.2.1826–30, 1846–55; italics mine)

> [TITIRO: Refuse, protest against this! Does your father want to force you?
> AMARILLI: Ah, it is most inappropriate for a good daughter to contradict the person she must obey. [...] What would you have me do? Tell me. But don't urge me to rebel against my venerable father; he may wish to settle me [in marriage], but I want to obey him always.]

By the end of the play, when Coridone's legitimate identity has been established by his father and his actions have been redeemed by heroic combat to defend Amarilli from the satyrs, the rape can be interpreted as a socially acceptable means of reconciling unruly individual passions. The act secures dynasty, wealth, and succession, sanctioned by the patriarchal community and by the goddess Venus. All's well that ends well, it would seem, at least from a male, patriarchal perspective. Though for some members of the audience at least, the spectacular display of erotic violence, Coridone's initial madness due to the taint of illegitimacy and the spectre of a disrupted marriage settlement must have left a lingering impression given recent Farnese history, especially in the absence of a final staged union of the lovers.

Conclusion

Transposed from the 'male' academy context of the Olimpici of Vicenza to a female courtly performance, and back again to Vicenza for printing, Ingegneri's *Danza di Venere* presents an interesting case study for the dramatist's self-fashioning both in literary and stage terms. It suggests a textual performance which is overtly and covertly manipulated to reflect the play's hybrid status. This allowed the playwright/director to position himself and his work within an academic community in the absence of its performance in the Teatro Olimpico. The aristocratic female dedicatee and performer could thereby also acceptably play out their dynastic aspirations. Possible critique is discreetly dispelled through mediated speech, combined with conventionally 'feminine' symbolic forms of representation like dance.

The printed edition appeared at a significant moment for Ingegneri, presumably after spending some intense months scrutinizing dramatic texts proposed for the inaugural Olimpici performance, and shortly before he began directing the preparations, including the choreography, the lighting and music. It is no surprise then that the play closely observes the rules that he himself proposed regarding unity and verisimilitude. This experience of working with Camilla and her ladies may, however, have encouraged Ingegneri's use of a young female actor (the daughter or wife of the well regarded, semi-professional actor Giovan Battista Verrato) to play Jocasta in the academy performance of *Edipo*, as well as the academy's women musicians and other female non-speaking parts — an innovation for the Olimpici.[59] Meanwhile, what impact did the event have on Camilla and her mother? Unfortunately, as is so often the case, this question is hard to answer in the absence of eye-witness accounts. Camilla made a good political marriage to the duke's loyal relative Mario Farnese (Duke of Latera) some three years later in 1587, with a dowry of 30,000 gold *scudi*.[60] Could her *Danza di Venere* performance have had any effect on these arrangements? It is possible: Charles I of England married Henrietta Maria of France after first seeing her at a rehearsal for a court ballet in 1623.[61] Significantly, Muzio Manfredi chose to commemorate Camilla's performance in a printed madrigal shortly after her wedding.

To conclude, this essay suggests that there is more to the play in performance than meets the eye in the printed version. Ingegneri's dedicatory letter deliberately conceals or redirects the attention of readers from potentially subversive aspects evident to the original courtly audience, and carefully contains aspects of political conflict and critical interrogation of family and gender identity. Linked with Vicenza and its main academy, the printed edition of the *Danza di Venere* distanced the co-protagonists from the strained relations with the Farnese, but highlighted the exclusive and innovative aspects of the Pallavicino-Lupi's social performance. Nonetheless, an attentive contextual reading of this play suggests that theatre in this case provided an important means both of negotiating a female political voice, and building an academic reputation.

Notes to Chapter 9

I gratefully acknowledge the generous award of a Major Research Grant by the AHRC (Italian Academies, 2010–14, ref. AH/H023631/1) and a British Academy Small Research Grant, which allowed me to undertake research for this essay.

1. Angelo Ingegneri, *Danza di Venere*, ed. by Roberto Puggioni (Rome: Bulzoni, 2002), p. 57 (both quotations). References (*DV*), unless otherwise indicated, will be to this modern critical edition based on the *princeps*, Angelo Ingegneri, *Danza di Venere, Nell'Academia de' Sig. Olimpici di Vicenza detto il Negletto. Et l'Innestato in quella de' Signori Innominati di Parma. All' Illustriss. S. Camilla Lupi* (Vicenza: Nella Stamperia Nova 1584, Con Licenza de' Superiori). The preface is entitled: 'All'illustrissima Signora Camilla Lupi', 31 December 1583, and appears in the *princeps* fols †2ʳ–†5ʳ. Translations mine. Ranuccio Farnese (1569, r. 1592–1622), then also aged around fourteen, was the grandson of Duke Ottavio of Parma and Piacenza and the son of the great *condottiere* and sometime governor of the Netherlands, Duke Alessandro Farnese.
2. *Danza di Venere*, p. 57. Ingegneri notes that *DV* was composed at the request of Giacomo Ragona, an Olimpico academician. The rededication of his play is noted also in the *Atti* of the Accademia Olimpica, though associated here with Giacomo's brother Alfonso Ragona, Biblioteca Bertoliana, Vicenza, Atti dell'Accademia Olimpica (henceforth A.O.), 2 (10), 1583 [fol. 26ᵛ], 77: 'Il S.e Angelo Ingegnieri avendo già composta per ordine de' SS.ri Accad.ci, et ad ist.a del S.e Alfonso Ragona una Pastorale intitolata La Danza di Venere, et rissoltosi di recitar Tragedia, e non Pastorale, egli la diede alla luce dedicandola alla S.a Camilla Lupi'. Alfonso Ragona helped to negotiate the inaugural performance of *Edipo Re* by the Olimpici (A.O.2 (10), 1584, fol. 28ᵛ).
3. Sampson, Lisa, '"Drammatica secreta": Barbara Torelli's *Partenia* (c. 1587) and Women in Late-Sixteenth-Century Theatre', in *Theatre, Opera, and Performance in Italy from the Fifteenth Century to the Present: Essays in Honour of Richard Andrews*, ed. by Brian Richardson, Simon Gilson, and Catherine Keen, Occasional Papers (Leeds: The Society for Italian Studies, 2004), pp. 99–115. On choreographed elite female performances, see Nina Treadwell, '"Simil combattimento fatto da dame": The Musico-theatrical Entertainments of Margherita Gonzaga's *balletto delle donne* and the Female Warrior in Ferrarese Cultural History', in *Gender, Sexuality, and Early Music*, ed. by Todd M. Borgerding (New York: Routledge, 2002), pp. 27–40; and Giuseppe Gerbino, *Music and the Myth of Arcadia in Renaissance Italy* (Cambridge: Cambridge University Press, 2009), pp. 202–39.
4. Cf. the preface Alberto Lollio's *Aretusa* (Ferrara, 1564), which briefly notes the artists and actors, the places and dates of performance besides members of the ducal family in attendance, see Lisa Sampson, *Pastoral Drama in Early Modern Italy: The Making of a New Genre* (Oxford: Legenda, 2006), p. 174.
5. Critics tend to consider the date 1583, since the dedicatory letter recalling the performance is dated 31 December 1583; see Puggioni, p.10 n. 3, and p. 21.
6. Muzio Manfredi notes in his *argomento* for a madrigal to Camilla Lupi Farnese that as a girl 'insieme con le sue damigelle, e quelle della Sig. Donna Isabella, sua madre, *recitò in Soragna la Danza di Venere*, Pastorale del Sig. Angelo Ingegnieri' [with her ladies and those of Lady Isabella, her mother, *she performed in Soragna* the *Danza di Venere*, a pastoral by Signor Angelo Ingegnieri], *Cento Madrigali* (Mantua: Francesco Osanna, 1587), p. 63; italics mine.
7. For the Stamperia Nova, apparently managed and then bought by Agostin dalla Noce in 1585, Edit16 lists four printed works: *DV* (1584); Gregorio Ducchi, *Lagrime di diuersi poeti volgari, et latini. Sparse per la morte dell'illustriss. et eccellentiss. madama Leonora di Este* (1585 [col. 1584]); Curzio Gonzaga, *Rime* (1585); and *Compositioni volgari, et latine, in lode del clariss.mo sig.or Luigi Mocenico* [sic] *capitano di Vicenza* (1585). Both Ducchi and Gonzaga were closely associated with Pallavicino Lupi, see Maddalena Campiglia, *Flori, a Pastoral Play*, ed. by Virginia Cox and Lisa Sampson (Chicago, IL: University of Chicago Press, 2004), pp. 4, 6–8, 11, 13–15, 32–33. Dalla Noce later printed many works by members of the Accademia Olimpica.
8. Anthony Newcomb, *The Madrigal at Ferrara, 1579–1597* (Princeton, NJ: Princeton University

Press, 1980); Elio Durante and Anna Martellotti, *Cronistoria del Concerto Delle Dame Principalissime di Margherita Gonzaga d'Este* (Florence: SPES, 1979); Kathryn Bosi, 'Leone Tolosa and Martel d'amore: A *balletto della duchessa* Discovered', *Recercare*, 17 (2005), 5–70'; Treadwell. On female court patronage, see Virginia Cox, *Women's Writing in Italy, 1400–1650* (Baltimore, MD: Johns Hopkins University Press, 2008), pp. 22–23, 40–44, 185–89, 207.

9. See Iain Fenlon, *Music and Patronage in Sixteenth-Century Mantua*, 2 vols (Cambridge: Cambridge University Press, 1980), pp. 124–26; for earlier elite all-female ballets at the French court of Cathérine de' Medici, pp. 154–58; Virginia Cox, *The Prodigious Muse: Women's Writing in Counter-Reformation Italy* (Baltimore, MD: Johns Hopkins University Press, 2011), pp. 84, 109; and above, n. 8. For theatre patronage by Medici women in the seventeenth century, see Kelly Harness, *Echoes of Women's Voices: Music, Art, and Female Patronage in Early Modern Florence* (Chicago, IL: University of Chicago Press, 2006). The question of female dramatic patronage across Italy, however, still invites further comparative research. On Ingegneri's negotiations to arrange the marriage of Marfisa d'Este to Alderano Cybo Malaspina, see Simona Foà's entry on Marfisa in *DBI*, 43 (1993). <http://www.treccani.it/enciclopedia/marfisa-d-este_%28Dizionario-Biografico%29/> [accessed 10 July 2014]. For Marfisa's role in the *balletto*, see Treadwell, pp. 29, 32.

10. *DV*, p. 57.

11. For the English context, cf. David M. Bergeron, *Textual Patronage in English drama, 1570–1640* (Aldershot: Ashgate, 2006), esp. the Introduction, and chapters 1 and 3 ('The Printing House and Textual Patronage' and 'Women as Patrons of Drama').

12. Guido Baldassarri, *Angelo Ingegneri: Itinerari di un 'uomo di lettere'* (Vicenza: Accademia Olimpica, 2013), pp. 9–74; Laura Riccò, *'Ben mille pastorali': L'itinerario dell'Ingegneri da Tasso a Guarini e oltre* (Rome: Bulzoni, 2004), esp. pp. 249–86; Puggioni, ed., *DV*, pp. 9–54. See also the Introduction to Angelo Ingegneri, *Della poesia rappresentativa e del modo di rappresentare le favole sceniche*, ed. by Maria Luisa Doglio (Modena: Panini, 1989). For reasons of space this essay will not consider the two manuscript sources of Ingegneri's play: a full version in the Biblioteca Apostolica Vaticana, Vatican City (Drammat. Allacci 295 int. 6) and a version of the prologue entitled 'Venere / Nel primo giorno di Maggio / di Angelo Ingegneri' [Venus on the first day of May, by Angelo Ingegneri] in the Biblioteca del Museo Correr, Venice (Ms. Cicogna 191 [537]: Poesie / Varie / MSS., part 1, fols 15^r–18^v), which Baldassarri conjectures may be linked with the wedding of Cesare d'Este and Virginia de' Medici (Florence, 1586) (p. 31, n. 60).

13. Ingegneri, *Della poesia rappresentativa...* (Ferrara: Vittorio Baldini, 1598]; *Tomiri, tragedia* (Naples: Giovan Giacomo Carlino e Costantino Vitale, 1607). On Ingegneri and the Olimpici, see Stefano Mazzoni, *L'Olimpico di Vicenza: un teatro e la sua 'perpetua memoria'* (Florence: Le Lettere, 1998), pp. 96–97 and *passim*. On *Tomiri*, see also Roberto Puggioni, 'Sulla dedicatoria della "Tomiri" (1607) di Angelo Ingegneri', in *La letteratura degli italiani 4. I letterati e la scena, Atti del XVI Congresso Nazionale Adi, Sassari-Alghero, 19–22 settembre 2012*, a cura di G. Baldassarri, V. Di Iasio, P. Pecci, E. Pietrobon e F. Tomasi (Rome: Adi editore, 2014), <http://www.italianisti.it/Atti-di-Congresso?pg=cms&ext=p&cms_codsec=14&cms_codcms=397> [accessed 6 June 2016].

14. Riccò, p. 252.

15. Ingegneri, *Della poesia*, p. 7; see also Cox, *Prodigious Muse*, pp. 92–97; Gerbino, p. 203.

16. On the 'recontextualized' edition by Giuseppe Pavoni, see Puggioni, pp. 15, 37–42; Baldassarri, p. 65.

17. Though see Cox and Sampson, eds, *Flori*, pp. 4, 6, 9, 13, 29, 33; Cox, *The Prodigious Muse*, pp. 17–18, 77, 84, 94, 105, 116, 265; Stefano Andretta, *La venerabile superbia: Ortodossia e trasgressione nella vita di Suor Francesca Farnese (1593–1651)* (Turin: Rosenberg & Sellier, 1994), pp. 56–57; Carlo Ossola, *Dal Cortegiano all' 'Uomo di mondo': Storia di un libro e di un modello sociale* (Turin: Einaudi, 1987), pp. 113–20; Gerbino, pp. 205–06.

18. Katherine A. McIver, *Women, Art, and Architecture in Northern Italy, 1520–1580: Negotiating Power* (Aldershot: Ashgate, 2006). On Isabella's mother, the learned Camilla Pallavicino, Marchesa of Busseto and Cortemaggiore (c. 1515–1561), celebrated among others by Pietro Aretino, see esp. pp. 5–6, 47–60; see pp. 53 and 55 for the dating of Isabella's birth (after her sister Vittoria, born c. 1548).

19. Francesco Agostino della Chiesa, *Theatro delle donne letterate* (Mondovì: G. Gislandi & G. T. Rossi, 1620), p. 201 (entry dated 1580). For Maddalena Campiglia's representation of Isabella Pallavicino Lupi composing poetry, see Cox, *Prodigious Muse*, p. 116.
20. Torquato Tasso, *Gerusalemme liberata* (Parma: Erasmo Viotti, 1581), Ingegneri's second dedicatory letter is to Isabella Pallavicina [sic] Lupi, 1 March 1581 [+iv^r]; she is also recalled in his first dedication to Duke Carlo Emanuele of Savoy. In the very slightly altered edition, printed just after in Casalmaggiore by Antonio Canacci and Erasmo Viotti (1581), the dedication to Pallavicino Lupi is replaced by Ingegneri's letter 'A Gl'Intendenti lettori'.
21. See Cox, *Prodigious Muse*, p. 17; and Romualdo Luzi, 'Alessandro Donzellini e alcuni aspetti della vita culturale al tempo dei Farnese', in *Alessandro Donzellini: Letterato e storico di Bolsena tra i secc. XVI–XVII* (Bolsena: SPQV Editrice, 1994), pp. 91–97 (pp. 96–97); my thanks to Prof. Giuseppe Bertini for suggesting this source.
22. Lavinia Fontana, *Tognina (Antonietta) Gonzales*, c. 1595 (Blois, Musée des Beaux-Arts). The girl holds a piece of paper which notes her patronage by 'Donna Isabella Pallavicina sig.a Marchesa [Sora]gna'. On Gonzales, whose rare condition of hypertrichosis made her a curiosity in European courts, and who came to Parma in 1583, see Lucia Marinig, in *Gonzaga: La celeste galleria. Le raccolte*, ed. by Raffaella Morsella (Milan: Skiro, 2002), pp. 200–01; Caroline Murphy, *Lavinia Fontana: A Painter and her Patrons in Sixteenth-Century Bologna* (New Haven, CT: Yale University Press, 2003), pp. 162–65.
23. On Isabella Pallavicino's involvement with religious institutions in Cortemaggiore, Piacenza and Soragna (where she tried to open a Servite convent in 1589), see Bruno Colombi, *Soragna: Cristiani ed ebrei otto secoli di storia* (Parma: Battei, 1975), pp. 146–47; McIver, p. 55 n. 230.
24. 'le sue liberalità furono sì eccessive, che portata dal brio della sua nascita, e ricchezze, lasciò il Marchese Gio: Paolo suo figlio privo di un miglione di valsente, che essa havrebbe potuto conservargli' [her liberality was so excessive, as a consequence of her magnificent family and wealth, that she left Marquis Giampaolo, her son, without a million [currency not specified] that she could have saved for him] (Ippolito Calandrini, *Il Publio Svezzese. Historia Dell'Antichissima, e nobilissima famiglia degli Illustrissimi Signori Marchesi di Soragna, e vita del glorioso S. Lupo vescovo, e confessore* [...] (Parma: Per Mario Vigna, 1653), p. 103. Giampaolo Lupi later repented causing their rupture, see his dedicatory letter (1611) to his *Meditatione [sic] divote sopra l'acerbissima passione del N. Sig. Giesu Christo* (Parma: Anteo Viotti, 1621). On Pallavicino's enormous inheritance from her mother and her loans from Jews, see McIver, pp. 55–56; Colombi, pp. 269, 281.
25. Gio. Donato Cucchetti, *La Pazzia, favola pastorale* (Ferrara, appresso Giulio Cesare Cagnacini, e fratelli, 1586, ad istanza di Francesco Mammarello). The first edition (1581) had been dedicated to Marfisa d'Este, following a failed performance; it was rededicated to her in 1597.
26. Ossola, *Dal Cortegiano*, p. 113; also Riccò, pp. 144–46.
27. Anton Maria Garofano, 1 Jan. 1584 [n. p.] in Nicolò Secchi, *Il Beffa Comedia ... Data in luce per Antonio Maria Garofani, Alla Illustriss. Sig. Donna Isabella Pallavicina, Lupi, Marchesa di Soragna* (Parma, Per gl'Heredi di Seth Viotti, 1584). On Garofani, who also wrote secular verse and co-dedicated a religious work (*Sommario delle Indulgenze*, Parma, 1582) to Barbara Torelli Benedetti and Lucretia Scotti Angosciola, see Ireneo Affò, *Memorie degli Scrittori e Letterati Parmigiani*, 7 vols (Parma: Dalla Stamperia Reale, 1793; repr. Bologna: Forni, 1969), IV, 301–03.
28. Cox and Sampson, *Flori*, pp. 14–15.
29. Barbara Torelli Benedetti, *Partenia, a Pastoral Play* [c. 1586], ed. and trans. by Lisa Sampson and Barbara Burgess-van Aken (Toronto: Iter/Centre for Reformation and Renaissance Studies, 2013), v.3.376, p. 287 n. 126. Tasso's sonnet 'Calisa, chiome d'oro a l'aure estive' was written around December 1581 (*Le Lettere di Torquato Tasso...*, ed. by Cesare Guasti, 2nd edn, 5 vols (Naples: Gabriele Rondinella, 1857), II, 198. The name is probably a portmanteau of *kalos* (Greek: beauty) and *Isabella*. It is used in the pastorals of Ingegneri and Campiglia.
30. Cox, *The Prodigious Muse*, p. 27; see also pp. xvi, xviii–xx, 19–50; 92–103; and on female patronage of women writers, pp. 115–18, 155–58.
31. Anon., *Discorso dell'Accademia e del Principe fatto nell'Accademia de S.ri Innominati di Parma. All'entrar al principato di quella dell'Illmo et Ecc.mo Sig. Principe Rainuzio Farnese* [composed 1586, copied 1835], Biblioteca Palatina, Parma, Ms Parm, 1291, fol. 7^v. On its authorship, see Lucia Denarosi, *L'Accademia degli Innominati di Parma: Teorie letterarie e progetti di scrittura (1574–1608)* (Firenze: Società Editrice Fiorentina, 2003), pp. 53–61, 411.

32. Il Faticoso Milanese, *Trionfi di cinque giornate fatti in Soragna per le nozze dell' illustriss. Sig. Beatrice Obici Lupi* (Reggio: Hercoliano Bartoli, 1589); for the staging of Christoforo de' Aleotti Coradini's pastoral play, *Fileno*, with visible *intermedi* on the final day of the festivities (28 September 1589), first in the garden then transferred inside the castle because of a storm, see fols C2ᵛ–C3ᵛ, An unspecified comedy was staged the day before. Margaret of Austria was the Governor of the Low Countries (1559–67), and lived estranged from her husband Duke Ottavio Farnese of Parma. On her court and protection of Pallavicino, who served as her lady-in-waiting, see Giuseppe Bertini, *Le Nozze di Alessandro Farnese: Feste alle corti di Lisbona e Bruxelles* (Milan: Skira, 1997), pp. 37–44, 97, 136, 137, 139 (my thanks to Prof. Bertini for this reference); McIver, pp. 54–55. On Barbara Sanseverino Sanvitale's staging of a private aristocratic mythological play involving Vincenzo Gonzaga, see Sampson, 'Drammatica secreta', p. 107.
33. Maria Galli Stampino, 'Epideictic Pastoral', in *Drama as Rhetoric/Rhetoric as Drama: An Exploration of Dramatic and Rhetorical Criticism* (Tuscaloosa: University of Alabama Press, 1997), pp. 36–49.
34. On Farnese hostilities against the Pallavicino family and the 1547 plot, see for example Emilio Nasalli Rocca, *I Farnese* (Milan: Dall'Oglio, 1969), pp. 81–83, 86–87, 127–29; Marco Boscarelli, 'La conquista farnesiana dello Stato Pallavicino', *Archivi per la storia*, 1.1–2 (1988), 185–97.
35. Muzio Manfredi 'Il Fermo Academico Innominato' collaborated with his fellow academy member, Ingegneri, on the *Gerusalemme Liberata* edition and produced a paratextual sonnet on Camillo Lupi for the 1584 *princeps* of *Danza di Venere* ('Pargoletta Guerriera, il cui valore', fol. [5ᵛ]) printed also in Manfredi's verse collection for the marriage of Vincenzo Gonzaga and Margherita Farnese, *Cento donne* (Parma: Nella Stamperia d'Erasmo Viotti, 1580), p. 42; not in Puggioni's edition.
36. 'a particolar ricchiesta d'un academico di essa, Signor mio molto caro e segnalatamente qualificato', *DV*, p. 57.
37. A.O.1 (5), fols 11ᵛ–12ʳ; see Mazzoni, pp. 95–98; 102–03.
38. Mazzoni, p. 96.
39. The reference exists only in the eighteenth-century summary of earlier *atti* by Bartolomeo Ziggiotti, *Memorie dell'accademia Olimpica*, BBV, ms Gonzati, 21.11.2 (2916), fol. 37. On the public reading of Pace's play, see A.O.2 (10), [fol. 25ᵛ, p. 48], 74.
40. Riccò, pp. 258–59.
41. *Decameron*, Day 5, 1. On Ingegneri's self-conscious imitation of this 'thematic/diegetic hypotext' along with other sources by Boccaccio and others, see Puggioni, *DV*, p. 57.
42. *Aminta*, 1.1, 4.1, 4.2.
43. This section (alluding to Petrarch, *Canzoniere*, 311) appears like a madrigal in ten lines mostly of mixed hendecasyllables and *settenari*, with lines 129 and 132 unusually in ten syllables. The metre is AbbC AddC eE.
44. See Ingegneri's 'canzon pastorale' to Isabella Pallavicino Lupi before *Danza di Venere* (1584), fols. 6ᵛ–8ʳ (not in Puggioni's edition); Baldassarri, p. 16 n. 24; Sampson and Burgess-Van Aken, p. 276 n. 4.
45. Andrea Nicoletti, *Vita della venerabile madre suor Francesca Farnese detta di Giesù Maria* (Rome: Giacomo Dragondelli, 1660), p. 3, quoted in Andretta, *Venerabile superbia*, p. 53.
46. Virginia Cox, *Women's Writing in Italy*, pp. 3–8, 22–23. Cf. the audience's wonder on beholding the noble virgins playing nymphs at the 1589 Soragna pastoral performance: 'attoniti quasi, di se stessi fuori restavano: Nudrimento soave areccavano all'orecchie le melate parole, à gli occhi, i proportionati gesti, gli atti amorosi, e dolci, di semplicetta purità coperti, e le belle maniere' (*Trionfi di cinque giornate*, fol. C3ᵛ).
47. *DV*, p. 58.
48. 'che dirò delle Pastorali da lei prima introdotte in Scena', Adriano Valerini *Oratione* (Verona: Bastian Dalle Donne et Giovanni fratelli, [1570?]); quoted in Ferruccio Marotti and Giovanna Romei, *La commedia dell'arte e la società barocca. 2. La professione del teatro* (Rome: Bulzoni, 1991; repr. 1994), II, 31–41 (p. 36). For the influence of *virtuosa* actresses on elite female performers, allowing for differences due to decorum, see Treadwell, pp. 31–33; Gerbino, pp. 194–215. I thank Virginia Cox for suggesting this comparison. See also Giuseppe Bertini, 'L'attrice Vincenza Armani a Parma nel 1568 e la Corte dei Farnese', *Aurea Parma*, 94.1 (2010), 3–10 (pp. 4–6, 10).
49. Thanks to Alexandra Coller for noting this point. Men and women performed in the 1589 Soragna pastoral.

50. *DV*, p. 58.
51. Groups of satyrs are, however, found in drama inspired by the ancient Greek satyr drama, such as Poliziano's *Orfeo*, Giraldi Cinzio's *Egle*, and Pace's *Eugenio* (which had dancing satyrs and *sileni*, see Mazzoni, p. 138). See recently with useful bibliography Katie Rees, 'Satyr Scenes in Early Modern Padua: Valeria Miani's *Amorosa speranza* and Francesco Contarini's *Fida ninfa*', *The Italianist*, 31.1 (2014), 23–25 (pp. 30–32).
52. *DV*, III.3, p. 131. The text (ll. 1927–55) is strophic and meant to be repeated, and includes *ottonari* ('Ch'ogni cosa s'innamora') and *quatternari*, for example in the four-line chorus ('La là, la là'). On Ferrarese *balletti*, sung and danced by noblewomen, see Bosi, pp. 30–32, 34 and n. 8 above.
53. Louise George Clubb, *Italian Drama in Shakespeare's Time* (New Haven, CT: Yale University Press, 1989), pp. 176–77.
54. Sampson, *Pastoral drama*, p. 106; and '"Drammatica secreta"', p. 107; Gerbino, pp. 206–14.
55. Newcomb, *The Madrigal*, pp. 36–37; Bosi, pp. 12–16; Treadwell, pp. 29–30.
56. On the intrinsically theatrical exploration of political morality implied in the Rape of the Sabines myth, see Jane Tylus, 'Theater and its Social Uses: Machiavelli's *Mandragola* and the Spectacle of Infamy', *Renaissance Quarterly*, 53.2 (2000), 656–86. For a subtle exploration of the 'interpretative dilemma' posed by imaginings of myths of violent conquest and rape at the root of civilization and marriage, see Susanne L. Wofford, 'The Social Aesthetics of Rape: Closural Violence in Boccaccio and Botticelli', in *Creative Imitation: New Essays on Renaissance Literature In Honor of Thomas M. Greene*, ed. by David Quint, Margaret W. Ferguson, G. W. Pigman III, Wayne A. Rebhorn (Binghamton, NY: Centre for Medieval and Early Renaissance Studies SUNY, 1992), pp. 189–238.
57. In Giraldi's *Egle* the satyrs attack on the dancing nymphs ends tragically with the nymphs escaping and being transformed on stage.
58. McIver, pp. 52–53.
59. See the eyewitness accounts by Giacomo Dolfin and Antonio Riccoboni in Alberto Gallo, *La prima rappresentazione al Teatro Olimpico, con i progetti e le relazioni dei contemporanei*, preface by Lionello Puppi (Milan: Il Polifilo, 1973), pp. 33–37, 39–51; also Mazzoni, pp. 131–32, 141–43, 147; on the two female musicians/singers, see Fenlon, pp. 127–28; Virginia Cox, 'Members, Muses, Mascots: Women and Italian Academies', in *The Italian Academies 1525–1700: Networks of Culture, Innovation and Dissent*, ed. by Jane E. Everson, Denis V. Reidy and Lisa Sampson (Oxford: Legenda, 2016), pp. 132–69 (pp. 150–52); Lisa Sampson, 'Amateurs meet professionals: Theatrical activities in late sixteenth-century Italian Academies', in *The Reinvention of Theatre in Sixteenth-Century Europe: Traditions, Texts and Performance*, ed. by T. F. Earle and Catarina Fouto (Oxford: Legenda, 2015), pp. 187–218 (p. 193).
60. Stefano Andretta, 'Farnese, Mario', *DBI*, 45 (1995), <http://www.treccani.it/enciclopedia/mario-farnese_%28Dizionario_Biografico%29/> [accessed 18 July 2014].
61. Melinda J. Gough, '"Not as Myself": The Queen's Voice in *Tempe Restored*', *Modern Philology*, 101.1 (2003), 48–67 (p. 55). For Manfredi's madrigal, see n. 6.

CHAPTER 10

❖

Treasures of Knowledge: *Thesoro* as a Handbook in the Sixteenth Century

Simone Testa
Medici Archive Project

This contribution aims to illustrate briefly the origin and the use of the word *thesoro* or *tesoro* in sixteenth- and seventeenth-century publications, in order to contextualize the use of such word in the title of an anonymous book published under false imprint, the *Thesoro politico* (1589).[1] After a short description of this volume, I shall comment on the definition given to the word *tesoro* in Italian (*thesaurus* or *thensaurus* in Latin, *tresor* in French, and *thesauro* in Spanish) in current dictionaries, and mention the use of the word *thesoro* in the context of the projects devised by the founder of the Academia veneziana, also called Academia della fama, or Academia veneta. Finally, I shall look at a selection of sixteenth-century publications using the word *thesoro* in the title.

In 1589, under the false address Academia italiana di Colonia, and with the fictitious name Alberto Coloresco as the printer of the academy, appeared a very original publication. The full title is

THESORO POLITICO | CIOÈ | RELATIONI | INSTRUTTIONI TRATTATI, | DISCORSI VARII. | *D'Amb(asciato)ri | Pertinenti alla cognitione, et intelligenza delli stati, | interessi, et dipendenze de più gran Principi del | Mondo. Nuovamente impresso a benef-* | *ficio di chi si diletta intendere, et per* | *tinentemente discorrere li nego-* | *tii di stato.* | [printer's device] | *Nell'Academia Italiana di Colonia* | *L'Anno 1589.*[2]

The book has a short introduction promising a second part containing the same kind of material. The book contains thirty-two different texts, which in my interpretation can be divided into three sections. The first consists of the opening essay, a theoretical introduction to the art of statecraft by the controversial author Scipione Di Castro, political advisor to Giacomo Boncompagni, the legitimate son of Pope Gregory XIII: *Delli fondamenti dello stato et instrumenti del regnare.*[3] This is followed by a second section containing a series of ambassadors' reports, which include the first printed edition by some famous Venetian diplomats. This section can be divided into the following subsections: first come the reports on the major powers of the world: Rome, Germany, Spain, and the Turkish Empire. Then comes the subsection with reports on great states playing an active role in the international balance of power: Venice, France, England, Low Countries, and Switzerland. The third subsection reports on the states within the sphere of influence of major political powers: Ferrara, Florence, the Kingdom of Naples, and the Duchy of Milan. Finally, we have the reports on foreign powers at the margins of the European continent: Sweden, Russia, and Persia. The third section is also divided in several subsections. The first relates to the Papacy and the Roman court. Two discourses discuss the issue of the authority of the pope over the Emperor. Two instructions address the way a cardinal should behave at the Roman court. A discourse illustrates, and instructs on, the complicated manoeuvres taking place during the Conclave. Two more writings, one instruction, and one treatise, concern the creation of the anti-Turk league of 1571. Two discourses comment on the international political interests in relation to the election of the King of Poland. Subsequently, three instructions are addressed to papal nuncios in three different countries: Venice, the Holy Roman Empire, and Switzerland. Eventually the book comes to an end with a report about the Truce of Nice of 1538.

This publication was highly original, because it consisted of material that was not supposed to be published, and which authorities did not want to see circulating,[4] not so much because it contained a heretical message, but because the writings revealed the political interests of princes, and, moreover, the authors' names had been removed. Thus, during several meetings of the Congregation for the Index of Forbidden Books, authorities pointed out that this practice contravened the tenth rule of the Tridentine Index of Forbidden Books, where the volume remained until 1900.[5] The origin of the writings, which the title announced as coming from ambassadors' documents, made the publication even spicier for a public longing for a trustworthy account of what was happening in the troubled final decades of the sixteenth century. At the same time, the manipulation of the several reports from various countries — they were updated to the main events of 1589 — as well as the prohibition imposed by the Congregation of the Index of Forbidden Books, made the *Thesoro politico* a very interesting text for foreigners, who translated it into Latin, French and even in English, while the Italian versions of single writings circulated in manuscripts copies.[6] The *Thesoro politico* was published with numerous mistakes, but these were not so serious as to prevent the understanding of the content of the writings.

One detail about this book that deserves further investigation is the origin and the use of the word *thesoro*. My contention is that this was not a casual choice for the kind of material contained in the publication. Instead, the word deliberately intended to mean a handbook, or encyclopaedia, for public use.

According to the *Oxford Latin Dictionary*, in the classical period the word 'thesaurus' was employed as a metaphor meaning 'A repository, storehouse (of qualities and other immaterial things)'.[7] In a few passages *thesaurus* can mean repository 'of information, ideas'. In the pseudo-Cicero's *Rhetorica ad Herennium*, the author wrote: 'Now let me turn to the treasure-house of the ideas supplied by Invention, to the guardian of all parts of rhetoric, the Memory'.[8] In *De finibus bonorum et malorum*, Cicero used the word *thesaurus* twice: 'and now that we Romans too have begun to treat of these themes, what a marvellous roll of great men will our friend Atticus supply to us from his *store-houses* of learning!' In another passage we read: 'Of Topics, the *store-chambers* in which arguments are arranged ready for use, your school had not the faintest notion' (emphasis mine).[9]

In the sixteenth and seventeenth century it was a common feature of the Italian, Spanish and French languages to use the word *thesoro* (or *tesoro*), *thesauro*, and *tresor*, as the title for works presenting a wide range of material concerning broad subjects, such as language, mathematics, medicine, poetry and others, as I shall show below. According to the *Grande Dizionario della Lingua Italiana*, the meaning of *tesoro* with regard to literature is this:

> 1) Titolo di opere medievali e rinascimentali a carattere enciclopedico (con particolare riferimento al volgarizzamento dell'opera di Brunetto Latini *Li livres dou Tresor*, redatta in francese tra il 1260 e il 1266); 2) repertorio esaustivo e organizzato secondo vari criteri di materiale documentario; opera lessicografica di particolare ampiezza e completezza.[10]

It is interesting to note that among the examples of the use of the word *tesoro* applied to literary works, the *Grande Dizionario* refers to the *Tesoro Politico*: 'La milizia italiana merita qualche discorso. L'Italia è anco capace di guerra, tutto che per lo più si sia servita di genti straniere. Il *Tesoro politico* può dare qualche lume a questa materia.'[11]

I have found the same kind of explanation in both French and Spanish historical dictionaries, although it is only in the French ones that I find a reference to Latini's *Tresor*. The *Dictionnaire alphabétique et analogique de la langue française* explains: 'Titres d' ouvrages, notamment d'encyclopédies et de dictionnaires.' Then, the entry refers to the Latin word *thesaurus*. The dictionary continues by quoting examples of works entitled *tresor*:

> Le *Trésor* de Brunetto Latini (v. 1262). *Le trésor de la langue latine*, de R. Estienne. *Le Trésor de la langue française* de Jean Nicot (1606). *Trésor de la langue greque*, de H. Estienne. *Le Trésor de la langue française* (T. L. F.), dictionnaire de la langue française du XIXe et du XXe siècle (publié à partir de 1971).[12]

The *Trésor de la langue française* provides more hints:

> Inventaire des unités lexicales d'une langue visant à l'exhaustivité (Mounin, 1974); titre d'ouvrages d'érudition, notamment des dictionnaires et des encyclopédies. *Tresor de la langue greque, Tresor de la langue latine, Tresor de la langue française; Tresor du Félibrige*. Brunetto Latini avait traduit en italien la morale d'Aristote; il rédigea, sous le titre de *Tresor*, une encyclopédie des connaissances de son temps (Ozanam, *Philosoph. Dante*, 1838, p. 61). Charles Lenormant publiait un *Trésor de numismatique et de glyptique*, de 1836 à 1850 (*L'Histoire et ses méthodes*, 1961, p. 379).[13]

Unfortunately, this dictionary does not specify the origin of the word adopted as its title. However, it is likely that this is referring to sixteenth century books entitled *Tresor*, rather than a direct reference to Brunetto Latini's work.

When explaining the origin of the word *Thesoro*, the *Diccionario de la lengua española* has the same approach, but does not mention Latini: 'Nombre dado por sus autores a ciertos diccionarios, catálogos, antologías'.[14] The *Enciclopedia del idioma* is only slightly more specific, and clarifies that the origin of the word *tesoro* is from *tesauro*, and that both indicate 'nombre dado por sus autores a ciertos diccionarios, catálogos o antologías: *Tesauro* de Salas, Henriquez.' In the Spanish language, *tesoro* is more used in the seventeenth and eighteenth century,[15] and one of the most famous examples of these kinds of books is '*Tesoro* de Covarrubias (1611)'.[16] Why was the word *tesoro* (or its Spanish and French translations) so commonly used (and is still used nowadays), for this kind of publications? In order to answer this question, I believe that *Thesoro Politico* should be assigned a meaning midway between the first and second definitions above listed in the *Grande Dizionario*.

Brunetto Latini's *Les livres dou Tresor* and its Italian translation are a necessary starting point.[17] Latini (*c*. 1220–1294) wrote the book during his exile in France between 1260 and 1266. It is generally considered as an encyclopaedia *avant la lettre*, with the fundamental novelty of adopting vernacular French instead of Latin, and thus of being addressed to lay people.[18] In the introduction, Latini defines what he wants to discuss, and describes the structure that he is going to adopt. His purpose is to be didactic, but his method is practical rather than theoretical. Latini borrows from many sources.[19] In order to explain his aim, Latini uses the metaphor of a treasure, which is made of different goods. The word *tresor* is certainly adopted in relation to the high quality of the material that he is going to employ, which is precious and also rare.

The first part of Latini's work corresponds to what can be used on a daily basis, namely 'li danari'. These he compares to the theoretical aspects of philosophy. The second part is made of precious stones, and it deals with the virtues and vices that one should or should not follow. This, he states, belongs to the second and third part of philosophy, namely practice and logic. The most precious part of the treasure consists of 'oro fino', gold being the noblest of the metals. Consequently, the third part of his work consists of the noblest part of philosophy, which is rhetoric. This belongs still to practice, but its purpose is extremely valuable because it instructs men on how to speak and govern effectively:

> Come el signore dee governare la giente che a sotto lui, et specialmente secondo l'usanzza d'Italia. E tutto ciò appartiene alla seconda scienza della filosofia, ciò è a pratica. Che sì come l'oro trasciende tutte maniere di metallo, così la scienzza di ben parlare, e di governare la giente che luomo ha sotto di se, è più nobile che null'altra scienza al mondo.[20]

Thus, here Latini provides an order for interpreting the world. First he discusses the means that are generally necessary in order to understand it, and then he illustrates how it is possible to intervene on it.

This same structure is in the *Thesoro politico*, with the first theoretical essay by Scipione Di Castro explaining the general principles of politics, based on the personality of the prince, the customs of the people, and the need to sacrifice the commonly accepted moral practice in case of necessity. The rest of the writings match the theoretical introduction by providing the observation of politics through the eyes of ambassadors, and the practice of politics through instructions and discourses devised for cardinals and ambassadors.

Was Latini the first to use the word *tresor* in relation to a handbook? Were the numerous subsequent *Thesori* inspired by Latini's *Tresor* and by its Italian, French, Castilian, Aragonese and Catalan translations? Given the enormous success of Latini's work, it is possible that his was a source of inspiration for the title of fifteenth- and sixteenth-century handbooks for common people, as well as for intellectuals.[21] Many texts declare how precious and rare is the material that they are going to display, and all of them have their material arranged according to a specific order.

At the end of the fifteenth century, the humanist printer and scholar Aldo Manuzio[22] entitled his 1496 repertoire of dialectology and Greek style, *Thesaurus, Cornu copiae et Horti Adonidis*, which he prefaced with an introduction to all scholars: here is a very useful and necessary work, which I could call Corno D'Amaltea, or Giardini di Adone, or indeed *Tesoro*. This book, Manutius continues, we call *Cornucopia, Giardini di Adone*, or *Tesoro* because of the wealth of good notions here contained, and later on he adds that this book is a true *Tesoro, Corno d'Amaltea, Giardini di Adone*, because only here one can find the collection of information from similar texts that are worth learning.[23] Aldo also explains the order of the entries in the *Thesaurus*. First is the use of the verbs 'to be', 'to go' and 'to sit', and after dealing with irregular Greek verbs there is the list of enclitic particles, thus the less important elements form a structural point of view.

Still in the Venetian learned environment, some fifty years later, it is interesting to note that the word *thesoro* defining a handbook containing knowledge for public use, was adopted by Federico Badoer, the founder of the Academia Veneziana. This institution lasted a short period of time (1557–1561), during which it was able to devise an extensive and fascinating publication programme in several disciplines.[24] In this case, we are dealing with a project, rather than a real publication, however the use of the word 'thesoro' is very interesting. When Badoer introduced his project to create an Academy to the Venetian Senate,[25] he devised a category of books devoted to political matters.[26] The Venetian diplomat was planning to create a collection of political documents describing states as they are, and their relationships with one another, as he explained in the *Supplica* to the Venetian Senate, in 1560:

> L'altro beneficio che riceverà in particolare la nobiltà sarà questo, che s'haverà l'instruttioni delle provintie e stati del mondo che vengono in consideratione non pur con questo Ser[enissi]mo stato, ma con ogni altro potentato, e tra Christiani e tra infedeli, onde si verrà a sapere, tutte le parti interne ed esterne di ogni Prencipe e signore che regna al presente, tutte le forme di loro governi, e corti sue, cioè quante e quali et il numero, e ogni cosa dipendente da essi governi e corti, oltre di ciò la grandezza e piccolezza o mediocrità da loro principe e Sig[no]re possedute, con tutti quei particolari che possono dar vero lume a questa parte d'intelligenza, e di che cosa abbondano, e di che habbiano mancamento essi stati, circa poi gli habitanti di ciscuno di loro s'intenderà minutamente tutto quello che può esser necessario et a proposito di sapere, delle forze di tutti li potentati del mondo, se n'haverà così distinta e particolar cognitione che a niuna cosa per aventura potrà esser desiderata, ne intorno a le cose delle militie terrestri e maritime ne alla materia delli danari ne in quanto a le intelligenze, dipendenze, e pertinenze c'hanno essi principi con li suoi vassalli e tra loro principi nel mondo.[27]

> [The other benefit that the nobility will receive will be this. We shall make available the instructions regarding the provinces and states of the world that are related not just with our State, but with any other state, either Christian or infidel. Therefore we shall learn about both external and internal followers of every ruling Prince and Lord, about their governments and courts, how many they are and of what quality they are, their number, and everything that depends from these courts and governments. Moreover, it will be possible to become knowledgeable about the prince's possessions, both great and small, together with the details that shed light on this intelligence and what is abundant on those states, or in what they are needy. As with regard to the inhabitants of each state, we shall learn all that is necessary and useful to know, and about all the forces and powers of the world. We shall acquire such detailed knowledge, that no further information is desired, neither with regard to land or maritime militia, nor with regard to money or intelligence, and spheres of influence that such princes have with their vassals and with other princes of the world.]

All this was done in view of building up knowledge, which Badoer wanted to be part of the training of Venetian young diplomats, at the service of the Serenissima:

> Questo, Signori Illustrissimi, è *Thesoro* di tal qualità che nascendo da esse [i.e. le instruzioni delle provintie et stati del mondo, che vengono in consideratione non pur con questo Serenissimo Stato, ma con ogni altro potentato e tra Christiani e tra infedeli] questo segnalatissimo benefittio di dar un chiaro lume all'intelletto, per poter sicuramente negociar e dentro e fuori di questo stato, può esser chiamato *Thesoro* inestimabile, perché dal sapere nascono tutti i modi d'haver tutti i *Thesori* e tutti i beni.

> [This is a Treasure of such quality, most illustrious lordship, that — since it springs from them [the instructions regarding the provinces and states of the world that are related not just with our State, but with any other state, either Christian or infidel] this very clear benefit to give a clear guidance to the intellect, so that we can negotiate inside and outside this state — we can call this an invaluable Treasure, because it is from knowledge that spring all manners of having all sorts of Treasures, and all goods.]

Also by looking at the list of publications that the academy devised in relation to politics, we can notice a close resemblance with the title and the content of the *Thesoro politico*.[28] However, what is interesting to note in this context is precisely the use of the word *thesoro* as storage of political writings, including a general introduction on politics and on how to govern a state, followed by reports and instructions on foreign countries, for the use of a wider public.

The persons responsible for publishing the *Thesoro politico* indicated that this was printed under the auspices of one Academia italiana di Colonia, which meant both the work of a group of people, as well as a specific place. It is noteworthy the decision to make up not just the name of a city, but a precise academy, so as to underline the collaborative character of the publication, and to conceal the identity of its editor behind a group.[29] This academy did not exist but it stands as a clear example of the sixteenth-century culture of shared publications.[30]

Later in the sixteenth century, the word *tesoro* continued to be adopted for publications on many different subjects. A scrutiny of the British Library Catalogue shows a number of publications — though not many if we limit our enquiry to the Italian vernacular — containing the word *thesoro* with the meaning of handbook. I have selected the most relevant examples to show my point.

The Bolognese Leonardo Fioravanti (1517–1588) wrote a treatise on medicine where, once again, the first part introduces the topic in general, before proceeding to analyse more specific aspects related to medicine, such as experiments, letters sent and received where matters are discussed, and finally providing the reader with Fioravanti's medical secrets:

> IL | TESORO | DELLA VITA | UMANA, | Dell'Eccell[ente] Dottore et cavaliere M. Leo- | nardo Fiorvanti Bolognese. | *Diviso in libri quattro.* | Nel primo, si tratta delle qualità, et cause di diverse infer- | mità, con molti bei discorsi sopra di ciò. | Nel secondo, si descrivono molti esperimenti fatti da lui | in diverse parti del mondo. | Nel terzo, vi sono diverse lettere dell'Autore, con le sue ri- | sposte: dove si discorre così in Fisica, come in Cirugia. | Nel quarto, et ultimo, sono rivelati i secreti più impor- | tanti di esso Autore. | Di nuovo posto in luce. Et con la sua Tavola. | COL PRIVILEGIO [Typographic ornament showing a dog with his puppies, the motto is unreadable] | IN VENETIA, Appresso gl'Heredi | di Melchior Sessa MDLXXXII.

In 8°: a–d (signature d2 is signed c2 in error, d4 is signed c4 in error) A–Z (signature T3 is signed T4 in error) Aa–Ss (Ss8^{r-v} is blank)

Bartolomeo Maraffi wrote the

> TRESOR DE | VERTU, Où sont contenues les plus no- | bles, et excellentes sentences, et en- | seignements de tous les premiers Au- | teurs Hebreux, Grecz, et Latins, pour | induire un chacun à bien et honneste- | ment vivre. | THESORO DI VERTU | Dove sono tutte le più nobili et eccellenti | sentenze, et documenti di tutti i primi Aut- | tori Hebrei, Greci, et Latini, che possino in- | durre al buono et honesto vivere. | [Typographic ornament, a woman holding a spear and a tamed animal 'Literae et arma parant [?] honorem'] | A LYON, Par Benoist Rigaud | 1576. In 8°: A–S (signature G1 is not signed).

Another example comes from a book on maths by Hieronimo Tagliente:

> LIBRO | DE ABBACO CHE INSE- | GNA A FARE OGNI RAGIONE | mercadantile, et pertegare le terre con l'arte | della Geometria, et altre nobilissime raggio- | ni straordinarie, con la tariffa come re- | spondeno gli spesi, et monede de molte | terre del mondo con la Inclita | città di Vinegia. | El qual libro si chiama Thesoro universale | [Typographic ornament representing a tree] In Milano, | Per Valerio Meda, M. D. LXXIX. In 8°: A–K (K8^{r-v} is blank).

This volume is also structured in such a way that the content starts from a wide topic and descends into practical examples. The author describes the structure as follows:

> [A2^r]: La prima sarà ditta numeratione, overo representatione, cioè a sapere conoscere le figure del numero.
> La seconda sarà ditta moltiplicare
> La terza divisione over partire.
> La quarta sarà ditta sommate, over recogliere.
> La quinta et ultima sarà ditta sottrare, over trazere.

> Le qual parti ben discorse con tutte le sue prove in diversi modi di adoperare in ciascuna, sì come nel processo vederai, intraremo poi in la raggione, et in lo operare a nostre occorrentie.
>
> [The first part is called numbering, that is representation, or how to recognize numbers' symbols.
> We call the second part multiplication
> We call the third part division
> We call the fourth part sum
> We call the fifth and last part subtraction
> Once we have explained all these parts, with all their proofs, and the different ways we can use each one of them, we shall discuss the reason, and the operation of such parts.]

As the various dictionaries have shown, there were several treatises on the language that used the word *Thesoro* in their title. One example is:

> IL THESORO | DELLA VOLGAR | LINGUA. DEL REVERENDO PADRE | FRA REGINALDO ACCETTO, | DA NAPOLI. *Dell'ordine dei predicatori.* | Dove appieno si tratta, dell'Orthografia, | e di quanto, ad un ottimo scrittore | s'appartiene. | *Con privilegio per anni Xv, che altri non l'imprima, né impresso altrove, venda.* | [Typographic ornament representing God on a cloud over the sea coast, the inscription outside reads: NEC ALTIORA NEC INFERIORA PETAS, inside the ornament reads: MEDIOCRITER] | *In Napoli, appresso Giuseppe Cacchi* | M. D. LXXII [in the colophon a typographic ornament with pastoral theme, around the picture is the inscription SUAVIS VOX EX EIUS ORE ET INDEFESSA FLUIT] In 4°: A^4 (only A2 is signed), B^3 b^2 A–N (C2 signed G2 in error)

This confirms Latini's structure, passing from the general and theoretic material to more practical aspects, as the *Tavola delle cose scritte nel presente trattato* shows:

> Nel primo trattato si mostrano quest'infrascritte cose.
> Cosa è ortografia
> Dell'origine della volgar lingua
> Perché si dice volgar lingua, e non servile o vernacula
> Delle parti della volgar lingua
> Del numero delle lettere, che sono appresso i latini, come furono da lor chiamate
>
> [In the first treatise we illustrate the following topics,
> What is orthography
> The origin of the language called 'volgare'
> The reason why we call this language 'volgare', and not 'servile' or 'vernacular'
> The parts that compose the 'volgare'
> The number of letters used by the Latins, and how they called them]

Then, the treatise goes into more detailed *Regole*, each one illustrated by several more specific *Avvertimenti*.

Another treatise on health is once again a confirmation of the use of the word *tesoro* according to Latini's pattern:

> IL TESORO | DELLA SANITÀ, | *di Castor Durante da Gualdo, Medico,* | *et cittadino romano.* | Nel quale s'insegna il modo di conservar | la Sanità, et prolungar la vita, | *Et si tratta* | DELLA NATURA DEI CIBI, | et dei Rimedii dei nocumenti loro. | *Con la tavola delle cose notabili.* | [Typographic ornament with the inscription SIC CREDE] | IN VENETIA, MDLXXXIX. | Appresso Andrea Muschio. In 8°: †⁸ A–X4

Here, the author explains that he is going to deal with a specific part of medicine that helps maintaining health, and that he will start from what he calls the most important unnatural part that affects human health, namely the air:

> la medicina in due parti dividesi: la prima conserva la sanità presente; et l'altra la perduta ricupera. Qui si farà solamente mentione di quella parte della medicina, che ci conserva sani, et ci fa vivere lungo tempo. Ora poichè questa prima parte è fondata in quelle cose, che possono alterare i corpi nostri, o in bene o in male, come sono l'aere, il moto et la quiete, la repletione, et inanitione, et gli accidenti dell'animo, il cibo et il bere, cominceremo dall'aere, poi che egli fra tutte le cose non naturali tiene il primo luogo.

> [We divide medicine in two parts: the first preserves current health; the second helps recovering lost health. Here I shall deal only with that part of medicine that makes us healthy, and makes us live a long life. Now, since this first part of medicine is based on things that may alter our bodies, for the good or for the bad, such as air, movement, and rest, puffiness, lack of nutrition, accidents of the soul, and food and drink, we shall start from air, for this maintains the first place among all unnatural things.]

The same structure can be observed in a less refined treatise on medicine, addressed to poor people, as in the famous

> THESAURUS PAUPERUM. OPERA NOVA INTITULATA | Thesoro di Poveri composta per | Messer Pietro Hispano. | [Typographic ornament]. In the colophon: Registro de questa Opera | abcdefghikl Tutti sono quaderni| stampata in Vinegia per Agostino di | Bendoni Nell'anno del Signore M. D. | XXXXIII. Adi. VI. de Febraro. 8°: A–B c–l7.

This introduces natural tricks, such as herbal medicaments, and explains how to use other organic products for healing certain types of illness affecting all parts of the human body. In a hierarchy that starts from the top and descends to the toes, the first part of the body to be discussed is the head, and the first treatment concerns the hair and the scalp. The last part of the body will be the feet.

To conclude, by the end of the sixteenth century the word *thesoro*, originally borrowed from Brunetto Latini's famous work, indicated handbooks for a wide audience containing a large range of original information on a particular subject, often taken from many different sources, and presented following a precise order. Starting from a broader analysis, a *thesoro* was supposed to provide readers with more detailed and practical information while the argument was progressing. The anonymous *Thesoro Politico* 1589, with its wealth of different writings, starting from a political treatise to a detailed inside account of the negotiations between the great powers of the time, complied precisely with the sixteenth century idea of handbook.

Notes to Chapter 10

1. The analysis of the content and context of the *editio princeps* of the *Thesoro politico* (1589) was the subject of my PhD dissertation, supervised by Letizia Panizza and Jane Everson. On the *Thesoro politico*, see Jean Balsamo, 'Les Origines Parisiennes du *Thesoro Politico* (1589)', in *Bibliothèque d'Humanisme et Renaissance*, 67 (1995), 7–21, Artemio Enzo Baldini, 'Origini e fortuna del *Thesoro Politico* alla luce di nuovi documenti dell'Archivio del sant'Uffizio', in *Cultura politica e società a Milano tra Cinque e Seicento*, ed. by F. Buzzi–Chiara Continisio (Milan: ITL, 2000), pp. 155–75, and Simone Testa, *Scipione Di Castro e il suo trattato politico. Testo critico e traduzione inglese inedita del Seicento* (Manziana: Vecchiarelli, 2012).
2. For the critical bibliography of the book, Simone Testa, 'From the "Bibliographical Nightmare" to a Critical Bibliography: *Thesori politici* in the British Library and Elsewhere in Britain', *eBLJ*, 1 (2008), 1–33.
3. For a detailed biography of the friar, turned spy, turned advisor for hydraulic matters, courtier, and impostor, until he was accused by the Inquisition of Calvinist leanings, see Roberto Zapperi, 'Di Castro, Scipione', in *Dizionario biografico degli italiani*, vol. 22 (Rome: Istituto dell'Enciclopedia italiana, 1979), pp. 233–45. I have added a few details, such Di Castro's acquaintance with the Accademia dei Fenici in Milan, and Ruscelli's praise of Di Castro as a historian in my *Scipione di Castro e il suo trattato politico*. For more spicy material on Di Castro, see Giovanni Romeo, *Amori proibiti. I concubini tra Chiesa e Inquisizione* (Bari: Laterza, 2008).
4. I have discussed this aspect in 'The Ambiguities of Censorship: *Thesori politici* (1589–1605) and the Index of Forbidden Books', in *Bruniana e Campanelliana*, 2 (2007), 559–72.
5. See *Index des livres interdits*, ed. by J. Martinez De Bujanda, and Marcella Richter, vol. XI: *Index librorum prohibitorum, 1600–1996* (Geneve: Droz, 2002), p. 873.
6. Library catalogues across Europe and the United States have plenty of manuscript *relazioni*, *discorsi*, *istruzioni*, and a very high number of these have the same titles as the ones found in *Thesoro politico* 1589, and its sequels (1601, and 1605). One example is Di Castro's essay. Out of the twenty-five manuscript copies that I was able to consult, only three were clearly preceding the printed text.
7. *Oxford Latin Dictionary*, ed. by Peter G. W. Glare, 2 vols (Oxford: At the Clarendon Press, 1983 [1st ed. 1982]), II, 1937.
8. [Cicero], *Rhetorica ad Herennium*, English trans. by Harry Caplan (London: William Heinemann, 1954), book III, 28, p. 204: 'Nunc ad thesaurum inventorum atque ad omnium partium rhetoricae custodem, memoriam, transeamus'. However, authorship of the work is not clear. See H. Caplan, 'Introduction', p. ix.
9. See Cicero, *De finibus bonorum et malorum*, English trans. by Harris Rackham (London: William Heinemann, 1914), book II, 67, p. 156: 'Nunc vero quoniam haec nos etiam tractare coepimus, suppeditabit nobis Atticus noster e thesauris suis quos et quantos viros!' And in book IV, 10, p. 310: 'Nam e quibus locis quasi thesauris argumenta depromerentur, vestri ne suspicati quidem sunt'.
10. *GDLI*, ad vocem.
11. *Edizione nazionale del carteggio di Ludovico Antonio Muratori*, ed. by Centro Studi Muratoriani, 18 vols (Florence: Olschki, 1975–2015), VI: *Carteggi con Bentivoglio... Bertacchini*, ed. by Anna Burlini Calapaj (1983), p. 117. The words quoted are in the letter of Uberto Benvoglienti (1688–1733) dated 11 June 1727. It is very likely that Benvoglienti referred to *La seconda parte del Tesoro Politico* (Milan: Bordone e Locarni, 1601), which contains several writings on military matters. See 'From the "Bibliographical Nightmare"', pp. 10–13.
12. *Le Grand Robert de la langue française. Dictionnaire alphabétique et analogique de la langue française*, ed. by Paul. Robert, 2nd edn, 9 vols (Paris: Le Robert, 1985), IX, *ad vocem*.
13. See *Trésor de la langue française*, ed. by Bernard Quemada, 16 vols (Paris: Gallimard, 1994), XVI, *ad vocem*. This work takes the sixteenth century *tresors* as a point of reference. The preface to the same work does not explain the origin of the word or its later success.
14. *Diccionario de la lengua española*, ed. by Real Academia Española, 2nd edn, 2 vols (Madrid: Espasa, 2001), II, *ad vocem*.

15. Martin Alonso, *Enciclopedia del idioma. Diccionario histórico y moderno de la lengua española (siglos XII al XX) etimológico, tecnológico, regional e hispanoamericano*, 3 vols (Madrid: Aguilar, 1958), III, *ad vocem*.
16. Sebastian de Covarrubias, *Tesoro della lengua castellana* (Madrid: Sanchez, 1611). He does not specify why he entitled his book *Tesauro*, nor is there any entry for *tesoro*.
17. *Li livres du tresor*. The Italian translation of Latini's work is already in Dante: 'Sieti raccomandato il mio Tesoro | nel qual io vivo ancora | e più non cheggio', INF. XV, 119. The book was translated by Bono Giamboni and published three times in Italian: Treviso: Girardo Flandrino (1474); Venice: Da Sabbio (1528); Venice: Sessa (1533). An extract from the *Tesoro* was published in France: *L'ethica d'Aristotile ridotta in compendio da ser Brunetto Latini*, ed. by Jean de Tournes (Lyon: de Tornes, 1568); on Latini's method and ideas, see Francis James Carmody, 'Introduction', in *Li Livres dou tresor de Brunetto Latini*, édition critique par F. J. Carmody (Berkeley: University of California Press, 1948), in particular pp. XXII–XXXII.
18. On the emergence of encyclopaedias for the laity, see Jacques Krynen, 'Puissance et connaissance, royauté et aristocratie face aux savoirs du monde', in *Tous les savoirs du monde. Encyclopédies et bibliothèques de Sumer au XXIe siècle*, sous la direction de Roland Schaer (Paris: Bibliothèque Nationale de France, 1996).
19. See Carmody, Introduction, pp. XXIV–XXVII.
20. B. Latini, *El tesoro* (Treviso: Flandrino, 1474), dedication, pages unnumbered.
21. This hypothesis takes into consideration Jennifer Marshall, *The Manuscript Tradition of Brunetto Latini's Tresor and its Italian Versions* (unpublished doctoral thesis, Royal Holloway, University of London, 2001), notes 24 p. 13 and 27, p. 14: 'The fortune of the *Tresor* extended beyond France and Italy; translations were also made into Castilian, Catalan and Aragonese, of which there are nineteen manuscripts. Moreover, it is reported that Jean Corbechon made a French translation of the *Tesoro* of which there are not one, but two early editions published in Lyon, 1491 and in Paris, 1539 [...] although it is possible that there are many more as yet undiscovered manuscripts'.
22. Aldo Manuzio is the most studied printer ever. Important landmarks in the study of Manuzio's career and publications are: *Aldo Manuzio editore*, ed. by Giovanni Orlandi, 2 vols (Milan: Il Polifilo, 1975); Martin Lowry, *The World of Aldus Manutius: Business and Scholarship in Renaissance Venice* (Oxford: Basil Blackwell, 1979); *Aldo Manuzio tipografo (1494–1515)*, ed. by L. Bigliazzi and others (Florence: Octavo, 1994); *Aldus Manutius and Renaissance Culture: Essays in memory of Franklin D. Murphy*, Acts of an international conference held in Venice and Florence 14–17 June 1994, ed. by David S. Zeidberg and Fiorella Gioffredi Superbi (Florence: Olschki, 1998).
23. 'ecce habetis opus oppido quam utile et necessarium, quem κέρας Ἀμαλθείας quem κήπους Ἀδώνιδος, quem iure thesaurum appellaverim [...] Sed ut ad librum redeam, quem copiae cornu hortosque Adonidis et thesaurum dicimus, propter summam, quae in eo est, rerum bonarum copiam [...] Quanquam hic liber, it dixi, thesaurus est, κέρας τε Ἀμαλθείας και κήποι Ἀδώνιδος quoniam in eo uno fere omnia congesta sunt quae digna scitu in alissi leguntur.' I have used *Aldo Manuzio editore*, vol. I, pp. 12–13, and for the Italian translation, see vol. II, pp. 202–03.
24. On the Academia Veneziana there are several critical studies; in particular see Paul Lawrence Rose, 'The Accademia Veneziana: Science and Culture in Renaissance Venice', *Studi veneziani*, 11 (1969), 191–242, Lina Bolzoni, *La stanza della memoria. Modelli letterali e iconografici nell'età della stampa* (Torino: Einaudi, 1995), Shanti Graheli, 'Reading the History of the Academia Venetiana through its Booklists', in *Documenting the Early Modern Book World: Inventories and Catalogues in Manuscript and Print*, ed. by M. Walsby and N. Constantinidou (Leiden: Brill, 2013), pp. 283–320.
25. See Badoer's 'Supplica' addressed to the Procuratori of San Marco (1560), transcribed by Rose, 'The Accademia Veneziana', p. 232.
26. Barbara Marx, 'Die Stadt als Buch. Anmerkungen zur Academia Venetiana und zu Francesco Sansovino', in *Venedig und Oberdeutschland in der Renaissance. Beziehungen zwischen Kunst und Wirtschaft*, a cura di B. Roeck, K. Bergdoldt, A. J. Martin (Sigmaringen: Jan Thorbecke Verlag, 1993), pp. 233–60 (pp. 237–39).
27. Rose, p. 232.
28. The detailed list of planned publications, which I confronted with the list of writings contained

in the *Thesoro politico*, is in my recent monograph *Italian Academies and their Networks, 1525–1700: From Local to Global* (New York and Basingstoke: Palgrave Macmillan, 2015), pp. 113–18.

29. The encyclopaedic vocation of some Italian academies has been discussed by Cesare Vasoli, 'Le Accademie fra Cinquecento e Seicento e il loro ruolo nella storia della tradizione enciclopedica', and Lina Bolzoni, 'L'Accademia Veneziana. Splendore e decadenza di una utopia enciclopedica', in *Università, accademie e società scientifiche in Italia e in Germania dal Cinquecento al Settecento*, ed. by Ezio Raimondi and Laetitia Bohem (Bologna: Il Mulino, 1981).

30. On this aspect of sixteenth- and seventeenth-century culture, see Carlo Dionisotti, *Geografia e storia della letteratura italiana* (Turin: Einaudi, 1967; repr. 1999), p. 237.

CHAPTER 11

From Woodblock to Copper Engraving: Illustrating the Italian Learned Academies, 1525–1700

Denis V. Reidy
British Library

For a considerable length of time Jane Everson and I had speculated as to how useful the creation of an electronic database containing information on the Italian Learned Academies would be for scholarship in general, and particularly for researchers working on the early modern period. The existence of such a database could begin to address, and to answer with some degree of accuracy, questions such as: how many learned academies existed in Italy from 1525 to 1700? how many members were present in these academies? how many members were women? how many were foreign and/or corresponding members? what did the academies and their members actually publish? were their publications primarily written in Latin, following the conventions of the time, or did members of academies begin to write in the Italian vernacular, Dante's *volgare*? We also speculated on how useful such an electronic resource could be not only for the social and cultural historian and historians of science and economics, but also for scholars of printing, the history of the book trade, design, and especially the birth, dissemination and circulation of new ideas. Moreover, we mused, it would be a very considerable enhancement if it were possible to identify what proportion of the publications produced by members of Italian learned academies were illustrated, and of particular interest to the art historian, the identity of the artists responsible for producing illustrations in these texts.

A little over eleven years ago, when the Arts and Humanities Research Council (AHRC) was accepting research bids from academic institutions in the United Kingdom, we both agreed that the time was right and ripe for the submission of a bid. We prepared a joint bid on behalf of the British Library because of its analogue academic status and its unparalleled Italian sixteenth- and seventeenth-century Italian collections and on behalf of Jane's parent Department of Italian at Royal Holloway, University of London. Jane and I soon came to the conclusion that in order to gain experience in collating and inputting information and to provide valuable experience to assist us in examining and devising the necessary parameters and the entry 'tags' which needed to be incorporated into the design of a future electronic data cataloguing/input form, together with the eventual 'front end' for the database (which if the project were to be successful would have to be designed in-house, on a bespoke service, by the British Library's IT Department), it would be prudent to set up a pilot project. Jane was successful in securing essential 'pump-prime' funding from Royal Holloway, which guaranteed the financing of this pilot project for six months. Fortunately two postdoctoral students in Italian studies at Royal Holloway, Lorenza Gianfrancesco and Simone Testa, were immediately available to undertake the pilot project as research assistants, thereby avoiding encroachment on the limited resources at the British Library. This pilot project which used the Excel system to input data, proved invaluable for finalizing the precise nature and number of cataloguing fields ('tags') and the design of the electronic data entry form on which electronic cataloguing data was eventually to be input into the database. Also by liaising with the British Library's IT department we were able to discuss with these colleagues what the database and 'front end' should contain and how these should be designed. This information enabled our bid to the AHRC to be very specific and perhaps, equally important, to be more technically informed and focused. This first phase of the project entailed the creation of an enhanced cataloguing database, on a system designed and run by the British Library. This pilot project was also extremely useful in answering the many detailed technical questions the assessors at the AHRC put to us, and assisted the team in devising an appropriate modus operandi. Suffice it to say that after lengthy preparation and writing up numerous and very detailed application forms, our bid was successful with an AHRC award in the not inconsiderable sum of £300K for this first phase of the project.

One of the team's principal inspirations and models for the project was Michele Maylender's magnum opus on the history of the Italian Learned Academies, *Storia delle Accademie d'Italia*, published in five volumes.[1] Maylender's work was exemplary and was used as an initial guide and an outline model for planning the project. However, as we were to discover later on in the project there were several lacunae in his excellent work which was perfectly understandable given the enormity of the daunting task Maylender had set himself. In phase one it was decided to catalogue the British Library's holdings of Italian books commissioned or published by academicians, or under the auspices of Learned Academies, in the following Italian cities: Padua, Bologna, Siena and Naples during the period 1525, the earliest publication recorded in the database, up to and including 1700 which enabled us to capture more records since there was a very marked increase in publishing by Italian academies during the seventeenth century. Apart from the richness of the British Library's Italian holdings, this national library was chosen because they were generally in a good state of preservation, were readily accessible and were freely available for cataloguing. However, many of the old records in the British Library's catalogue had to be enhanced and substantially added to since they were deemed to be deficient by modern standards — for example, no measurements for books were provided, a vital piece of information for comparisons with multiple copies. Moreover, many pamphlets, tracts and broadsides had to be catalogued ex novo since earlier cataloguers at the Library, especially in the nineteenth century, had not catalogued each item individually, and often had only produced very generic, 'dump' entries for the British (Museum) Library General Catalogue. The project quickly gathered momentum, and once a suitable number of electronic records were in the database I demonstrated it and its potential use to Ronald Milne, the Director of what was then known as the Scholarship and Collections Directorate in The British Library. It did not take long to persuade Ronald that the potential of the database would be considerably enhanced if images of title pages, frontispieces, colophons, marginalia and above all, illustrations, were digitized and added to the database. Indeed, what could have easily remained a fairly 'static' electronic catalogue could be considerably expanded to contain much more useful information and be transformed into a much more useful database which would be of interest to a much wider scholarly audience — from the art or social historian to the designer of typefaces, letterpress and ornaments or indeed, anyone wishing to see how knowledge was collated, printed and disseminated, particularly internationally, during this period. Ronald immediately saw the potential of adding digitized images to the database and very generously donated £12K from his Directorate budget over the three-year period of the project for the specific purpose of digitization. A great debt is owed to Ronald by present scholars from all over the world and also by posterity, for his sound sense and judgement and for being aware of the considerable potential that the systematic digitization of images had for enhancing the whole project. Indeed, when a reception was held to celebrate the successful completion of the first phase of the project (which lasted three years), we were able to show these images on large, flat-bed screens to our guests, some of whom came from the AHRC. All those present were very impressed with the wide range, indeed, a veritable cornucopia of very disparate subjects covered by the imagery — from anatomy, art, geology, geography, medicine, poetry, biology, especially marine biology, to volcanology, to name but a few. Clearly the addition of digitized images greatly helped the project team in the successful bid for the second phase and the second tranche of funding to the AHRC.

The very considerable sum of £800K was further allocated by the AHRC for the second phase of the project which included funding specifically for the digitization of images. During this second phase, the publications of Italian Learned Academies in the cities of Venice, Rome, Milan, L'Aquila, Sardinia and Sicily were catalogued and added to the database.[2]

Turning to the digitized images contained in the database, even a cursory examination of these images delivers surprises — the sheer wealth, richness, breadth and depth of the images covering so many disparate subjects and disciplines is simply remarkable. Indeed, it is no exaggeration to state that these extraordinary images form a veritable microcosm of life in the Italian Academies and of their very prolific output, on so many diverse subjects, over a period of a little under two hundred years. It is the purpose of this article to illustrate how over this period of almost two centuries, very considerable technological advances had to be found, ranging from the earliest block books, introduced to illustrate books produced from the 1450s, immediately after Gutenberg's new invention of printing with moveable type, during the whole incunabulum period (up to and including

1501), and other more orthodox wood engravings not produced on wood blocks, up to and including later engravings produced on very much more durable and resistant materials — copper and eventually, steel.[3] This new technology had to be discovered, designed, perfected and introduced in order to provide much more highly detailed and accurate illustrations on metal plates (which are more durable, recyclable, and consequently, more cost-effective) which were appropriate and commensurate to the needs, exigencies and demands of scholars for much greater detail and accuracy in illustrations made to accompany and explain more clearly certain disciplines which were expanding considerably over this period — in particular, anatomy, biology, cartography, astronomy, botany, engineering, optics and especially the natural and the pure and the applied sciences. The earlier wood block illustrations which had adorned block books from the incunabulum period, for example, Hartmann Schedel's *Nuremberg Chronicle* (*Liber Chronicarum*) (1493) or the folio edition of the *Biblia Pauperum*, printed in the Netherlands c. 1470, of forty leaves, 'Schreiber's edition III',[4] or the *Passio Christi* in the Kupferstichkabinett in Berlin,[5] which, although relatively beautiful, complete with their often elaborate xylographic title pages, were, with a few notable exceptions, less attractive and certainly less detailed and less durable than later wood engravings produced in the sixteenth and later centuries. For the purposes of engraving on wood, the wood of fruit trees was most used, of which pear wood was considered the most durable. Such woods were favoured by the best artists of the day, such as Albrecht Dürer, celebrated for his exquisite wood engravings, especially those in his celebrated *Kleine Passion*, printed in Nuremberg in 1511.[6] Dürer (Nuremberg 1471–1528) is important to this article, since not only was he blessed with an unsurpassed hand in his wood engravings but he was equally at home with the art of engraving on copper, producing works which have now gained the status of iconic masterpieces, such as his *A Young Hare* (1502), *The Virgin nursing The Child* (1512), *The Knight* (1513), *Saint Jerome in his Study* (1514), *Melancholia* (1514), *Rhinoceros* (1515) and his celebrated woodcut of the *Four Horsemen of The Apocalypse* (c. 1497–98). He is one of the outstanding personalities in the history of art, and his work in wood and copper sets the standard for excellence in engraving during the fifteen and sixteenth centuries. Indeed, Dürer's engravings, whether on wood or copper, were so highly prized even in his own day that when the celebrated artist visited Venice, on numerous occasions, often to purchase exotic silks for his lavish self-portraits, he even bartered some of his engravings as a substitute for currency.[7] Indeed, Dürer's engravings were so popular in his own lifetime that many pirated editions, copies and blatant forgeries were produced during the sixteenth century, in many cases by Italian artists.[8] The Venetian wood engraver, publisher, printer and bookseller Giovanni Andrea Vavassore (Valvassore) (*fl. c.* 1520 to *c.* 1572) was one of the most serious offenders since he, and his brother, Florio, reproduced much cruder and 'outmoded' wood block engravings in their *Opera Nova contemplativa* (Venice, 1531), which consisted of a mere recasting and blatant copying of Dürer's sublime woodcuts from his *Kleine Passion*.[9] Vavassore's crude wood blocks were of much less artistic value than Dürer's. Indeed, things had reached such a sorry state that Dürer was forced to include a threatening warning in the colophon of his bound editions of his *Life of the Virgin* and the *Kleine Passion*: 'Heus tu insidiator. Ac alíeni laboris. & ingenij. surreptor. ne manus temerarías his nostris operibus inicias. Caue.' [Beware all imitators and thieves of the labour and talents of others, beware of laying your audacious hands on our work!]. Even some two centuries later, William Hogarth was faced with similar problems with forgeries and pirated editions of his engravings (especially of *Hudibras* and *The Rake's Progress*) which prompted the passing by Parliament of The Engraving Copyright Act, or Engraver's Copyright Act, known as the celebrated Hogarth's Act, of 1734, which led to the foundation of the British Copyright Acts of 1888 and 1911 and the present day Copyright Act.

A little surprisingly, there appears to be little evidence of piracy of publications or of blatant forgeries or even plagiarism in the publications produced by Italian Learned Academies and their Academicians with, perhaps, the exception of the innovative work of Galileo Galilei whose brilliant new theories could not be contained merely within the confines of the Accademia dei Lincei, especially after his works were placed on the Index. One assumes that the genteel nature of the members of the Academies, including a minority of women academicians, who were later admitted to membership of some Italian Learned Academies once these institutions had been firmly established, and also by some equally genteel foreign members, including some artists, mainly from the Low Countries, living in Italy at the time, and even some corresponding members from abroad, coupled with the generally serious academic gravitas of works published by Italian academies, might account for this lack of plagiarism.

It has proved difficult to ascertain with any precision the extent of a publication 'run' of works published by Academicians. At one extreme there would be small print-runs of celebratory works (principally for 'internal consumption'), such as nuptialia, encomia, or light poetic compositions, often commemorating the admission (or death) of an Academician or the publication, often with accompanying illustrations of his or her Academic armorial, arms or academic 'nick name', with a print-run ranging from fifty copies to two hundred copies depending on the size and the importance of the Academy or the academician. However, important scholarly works, principally on medicine, philosophy and the pure and applied sciences and in due course, the Questione della Lingua, appear to have been published in print-runs of 500 to 800 copies, not dissimilar to the print-run of an 'average' academic monograph with a few illustrations published in our own time, but, clearly, much smaller than the print-runs of some editiones principes published by the more celebrated printers in the fifteenth, sixteenth and seventeenth centuries, such as Aldus Manutius or the Giunta dynasty whose average print-runs ranged from 2000 to 3000 copies per edition.

As one would expect, the earlier scholarly texts published by Learned Italian Academies and their members were almost invariably published in Latin, following the strict academic conventions which obtained from medieval times up to the thirteenth and fourteenth centuries when the Tre Corone opted for educated Tuscan as an alternative lingua franca. This was later confirmed by the linguistic debates on the Questione della Lingua in publications by Bembo and Trissino. Although Latin dominates as the lingua franca of the scholarly and academic publications produced by Italian Learned Academies from 1525, there is a marked increase in the use of Italian (that is to say, Dante's *Volgare*) as opposed to Latin, as an appropriate vehicle for scholarly discourse and publication from the middle of the sixteenth century onwards. Unsurprisingly, perhaps, there are very few examples of publications composed in any of the non-Tuscan dialects of Italy during the period covered by the database.

Publications by women academicians, although in the minority, are present in the database and also include the work of a small number of women artists, particularly engravers, who were active in the seventeenth century and were commissioned to illustrate publications by the academies as we will see shortly. The work of foreign scholars working in Italy at the time is also present, particularly in the Academies in the ancient university cities of Bologna and Padua although not exclusively, since foreign scholars resident in Italy, as well as foreign corresponding members of academies based outside Italy, appear in many academies especially those based in Rome, Naples, Milan and Venice. However, acceptance of an application for admittance to an academy, even by a celebrated scholar or by an authority in his or her field was far from automatic; indeed, even as late as 1770, the brilliant virtuoso and composer Wolfgang Amadeus Mozart on first applying for admission to the Accademia Filarmonica di Bologna, founded in 1666 by Vincenzo Maria Carrati, was unanimously 'black-balled' and was only admitted to the Academy on his second attempt.[10] However, once a scholar had gained admission to one academy, he or she was often invited to join another. Indeed, some academicians became members of several academies, sometimes even up to nine or ten simultaneously, which led to very useful networking, strong synergy and some extremely productive cross-fertilization of thought, inventions, theories and ideas.

Some of the native Italian artists employed by academicians and academies at the time are interesting, and in some cases surprising. Three of the most famous contemporary Italian artists working for the academies, when they were free from their major artistic commissions, mainly in Rome and their native Bologna, were the Carracci brothers: Agostino Carracci (1557–1602), the celebrated Baroque painter and print-maker; his younger brother Annibale (1560–1609), who was a more forceful personality and, possibly, more famous than Agostino; their cousin, Lodovico Carracci (1555–1619), the celebrated painter, etcher and print-maker.[11] The Carracci family often illustrated works for Bolognese Academies, especially the Accademia dei Gelati; indeed, Agostino created the famous emblem of the Gelati which features very prominently in *Ricreationi Amorose de gli academici gelati* published in Bologna by Giovanni Rossi in 1590.[12] The Carracci were so successful with the very prestigious commissions they received, especially in Rome, that Agostino, Annibale and Lodovico soon founded their own art academy, the Accademia degli Incamminati, originally referred to as the Accademia dei Desiderosi, and occasionally, as the Accademia dei Carracci, in Bologna, in 1582 — one of the first art academies to be founded in Italy.[13]

Mention was made above to two Italian female engravers. Their existence was brought to the attention of the team by Lorenza Gianfrancesco while she was cataloguing works produced by the learned academies based in Naples. These two

Fig. 11.1. Unknown artist, woodcut illustration for Anton Maria di Francesco's play, *El Farfalla. Comedia nuova delo Stechito dela Congrega de Rozzi*, published under the auspices of the Accademia dei Rozzi, in Siena.
© The British Library Board (British Library pressmark 163.f.50.).

engravers are Isabella Piccini (1644–1734) who worked in Venice, and Teresa del Po (1649–1713) who worked in Rome, Palermo, Venice and Naples. Relatively little is known about these two engravers, but it is documented that Isabella Piccini was born in Venice and Teresa del Po in Rome. Both women learned the difficult craft of engraving, which required great artistic skill and, moreover, a considerable degree of physical strength in order to etch copper plates deeply, from their fathers. Isabella was taught how to engrave by her father, Jacopo Piccini, an important and established Venetian engraver in his own right.[14] Teresa del Po initially learned the arts of painting and engraving from her father, Pietro del Po, a celebrated painter and engraver.[15] We know that Teresa, like her father Pietro, before her, was elected a member of the Accademia di San Luca in Rome, and that she died in Naples, in 1716. As was often the custom at the time, the second or third daughter of a large family was often destined for the religious life and duly entered a convent at a relatively young age. Isabella Piccini was no exception and entered the Franciscan Convent of Santa Croce, in Venice, at the age of twenty. She was such a talented engraver that after applying for and being granted a privilege to engrave by the Senato of Venice, she received numerous commissions from authors and from Learned Academies while a nun in the convent. She engraved illustrations for important printers including Bartoli in Venice, the Tipografia del Seminario in Padua, Gromi in Brescia, and for Remondini at Venice and Bassano from whom she received numerous commissions. Suor Isabella Piccini earned a very considerable revenue from engraving, so much so that 'potea darne dugento annui ducati al monastero',[16] and consequently, she was exempted from some of her religious duties, and was permitted to engrave for the rest of her life. Both Teresa and Isabella Piccini were extremely talented and had learned their craft fully. They received commissions to provide engravings to accompany works of contemporary Italian poetry, architecture and the Arts in general and, surprisingly, Teresa del Po also received commissions to illustrate several scientific works, becoming one of the very few female engravers who illustrated complex and detailed scientific publications in Italy during this period. Both engravers were extremely talented and produced works which were highly original and showed their great expertise and mastery of the engraver's art.[17]

The five images that accompany this article were selected in order to trace and to illustrate the technological advances in engraving which had to be made in order to accommodate the scholar's, and particularly the scientific scholar's, need and request for more accurate and detailed illustrations. Consequently, the first image chosen is a typical woodcut, by an unknown engraver, from a work commissioned by the Accademia dei Rozzi, based in Siena, to illustrate a rare edition of Anton Maria di Francesco's play, *El Farfalla. Comedia nuova delo Stechito dela Congrega de Rozzi* (British Library pressmark 163.f.50.) (Figure 11.1). The image of a she-wolf suckling Romulus and Remus against a background of a tree laden with fruit, possibly an oblique reference to the Tree of Knowledge of Good and Evil, in *Genesis*, is in itself, a very pleasant image, with a moderate degree of fineness of detail and ability, and is certainly far less crudely executed than many other early contemporary woodcuts. It was commissioned by and published for the Accademia dei Rozzi,

FIG. 11.2. Giovanni Valesio, engraving on copper of the Emblem of the Accademia degli Humoristi/Umoristi, based in Rome.
© The British Library Board (British Library pressmark 11805.dd.4).

FIG. 11.3. Giovanni Valesio, engraving on copper for Count Ridolfo Campeggi's tragedy, *Il Tancredi* (Bologna: Bartolomeo Cochi, 1614), published under the auspices of the Accademia dei Gelati of Bologna.
© The British Library Board (British Library pressmark T.2164.(1.).

whose members, probably on account of their modest and fairly humble trade and guild origins, had a dubious reputation for producing rather coarse woodcuts to illustrate their publications. Indeed, this is a good example of the limitations of the woodcut — part of the top border of the image has been broken, through constant use. Indeed, the very extreme pressure woodcuts and wood blocks were subjected to when pulled through the hand press would explain why many engravings on wood lasted for such a relatively short period of time. Constant and repetitive use considerably weakened wood blocks which were considered to be expensive luxury items at the time and were often traded between printers for considerable sums of money. Indeed, some were deemed to be so precious they were often recycled and used to illustrate other books, in some cases, with little or scant regard to whether the image was entirely appropriate to the alternative or subsequent publication, or not. Not all wood for blocks was sufficiently seasoned, 'true', free from knots and imperfections and even-grained, nor was it sufficiently robust to receive detailed engraving no matter how talented the engraver. Moreover, the process of sourcing suitable fruit wood and its seasoning was a lengthy one. A stronger and more durable material, which could withstand high pressure in the hand press and which was of a constant and consistent quality and which could be engraved and printed in print-runs in excess of two to three thousand, was required. The copper, and later, the steel plate, provided the solution to the engraver's difficulty.

The second illustration, Giovanni Valesio's[18] Emblem of the Accademia degli Humoristi/Umoristi, based in Rome (Figure 11.2) (British Library pressmark 11805. dd.4), clearly shows the many advantages the artist engraving on copper has over one engraving on wood. The detail the engraver is able to produce in this very solid, almost architectural, armorial is so finely and expertly engraved that all the features are perfectly clear and visible to the viewer, even with the naked eye: for example, the festoons of fruit which are so well detailed the viewer can distinguish each piece of fruit individually (pears, grapes, apples, pomegranates); the very florid, lively 'movimentato', and typically elaborate baroque cartouches, ribbons and garlands, consisting of ivy, olive branches, trefoils, acanthus leaves; the pose of the putti; the sea god, possibly Neptune himself, holding the banner of the Hvmoristi [sic] in his mouth, and even the individual waves. Moreover, the very considerable and dense cross-hatching used by Valesio to produce a distinct chiaroscuro also strengthens an already powerful image and imparts a solid bas-relief effect which immediately captures the attention of the viewer in this very memorable and beautiful image.

The third illustration is again by Giovanni Valesio and is the master's truly sublime engraving on copper for Count Ridolfo Campeggi's (Bologna, 1565–1624) tragedy *Il Tancredi*, a quarto edition, published in Bologna by Bartolomeo Cochi,[19] in 1614 under the auspices of the formidable Accademia dei Gelati of Bologna (British Library pressmark T.2164.(1.) (Figure 11.3), which is a much more elegant edition of the same work, curiously also published in the same year, but in Vicenza, by Francesco Grossi (a duodecimo edition of some 128 pages), probably because the latter edition is in a smaller format and carries no engraved illustrations. From this engraving alone we can immediately discern that we are in the presence of quality. The author, who was an accademico of the Gelati, with the nick name of

FIG. 11.4. Unkown artist, engraving on copper for Fra Donato D'Eremita's *Dell'Elixir Vitae, Libri Quattro*, published on behalf of the Academia degli Incauti of Naples (Naples: Secondino Roncagliolo, 1624. © The British Library Board (British Library pressmark 717.1.4).

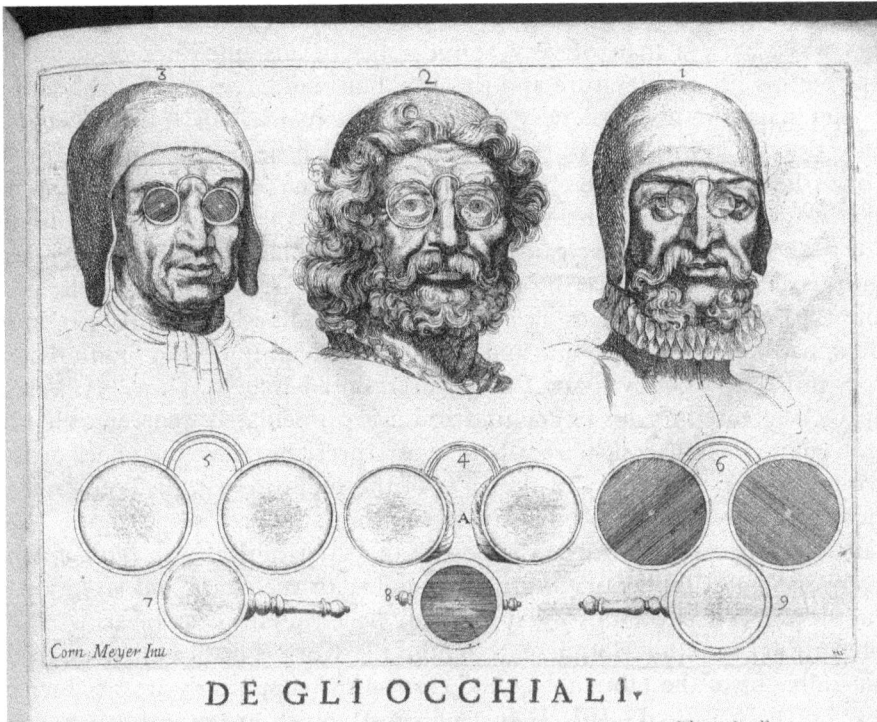

FIG. 11.5. Cornelius Meyer, engraving on copper of three wearers of different kinds of spectacles for *Nuovi ritrovamenti, divisi in due parti*, published on behalf of the Accademia Fisico-Matematica of Rome (Rome: Giovanni Giacomo Komarek, [22 June] 1696). © The British Library Board (British Library pressmark 49h 10 (2) L 40/53).

'Il Rugginoso', and a 'censore' of the academy in 1598 and in 1614,[20] was also a 'membro aggregato' of the Incogniti of Venice and the Umoristi of Rome. Campeggi was clearly a man of very considerable means since not only was he able to devote his life to literature and the arts, but could also comfortably afford to write and stage, at his own very considerable expense, his tragedy *Tancredi*, inspired by Boccaccio's novella in the *Decameron*, which he had performed, in the Gelati's own theatre, in 1615. The 'sfarzosa messa in scena, dovuta a Paolo Antonio Ambrosi'[21] was also published in a separate libretto, also in 1615, accompanying the Vicenza edition of the previous year. As we have seen, the artist Giovanni Valesio had an impeccable pedigree, having trained with the Carracci and after the great success of his painting of *San Rocco e gli appestati*, for the church of San Rocco, in his native Bologna, he moved to Rome and there he received important commissions for frescoes in Palazzo Ludovisi and Santa Maria sopra Minerva. However, Valesio is principally celebrated for his engravings and it is immediately apparent why: his mastery of engraving on copper recalls that of Dürer; his flair and sheer artistic genius, coupled with the beauty of the faces of the supporters in his composition, recalls notable figures in Botticelli's finest paintings; indeed, some figures bear more than a passing resemblance to the poses from the latter's iconic *Birth of Venus* and *Allegory of Spring*. The engraving is executed with such care and attention to detail the viewer can make out every part of the elaborate coat of arms of the powerful Cardinal Scipione Borghese, to whom the work is dedicated, even to the enigmatic emblems of the human eyes and ears on the supporter's dress (which do not appear on the Cardinal's official coat of arms), which are probably a homage to the dedicatee, possibly symbolic of the cardinal's numerous connections, his attentiveness to pleas and favours and the extent of his network being informed both on earth and also in heaven, hence the reference to the ethereal.

The fourth illustration, taken from Fra Donato D'Eremita's *Dell'Elixir Vitae, Libri Quattro*,[22] published on behalf of the Accademia degli Incauti, in Naples, by Secondino Roncagliolo, in 1624, (British Library pressmark 717.l.4.) (Figure 11.4), by an unidentified artist and engraver, is certainly less elegant, than Valesio's engraving on copper. However, it is included to remind us of the importance of science and the need for accurate and more detailed illustrations to augment and elaborate a scientific text. Despite the serious nature of the subject — the secrets of distillation and the perennial search for the elixir of life — the whole composition has been considerably lightened by the playful, yet at the same time, informative border design, by the artist. The large assortment of retorts, condensers and scientific apparatus used in the distillation process, impart a slightly surreal quality to the image and frame for the disputation which is taking place in the left foreground between contemporary scholars who are wearing ruffs, conversing with the ancients in their attempt to solve the timeless mystery. One assumes that the friar with the outstretched arm, in the right foreground, is Fra Eremita himself. The overall composition is delightful and is very well executed with very close attention paid to the representation of the laboratory and its equipment — indeed, the illustration has generated considerable interest and numerous requests for reproduction among users of the British Library's Picture Library, since it provides the picture researcher with an accurate, authentic and extremely rare image of what a scientific laboratory in seventeenth century Naples actually looked like.

The fifth illustration is Cornelius Meyer's very elegant and finely executed engraving on copper of three wearers of different kinds of spectacles in the very substantial scientific monograph *Nuovi ritrovamenti, divisi in due parti*, printed in Rome, on 22 June 1696, by Giovanni Giacomo Komarek,[23] (British Library pressmark 49h 10 (2) L 40/53) (Figure 11.5) on behalf of the Accademia Fisico-Matematica, one of the most important scientific academies in the Eternal City. The illustration serves to make the point that very considerable international co-operation took place in Italy, especially in Rome, at the time. Little is known of Cornelius Meyer except that he was born in Holland, in the 1660s, was generally accepted to be a polymath and was trained as an architect, civil engineer and an engraver. He transferred to Rome, one of the most vibrant and active capitals in seventeenth-century Europe, in the 1680s. He is principally remembered for his studies on optics, particularly spectacles, his masterminding of the restitution of the River Tiber in his rare work *L'arte di restituire [a] Roma la tralasciata navigatione del suo Tevere* (Rome: Komarek, 1698) and his description and detailed account of the sighting of a dragon 'nelle paludi fuori di Roma', in December 1691, with a full reconstruction, on detailed, engraved plates, of the skeletal remains, in his *Osservazioni delle comete che dovranno seguire* ... (Rome: Komarek, 1696). Meyer's engraving, is extremely finely detailed, recalling similar images by Holbein, to such an extent that it imparts a very human perspective on what could have been a 'dryish' tome on the important science of optics, which had made very considerable advances since Galileo first used the telescope to study the heavens systematically. Moreover, by depicting the wearers of the spectacles in fine detail, two with full beards, all three wearing caps or bonnets, and two wearing beautifully detailed ruffs, thereby modelling their visual aids, Meyer imparts a sense of scale and proportion to his illustration and is able to show the size of the pince-nez spectacles and their respective lenses that he has designed (one set of which is even tinted) to their best advantage and, moreover, how well they would look and fit on the noses of prospective clients. Despite the Italianization of his forenames to Giovanni Giacomo, Jan Jakub Komárek was born in Hradec Kralove, in Bohemia, in 1648. He moved to Rome between 1669 and 1672 and was originally employed as a technician in the papal print works of the Congregazione della Propaganda della Fede, founded in 1622.[24] He set up his own printing press at 'all'Angelo custode' and later, 'alla fontana di Trevi'. The work is an excellent example of very effective networking and of the creation of considerable synergy between author and publisher and of truly international co-operation — a Dutchman having his work printed by a Czech printer in the Eternal City. This co-operation is also a timely reminder of the very great debt that the whole continent of Europe in general, and Italy in particular, owes to Germany. Not only is the invention of printing with moveable type by Gutenberg, in the 1450s — which played such an important role in disseminating new texts and new ideas and also satisfied the ever-increasing demand for the printed word — a German invention but we should not forget the very great debt that is owed by Italy to German printers and German engravers, from Albrecht Dürer to Lucas Cranach. From the first introduction of printing to Italy in 1465 by Konrad Sweynheym and Arnold Pannartz, who worked in partnership to print the *Lactantius*, at Subiaco, printing was firmly established in Italy by German printers. Ulrich Han, Sixtus Riessinger, Hans von Laudenbach, Adam Rot, Stephan Plannck, George Sachsel and Vindelinus de Spira, to name but a few, all assisted in establishing printing and engraving on a firm footing on the Italian peninsula. Indeed, as many as two thirds of all printing shops in Rome in the incunabulum period were in the hands of German printers. We should also recall that a full five years had to elapse between the printing of the first dated book in Italy, the *Lactantius* in 1465, and the appearance of the first book printed by a native Italian printer, Philippus de Lignamine from Messina, who printed his Quintilianus *Institutiones oratoriae* in 1470.[25] Nor should we forget that during the incunabulum period printing was first introduced into the major Italian centres of printing, for the most part the larger Italian cities, with the notable exception of the university cities of Bologna and Pavia, by German printers.

Notes to Chapter 11

1. Michele Maylender, *Storia delle Accademie d'Italia* (con prefazione di Luigi Rava), 5 vols (Bologna: Cappelli, 1926–30) [reprinted anastatically in a limited edition of 300 copies, 5 vols (Bologna: Forni, 1976)].
2. The team was augmented by Dr Lisa Sampson from the Department of Italian, at the University of Reading, and Tom Denman who had successfully completed an MA thesis at Cambridge University, who embarked upon a PhD thesis on Caravaggio, one of the new outcomes requested by the AHRC in this second phase. Another very notable outcome was the very successful two-day, international conference on the Italian Academies held at the British Library, on 17 and 18 September 2012. The proceedings, *The Italian Academies 1525-1700: Networks of Culture, Innovation and Dissent*, ed. by Jane E. Everson, Denis V. Reidy and Lisa Sampson (Oxford: Legenda, 2016) were published earlier this year. See also <www.italianacademies.org>.
3. The current state of scholarship regarding block books is very ably summarized in *Blockbücher des Mittelalters. Bilderfolgen als Lektüre*, ed. by Sabine Mertens et al. (Mainz: Gutenberg Museum, 1991).
4. British Library pressmark IC.45a; for a detailed study of this work see Avril Henry, *Biblia Pauperum: A Facsimile and Edition* (Aldershot: Scolar Press, 1987).
5. See Mertens, op. cit., p. 358. For further information on this work of nine formerly separate leaves which were assembled into a book in 1989, see the two articles by Paul Kristeller: 'Ein venezianisches Blockbuch', *Jahrbuch der königlich preußischen Kunstsammlungen*, 22 (1901), 132–54 and 'Das italienische Blockbuch des Kupferstichkabinetts zu Berlin' *Monatshefte für Bücherfreunde und Graphiksammler*, 1 (1925), 331–42.
6. For a more detailed account of this seminal work see Denis V. Reidy, 'Dürer's *Kleine Passion* and a Venetian Block Book' in *The German Book, 1450–1750: Studies Presented to David L. Paisey in his Retirement*, ed. by John L. Flood and William A. Kelly (London: The British Library, 1995), pp. 81–93.
7. See Giulia Bartram *Albrecht Dürer and his Legacy: The Graphic Work of a Renaissance Artist* with contributions by Günter Grass, Joseph L. Koerner and Ute Kuhlemann (Princeton, NJ: Princeton University Press, 2003), p. 35.
8. For example, the Italian engraver Marcantonio Raimondi, who worked in Venice, produced engraved copies of Dürer's woodcut series of the *Life of The Virgin* (1504–05) as early as 1506 as Giorgio Vasari informs us in his biography of Raimondi (1568). On this episode see also Jane Campbell Hutchison, *Albrecht Dürer: A Biography* (Princeton, NJ: Princeton University Press, 1990), p. 79.
9. Giovanni Andrea Vavassore was active in Venice from the 1520s to 1572. He and his brother Florio printed about eighty-five separate works as well as a not inconsiderable number of

maps. Giovanni produced five editions of Ariosto's *Orlando Furioso* printed in 1549, 1553, 1554, 1556–58, 1566 and a re-issue in 1567 and an edition of Ariosto's *Satires* printed in 1537. He was also responsible for numerous maps but is probably best known for his celebrated woodcut book of lace patterns *Esempalrio [sic] di lavori*, Venice, 18 February 1546, a quarto, which he produced together with Florio.

10. Mozart's entrance examination, held on 9 October 1770, which normally lasted four hours, consisted of an antiphon which Mozart was required to set to four voices which resulted in the production, in a little over half an hour, of his 'Quaerite primum regnum Dei' K.86/73v., which serves to illustrate just how difficult admission to some Italian Academies was in the late 1770s, even for a composer of Mozart's genius. Mozart's manuscript is preserved in the archives of the Accademia Filarmonica at Bologna.

11. For further information on the Carracci family see Charles Dempsey, *Annibale Carracci and the Beginnings of Baroque style* (Fiesole: Edizioni Cadmo in association with Harvard University Center for Italian Renaissance Studies, 2000); Diane De Grazia *Prints and Related Drawings by the Carracci Family: A Catalogue Raisonné* (Bloomington: Indiana University Press, 1979); Sydney J. Freedberg, *Circa 1600: Annibale Carracci, Caravaggio, Ludovico Carracci. Una rivoluzione stilistica nella pittura italiana* (Bologna: Nuova Alfa, 1984); Andrea Emiliani (ed.), *Dall'avanguardia dei Carracci al secolo barocco. Bologna 1580–1600* (Catalogo a cura di Andrea Emiliani) (Bologna: Nuova Alfa, 1988).

12. The work was published in two parts together with Melchiorre Zoppio's *Psafone. Trattato d'amore del gelato Melchiorre Zoppio* by Giovanni Rossi, Bologna, 1590, British Library pressmark 11426.a.5. Giovanni Rossi's heirs were also responsible for publishing the celebrated work *Rime degli Academici Gelati*, also in Bologna, in 1597 — British Library pressmark 11427.b.12.

13. For a history of the Carracci and their Academy see Charles Dempsey 'The Carracci Academy', in *Academies of Art between Renaissance and Romanticism*, Leids Kunsthistorisch Jaarboeck, 5/6 (1989), 33–43, and Emilio Negro and Massimo Pirodini, *La scuola dei Carracci. Dall'Accademia alla bottega di Ludovico* (Modena: Artioli, 1994).

14. Jacopo Piccini (1619?–1686) was a major Venetian engraver principally known for his exquisite engravings of paintings by Titian and Rubens; his most important engraving is his *Adorazione dei Magi*.

15. Pietro del Po (1616–1692) was initially known for his religious paintings, his *Apotheosis of the Virgin*, in Toledo cathedral, being his most famous work. He later transferred to Rome where he concentrated on engraving and was influenced by the work of Annibale Carracci, Domenichino and especially Nicolas Poussin, who some art historians maintain he knew personally.

16. Giannantonio Moschini, *Dell' incisione in Venezia* (Venice: Zanetti, 1924), p. 50.

17. For examples of the work of both engravers, specifically Isabella Piccini's engraving for *Poesie Liriche di Baldassare Pisani*, Venice, 1676, British Library pressmark 11429.df.1 and Teresa del Po's illustration from *Progymnasmata Physica*, Naples, 1688, British Library pressmark 1135.g.15 see Jane Everson and Lisa Sampson, 'L'Unica and Others' in the *Times Literary Supplement*, 5 April 2013. For further illustrations of engravings by Piccini and del Po see also Denis V. Reidy 'Two Italian Female Engravers', European Studies Blog on The British Library website <http://britishlibrary.typepad.co.uk/european/>, and, of course, the Italian Learned Academies website at <www.bl.uk/catalogues/ItalianAcademies> under their respective names as engravers.

18. Giovanni Valesio (1589?–1633) was a celebrated Bolognese artist who also wrote sonnets. He painted notable works such as the *Flagellazione di Cristo* for the Church of San Pietro and *San Rocco e gli appestati* for the Church of San Rocco in his native Bologna. In 1621 he transferred to Rome under the patronage of Lavinia Albergati, the wife of Orazio Ludovisi, the brother of Pope Gregory XV. Valesio is principally remembered for his fine engravings which include illustrations for Ulisse Aldrovrandi's *De animalibus insectis libri septem* (Bononia: apud Io. Baptistam Bellagambam, 1602), the engravings for the funeral services held for Gregory XV in Bologna, and his undisputed masterpiece, *Saint Michael vanquishing the devil*, after Paolo Veronese's painting in the Basilica dei Santi Giovanni e Paolo in Venice.

19. Bartolomeo Cochi was an important Bolognese printer active from 1606 to 1621. He also published several other works by Campeggi including his *Andromeda* (1610) and his *Filarmindo* (1613) and many works by Giulio Cesare Croce. Bartolomeo Cochi was succeeded by his heirs

who continued publishing Croce's works from 1621 to c. 1640, especially Giordano Cochi who was active until 1695.
20. See *Memorie, imprese e ritratti dei signori Accademici Gelati di Bologna* (Bologna: per li Mandolesi, Stampatori Camerali, 1672), pp. 373 ss.
21. Claudio Mutini, *Dizionario Biografico degli Italiani* (Rome: Istituto dell'Enciclopedia Italiana, 1960–) <http://www.treccani.it/biografie/>, Vol. 17 (1974), pp. 470–72 (p. 471).
22. Napoli per Secondino Roncagliolo, 1624, Fol. pp. 182, plates.
23. Komarek was active as a printer in Rome from 1686 to 1700 and published several liturgical works by Giovanni Giustino Ciampini, Andrea Pozzo's celebrated *Prospettiva*, in 1693 and 1700, and he also published for the Accademia of the Collegio Clementino.
24. The Congregazione della Propaganda della Fede (Congregationis de Propaganda Fide — Congregation for the Propaganda of the Faith) was established in its present form by Pope Gregory XV on 6 January 1622. The Congregation was charged with the spread of Roman Catholicism and with the regulation of ecclesiastical affairs in non-Catholic countries.
25. There is a claim, made at the time, that Clement of Padua was the first native Italian printer; see Ursula Baurmeister, 'Clément de Padoue, enlumineur et premier imprimeur italien?' *Bulletin du bibliophile*, 1 (1990), 19–28, but it appears not to have been widely accepted by modern scholars.

CHAPTER 12

Galileo and the Moon

Mark Davie
University of Exeter

In 1967, two years before the first Moon landing, Anna Maria Ortese wrote a contribution to Italo Calvino's column in the *Corriere della Sera* asking whether he shared her dismay at the way the universe was losing its mystery as a result of space exploration. Calvino's reply pointed out that the appeal of the extra-terrestrial universe, and specifically of the Moon, to the human imagination had always been accompanied by a desire to know more about it:

> Chi ama la luna davvero non si contenta di contemplarla come un'immagine convenzionale, vuole entrare in un rapporto più stretto con lei, vuole vedere *di più* nella luna, vuole che la luna *dica di più*. Il più grande scrittore della letteratura italiana d'ogni secolo, Galileo, appena si mette a parlare della luna innalza la sua prosa a un grado di precisione ed evidenza ed insieme di rarefazione lirica prodigiose.[1]

Leaving aside what he acknowledged was an 'affermazione perentoria' about Galileo's place in the Italian literary pantheon, Calvino expanded his comments in an interview published the following year:

> Leggendo Galileo mi piace cercare i passi in cui parla della Luna: è la prima volta che la Luna diventa per gli uomini un oggetto reale, che viene descritta minutamente come cosa tangibile, eppure appena la Luna compare, nel linguaggio di Galileo si sente una specie di rarefazione, di levitazione: ci s'innalza in un'incantata sospensione.

Noting both Galileo's enthusiasm for 'quel poeta cosmico e lunare che fu Ariosto' and the prominent place which Leopardi gave to Galileo in his *Crestomazia della prosa italiana*, Calvino goes on to 'segnare una linea Ariosto — Galileo — Leopardi come una delle più importanti linee di forza nella nostra letteratura'.[2]

Calvino was writing about Galileo as an author of Italian prose. But Galileo's first and arguably most important writing about the Moon was not in Italian but in Latin, in the forty-page pamphlet *Sidereus nuncius*,[3] published in Venice in March 1610, in which he announced to the scientific world the results of his astronomical observations using the newly invented telescope. The book caused an immediate sensation, and the 550 copies of the initial printing sold out within a few days. As well as the Moon, the *Sidereus nuncius* describes his observation of numerous previously unseen stars, and culminates in the announcement of his discovery of four satellites of Jupiter which he names 'Medicean stars' in honour of the Grand Duke Cosimo II de' Medici, to whom the book is dedicated. The dedication was transparently a bid for Cosimo's patronage, and within four months of the book's publication Galileo was appointed 'Filosofo e Matematico' to the Grand Duke, a title which he held for the rest of his life. Resigning his professorial chair at Padua, Galileo moved to Florence in September 1610, and thereafter used the vernacular for all his significant scientific writings.

Galileo's reasons for abandoning his university career in favour of court patronage at the moment of his greatest success have been much discussed. Whatever his motives, the change of language was central to the change of direction in his career: it affected the audience for whom he wrote (and also those for whom he ceased to write, the international community of scholars among whom the *Sidereus nuncius* created such a stir), the cultural tradition to which his work belonged, and the literary resources on which he drew. Given his prominent place in the history of Italian prose, it is instructive to compare his writing about the Moon in the *Sidereus nuncius* with his most extensive treatment of the same subject in Italian, in the *Dialogo sopra i due massimi sistemi del mondo*, published in 1632.

Sidereus nuncius

The modern scientific paper did not exist in the seventeenth century, but the *Sidereus nuncius* meets all the requirements of the genre. Galileo describes his equipment (the telescope), the observations he made (in the passages discussed here, the Moon observed at different phases), and the conclusions which he drew from them, which he succinctly summarizes before going on to provide his evidence in detail. His subject, he says, will be not the markings on the Moon which are visible to the naked eye, but those which the telescope has enabled him to see for the first time:

> Hae vero a nemine ante nos observatae fuerunt: ex ipsarum autem saepius iteratis inspectionibus in eam deducti sumus sententiam, ut certo intelligamus, Lunae superficiem, non perpolitam, aequabilem, exactissimaeque sphaericitatis existere, ut magna philosophorum cohors de ipsa deque reliquis corporibus caelestibus opinata est, sed, contra, inaequalem, asperam, cavitatibus tumoribusque confertam, non secus ac ipsiusmet Telluris facies, quae montium iugis valliumque profunditatibus hinc inde distinguitur. Apparentiae vero, ex quibus haec colligere licuit, eiusmodi sunt.

> [These were never observed by anyone before us. After examining them repeatedly we were led to a conclusion about which we are certain. The surface of the Moon is not even, smooth and perfectly spherical, as the majority of philosophers have conjectured that it and the other celestial bodies are but, on the contrary, rough and uneven, and covered with cavities and protuberances just like the face of the Earth, which is rendered diverse by lofty mountains and deep valleys. The appearances that enabled me to reach this conclusion are the following.][4]

As this introduction suggests, the descriptions which follow are methodical, clear, and detailed. As he observes the changing appearance of the Moon over time, he is led inescapably to the conclusion that the markings are shadows cast by irregularities on the lunar surface with the changing angle of the Sun's rays — exactly comparable, in fact, to the play of shadows and sunlight on Earth. So his descriptions of the unprecedented sights revealed by the telescope alternate with reminders to his readers of what they see when they watch the sun rising on Earth:

> At nonne in terris ante Solis exortum, umbra adhuc planities occupante, altissimorum cacumina montium solaribus radiis illustrantur? Nonne exiguo interiecto tempore ampliatur lumen, dum mediae et largiores eorundem montium partes illuminantur; ac tandem, orto iam Sole, planicierum et collium illuminationes iunguntur? Huiusmodi autem eminentiarum et cavitatum discrimina in Luna longe lateque terrestrem asperitatem superare videntur, ut infra demonstrabimus.

> [On Earth, before sunrise, are not the peaks of the highest mountains illuminated by the Sun's rays while the plains are still in shadow? In a little while, does not the light spread further until the middle and larger parts of these mountains become illuminated and, in the end, when the Sun has risen, the illuminated parts of the plains and the hills are joined? On the Moon, however, the difference between high peaks and depressions appears to be much greater than the one caused by ruggedness on the surface of the Earth, as we shall show below.][5]

The purpose of these passages is to show that what can be observed on the Moon is directly analogous to what is familiar to us on Earth; and yet at the same time there is an unmistakeable note of wonder as he describes watching the lunar spectacle unfold before his eyes:

> Verum, non modo tenebrarum et luminis confinia in Luna inaequalia ac sinuosa cernuntur; sed, quod maiorem infert admirationem, permultae apparent lucidae cuspides intra tenebrosam Lunae partem [...]; quae paulatim, aliqua interiecta mora, magnitudine et lumine augentur, post vero secundam horam aut tertiam reliquae parti lucidae et ampliori iam factae iunguntur; interim tamen aliae atque aliae [...] intra tenebrosam partem accenduntur.

> [But not only is the boundary of light and shadow on the Moon seen to be uneven and sinuous, what causes even greater astonishment is that very bright points appear inside the darker portion of the Moon. [...] After some time, they gradually increase in size and brightness until, after two or three hours, they become joined with the rest of the bright portion, which has now increased in size. In the meantime, more and more bright points light up inside the dark portion [...].][6]

When terrestrial analogies fail, Galileo has recourse to strikingly original visual comparisons:

> Haec lunaris superficies, qua maculis, instar pavonis caudae caeruleis oculis, distinguitur, vitreis illis vasculis redditur consimilis, quae adhuc calentia in frigidam immissa, perfractam undosamque superficiem acquirunt, ex quo a vulgo glaciales Cyathi nuncupantur.

> [This part of the lunar surface, which is spotted as a peacock's tail is decked with azure eyes, resembles glass vases that are plunged while still hot into cold water and acquire that crackled and wavy surface from which they receive the common name of frosted glass.][7]

What is largely absent from the *Sidereus nuncius,* in contrast to the *Dialogo* and indeed to nearly all Galileo's subsequent works in the vernacular, is any overtly polemical note. Only once, in his discussion of the source of the Moon's secondary light (which he shows to be sunlight reflected from the Earth), does he express impatience with those who reject his explanation and try to propose alternatives:

> Asserere autem a Venere impertitam eiusmodi lucem, puerile adeo est, ut responsione sit indignum. Quis enim adeo inscius erit, ut non intelligat, circa coniunctionem et intra sextilem aspectum partem Lunae Soli aversam, ut a Venere spectetur, omnino esse impossibile?
>
> [The suggestion that this kind of light is imparted to the Moon by Venus is so childish that it doesn't deserve an answer, for who is so ignorant as not to understand that from the time of the new moon to a separation of 60° between Moon and Sun, no part of the Moon that is turned away from the Sun can possibly be seen from Venus?][8]

The riposte which Galileo evidently considered self-evident will not appear so to most non-specialist readers, and the put-down seems rather harsh. But it is an isolated example in the Latin work, and Galileo concludes his treatment of the Moon with a succinct and uncompromising statement of the claims he will make in the *Dialogo*:

> Atque haec pauca de hac re in praesenti loco dicta sufficiant, fusius enim in nostro systemate mundi; ubi [...] vagam enim [Terram] ac Lunam splendore superantem, non autem sordium mundanarumque fecum sentinam, esse demonstrationibus et naturalibus quoque rationibus sexcentis confirmabimus.
>
> [Let these few words suffice here. The matter will be considered more fully in our *System of the World* where [...] we shall demonstrate that [the Earth] is in motion, that it surpasses the Moon in brightness, and that it is not the bilge where the rubbish and the refuse of the world have settled down. Furthermore, we shall confirm this with a thousand physical arguments.][9]

Dialogo sopra i due massimi sistemi del mondo

As this last quotation from the *Sidereus nuncius* makes clear, the plan of the *Dialogo* was already formed in Galileo's mind by 1610; but his work on the text was repeatedly delayed, and proceeded only slowly when he did start writing, and his definitive account of the arguments in favour of the Copernican world-view was published only in 1632. As a first stage in the argument, Galileo devoted the first of the dialogue's four days to disposing of the Aristotelian distinction between the sublunary world, subject to generation and corruption, and the supposed immutable perfection of the heavens. His comprehensive demolition of the Aristotelian universe culminates in a restatement of the conclusions he had reached about the Moon when he first observed it in 1610, now expounded at much greater length in response to the objections that had been raised to his earlier work.

The *Dialogo* takes the form of a conversation among three friends: Filippo Salviati, who was frequently Galileo's host at his villa outside Florence; Giovan Francesco Sagredo, a Venetian nobleman in whose palace the discussions take place; and

Simplicio, a composite character who is the spokesman for traditional Aristotelian science, whose name (apart from its connotation of 'simpleton') is borrowed from that of a sixth-century commentator on Aristotle. Galileo himself is a background presence whose writings are cited at various points; he is never named but is referred to as 'nostro amico' or 'l'Accademico' in recognition of his membership of the recently founded Accademia dei Lincei. Within the dialogue Salviati is the exponent of the Copernican system, and generally the speaker whose views most closely reflect Galileo's own, while Sagredo is an open-minded listener who often responds imaginatively to Salviati's explanations.

In the forty pages devoted to the Moon at the end of Day 1, surprisingly little space is given to the descriptions of Galileo's observations which were the basis of his exposition in the *Sidereus nuncius*. The closest parallel is a passage where Salviati counters Simplicio's suggestion that the markings on the lunar surface (which his view of the heavenly bodies obliges him to believe to be a perfectly smooth sphere) are produced by variations in the density of the sphere itself. Salviati appeals to experimental evidence: no model, he says, could produce similar markings on a sphere's surface by varying the density of its material, whereas the changing shapes observed on the Moon could be replicated in every detail by modelling its uneven surface and using an artificial light source to represent the Sun:

> Delle molte e molte apparenze varie che si scorgono di sera in sera in un corso lunare, voi pur una sola non ne potrete imitare col fabbricare una palla a vostro arbitrio di parti più e meno opache e perspicue e che sia di superficie pulita; dove che, all' incontro, di qualsivoglia materia solida e non trasparente si fabbricheranno palle le quali, solo con eminenze e cavità e col ricevere variamente l'illuminazione, rappresenteranno l'istesse viste e mutazioni a capello, che d'ora in ora si scorgono nella Luna. In esse vedrete i dorsi dell'eminenze esposte al lume del Sole chiari assai, e doppo di loro le proiezioni dell'ombre oscurissime; vedretele maggiori e minori, secondo che esse eminenze si troveranno più o meno distanti dal confine che distingue la parte della Luna illuminata dalla tenebrosa; vedrete l'istesso termine e confine, non egualmente disteso, qual sarebbe se la palla fusse pulita, ma anfrattuoso e merlato; vedrete, oltre al detto termine, nella parte tenebrosa, molte sommità illuminate e staccate dal resto già luminoso; vedrete l'ombre sopradette, secondochè l'illuminazione si va alzando, andarsi elleno diminuendo, sinchè del tutto svaniscono, nè più vedersene alcuna quando tutto l'emisferio sia illuminato; all'incontro poi, nel passare il lume verso l'altro emisfero lunare, riconoscerete l'istesse eminenze osservate prima, e vedrete le proiezioni dell'ombre loro farsi al contrario ed andar crescendo: delle quali cose torno a replicarvi che voi pur una non potrete rappresentarmi col vostro opaco e perspicuo.[10]

The passage is certainly eloquent, especially in the cumulative effect of the repeated 'vedrete ... vedrete' as every detail is accounted for; but it is above all clear, concise, and factual. It is a description, not of the Moon but of a model which is easy to visualize, where every new effect has its precise cause in the movement of the light. Its purpose is to show that there is nothing mysterious about the Moon's appearance; on the contrary, every aspect of it is explicable in terms which apply equally to appearances on Earth.

In fact, Galileo seems positively to discourage any flight of fancy in descriptions of the Moon. A little earlier in the discussion, when Simplicio was expounding his theory of different degrees of density, Sagredo helpfully suggested a visual analogy: the surface of mother-of-pearl can give just such an illusion of irregularity even if it is perfectly smooth.

> Poco fa, quando il Sig. Simplicio attribuiva le apparenti inegualità della Luna [...] alle parti di essa Luna diversamente opache e perspicue, [...] mi sovvenne una materia molto più accomodata per rappresentar cotali effetti, e tale che credo certo che quel filosofo la pagherebbe qualsivoglia prezo; e queste sono le madreperle, le quali si lavorano in varie figure, e benchè ridotte ad una estrema liscezza, sembrano all'occhio tanto variamente in diverse parti cave e colme, che appena al tatto stesso si può dar fede della loro egualità.

This is the closest we come in the *Dialogo* to the peacock's tail or the frosted glass of the *Sidereus nuncius*, as imaginative analogies to describe the appearance of the Moon. Salviati, however, will have none of it, and dismisses it impatiently:

> Bellissimo è veramente questo pensiero; e quel che non è stato fatto sin ora, potrebbe esser fatto un'altra volta, e se sono state prodotte altre gemme e cristalli, che non han che fare con l'illusioni delle madreperle, saran ben prodotte queste ancora.[11]

The context makes clear that Salviati's 'bellissimo' is sarcastic, and that he regards Sagredo's suggestion as a distraction from the argument he is pursuing.

Reading the *Dialogo*'s treatment of the Moon as a whole, one has the impression that Galileo's interest is no longer primarily in describing or accounting for its appearance; this is almost taken as read, and indeed it was probably a reasonable assumption that readers of the *Dialogo* would be familiar with the substance of the *Sidereus nuncius*, even if they had been unable to read the Latin text for themselves. It had, after all, been the subject of intense public debate for more than twenty years by the time the *Dialogo* was published. During these twenty years, Galileo's interests had moved on; his concern now was with the implications of his discoveries, and how to deal with the objections of those who found these implications unacceptable. And it is here that he needs to exercise his imagination, and to challenge his readers to do the same.

The tone is set at the outset in a long intervention by Sagredo. Simplicio has asserted that generation and corruption, such as prevail on Earth, cannot exist on the Moon because they would serve no useful purpose for humankind, for whose benefit he assumes the whole universe exists. Sagredo responds that they have no way of knowing whether life exists on the Moon, or what forms it takes if it does exist:

> Che nella Luna o in altro pianeta si generino o erbe o piante o animali simili a i nostri, o vi si facciano pioggie, venti, tuoni, come intorno alla Terra, io non lo so e non lo credo, e molto meno che ella sia abitata da uomini: ma non intendo già come tuttavolta che non vi si generino cose simili alle nostre, si deva di necessità concludere che niuna alterazione vi si faccia, nè vi possano essere altre cose che si mutino, si generino e si dissolvano, non solamente diverse dalle nostre, ma lontanissime dalla nostra immaginazione, ed in somma del tutto a noi inescogitabili.

He imagines how someone who had never encountered the element of water would be unable to conceive of the many forms of life that can exist there, as an analogy for our inability to conceive of life on the Moon:

> [...] sì come, dico, io son sicuro che un tale, ancorchè di perspicacissima immaginazione, non si potrebbe già mai figurare i pesci, l'oceano, le navi, le flotte e le armate di mare; così, e molto più, può accadere che nella Luna, per tanto intervallo remota da noi e di materia per avventura molto diversa dalla Terra, sieno sustanze e si facciano operazioni non solamente lontane, ma del tutto fuori, d'ogni nostra immaginazione, come quelle che non abbiano similitudine alcuna con le nostre, e perciò del tutto inescogitabili, avvengachè quello che noi ci immaginiamo bisogna che sia o una delle cose già vedute, o un composto di cose o di parti delle cose altra volta vedute; chè tali sono le sfingi, le sirene, le chimere, i centauri, etc.[12]

This takes the discussion in a direction diametrically opposed to the matter-of-fact insistence that sunlight and shadows on the Moon are exactly the same as on Earth; here Galileo invites his readers to consider the possibility of realities that are not just 'fuori d'ogni nostra immaginazione' but 'del tutto inescogitabili'.

But to say that something is unimaginable is already to begin to imagine it, and Salviati and Sagredo embark on a series of thought experiments exploring the consequences of the new cosmology as it affects the Moon. When Salviati explains the reciprocal reflection of light between the Earth and the Moon — the topic which provoked Galileo's impatient reaction to the obtuseness of his opponents in the *Sidereus nuncius* — Sagredo grasps the point immediately, and develops the thought of how the Earth would appear to an observer on the Moon:

> [...] Ed in somma comprendo benissimo che quello che accade a gli abitatori della Terra, nel veder le varietà della Luna, accaderebbe a chi fusse nella Luna nel veder la Terra, ma con ordine contrario: cioè che quando la Luna è a noi piena ed all'opposizion del Sole, a loro la Terra sarebbe alla congiunzion col Sole e del tutto oscura ed invisibile; all'incontro, quello stato che a noi è congiunzion della Luna col Sole, e però Luna silente e non veduta, là sarebbe opposizion della Terra al Sole, e per così dire Terra piena, cioè tutta luminosa.[13]

The Earth would have phases which would be the mirror image of the phases of the Moon seen from the Earth, including a 'full Earth' at the point in the cycle opposite what we see as full Moon.

If a lively imagination is able to bring to life the new way of looking at the Moon, it can also serve to expose the weaknesses of the old model. When Simplicio tries to articulate the traditional view that the celestial bodies are made of a substance which is both impenetrably hard and perfectly transparent, Sagredo and Salviati engage in a facetious discussion of the pros and cons of such a building material:

> SAGREDO. Che bella materia sarebbe quella del cielo per fabbricar palazzi, chi ne potesse avere, così dura e tanto trasparente!
> SALVIATI. Anzi pessima, perchè sendo, per la somma trasparenza, del tutto invisibile, non si potrebbe, senza gran pericolo di urtar negli stipiti e spezzarsi il capo, camminar per le stanze.
> SAGREDO. Cotesto pericolo non si correrebbe egli, se è vero, come dicono alcuni Peripatetici, che la sia intangibile; e se la non si può toccare, molto meno si potrebbe urtare.

> SALVIATI. Di niuno sollevamento sarebbe cotesto; conciosiachè, se ben la materia celeste non può esser toccata, perchè manca delle tangibili qualità, può ben ella toccare i corpi elementari; e per offenderci, tanto è che ella urti in noi, ed ancor peggio, che se noi urtassimo in lei. Ma lasciamo star questi palazzi o per dir meglio castelli in aria, e non impediamo il Sig. Simplicio.[14]

Sagredo is equally merciless in reducing *ad absurdum* Simplicio's argument that the Moon is incorruptible because it is a sphere which is the perfect form: since all solid forms can be broken down into any number of small spheres, all solid forms must be incorruptible.[15]

The discussion of the Moon in the *Dialogo* takes place within the framework of a survey by Salviati of the points that the Moon and the Earth have in common and the ways in which they differ. Perhaps surprisingly, given that the overall argument of Day 1 is that the traditional distinction between the Earth and the heavens is groundless, Salviati concludes that the differences far outweigh the similarities. The summary with which he brings the discussion to a close takes up some of the themes of the opening discourse by Sagredo. Like Sagredo, he concludes that any life the Moon might sustain must be unimaginably different from any we know on Earth; but this does not prevent him from analysing the ways in which the conditions for life as we know it would be lacking:

> e muovomi a così credere, perchè, primamente, stimo che la materia del globo lunare non sia di terra e di acqua, e questo solo basta a tor via le generazioni e alterazioni simili alle nostre; ma, posto anco che lassù fosse acqua e terra, ad ogni modo non vi nascerebbero piante ed animali simili a i nostri, e questo per due ragioni principali.

Even conceding — against all probability — that the elements of earth and water are present, Salviati goes on methodically to examine the other factors which make terrestrial life possible, and the grounds for believing that they are absent on the Moon. In doing so he displays a detailed understanding of the highly specific factors which make Earth hospitable to life, including its diurnal period of rotation and the extent of the Sun's seasonal variations:

> La prima è, che per le nostre generazioni son tanto necessarii gli aspetti variabili del Sole, che senza essi il tutto mancherebbe: ora le abitudini del Sole verso la Terra son molto differenti da quelle verso la Luna. Noi, quanto all'illuminazion diurna, abbiamo nella maggior parte della Terra ogni ventiquattr' ore parte di giorno e parte di notte, il quale effetto nella Luna si fa in un mese; e quello abbassamento ed alzamento annuo per il quale il Sole ci apporta le diverse stagioni e la disegualità de i giorni e delle notti, nella Luna si finisce pur in un mese; e dove il Sole a noi si alza ed abbassa tanto, che dalla massima alla minima altezza vi corre circa quarantasette gradi di differenza, cioè quanta è la distanza dall'uno all'altro tropico, nella Luna non importa altro che gradi dieci o poco più, chè tanto importano le massime latitudini del dragone di qua e di là dall'eclittica. Considerisi ora qual sarebbe l'azion del Sole dentro alla zona torrida quando e' durasse quindici giorni continui a ferirla con i suoi raggi, che senz' altro s'intenderà che tutte le piante le erbe e gli animali si dispergerebbero; e se pur vi si facessero generazioni, sarebber di erbe piante ed animali diversissimi da i presenti.[16]

The second principal reason for believing that the Moon is inhospitable to life is its lack of rain, which Salviati deduces from never having seen any evidence of clouds above its surface — 'effetto che io per lunghe e diligenti osservazioni non ho veduto mai, ma sempre vi ho scorto una uniforme serenità purissima'.

In this last observation, Galileo's scrupulous attention to detail combines with his ability to imagine the consequences if any of the relevant factors were changed. The final statement which he gives to Salviati to wind up the whole discussion, however, depends as much on what he calls his 'puro naturale discorso' as on observations for which he can only suggest the most plausible explanation:

> [...] oltre che, quando mi fosse domandato quello che la prima apprensione ed il puro naturale discorso mi detta circa il prodursi là cose simili o pur differenti dalle nostre, io direi sempre, differentissime ed a noi del tutto inimmaginabili, chè così mi pare che ricerchi la ricchezza della natura e l'onnipotenza del Creatore e Governatore.[17]

Conclusion

Comparison of the two texts confirms that the *Sidereus nuncius* is the essential foundation for all Galileo's subsequent writing on the Moon and the implications of the new cosmology; it both sets out the evidence based on his own observations, and establishes the sober, factual language in which it is presented. Any personal note, either of enthusiasm for his discoveries or of impatience with those who refuse to accept them, is carefully controlled, although such notes do occasionally show through. In the *Dialogo* Galileo shows the same concern to ensure that the evidence is presented clearly and precisely, and to avoid any excessively fanciful comparisons. He does, however, draw on his imagination to move beyond the straightforward reporting of evidence — as implied by the title *nuncius*[18] — to explore the implications of the new cosmology and to discredit the old. Writing imaginatively, and in the vernacular, allows elements of fantasy, humour and polemic to be brought into play; and even if these aspects of Galileo's writing are very much his own, they arise out of a rich tradition of such writing in Italian.

Indeed, it could be argued that the switch from Latin to vernacular not only facilitated Galileo's adoption of a more imaginative style, but made it almost inevitable. As is well known, the publication of the *Dialogo* led directly to his being summoned to appear before the Inquisition under 'vehement suspicion' of heresy for having presented the Copernican cosmology as established fact. Galileo defended himself on the somewhat disingenuous grounds that he had meant to present the arguments both for and against Copernicanism dispassionately in order to facilitate debate, but that he had been carried away by his own eloquence into making the arguments in favour much more forcefully than those against:

> [...] in modo che quei mancamenti che nel mio libro si veggono sparsi, non da palliata e men che sincera intenzione siano stati artifiziosamente introdotti, ma solo per vana ambizione e compiacimento di comparire arguto oltre al comune de i popolari scrittori, inavvertentemente scorsomi della penna, come pure in altra mia deposizione ho confessato:[19]

This had the effect of making those who expressed reservations about the new cosmology appear foolish; and as these included Pope Urban VIII, Galileo's former friend Maffeo Barberini, this was to say the least unwise. Urban had let it be known that Galileo should add a caveat to the effect that no human theory could exhaust or fully account for the mystery of divine creation; and indeed on the last page of the *Dialogo*, at the end of Day 4, Simplicio expresses just such a reservation. The subject of Day 4 is the movement of the tides, which Galileo (wrongly) took to be the clinching argument for the motion of the Earth; a propos of this, Simplicio says to his two interlocutors:

> so che amendue voi, interrogati se Iddio con la Sua infinita potenza e sapienza poteva conferire all'elemento dell'acqua il reciproco movimento, che in esso scorgiamo, in altro modo che co 'l far muovere il vaso contenente, so, dico, che risponderete, avere egli potuto e saputo ciò fare in molti modi, ed anco dall'intelletto nostro inescogitabili. Onde io immediatamente vi concludo, che, stante questo, soverchia arditezza sarebbe se altri volesse limitare e coartare la divina potenza e sapienza ad una sua fantasia particolare.[20]

The sentiment is not a million miles from the conclusion voiced by Salviati at the end of Day 1, quoted above; but by attributing it to the hapless Simplicio on the last page of the *Dialogo*, only for it to be curtly dismissed by Salviati, Galileo reduces it to a pious platitude, a point which was not lost on his Inquisitors.[21]

'[I]navvertentemente scorsomi della penna': Galileo's gift for colourful, pungent, witty writing in his native idiom was, in this respect, too fluent for his own good. If he had stuck to Latin, he might well have resisted the temptation to get carried away and so escaped the attention of the Inquisition; but he would have had far fewer readers, and Italian prose would have been deprived of one of its finest exponents.

Notes to Chapter 12

1. I. Calvino, *Saggi, 1945–1985*, ed. by Mario Barenghi, 2 vols (Milan: Mondadori, 1995), I, 227–28 (italics original).
2. ibid., p. 232. I have followed Galileo in using a capital initial for 'Moon', 'Earth', etc.; Calvino is inconsistent, capitalizing 'Luna' in the second passage quoted but not in the first.
3. 'Sidereal Message' or 'Message from the Stars'; for the translation of *nuncius* as 'message' rather than 'messenger', see note 18 below. All quotations from Galileo's writings are from *Le Opere di Galileo Galilei*, ed. by Antonio Favaro, 20 vols in 21 (Florence: Barbera, 1890–1909 and subsequent reprintings), available online at <http://portalegalileo.museogalileo.it>, cited below as *Opere* followed by volume and page number. English translations are taken from Galileo, *Selected Writings*, trans. by William R. Shea and Mark Davie (Oxford: Oxford University Press, 2012), cited below as *SW*. Quotations from Galileo's Italian works are given in the text, with footnote references to the English translation in *SW*, but the translation is not reproduced here.
4. *Opere*, 3.1, pp. 62–63; *SW*, p. 10.
5. *Opere*, 3.1, p. 64; *SW*, p. 12.
6. *Opere*, 3.1, p. 64; *SW*, p. 11.
7. *Opere*, 3.1, p. 65; *SW*, p. 12.
8. *Opere*, 3.1, p. 73; *SW*, p. 21.
9. *Opere*, 3.1, p. 75; *SW*, p. 23. The figure of six hundred arguments is evidently rhetorical and not to be taken literally; hence 'a thousand' in the translation. The graphic image of the Earth as, in the view attacked by Galileo here, 'the bilge where the rubbish and the refuse of the world

have settled down', is repeated in the *Dialogo*, *Opere*, 7, p. 84: 'quello che voi chiamate la feccia del mondo, la sentina di tutte le immondizie' (*SW*, p. 181).
10. *Opere*, 7, pp. 111–12; *SW*, pp. 210–11.
11. *Opere*, 7, p. 111; *SW*, p. 210.
12. *Opere*, 7, pp. 85–86; *SW*, pp. 183–84.
13. *Opere*, 7, p. 89; *SW*, p. 187.
14. *Opere*, 7, p. 94; *SW*, p. 192.
15. *Opere*, 7, p. 110; *SW*, p. 209.
16. *Opere*, 7, pp. 125–26; *SW*, pp. 225–26.
17. *Opere*, 7, p. 126; *SW*, p. 226.
18. *Nuncius* can mean both 'messenger, ambassador' and the message, embassy, or report which they bring. That Galileo intended the latter meaning is clear from the fact that, when he referred to the *Sidereus nuncius* in Italian, he called it an *avviso*, the term for a news item or report. See William R. Shea, *Galileo's Sidereus nuncius or A Sidereal Message* (Sagamore Beach, MA: Science History Publications, 2009), p. 93, n. 2.
19. From Galileo's third deposition, 10 May 1633: *Opere*, 19, p. 347; *SW*, p. 374. He had made a similar statement in his earlier deposition on 30 April: *Opere*, 19, p. 343; *SW*, p. 371.
20. *Opere*, 7, p. 488; *SW*, p. 358.
21. The formal statement of the evidence against Galileo includes the following: 'aver posto la medicina del fine in bocca di un sciocco, et in parte che nè anche si trova se non con difficoltà, approvata poi dall'altro interlocutore freddamente, e con accennar solamente e non distinguer il bene, che mostra dire di mala voglia' (*Opere*, 19, p. 326; *SW*, p. 363).

PART III

Cultural Dialogues

CHAPTER 13

'Voi ch'ascoltate': Reciting Petrarchan Verse in Renaissance Italy

Brian Richardson
University of Leeds

Petrarch's *Canzoniere* opens with a striking address, not to his readers, but to his listeners: 'Voi ch'ascoltate in rime sparse il suono | di quei sospiri ond'io nudriva 'l core'.[1] He mentions the sound of his poetry again in the course of his collection, as when he calls on Laura's name with 'la lingua e 'l suono' (74. 7) or in his lament that, since Laura's death, his rhymes have lost their harmony: 'Fuggito è 'l sonno a le mie crude notti, | e 'l suono usato a le mie roche rime' (332. 31–32). He can portray himself as the singer of his verse, for instance in the canzone 'Mai non vo' più cantar com'io soleva' (105), or more often as its speaker, as in 'con stil canuto avrei fatto parlando | romper le pietre, et pianger di dolcezza' (304. 13–14).[2] The theme of the sound of a poet's voice captured in his verses, full of lamentation or sweetness, continued to be used by leading Petrarchists of the Cinquecento such as Pietro Bembo, Iacopo Sannazaro, and Giovanni Della Casa.[3] Although these poets are of course using a trope that has archetypes in the mythical figures of Orpheus and Amphion, it was certainly the case that Petrarchan poetry was meant to be heard and not merely read silently during the Italian Renaissance. Musical settings of lyric verse have been studied in detail, but here I want to ask how far Petrarchan verse was performed in speech to one or more others, on occasions that range along what Peter Burke has termed a spectrum that extended from 'the informal scenarios of everyday life' to more formal, '"framed" events that are deliberately set apart from everyday life'.[4]

Underlying these particular forms of cultural dialogue are two important characteristics of Renaissance culture: the ability to hold texts in one's memory, and a deep appreciation of the aural qualities that the human voice could add to texts. Alessandro Vellutello refers, in his commentary on Petrarch, to both memorization and sound when he describes the time he spent reading authors and the pleasure he took in verse, especially that of Petrarch:

> Et benché delle loro [authors'] historie et favole mi sia molte volte dilettato, nondimeno, la sonorità d'un terso et elegante poema, o d'altra opera in versi et rime volgari, sempre mi fu di somma dilettatione. Delle quali, havendone io pur molte vedute, et niuna, a mio giuditio, trovatone, che a quelle del divinissimo Petrarcha, ne' suoi elegantissimi Son[etti] amorosi et morali

> Canz[oni] altramente che 'l vetro, alle preciose gemme agguagliare si possino, con incredibile studio, mi sono ingegnato alla memoria gran parte mandarne, et di tutte, quanto il picciolo acume del mio debile ingegno ha potuto in quelle vedere, i loro nascosti allegorici sentimenti investigare.[5]

Mario Equicola stresses the importance of the voice and of gestures in the advice to lovers given in his *De natura de amore*:

> Per la qual cosa summa laude reputamo superare li homini, in quello nel che essi li Bruti avanzano, et da quelli differenti si conoscono: questo è lo artificioso parlare da arte accompagnato, il quale fa con voce, modi et gesti, pronuntiatione et affecto, exprimere le note et segni de la nostra mente. Le parole aptamente con vulto et moto del corpo convenientemente expresse, hanno forza et potentia. Argumento oltra li altri, ne è, che molte cose ben pronuntiate hanno gratia et delectano, et le medesme leggendosi non respondeno.[6]

In Bernardino Daniello's *La poetica*, the main speaker in the dialogue, Trifon Gabriele, using examples of writing that come overwhelmingly from Petrarch's *Canzoniere*, compares writers to masons who select stones or bricks to be fitted together and urges them to think, when choosing appropriate words, of the ear of those who will read or listen to their poetry:

> Così volendo voi fare che le vostre composizioni al giudicioso orecchio di coloro, che quelle leggeranno, o ver ascolteranno corrispondino, non altrimenti ch'agli occhi dello edificatore faccia quel cotal muro, è necessario che voi prima eleggiate quelle voci che più a quelle cose, che voi di trattar intendete, si convenghino. [...] Et oltre acciò è da vedere ancho quali [voci] meglio suonino et rispondino, o nel principio, o nel mezzo, o nel fine.[7]

One private occasion on which verse was recited involved both Daniello and Gabriele. In a letter of 19 February 1545 addressed to Lodovico Dolce, Paolo Crivelli mentioned that Daniello had read out three of Dolce's sonnets to Gabriele in Venice. Gabriele asked for them to be recited three times and he listened intently: 'Mi sono stati cari sopramodo i vostri iii sonetti, i quali [...] furono letti da M. Bernardin Daniello presente M. Trifone e li fece rileggere tre volte, et gli ascoltò con molta attentione et non disse altro.'[8] Although Gabriele was (somewhat ominously) silent on this occasion, a reading of this kind provided poets with opportunities for feedback from other writers and readers. There was the risk of receiving harsh critiques of the kind given by two of Molière's characters, by Alceste to Oronte in *Le Misanthrope* (I. 2) and by Vadius to Trissotin in *Les Femmes savantes* (III. 3); but the possibility of having one's new compositions discussed was undoubtedly an attractive feature of oral culture, just as circulation in manuscript allowed authors to submit written drafts of their works to selected readers. Pietro Aretino analyses the gradual revelations provided by a repeated reading of the kind that Daniello performed when he writes to a certain Alessandro of how Isabetta Massolo made Alessandro recite a sonnet that Aretino had written on the death of Bembo:

> Che la magnifica Massola vi abbia fatto recitare cotante volte il sonetto ultimamente uscitomi del cuore, in fede de la perseveranza mia nel tener memoria del Bembo, non mi è nuovo; imperoché nel primo tratto una cosa si ascolta, nel secondo si gusta, nel terzo si giudica, nel passare più oltra poi si

lauda con tutti quei termini d'ammirazione mostrati da sì elegante, saputa e mirabile donna, in grado di me, che l'ho in quella riverenza che sempre avralla il mondo.[9]

Writing to the Modenese captain Giovan Francesco Faloppia, Aretino compliments Faloppia on his verse and comments that he would hesitate to recite his own poems before certain soldiers: 'Io per me temo a recitare cose mie in presenza come sarebbe a dire del Franciotto da Lucca, di Panta Perugino, e di Adrian da Perugia, Capitani illustri.'[10] Another of Aretino's sonnets, this time concerning Vittoria Farnese, Duchess of Urbino, was recited anonymously to Daniele Barbaro by Gasparo Colonna, according to a letter from Aretino to Barbaro:

> Da che la Vostra Magnificenzia, o messer Daniello, si degnò ascoltare il sonetto che vi recitò Gasparo Colonna, il quale mi trasse de l'intelletto il proprio merito de la duchessa d'Urbino, piaceravvi anche leggere questo, che vi mando in mio nome e non di persona incognita, come vi fu letto il sopradetto.[11]

A letter by Girolamo Muzio describes a more unusual situation, a journey in Lombardy in 1543 during which he and the marchese del Vasto, Alfonso d'Avalos, composed poetry and recited sonnets to each other in a competitive spirit, not committing their verses to paper until later:

> dovete sapere che dal partir nostro di Vigevano, infin che siamo arrivati qui al luogo delle faccende, il Signor Marchese ha sempre havute le Muse in compagnia: et ha fatto infino a dodici Sonetti, et una lettera di ben cento versi in rime sciolte per risposta di una mia: et ha costretto me a fare ogni giorno alcuna cosa. In cavalcando facevamo come a gara: ché et egli, et io ci rimovevamo dalla compagnia: et come io haveva fatto un Sonetto, così andava alla volta sua a recitargliele: et il medesimo faceva egli con me facendomi chiamare. Poi come eravamo giunti la sera allo alloggiamento, io scriveva ciò che io havea composto il giorno, et gliele portava: et egli di sua mano scriveva le cose sue, et o me le mandava, o le mi dava, come io andava a lui.[12]

A larger audience was involved in the following year, 1544, when a group of members of the Accademia Fiorentina who met in the workshop of the haberdasher Miglior Visino listened to Giovanni Cavalcanti read out some sonnets. Their author was probably the merchant Giovanbattista della Fonte, who was informed of the event in a letter from his friend Antonfrancesco Grazzini: 'I sonetti mi furon mostri da Luca Martini secondo la vostra commessione; e gli lesse, in bottega di Visino, Giovan Cavalcanti in presenza di parecchi, che a tutti parvero bellissimi.' Although Cavalcanti would doubtless have had a written copy that he could have shown to the others, there is a sense that listening is expected to be part of the collective pleasure to be derived from the texts. Grazzini goes on to mention that others were able to read these sonnets in a copy that he had made: 'E perché Luca aveva fretta, me gli lasciò tanto ch'io gli feci copiare, di modo che a ogniuno che gli ha veduti sono piaciuti grandemente.'[13] Yet oral readings such as this were clearly important alongside scribal diffusion as a means of publishing very recent compositions and also as occasions for critical discussion.

Sannazaro had an audience of two on an occasion in 1503. Iacopo D'Atri recounts that he was conversing with the exiled King Federico of Naples in Blois when the poet arrived and the king asked him to recite two sonnets, as well as an eight-line Latin epigram, which the poet did from memory:

> Et in tale rasonamento sopragiunse m. Iacobo Sanazaro. [...] [P]oi il Re gli fece dire dui Sonetti, in specialità uno che porta per impresa Monsignor de Ligni per amore de la Contessa da Scaldasole e dil quale ad mi ha promesso copia per mandarlo alla Ex.ᵃ, et uno ephigramma facto per Camilla Scarampa.¹⁴

Scarampa was in turn the author of one of two sonnets read out when Ippolita Sforza Bentivoglio was visited by the Lombard poet Amanio, according to Bandello's mention, in the dedication of the first of his *Novelle*, of 'quel giorno che il dotto dottore e poeta soavissimo messer Niccolò Amanio venne a farvi riverenza, e che furono letti i dui sonetti, uno de la signora Cecilia Bergamina, contessa di San Giovanni in croce, e l'altro de la signora Camilla Scarampa'. In the dedicatory letter of *Novelle*, I. 21, Bandello described the household of the first of these two women, better known by her maiden name of Cecilia Gallerani, as a place where 'i poeti le loro e d'altrui composizioni recitano'.¹⁵

During the carnival of 1538, recitation formed part of an impromptu after-dinner entertainment at the court of Ferrara. A courtier called Rinchino, writing from the city to Cardinal Ercole Gonzaga on 22 February, mentioned that Vittoria Colonna had left for Bologna that morning and told of how he had dined the previous evening with Duke Ercole II d'Este, Isabella d'Este (the cardinal's mother and the duke's aunt), and Colonna. The guests were offered a very mixed bag of diversions. The first item was the recitation of five sonnets composed by Colonna, though perhaps read out by someone else for reasons of decorum. There followed a harpsichord performance by Anna d'Este, aged just six, and dancing by Isabella's two dwarves and then by Anna:

> Hiersera fumo in grandissima consolatione la excellentia del signor Duca et io, con l'Illustrissima signora madre di V. S. Reverendissima con la quale cenamo, et medesimamente cenò la Signora Marchesa predetta. Dopo cena si lessono cinque sonetti della sopradetta Signora Marchesa, tanto belli, ch'io non credo che uno angelo del paradiso li potessi far più perfecti. Recitati quelli, con infinito piacere et plauso di tutti, comparseno le donzelle di Madama vostra madre, et la Signora Anna sonò excellentemente certe cosette nel gravicembalo. Di poi entrando in certi balli saltò in campo Morgantino con la Signora Delia, et fec[i]ono cose grandi delle loro personcine. Ma uscendo di poi a ballare la predetta Signora Anna ballò di sorte più balli, alla gagliarda, con infinito piacere della Illustrissima Signora Pescara, del Signor Duca et di tutti, che ogniuno fece ferma resolutione, che se la natura humana volessi per lei stessa in persona ballare quel ballo, non potrebbe ballarlo nè più a tempo nè con maggior gratia. Et così passamo la maggior parte della notte.¹⁶

In some cases a poet might have chosen to read a composition aloud because he was concerned that it should not be circulated in writing without his permission. Agostino Vespucci, writing to Niccolò Machiavelli on 16 July 1501, mentions that he has tried to obtain a copy of a vituperative sonnet by ser Francesco da Puliga attacking Francesco Cei; however, 'questo ser Francesco non lo ha dato a persona, ma sì bene letto o ver recitato'.¹⁷

Recitation of lyric verse within small groups can be described within the narratives of dialogues.[18] The accounts of recitations that we have seen so far suggest that those depicted in dialogues, while fictive, had some basis in the practices of real life. Examples include Donato Giannotti's *Dialogi de' giorni che Dante consumò nel cercare l'Inferno e 'l Purgatorio*, in which the characters, who include Michelangelo, recite madrigals and a sonnet by Michelangelo, as well as extracts from the *Commedia*, as they walk through the streets of Rome in 1546.[19] Vasari comments in his life of Michelangelo on how the artist's reading voice was appreciated by a Bolognese nobleman, Giovan Francesco Aldrovandi, in 1494–95:

> Stette Michelagnolo in Bologna poco più d'uno anno: e vi sarebbe stato più, per satisfare alla cortesia dello Aldovrandi, il quale l'amava e per il disegno e perché, piacendoli come toscano la pronunzia del leggere di Michelagnolo, volentieri udiva le cose di Dante, del Petrarca e del Boccaccio et altri poeti toscani.[20]

In Antonfrancesco Doni's *Dialogo della musica*, printed in 1544, a madrigal and three sonnets are recited without music,[21] while his *I Marmi*, printed in 1552–53, involves a good deal of reading aloud of prose and verse, including poems that are Petrarchan in genre.[22] In the fourth book of *La civil conversazione*, first printed in 1574, Stefano Guazzo depicts a dinner party at which Guglielmo Cavagliate produces a manuscript copy of five madrigals in praise of Vespasiano Gonzaga and women, and these are all recited by Ercole Visconti.[23]

The practice of speaking lyric verse in the course of conversation was evidently so well ingrained that one had to beware of acquiring a reputation for excessive recitation. Teofilo Folengo's macaronic mock-epic poem *Baldus* describes a procession of courtiers on muleback who, among other things, tell of invented ardours and recite sonnets 'badly tied together':

> cortesanelli [...]
> mentitosque focos narrant, recitantque sonettos,
> sat male stringatos.[24]

The Venetian poet Matteo Venier created a sequence of curses that he wished on an enemy, opening with 'Haver un pare che non crepa mai'. The list goes on to include a malicious hope that one of the evils visited on the person concerned would be to suffer certain poets who always wanted to recite their sonnets:

> Imbaterse a trovar
> certe razze importune de poeti
> che vuol mai sempre recitar sonetti.[25]

Formally organized social entertainments, too, could include recitation of Petrarchan verse, or fragments of it, by mixed companies of men and women. Innocenzio Ringhieri's *Cento giuochi liberali, et d'ingegno* (Bologna: Anselmo Giaccarelli 'alle spese dell'authore', 1551), addressed to women readers, includes poems by the author, using different metrical forms, at the end of each group of ten games, with the suggestion that the poems could be recited by the group of players. At the end of Book II, for example, Ringhieri writes that two sonnets on subjects related to two of the games could be read out as an alternative to the topics for discussion that he proposes (fol. H2^v). The last 'questione' of Book V proposes a sestina on Spring (the topic of the fiftieth game), with a suggestion that alludes to skill in recitation:

'Che si reciti questa Sestina, in laude della primavera, la quale farà recitare il Signore della piacevole brigata, a chi sarà più atto, et in ciò più piacevole dicitore' (fols V1v–V2r). Several of the games described by Girolamo Bargagli as being played in Sienese evening entertainments depend on the ability to quote from the lyric poems of Petrarch and Bembo as well as from other canonical vernacular texts.[26] Bargagli advises participants that 'conviene farsi famigliari il Petrarca, l'Ariosto e Dante rispetto a' versi, de' quali fa di mestieri il saperne molti, non solo per cagione del giuoco del Versificare, ma per molti altri che occorrer possono'.[27] Lines are taken out of their original contexts and applied instead to the lives of the players. In the Game of Versification mentioned here, one or two lines of verse are cited by one person in order to send a message to another member of the group, who has to respond with a second quotation.[28] For instance, we are told, a male lover pleaded to a lady for a greater show of affection towards him by quoting Petrarch's line 'vidivi di pietate ornare il volto' (*Canzoniere*, 11. 7); she responded by counter-quoting the previous line but one, 'Mentr'io portava i be' pensier' celati', implying that he had concealed his feelings for her too much. In another example, a man reproaches a woman for showing favour to several lovers by quoting Bembo's line 'Mal fa chi fra due parte onesto foco'; she responds with the following line, 'E me de l'error suo nota e riprende', altering the original 'del vezzo suo' (Bembo, *Le rime*, 58. 25–26). Other games make similar use of quotations. In the 'Giuoco de l'A.B.C.', participants have to speak a line of verse beginning with a letter allotted to them. The 'Giuoco del ritratto della vera bellezza' consists in citing phrases from poems that describe the beauty of specific parts of the body. In the 'Giuoco della Figura d'Amore', where one has to explain the various attributes of Cupid, Bargagli writes that 'Viene ancora a uopo l'aver molti versi a memoria e l'aver letti alcuni libri'.[29]

Another sphere in which recitation took place was one that Jane Everson has done so much to illuminate, that of the academies that were established from the 1540s onwards. It was standard practice for members to read out their compositions to each other, in order to receive comments and suggestions for improvement, and in some cases for purposes of entertainment. This activity was thus akin to the reading of poems between friends and acquaintances, but inevitably more formal. In Florence, the regulations of the Umidi, founded in 1540, stated that the rectors could order poems to be written on specific topics, read aloud, and freely commented on, before the possible publication of the best, presumably in manuscript:

> Anchora che, se ai detti Rettori o Consoli parerà, sia lecito comandare che, o sopra un nuovo caso e sopra qualche strano accidente nato o veramente sopra un soggetto a lor modo, che gli accademici comporre debbino o epitaffi o madrigali o sonetti o altra qual si voglia compositione, che il tempo non sia meno d'otto giorni, et che di poi, rescritti d'una sola mano, si leghino i componimenti in publico et che ognuno ne possa dir liberamente il parere suo, et che i migliori et quelli che generalmente più piacciono et che degni siano reputati d'esser letti, se piace alli signori consoli, si debbano mandar fuora in nome di tutta la compagnia et non altrimenti, ma che bene a libro si scrivino co il nome di colui o di coloro che gli hanno composti.[30]

Doni described how the imagined members of the Accademia dei Pellegrini might ideally recite lyric poetry and other works in various solitary locations around

Venice: 'si legge ora un sonetto del Petrarca, or quattro versi di Dante, s'espone un sonetto del Bembo, si disputa sopra uno del Sannazaro, passiamo il tempo con un canto dell'Ariosto, e una novella del Boccaccio ci tiene svegliati gl'intelletti'.[31] This academy existed only as a project rather than a reality;[32] however, Doni's description was clearly intended to represent an activity that was plausible for academicians.

When Scipione Gonzaga set out the procedure of the Accademia degli Eterei of Padua, which he founded in 1564, he stated that the secretary might recite the poems of members in Latin and vernacular at the end of meetings: the poems 'extrahebantur, et elata voce ab eo, qui Academiae erat a secretis, censorum tamen permissu, recitabantur' [were drawn by lot and recited aloud by the secretary of the academy, as long as the censors permitted]. For reasons of censorship — and presumably because of the fear that the expression of heterodox content could be more easily concealed in Latin — it was then decided to restrict readings to poems in the vernacular. These included Petrarchan compositions, and some came to be printed: for example, sonnets and canzoni by Battista Guarini, Scipione Gonzaga, and Torquato Tasso appear in the *Rime de gli Accademici Eterei* ([Venice: Comin da Trino, 1566 or 1567]) that were dedicated by members of the academy to Marguerite de Valois, daughter of François I and the Duchess of Savoy.[33]

Poems sent to academies from outside could be read aloud to members. One of the Filarmonici of Verona, the poet Adriano Grandi, read a sonnet by Isabella Andreini to fellow-academicians in 1601; another member was commissioned to compose a reply to Isabella and it, too, was duly read out.[34]

Recitations within academies might be intended to resonate with a wider audience. This was the case with a performance carried out in the Accademia Olimpica of Vicenza by the poet and painter Giovanni Battista Maganza. The text was a political canzone of his, and the event took place in 1572, as the Turks were rebuilding their forces after the victory of the Christian fleet at Lepanto in the previous year. Maganza's poem attacks the Sultan Selim II, 'l'angue Ottomano', but is more concerned with the internal politics of the European alliance. Vicenza is praised for her willingness to support Venice (stanza 2), but other Christians — the 'Galli', the 'Alamanni', and the 'stolti Inglesi' — are rebuked for their indifference to the Ottoman threat.[35] Maganza had some renown as a speaker of verse. He also recited to the Accademia dei Costanti of Vicenza a tailed sonnet in dialect, composed by him under his pseudonym Magagnò. He was paid eighteen ducats annually to recite compositions when the members of the Accademia Olimpica who had submitted them were absent from meetings.[36] But there is a testimony, admittedly from a biased source, that portrays him in darker colours. Alvise Colti, a Venetian under investigation by the Holy Office in 1568–70 as a relapsed heretic, had been working as a schoolteacher in Vicenza, and named Maganza as one of his numerous enemies there. Colti includes recitation within the list of Maganza's disreputable characteristics, alongside acting as a pimp and maltreating his wife:

> Questo è huomo de malissima vitta, gabbator, con sue archimie magna a questo et a quel altro, è huomo che va scrocando furbescamente, la matina disna con uno, la sera cena et dorme con uno altro facendo il rupho, il poetta, recita versi, compone soneti, fa malissima vitta in casa sua alla mogllie, non dorme mai con quella, à figliuoli con altre putane.[37]

A final set of examples shows how recitations could form part of acts of homage to public figures or part of festivities, sometimes military in nature.[38] At some time before June 1530, Alfonso d'Avalos, as captain general of the imperial army, had a canzone recited to him by Giovanni Tommaso Filocalo, a former tutor of the d'Avalos family and now a teacher of humanities in the Studio of Naples. This is a rare example of a political Petrarchan canzone from the first decades of the Cinquecento.[39] After five stanzas glorifying the general's heroic qualities, Filocalo alludes to a naval defeat of 1528 after which Alfonso was imprisoned but succeeded, thanks to his 'angelico costume', to turn the victor, Andrea Doria, against the French king. The poem was printed in Naples by Ioanne Sultzbach and Antonio de Iovino in 1531 with the title *Canzone del Philocalo recitata in Napoli all'illustrissimo s. don Alfonso Avalo marchese del Guasto capitano generale de la infantaria cesarea glorioso invitto*.[40] The recitation may have taken place privately, and may thus have resembled an event in July 1543, when Pietro Aretino accompanied Guidobaldo Della Rovere, Duke of Urbino, to Peschiera to meet Charles V, and according to his own account recited a capitolo accompanied by a sonnet in the course of a conversation with the ruler. These poems were published soon afterwards in Venice with a dedicatory letter from Aretino to the duke in which he describes how the emperor received him honourably.[41]

We can be certain, however, that a public occasion provided the context for another recitation by Maganza. In 1557 he read a canzone of his when a standard was presented to Andrea Barbarigo on the completion of his period of office as capitano of Padua, a two-year term during which the Venetian had strengthened the city's defences.[42] The poem was printed with a title page that gave details of the event, which was clearly important in its own right: *Canzone di m. Giovan Battista Maganza recitata dal medesimo al clarissimo sig. Andrea Barbarico, nell'appresentatione d'un stendardo che se gli fece dalla Marca trivigiana, e dalle nationi confederate, nella sua partita di Padova l'anno MDLVII alli IX di maggio* (Padua: Grazioso Percacino, [1557]). The standard depicted a golden sun, and this gives Maganza the opportunity to call Barbarigo 'il vivo Sol de l'età nostra' (l. 33). Just as the sun itself brings growth to fertile soil and destroys what is produced by sterile soil, 'così i buoni per voi vivon contenti, | e i mal nati, e perversi restan spenti' (ll. 41–42). The poem opens with a reference to the poet's tongue ('Signor, se lice ad huom basso, e mortale | scioglier la lingua sua per honorarvi'), and the congedo (ll. 71–76) claims that he would speak further ('Anchor direi') if the grief felt in Padua and Treviso did not prevent him from singing ('non mi togliesse al canto'). The circumstances of orality in which the poem was first presented would have given a special resonance to these choices of vocabulary. The eulogy may have been commissioned by the 'eletta Schiera' who decided that the standard should be presented (ll. 31–32) but, when Maganza came to compose it, he could also have been attempting to win favour among members of the Accademia degli Elevati, the successor to the Infiammati, of which Maganza had been a member.[43]

Verse was recited in the course of one of the Ferrarese tournaments (spectacles that included combats and other military displays) held during the 1560s: *Il monte di Feronia*, which took place during the Carnival of 1561. An account by Agostino

Fig. 13.1. Portrait of Maria di Santi in *Dialoghi, et sonetti spirituali di Torquato Tasso, et d'altri nobilissimi Auttori* (Milan: Pandolfo Malatesta, [1612]), fol. A2ᵛ. Milan, Biblioteca Nazionale Braidense, XX.0252. Su concessione del Ministero dei beni e delle attività culturali e del turismo. Further reproduction is forbidden.

Argenti was printed twice on its own (Venice: Nicolò Bevilacqua, 1561, and Ferrara: Valente Panizza, 1562), then as part of Argenti's *Cavalerie della città di Ferrara. Che contengono il Castello di Gorgoferusa, il Monte di Feronia et il Tempio d'amore* (Ferrara: Francesco Rossi il giovane, 1566).[44] The poems included ballate, free madrigals, and canzoni (1562 edition, fols E3^r–G4^r).

Around the early years of the seventeenth century, rulers and archbishops in cities of Tuscany and northern Italy were treated to a series of performances of sonnets and other poems attributed to authors including Torquato Tasso. The performer was, remarkably, a very young Florentine girl called Maria di Santi. Most of the texts recited were published in a series of at least eight four-page leaflets in duodecimo, printed in Bologna in 1611 by Vittorio Benacci, which give Maria's age as about five ('d'età d'anni cinque in circa').[45] They record that Maria spoke in Florence on three occasions, respectively before Don Giovanni de' Medici, Don Antonio de' Medici, and Christine of Lorraine, wife of Grand Duke Ferdinando I; in Pisa and Siena before the respective archbishops of the cities; in Lucca before the Gonfaloniere and Anziani; in Mantua before Duke Vincenzo Gonzaga; and in Modena before Duke Cesare d'Este. Another edition records a performance given in Bologna in the presence of the Archbishop of Milan. The title page gives Maria's age as now about six: *Dialoghi, et sonetti spirituali di Torquato Tasso, et d'altri nobilissimi Auttori. Con un sermone di Monsig. Reveren. Panigarola Vescovo d'Asti. Recitati in Bologna alla presenza dell'Illustrissimo, et Reverendissimo Cardinale Federico Borromeo arcivescovo di Milano. Nel passaggio suo per Bologna. Da Maria di Santi fiorentina, d'età d'Anni sei in circa.* This edition was printed in Milan by Pandolfo Malatesta; it is undated but seems to belong to 1612, the year after those of Benacci, assuming that Maria travelled to Bologna on a separate occasion. It is longer than Benacci's editions, consisting of twelve leaves in duodecimo, and it contains three spiritual dialogues, an *Echo spirituale tra il peccatore e San Pietro*, twelve spiritual sonnets, and the sermon. Like the edition that relates to the performance in Modena, this volume contains a woodcut portrait of the girl (Fig. 13.1) and a sonnet, attributed to the printer or publisher Bonifacio Zanetti, but in the voice of Maria. The sonnet opens with a boast about the high rank of her listeners:

> Io son colei cui grata udienza danno
> al mio leggiadro recitar di VERSI
> gran prencipi christiani, arabi, e persi
> e mille gratie (lor mercè) mi fanno.

It goes on to make it seem that Maria is a poet herself: she is inspired by the Muses, by Apollo, and 'da diversi | poeti rari, che in mia mente stanno' (ll. 7–8). But what provides entertainment for rulers is her skilful recitation:

> Io son colei, che a' maggior potentati,
> do tal ricreation col mio ben dire,
> che mi restano amanti sviscerati. (ll. 9–11)

The portrait shows Maria holding a small bound book in her hand, which may mean that she did not recite entirely from memory. Curiously, the sermon, delivered in Florence on Easter Day and attributed on the title page to the late Francesco

Panigarola, is also given in the voice of Maria: the speaker refers to herself as a 'tenera fanciullina' (fol. A10^r) and as someone 'che se ben per la tenera età, son priva di giudicio, non son però priva di lingua' (fol. A11^v).

As these varied cases show, the practice of speaking Petrarchan verse on appropriate occasions was widespread and highly valued for a combination of reasons, both aesthetic and social. Recitation on a particular, unrepeatable occasion could give the listener an extra auditory pleasure that was denied to the silent reader of the written word. Hearing the author himself or herself recite, as in the cases of Aretino and others, added a special sense of authenticity to the performance. Critics such as Walter Ong and Roger Chartier have observed that reading aloud fosters sociability, uniting speakers and listeners as participants in a shared experience and encouraging subsequent discussion.[46] Petrarch could hardly have envisaged the many uses of the recitation of lyric verse in Renaissance Italy but, as someone so attentive to the sound of poetry, he would surely have understood its rationale and given it his approval.

Notes to Chapter 13

The research leading to this essay has received funding from the European Research Council under the European Union's Seventh Framework Programme (FP7/2007–2013) / ERC Grant Agreement no. 269460.

1. Francesco Petrarca, *Canzoniere*, ed. by Marco Santagata (Milan: Mondadori, 1996), 1. 1–2.
2. On Petrarch and recitation, see Chiara Cappuccio and Luca Zuliani, '"Leutum meum bonum". I silenzi di Petrarca sulla musica', *Quaderns d'Italià*, 11 (2006), 329–58 (pp. 346–47); Luca Zuliani, *Poesia e versi per musica. L'evoluzione dei metri italiani* (Bologna: il Mulino, 2009), pp. 83–86.
3. See, for example, Pietro Bembo, *Le rime*, ed. by Andrea Donnini, 2 vols (Rome: Salerno Editrice, 2008), 45. 5–8; Iacobo Sannazaro, *Sonetti e canzoni*, 1. 1–4 and 53. 40–42, in his *Opere volgari*, ed. by Alfredo Mauro (Bari: Laterza, 1961); Giovanni Della Casa, *Rime*, ed. by Stefano Carrai (Turin: Einaudi, 2003), 20. 9–11.
4. Peter Burke, 'Performing History: The Importance of Occasions', *Rethinking History*, 9 (2005), 35–52 (p. 43). I exclude here improvised verse, which I hope to discuss elsewhere.
5. *Le volgari opere del Petrarcha con la espositione di Alessandro Vellutello da Lucca* (Venice: Giovanni Antonio Nicolini e fratelli da Sabbio, 1525), fol. AA6^r.
6. Equicola goes on to advise on the delivery of words, but without specific reference to verse: *De natura de amore* (Venice: Lorenzo Lorio de Portes, 1525), fol. y4^r.
7. Bernardino Daniello, *La poetica* (Venice: Giovanni Antonio Nicolini da Sabbio, 1536), fol. P4^r; see also *Trattati di poetica e retorica del Cinquecento*, ed. by Bernard Weinberg, 4 vols (Bari: Laterza, 1970–74), I, 227–318 (p. 307).
8. *Novo libro di lettere scritte da i più rari auttori e professori della lingua volgare italiana (ristampa anastatica delle edd. Gherardo, 1544 e 1545)*, ed. by Giacomo Moro (Bologna: Forni, 1987), respectively pp. 429 and 335–36. On Crivelli's relations with Dolce and others, see Enrica Benini Clementi, *Riforma religiosa e poesia popolare a Venezia nel Cinquecento. Alessandro Caravia* (Florence: Olschki, 2000), pp. 103–08. For some further examples of recitation, see Brian Richardson, '"Recitato e cantato": The Oral Diffusion of Lyric Poetry in Sixteenth-Century Italy', in *Theatre, Opera, and Performance in Italy from the Fifteenth Century to the Present: Essays in Honour of Richard Andrews*, ed. by Brian Richardson, Simon Gilson and Catherine Keen (Leeds: Society for Italian Studies, 2004), pp. 67–82, and *Manuscript Culture in Renaissance Italy* (Cambridge: Cambridge University Press, 2009), pp. 240–54.
9. Pietro Aretino, *Lettere*, ed. by Paolo Procaccioli, 6 vols (Rome: Salerno Editrice, 1997–2002), Book V, letter 96, November 1548, vol. V, 87. Aretino had sent to Massolo his sonnet on Bembo's death in Book IV, letter 43, April 1546, vol. IV, 53.

10. Book II, letter 342, 5 April 1542, vol. II, 360.
11. Book IV, letter 279, December 1547, vol. IV, 180–81. The sonnet was sent to the Duke of Urbino with letter 211 of the same book in October 1547: vol. IV, 142.
12. Girolamo Muzio, *Lettere (ristampa anastatica dell'ed. Sermartelli, 1590)*, ed. by Luciana Borsetto (Bologna: Forni, 1985), letter XIX from Mondovì to Francesco Calvo, 31 October 1543, fols E1^v–E2^r. On Alfonso d'Avalos and poetry, see Tobia R. Toscano, *Letterati corti accademie. La letteratura a Napoli nella prima metà del Cinquecento* (Naples: Loffredo, 2000), pp. 99–120.
13. Letter of Grazzini to della Fonte, 22 March 1544, cited in Vanni Bramanti, 'Il Lasca e la famiglia della Fonte (da alcune lettere inedite)', *Schede umanistiche*, n.s., 18 (2004), 19–40 (pp. 29–30). Grazzini goes on to say that Giovanbattista's brother Lionardo asked him to make another copy for others to read: 'ha voluto che or ora io gli ne scriva una copia per mostrarla a Barbadauro [Bartolomeo Barbadori] e alla congrega di Pier Vettori' (p. 32). Letter 4 (pp. 33–34) further discusses the reception of the sonnets. Letters 3 and 10 (pp. 32–33, 39–40) recount instances of the singing of texts.
14. Letter of Iacopo D'Atri, 3 February 1503, to Isabella d'Este, Mantua, Archivio di Stato, Archivio Gonzaga, b. 629, fol. 384^{r-v}; see also Alessandro Luzio and Rodolfo Renier, *La coltura e le relazioni letterarie di Isabella d'Este Gonzaga*, ed. by Simone Albonico (Milan: Bonnard, 2005), p. 253. Carlo Dionisotti identified one of the sonnets as no. XXII of Sannazaro's *Sonetti e canzoni*: see his 'Appunti sulle *Rime* del Sannazaro', in *Scritti di storia della letteratura italiana*, ed. by Tania Basile, Vincenzo Fera and Susanna Villari, 3 vols (Rome: Edizioni di Storia e Letteratura, 2008–10), II, 1–37 (pp. 5–6). 'De Camilla Scalampa Mediolanensi' is epigram 2. 53 in Jacopo Sannazaro, *Latin Poetry*, trans. by Michael C. J. Putnam (Cambridge, MA: Harvard University Press, 2009), p. 340.
15. Matteo Bandello, *Tutte le opere*, ed. by Francesco Flora, 2nd edn, 2 vols (Milan: Mondadori, 1942–43), I, 7, 241. On Bandello and these two women, see Adelin Charles Fiorato, *Bandello entre l'histoire et l'écriture. La Vie, l'expérience sociale, l'évolution culturelle d'un conteur de la Renaissance* (Florence: Olschki, 1979), pp. 231–36. On Scarampa, see Maria Chiara Tarsi, 'Una poetessa nella Milano di primo Cinquecento. Camilla Scarampi (e di un sonetto conteso a Veronica Gambara)', *Giornale storico della letteratura italiana*, 192 (2015), 414–51.
16. Mantua, Archivio di Stato, Archivio Gonzaga, b. 1907, fol. 454^r. See also Susanna Peyronel Rambaldi, *Una gentildonna irrequieta. Giulia Gonzaga fra reti familiari e relazioni eterodosse* (Rome: Viella, 2012), pp. 142–43. An instance of performance by a woman at a formal meal is recorded by Francesco Sansovino, who mentions that Cassandra Fedele (c. 1465–1558) improvised Latin verse at a Venetian banquet held by Agostino Barbarigo, doge from 1486 to 1501, accompanying herself on the 'lira': *Venetia città nobilissima et singolare* (Venice: Giacomo Sansovino, 1581), fol. Bbb2^r.
17. Niccolò Machiavelli, *Opere*, vol. III, *Lettere*, ed. by Francesco Gaeta (Turin: UTET, 1984), p. 105. On Vespucci, see Gerard González Germain, '¿Agostino Nettucci, alter ego de Agostino Vespucci? Cultura humanística y política en la Florencia de inicios del s. XVI', in *Acta Conventus Neo-Latini Monasteriensis: Proceedings of the Fifteenth International Congress of Neo-Latin Studies (Münster 2012)* (Leiden: Brill, 2015), pp. 237–47.
18. On verse within dialogues on love, see Maiko Favaro, *'L'ospite preziosa'. Presenze della lirica nei trattati d'amore del Cinquecento e del primo Seicento* (Lucca: Maria Pacini Fazzi, 2012).
19. Donato Giannotti, *Dialogi de' giorni che Dante consumò nel cercare l'Inferno e 'l Purgatorio*, ed. by Deoclecio Redig de Campos (Florence: Sansoni, 1939). Giannotti mentions that a madrigal by Michelangelo that he recites is also sung 'dai più escellenti musici' (pp. 43–44). Michelangelo is persuaded to recite another of his madrigals at the end of the first day and a sonnet at the end of the second (pp. 69–70, 98). Studies of this work include D. J. Gordon, 'Giannotti, Michelangelo and the Cult of Brutus', in *Fritz Saxl, 1890–1948: A Volume of Memorial Essays from his Friends in England*, ed. by D. J. Gordon (London: Nelson, 1957), pp. 281–96, and Leonard Barkan, 'Dante, Michelangelo, and What We Talk about When We Talk about Poetry', in *Essays in Memory of Richard Helgerson: Laureations*, ed. by Roze Hentschell and Kathy Lavezzo (Newark: University of Delaware Press, 2012), pp. 147–65.
20. Giorgio Vasari, *Le vite de' più eccellenti pittori, scultori e architettori nelle redazioni del 1550 e 1568*, ed. by Rosanna Bettarini and Paola Barocchi, 8 vols (Florence: SPES, 1966–87), *Testo*, VI, 14.

21. Antonfrancesco Doni, *Dialogo della musica*, ed. by G. Francesco Malipiero (Vienna: Universal Edition, 1965), pp. 47–48, 112, 189–90.
22. See Maria Cristina Figorilli, '"E' portano insino a una lanterna; e' ci sarà che leggere". Il tema della lettura e dei libri nei ragionamenti dei *Marmi*', in *I 'Marmi' di Anton Francesco Doni. La storia, i generi e le arti*, ed. by Giovanna Rizzarelli (Florence: Olschki, 2002), pp. 183–206.
23. Stefano Guazzo, *La civil conversazione*, ed. by Amedeo Quondam, 2 vols (Rome: Bulzoni, 2010), I, 310–12.
24. Teofilo Folengo, *Baldus*, ed. by Emilio Faccioli (Turin: Einaudi, 1989), XXIV. 85–88, pp. 806–07.
25. Matteo Venier, *Canzoni e sonetti*, ed. by Attilio Carminati (Venice: Corbo e Fiore, 1993), p. 207.
26. On the uses of literature in these games, see Bruscagli in Girolamo Bargagli, *Dialogo de' giuochi che nelle vegghie senesi si usano di fare*, ed. by Patrizia D'Incalci Ermini, intro. by Riccardo Bruscagli (Siena: Accademia degli Intronati, 1982), pp. 22–26. The work was first printed in Siena by Luca Bonetti, 1572. Ringhieri's and Bargagli's games are discussed in George W. McClure, *Parlour Games and the Public Life of Women in Renaissance Italy* (Toronto: Toronto University Press, 2013), pp. 13–18, 55–67.
27. Bargagli, Book II. 233, p. 159.
28. Ibid., Book II. 88–100, pp. 150–53.
29. Ibid., Book II. 101, 133–36, 138, pp. 153, 159–61.
30. Florence, Biblioteca Nazionale Centrale, MS II IV 1, described in Adolfo Bartoli, *I manoscritti della Biblioteca Nazionale di Firenze*, sez. I, *Codici Magliabechiani*, 1st ser., *Poesia*, 4 vols (Florence: Carnesecchi, 1879–85), III (1883), 201–78 (quotation from p. 204, punctuation added); Inge Werner, 'The Heritage of the Umidi: Performative Poetry in the Early Accademia fiorentina', in *The Reach of the Republic of Letters: Literary and Learned Societies in Late Medieval and Early Modern Europe*, ed. by Arjan van Dixhoorn and Susie Speakman Sutch, 2 vols (Leiden: Brill, 2008), II, 257–84 (pp. 272–74). Another academy founded in the same year, which also had a very brief existence, was that of the Elevati of Ferrara. A manuscript summary of their activities in 1540–41, drawn up by Alberto Lollio, contains poems by several authors: see Giannandrea Barotti, *Memorie istoriche di letterati ferraresi*, 2nd edn, 3 vols (Ferrara: Stamperia Camerale, 1792–1811), I, 285. Poems by Bartolomeo Ferrino and Iacopo Salvi are included in *Canzone e tre sonetti inediti recitati nell'Accademia ferrarese degli Elevati istituita nel 1540 da Alberto Lollio, con annotazioni del canonico Giuseppe Antonelli* (Ferrara: Taddei e figli, n.d.).
31. Anton Francesco Doni, *La zucca*, Book II, in Pietro Aretino and Anton Francesco Doni, *Opere*, ed. by Carlo Cordiè (Milan and Naples: Ricciardi, 1976), p. 668.
32. See Giorgio Masi, 'Coreografie doniane. L'Accademia Pellegrina', in *Cinquecento capriccioso e irregolare. Eresie letterarie nell'Italia del classicismo*, ed. by Paolo Procaccioli and Angelo Romano (Rome: Vecchiarelli, 1999), pp. 45–85.
33. Scipione Gonzaga, *Commentariorum rerum suarum libri tres* (Rome: Salamonio, 1791), pp. 36–38, 376; id., *Autobiografia*, ed. and trans. by Dante Della Terza (Modena: Panini, 1987), pp. 12–13, 109. On the academy and on Tasso's contribution, see Antonio Daniele, 'Il Tasso e l'Accademia degli Eterei', in *Capitoli tassiani* (Padua: Antenore, 1983), pp. 3–33; Vittorio Zaccaria, 'Le Rime degli Accademici Eterei e la cultura accademica padovana del Cinquecento', *Atti e memorie dell'Accademia Patavina di Scienze, Lettere ed Arti già Accademia dei Ricovrati*, Parte III: *Memorie della Classe di Scienze Morali, Lettere ed Arti*, 108 (1995–96), 83–92 (p. 90 on the dating of the edition).
34. Isabella Andreini, *Selected Poems*, ed. by Anne MacNeil, trans. by James Wyatt Cook (Oxford: Scarecrow Press, 2005), p. 10. Grandi was the author of some *Sonetti recitati da alcuni giovanetti nobili veronesi. Raccolti, et dedicati all'illustre et molto reverendo monsig. Mandricardo Fracastoro* (Verona: Girolamo Discepolo, 1591).
35. *Canzone di m. Giovan Battista Maganza recitata ne l'Academia Olimpica vicentina. L'anno MDLXXII* (Venice: Cristoforo Zanetti, 1572). On Maganza, see Fernando Bandini, 'La letteratura pavana dopo il Ruzante tra manierismo e barocco', in *Storia della cultura veneta*, 5 vols (Vicenza: Neri Pozza, 1976–86), IV.1: *Il Seicento* (1983), pp. 327–62, and the entry by Lorenzo Carpanè and Alessandro Serafini in the *Dizionario biografico degli Italiani*, 67 (Rome: Istituto della Enciclopedia Italiana, 2006), 308–12.

36. Bandini, pp. 335–36, 338.
37. Venice, Archivio di Stato, S. Ufficio, b. 24, fasc. 2. See also Marisa Milani, 'I preruzzantiani e qualche post', *Quaderni veneti*, 27–28 (1998), 279–84 (p. 284).
38. Religious celebrations could have provided the occasion for the recitation of canzoni such as one by Bandello, discussed by Carlo Dionisotti in 'Una canzone sacra del periodo mantovano del Bandello', in *Scritti di storia della letteratura italiana*, II, 367–80. Dionisotti notes that the exclusive use of hendecasyllables in this poem 'induce, piuttosto che al canto, a un recitativo eroico' (p. 371).
39. Dionisotti comments on the rarity of such poems before about 1540 in 'Annibal Caro e il Rinascimento', in *Scritti di storia della letteratura italiana*, II, 257–69 (p. 267).
40. The congedo alludes to the death of another member of the Avalos family, Ferdinando Francesco, the husband of Vittoria Colonna, referring to him as a 'sole', as Colonna herself did in her verse. Filocalo's poem was originally dedicated to Colonna and sent to her, as he explains in the dedicatory letter of this edition, addressed to Giovanni Antonio Muscettola and dated 1 June 1530. On Filocalo, see the entry by Angela Asor Rosa in the *Dizionario biografico degli Italiani*, 47 (1997), 792–93.
41. *Il capitolo et il sonetto di m. Pietro Aretino in laude de lo Imperatore et a sua maestà da lui proprio recitati* ([Venice]: for Biagio Perugino, 1543). See Pietro Aretino, *Poesie varie*, ed. by Giovanni Aquilecchia and Angelo Romano (Rome: Salerno Editrice, 1992), pp. 23–24, 159–72, 307–08.
42. Barbarigo presented a *relazione* on his term of office to the Venetian senate on 28 May 1557: see the entry by Angelo Ventura in the *Dizionario biografico degli Italiani*, 6 (1964), 55–56 (p. 56).
43. Carpanè and Serafini, pp. 308–09.
44. Guido Baldassarri, '"Cavalerie della città di Ferrara"', *Schifanoia*, 1 (1986), 100–26.
45. Torquato Tasso, *Le rime. Edizione critica su i manoscritti e le antiche stampe*, ed. by Angelo Solerti, 4 vols (Bologna: Romagnoli-Dall'Acqua, 1898–1902), I: *Bibliografia*, 294–99. See also pp. 270–74 for two editions of poems attributed to Tasso, collected and apparently recited by Maria's father Paolino di Santi, and printed 'In Venetia e ristamp. in Palermo' in 1597. A related edition is the *Echo amoroso recitato da Maria di Santi fiorentina d'età d'anni cinque in circa, alla presenza del sereniss. D. Cosmo II Medici IIII gran duca di Toscana* (Bologna: Vittorio Benacci, 1611).
46. Walter J. Ong, *Orality and Literacy: The Technologizing of the Word* (London: Methuen, 1982), p. 69; Roger Chartier, 'Leisure and Sociability: Reading Aloud in Early Modern Europe', trans. by Carol Mossman, in *Urban Life in the Renaissance*, ed. by Susan Zimmerman and Ronald F. E. Weissman (Newark: University of Delaware Press, 1989), pp. 103–20 (pp. 104, 107).

CHAPTER 14

Machiavelli's Use of Jokes in *Il Principe*

Matteo Favaretto
Royal Holloway University of London

There are a few clues that Machiavelli was good at telling jokes. On 23 October 1502 Bartolomeo Ruffini wrote to him as follows: 'Le vostre lettere a Biagio et alli altri sono a tutti gratissime, e li motti e facezie usate in esse muovono ogni uno a smascellare delle risa, e danno gran piacere'.[1] Another indirect testimony is provided by the anecdote regarding Machiavelli's famous dream. It is commonly held that on his deathbed Machiavelli dreamt he met two different groups of men: the first consisted of badly dressed and miserable people who were on the way to Paradise, whereas a second group of damned souls gave him the impression of elegance and solemnity. Among these spirits he recognized important thinkers like Plato, Plutarch and Tacitus. After recounting this dream to his friends, Machiavelli concluded that he would prefer to discuss politics in Hell with such people rather than be bored to death in Paradise.[2]

In Machiavelli's literary works a taste for jokes is shown in some of his poems. The words that in the sarcastic epitaph Pluto addresses to Pier Soderini ('Ch'inferno, anima sciocca! | Và su nel limbo fra gli altri bambini', vv. 3–4)[3] can be actually considered as a quip in verse. Witticisms, anecdotes and puns represent the natural spice of his plays and comic letters; what one would not expect is to find jokes in his political and historical works. Apart from the two collections of *facezie*, one accompanying *La vita di Castruccio Castracani da Lucca*, the other included in the narration of Cosimo de' Medici's life in the *Istorie fiorentine* (VII 6), isolated instances are nonetheless scattered throughout the other chapters of the *Istorie*, as well as in *Il Principe*, *Discorsi sopra la prima Deca di Tito Livio* and *L'arte della guerra*.

This paper aims to illustrate the specific nature and rhetorical function of the jokes used in *Il Principe* in comparison to the other writings. The first part provides a general illustration of the *facezie* that Machiavelli includes in both the exposition of his political ideas and in the historical narration, while in the second part I turn my attention to relevant instances taken from the short treatise *de principatibus*.

A cursory glance at the earliest independent collections of jokes (*Liber facetiarum* by Bracciolini, the *Motti e facezie del Piovano Arlotto* and the *Detti piacevoli* by Poliziano) reveals that the terms *facetiae/facezie*, *motti* and *detti* are alternately used to define different types of texts: plays on words as well as memorable sayings, anecdotes, jokes and short stories. All these forms can be pleasant, witty, or ironic, and provoke a reaction ranging from laughter to simply a smile. From a theoretical point of view an analysis of these types is contained in the second book of Cicero's *De oratore*. The treatise, rediscovered in 1421, was likely known to Machiavelli, since it was among the books possessed by his father.[4] Certainly it was a point of reference in the Renaissance discussions on the subject: both Pontano, in the third book of *De sermone* (1509), and Castiglione, in the second book of the *Cortegiano* (1528), refer to Cicero in their illustration of the variety of jokes. They agree that an appropriate use of *facezie* aims at restoring and amusing the spirits of the audience with moderation and grace, though in their view this purpose is not merely frivolous: by recounting jokes, the courtier gives evidence of his qualities and consolidates his social status within the court.[5]

Looking at the jokes used by Machiavelli in his political and historical writings, one notices that most of them are not original, but derive from either the literary tradition (above all, classical literature normally translated into Italian, sometimes quoted in Latin) or the oral culture, while only a few can be connected to the author's personal experience. The inclusion of *facezie* in the illustration of political theories as well as in the historical narration without any notes clarifying their context or characters, demonstrate that his contemporaries could immediately recognize their implicit references and grasp their humorous sides, whereas for the modern reader these are not always clear and require the critic's explanations. Machiavelli quite often manipulates his sources (modernizing some elements, cutting superfluous parts, adding new details and inserting literary citations) in order to make his jokes more effective. In adapting these quotations, he seems to be guided by two main purposes: to better illustrate his point of view on a specific matter, and to convey the original message through images that are more familiar for his readers. Overall his jokes can be considered closer to certain *detti piacevoli* by Poliziano as far as the form is concerned: they consist of singular witty sentences or caustic replies and are characterized by conciseness, accuracy of words (often based on antithesis) and promptness.

A few examples will be sufficient to give evidence of Machiavelli's technique. Among the *facezie* which accompany *La vita di Castruccio Castracani da Lucca*, the following underlines Castruccio's contempt for luxury. Translating the anecdote which appears in the *Vitae philosophorum* by Diogenes Laertius,[6] Machiavelli amplifies the original text (left column):

Ostendebat ei Simus Dionysii quaestor magnifice instructas aedes et pavimenta praeciosa. Erat autem Phryx. Tum ille sputa, quam maxime potuit, ei in faciem coniecit. Indignante illo: 'Non habui, inquit, opportuniorem locum'. (Aristippus, II 8 75)

[Simus, a quaestor of Dionysius, showed him the abode splendidly built and its precious pavements. The quaestor was indeed a Phrygian. Then Aristippus spat in his face as much as he could. As the Phrygian was protesting, he replied: 'I could not find any place more suitable'.]

Sendo invitato a cena da Taddeo Bernardi lucchese, uomo ricchissimo e splendidissimo, e, arrivato in casa, mostrandogli Taddeo una camera parata tutta di drappi e che aveva il pavimento composto di pietre fine, le quali, di diversi colori diversamente tessute, fiori e fronde e simili verzure rappresentavano, ragunatosi Castruccio assai umore in bocca, lo sputò tutto in sul volto a Taddeo. Di che turbandosi quello, disse Castruccio: 'Io non sapevo dove mi sputare che io ti offendessi meno'. (*Vita di Castruccio Castracani*, 161)

Machiavelli shows great ability as a narrator enriching the source with further details about the splendour of Taddeo Bernardi's house which make the final punch-line even more effective. It has been demonstrated that in the narration of Castruccio's life, a few fictitious characters are given names of Machiavelli's contemporary people (Cenami, Micheli, Bastiano di Possente), whom the readers of the *Orti Oricellari* would easily recognize.[8] As far as Taddeo Bernardi is concerned, it is not possible to state who he was with certainty. It is known that at the beginning of the sixteenth century the Bernardi were an eminent family in Lucca and a certain Iacopo Bernardi was one of the creditors involved in the failure of the lucchese Michele Guinigi that had also affected a few Florentine merchants (which is the reason why Machiavelli was in Lucca when he wrote the biography of Castruccio).[9] What counts here is that the readers of the *Vita* would at once connect the name of Bernardi to a local wealthy family and enjoy Machiavelli's allusion. In my view, this single example gives evidence of the overall idea that this collection of jokes was conceived as a literary *divertissement* (in line with certain elements of the fictional biography itself) implying the complicity between the author and his friends of the *Orti*.[10]

That for Machiavelli a biography should be accompanied by the character's memorable sayings according to the classical model, is confirmed by the concise list of jokes integrating the narration of Cosimo de' Medici's life in the *Istorie fiorentine* (VII 6 7-11). If the author's final refusal to list more witticisms seems to obey rhetorical rules: 'Potrebbonsi referire molti altri suoi detti, i quali, come non necessari, si omettano' (VII 6 13),[11] the reader, nonetheless, has the impression that Machiavelli hurries to conclude this section. At the end of it he quickly lines up a few answers given by Cosimo to defend himself from the accusation of ruining the town and acting against God by exiling honest and respectable people. The author is not concerned to define the context in which each answer was uttered; rather he assumes the circumstances should have been well-known to his contemporaries:

> Dicendogli alcuni cittadini, dopo la sua tornata dallo esilio, che si guastava la città e facevasi contro a Dio a cacciare di quella tanti uomini da bene, rispose come gli era meglio città guasta che perduta; e come due canne di panno rosato facevono uno uomo da bene; e che gli stati non si tenevono co' paternostri in mano. (*Istorie fiorentine*, VII 6 11)

With regard to the second answer: 'e come due canne di panno rosato facevono uno uomo da bene' (where *canna* is employed as an old unit of measurement, corresponding to a different length from town to town),[12] the whole sentence means that a few metres of precious cloth were enough to give the appearance of respectability. In other words, it would not be difficult to supply the town with new respectable citizens. In a passage of the *Cortegiano*, where Castiglione deals with warnings in the guise of friendly advice, a similar expression as well as other details regarding the circumstances in which once Cosimo would have said those words are provided:

> Come disse Cosimo de' Medici ad un suo amico, il qual era assai ricco, ma di non molto sapere, e per mezzo pur di Cosimo aveva ottenuto un officio fuor di Firenze; e, dimandando costui nel partir suo a Cosimo che modo gli parea

> che egli avesse a tenere per governarsi bene in questo suo officio, Cosimo gli
> rispose: '*Vesti di rosato, e parla poco*'. (*Cortegiano*, II 78)

It is likely that the witticism circulated in different forms and was easily adapted to other contexts. Nonetheless, in this case as well as in the two other answers included in Machiavelli's paragraph quoted above, the details of the specific occasions on which the jokes were told are eliminated in order to provide only one concise reply to the accusations addressed against Cosimo.

Other *facezie* are scattered in Machiavelli's writings and they serve as a rhetorical tool to consolidate his political ideas or as central episodes in the historical narration. In the first introductory book of the *Istorie fiorentine*, where the events from the decline of the Roman Empire until the year 1215 are summarized, particular attention is paid to the episode of the eunuch Narses. Described as a most excellent man in war (he was able to kill the King Totila and overcome the Goths after they had ruled in Italy for seventy years), he was, nonetheless, insulted by the Emperor's wife, Sophia, who wanted him back to spin with the other eunuchs: 'perché a Sofia non bastò ingiuriarlo rivocandolo, che la vi aggiunse ancora parole piene di vituperio, dicendo che lo voleva far tornare a filare con gli altri eunuchi' (I 8 I).[13] In Machiavelli's narration, Narses would have encouraged Alboin, King of the Lombards, to occupy Italy as a consequence of this offense. Thus the author quickly goes on to deal with the invasion of the Germanic people and the ghoulish vicissitudes of its kings and queens, without saying anything else about the eunuch. The comparison with Machiavelli's source, the *Decades* by Biondo, highlights the little but meaningful differences between the two texts:

> Nec satis fuit praestantissimum ducem et optime de republica meritum privare quod ille pro sua modestia videtur optasse nisi et convitia procax infaustaque Romanis rebus mulier addidisset: illi enim comminata est futurum: ut posthac non solum dege<ne>ret privatus, sed quod eunucum deceat dispartiendis inter ancillas pensis a se deputetur. (*Decadis primae*, VII, p. 98 h)[14]

> [And that insolent woman, unfavourable to the Romans' interests, was not satisfied to deprive of office a most excellent commander, who had behaved very well towards the state (that is what he seemed to have wished in conformity with his modesty), but she also added insults. For, in addition to the demotion, she threatened to make him in future distribute the wool to be woven among the handmaidens as should be fitting for a eunuch.] (translation mine)

The image of Narses distributing the wool to be woven among the handmaidens is also humorous, but in Machiavelli's adaptation Sophia's offence becomes more humiliating and more incisive: Narses is treated as a woman spinning among other eunuchs.[15]

In the *Discorsi* most of the jokes are classical instances translated from Livy. They are introduced in the dissertation to demonstrate the validity of the Roman republican model in relation to specific issues that are central in Machiavelli's reflections such as the respect of religion as a unifying force, the necessity for a country to have a sturdy army, the superiority of the infantry to the cavalry, and the inadequacy of the mercenary troops.[16] The uselessness of fortresses is another target of the author's irony: in this regard he recalls that the Spartans not only abstained from building fortresses like the Romans, but also did not raise walls for the defence of their own town, counting exclusively on the military virtue of their people. To consolidate this point, he turns to the classical tradition, employing a witticism which emphasizes the weakness of those who brag about the magnificence of their walls: 'Donde che, sendo domandato uno spartano da uno ateniese se le mura di Atene gli parevano belle, gli rispose: "Sí, s'elle fussono abitate da donne"' (II 24 50).[17]

Only a few jokes in the *Discorsi* are related to modern times. One of these anecdotes, that Machiavelli declares to have heard several times from one of its protagonists, concerns the military discipline of the Florentine troops. In II 16, he piercingly observes that the disposition of the Roman army in three main divisions (*astati*, *principi* and *triari*), one behind the other, which allowed it to reform at least three times during a battle, was not taken into consideration by modern commanders who organized the ranks of the battle formations one alongside the other. Thus in the battle of San Regolo (May 1498), the allied cavalry of the Florentines, which was in the front, was repulsed by the Pisans and fell back on the infantry breaking it up. Machiavelli then reports what the commander of the Florentine infantry, Messer Ciriaco da Borgo San Sepolcro, used to tell him after that defeat:

> la quale [cavalleria amica], sendo davanti e ributtata da' nimici, percosse nella fanteria fiorentina e quella ruppe, donde tutto il restante delle genti dierono volta. E messer Ciriaco dal Borgo, capo antico delle fanterie fiorentine, ha affermato alla presenza mia molte volte non essere mai stato rotto se non dalla cavalleria degli amici. (II 16 30–31)

The bitter words of the commander, who admits he has never been routed except on that occasion by the cavalry of his allies, evoke a comic situation. The paradox serves to ridicule the modern method of fighting which appears to be greatly inferior in comparison with the ancient model.[18]

A few classical jokes, largely taken from Frontinus' *Strategemata*, embellish *L'arte della guerra* with the rhetorical purpose to lighten the technical subjects discussed. An instance suffices to demonstrate that Machiavelli is not concerned about the fidelity to his source (left column):

Iphicrates dux Atheniensium, cum praesidio Corinthum teneret et sub aduentum hostium ipse uigilias circumiret, uigilem, quem dormientem inuenerat, transfixit cuspide; quod factum quibusdam tamquam saeuum increpantibus 'qualem inueni', inquit, 'talem reliqui'. (*Strategemata*, III 12 2)	Ificrate ateniese ammazzò una guardia che dormiva, dicendo di averlo lasciato come l'aveva trovato. (*Arte della guerra*, VII 122)

[When Iphicrates, the Athenian general, was holding Corinth with a garrison and on one occasion personally made the rounds of the sentries as the enemy were approaching, he found one of the guards asleep at his post and stabbed him with his spear. When certain ones rebuked this procedure as cruel, he answered: 'I left him as I found him'.][19]

This quip is included (together with other historical anecdotes) in a long section dealing with the care that a besieged army should take to organize the defence. It is clear that Machiavelli is not interested in reporting the details of the episode: the specific circumstances as well as the details of the murder (the method used and the blame of people for such a cruel act) are ignored in his translation. This omission seems to be intentional since the original introduction, suggesting a slightly different situation from the issue examined in this point of the treatise, could mislead the reader. In the Latin text the Athenian garrison troops are not defending their own city but occupying Corinth; from the conciseness of Machiavelli's anecdote, one instead assumes that Iphicrates is defending Athens.[20]

What sort of *facezie* is there in *Il Principe*? The first witty remark one comes across refers to the author's personal experience; it is to be found at the end of the third chapter where he deals with the mixed principalities. The passage is well-known: replying to the Cardinal of Rouen, George d'Amboise, who argues that the Italians do not understand warfare,[21] Machiavelli fiercely observes that the French do not understand statecraft:

> perché, dicendomi el cardinale di Roano che li Italiani *non si intendevano della guerra*, io li resposi ch'e' Franzesi *non si intendevano dello stato*, perché, intendendosene, non lascerebbano venire la Chiesa in tanta grandezza.[22] (*Principe*, III 48)

It is not difficult to imagine this repartee, with the cardinal silenced by Machiavelli's prompt answer: by repeating the same verb (*intendersi*), the author reciprocates the accusation so that his words sound like one of those *facezie* described by Cicero as follows: 'Omnino probabiliora sunt, quae lacessiti dicimus, quam quae priores, nam et ingenii celeritas maior est, quae apparet in respondendo, et humanitatis est responsio' (*De oratore*, II 230) [The things we say when exasperated are altogether more persuasive than those we say in our first attack, as greater quickness of device is shown in retort, and to retort is human].[23] Nonetheless, to grasp the sense of Machiavelli's blunt riposte, it is important to reconsider the structure of the entire chapter. It is clear from the outset that the discourse will not pivot on the main core of a mixed principality, but on its extensions, as well as on the way to guarantee their survival in difficult conditions. The specific case of the King of France, Louis XII, is used as the most significant model to give a prince advice about how (not) to behave in similar circumstances. The first part of the chapter, including the positive examples of the Turks (who after conquering Constantinople took up residence there) and the Romans (who used to send colonies into the new acquired territories), leads the reader to think about what the French King failed to do in order to conserve his power in the Duchy of Milan (the second time he occupied it), even before the author carefully analyses his political mistakes.[24] So the repartee that Machiavelli remembers having had with the cardinal, at the end of the chapter, is not only an embellishing anecdote but has the rhetorical purpose of sealing a discussion which demonstrates, primarily through the example of Louis XII, the wrong military politics of those who ruin themselves by making others powerful. It is only in the light of such considerations that the meaning of that 'non si intendevano dello stato' can be fully understood.

Like the witticism involving the Cardinal of Rouen, another *facezia* connected to the author's personal experience is contained in the seventh chapter, where Machiavelli examines the ascent and fall of Cesare Borgia. If Duke Valentino obtained the principality of Romagna thanks to his father, Pope Alexander VI, then he himself was able to establish a firm government thanks to his *virtú*. The only one mistake he committed was not to prevent the election as Pope of Julius II, who had been one of the cardinals he had previously offended to consolidate his power. Nonetheless, in the author's opinion this mistake is to be partly ascribed to the same changeable *fortuna* which at the beginning helped Cesare Borgia to acquire a new principality and then abandoned him just when he was about to conquer Tuscany. As a matter of fact, when his father was dying, he himself fell ill and could not manage those circumstances in the most adequate way. Machiavelli then quotes the words that he says he heard directly from the mouth of Duke Valentino:

> e lui mi disse, ne' dí che fu creato Iulio secondo, che aveva pensato a ciò che potessi nascere morendo el padre e a tutto aveva trovato remedio, escetto che non pensò mai in su la sua morte di stare ancora lui per morire.[25] (VII 41)

The indirect speech corroborating the author's thesis by the strength of the evidence sounds like a witty remark on a mocking fate. Its humour derives from the contrast between an ideal status and the lack of the essential condition (the Duke's health) to achieve it.[26] From a stylistic point of view, the juxtaposition of antithetical verbs (*nascere/morendo*), the first used metaphorically, and the second literally, is also remarkable. Besides, the explanation Machiavelli gives in regard to the mistake Duke Valentino made in letting Giuliano della Rovere be elected Pope: 'e chi crede che ne' personaggi grandi e' benefizii nuovi faccino dimenticare le iniurie vecchie, s'inganna' (VII 48),[27] can be compared to the first part of a *detto piacevole* that Poliziano ascribes to Cosimo: 'Diceva Cosimo che si dimenticano prima cento benefìci che una iniuria, e chi iniuria non perdona mai; e che ogni dipintore dipigne sé'.[28] Therefore, one may wonder whether there are other similar instances of sentences which are used by Machiavelli with a universal value but may be actually related to the genre of *facezie*.

At the beginning of the seventeenth chapter, where it is argued that a prince must abstain from offensive behaviour which could make him too intolerable and hated, there is a list of precepts that refer to the biblical commandments: 'you shall not murder' (fifth), 'steal' (sixth), 'commit adultery' (seventh), 'not covet your neighbour's wife' (ninth), 'or your neighbour's goods' (tenth). However, the ideal state of things according to the theological perspective is overturned in Machiavelli's pages without any respect for moral issues. More precisely, a prince is forbidden to touch the property as well as the womenfolk of his subjects and citizens, whereas he is allowed to take anyone's life if circumstances force him to do so. According to this different scale of values, goods represent something absolutely untouchable; the reason offered is quite sarcastic in its irreverence: 'ma soprattutto [il principe deve] astenersi dalla robba d'altri perché li òmini sdimenticano piú presto la morte del padre che la perdita del patrimonio' (XVII 14). The comic effect derives — as Cicero would say — from stating something in opposition to common expectations, which also reveals an aspect of human behaviour in contrast with the fourth commandment ('Honour your father and your mother').

Furthermore, it is notable that the casual clause 'perché li òmini' etc. is very similar to the joke mentioned above ('si dimenticano prima cento benefìci che una iniuria') which Poliziano ascribes to Cosimo. It is likely that Machiavelli's comment could originally have been part of a joke starting with 'Cosimo (or whoever) once said that'. Hence the popular Florentine tradition is absorbed by the author's discussion so that the witticism sheds its original form to become part of political rules.

Finally, the influence of popular tradition seems to operate in depth elsewhere in *Il Principe* as in the famous eighteenth chapter, where Machiavelli explains whether or not a prince should keep his promises and how he should make good use of his animal side. In particular, since politics requires the skills of feigning and dissimulating, he must be able to behave like a fox. Even if circumstances force him to act contrary to trust as well as charity, humanity and religion, his words and behaviour should, nonetheless, make him look merciful, trustworthy and above all pious. This does not require great effort because people readily allow themselves to be deceived: 'e sono tanto semplici li òmini e tanto obediscano alle necessità presenti, che colui che inganna troverrà sempre chi si lascerà ingannare' (XVIII 11). Such a bitter albeit witty observation on human nature is only mentioned halfway through the chapter, while it is better illustrated at the end of it, where Machiavelli states: 'e li òmini *in universali* iudicano piú alli occhi che alle mani, perché tocca a vedere a ognuno, a sentire a pochi' (XVIII 17). Here, the author is manipulating a moral precept which is usually addressed to common people so that they may be more aware of danger, as is shown by two *detti* by Poliziano: ' — Pongli mente alle mani e non agli occhi! — , disse l'uccellino' (419) and ' — Maestro Zambino da Pistoia soleva dire che conosceva meglio gl'amici suoi a guardare loro alle mani, che a guardarli in viso' (130). In fact, as has been noted in regard to Poliziano's texts, the expression 'to pay attention to the hands rather than to the eyes' appears originally in a medieval fable, which tells of a man who used to kill the chicks kept in a cage by crushing their heads. One day, seeing the man's eyes accidentally wet with tears, one of the chicks cheered up, but the eldest warned him: 'O fili, non ad oculos respice, sed ad manus!' [Oh son, do not look at the eyes, but at the hands!].[29] It is interesting that in *Il Principe* attention is not drawn to what people should do (as so clearly expressed by the warning of the eldest chick in the fable), but to what they believe because of their naivety (as the chick cheering up does), which is an aspect that a prince must take into account to his advantage.[30]

At the end of this examination, a few important points are worth underlining. Machiavelli's use of *facezie* is different from that illustrated in both the *Cortegiano* and *De sermone*, where jokes are intended as an expression of the courtier's *grazia*. The quips scattered in the political and historical works are used as a rhetorical tool not only to lighten the matters discussed but above all to reinforce the author's theses and give them consistency. In particular, the analysis of the jokes in *Il Principe* highlights some peculiar aspects of the treatise: the strong bond with the popular (and religious) tradition which is absorbed by Machiavelli's discussion so that some of the witticisms are disguised as political rules; the scantiness of classical instances proving that he did not indulge in the exploration of ancient anecdotes for the composition of *Il Principe*; and his controversial approach to the subjects tackled which does not take into account moral issues.

Notes to Chapter 14

1. Cf. Niccolò Machiavelli, *Opere*, ed. by Corrado Vivanti, 3 vols (Turin: Einaudi-Gallimard, 1997–2005), II, 57–58. Only the private letters and the comedies are not yet published in the *Edizione Nazionale delle Opere di Niccolò Machiavelli*, 20 vols (Rome: Salerno Editrice, 2001–), from which all the subsequent quotations of the other works are taken.
2. Cf. Francesco Bausi, *Machiavelli* (Rome: Salerno Editrice, 2005), pp. 98–99.
3. As far as the tradition of satirical epitaphs is concerned, see Stefano Carrai, 'Machiavelli e la tradizione dell'epitaffio satirico fra Quattro e Cinquecento', *Interpres*, 6 (1985–86), 200–13.
4. 'Ricordo come questo dì 16 di dicembre io ò renduto a Matteo cartolaio la Rettorica Nuova di Tullio m'avea prestato più dì fa, e più ò renduto a Zanobi cartolaio Tullio De Oratore m'avea prestato più dì fa' (Bernardo Machiavelli, *Libro di Ricordi*, ed. by Cesare Olschki (Florence: Le Monnier, 1954), p. 123).
5. Cf. Amedeo Quondam, 'Dall'uomo faceto all'uomo di spirito', in *Il comico nella letteratura italiana. Teorie e poetiche*, ed. by Silvana Cirillo (Rome: Donzelli, 2005), pp. 91–116 (pp. 99–100). Pontano uses the two types of wit examined by Cicero, based on words and facts, to develop his ideas according to Aristotelian principles, but he also makes a further distinction between a discursive virtue — which is practised in friendly conversations and for which he invents the Latin word *facetudo* — and a public rhetorical ability, defined as *facundia*. Castiglione dwells instead on the difference made by Cicero between *cavillatio* that he translates as *festività* or *urbanità*, and *dicacitas* interpreted as 'detti pronti e acuti'.
6. Most of the *facezie* ascribed to Castruccio are a translation of anecdotes contained in Laertius' *Vitae philosophorum*. However, Francesco Bausi argues that the direct source is unlikely to be Laertius' work (either in Greek or in the Latin translation by Ambrogio Traversari), but could be one of its medieval and contemporary compilations (cf. id., 'Machiavelli e la tradizione culturale toscana', in *Cultura e scrittura di Machiavelli* (Rome: Salerno Editrice, 1998), pp. 81–115 (pp. 106–08)).
7. The Latin quotation is taken from *La vita di Castruccio Castracani da Lucca*, ed. by Riekie Brakkee, intro. by Paolo Trovato (Naples: Liguori, 1986), p. 129, which reproduces Laertius' *Vitae philosophorum*, trans. by Ambrogio Traversari (Venice: Niccolò Ienson, 1475).
8. Cf. Machiavelli, *La vita di Castruccio Castracani e altri scritti*, ed. by Giorgio Inglese (Milan: Rizzoli, 1991), p. 32.
9. Cf. *La vita di Castruccio Castracani da Lucca* (Edizione Nazionale), p. 60 note.
10. I do not think that it is necessary to look for consistency in these jokes, because they neither aim to give a humanistic portrait of the Lord of Lucca nor to discredit him. For these two interpretations see respectively: *Motti e facezie del Piovano Arlotto* (Milan and Naples: Riccardo Ricciardi, 1995), p. x, and Francesco Paolo Luiso, 'I detti memorabili attribuiti a Castruccio Castracani da N. Machiavelli', in *Castruccio Castracani degli Antelminelli. Miscellanea di studi storici e letterari* (Florence: Tipocalcografia classica, 1934), pp. 217–60 (p. 239). A few *facezie* contain references to the literary tradition (and mostly to Dante). One of these has not been yet pointed out by the critics: '"Domandato da uno come egli avessi a fare a farsi stimare, gli disse: 'Fa, quando tu vai a uno convito, che e' non segga *uno legno sopra uno altro legno*'" (156), where the part in italics (mine) replaces the original 'lapis super lapide' (*Aristippus*, II 8 72). In both expressions the same word (*lapis/legno*) is used first as a metaphor for an uneducated person who does not have anything brilliant to say, then as a metonymy of the seat that he may occupy. Machiavelli's substitution could be influenced by a similar expression used by Dante in *Inf.*, XXXII 49–50: 'Con legno legno spranga mai non cinse | forte così', although the context is completely different (Dante's image aims to describe the strong collision between the heads of two brothers who betrayed each other late in life).
11. Cf. the end of *La vita di Castruccio Castracani da Lucca*: 'Potrebbonsi raccontare delle altre cose assai dette da lui, nelle quali tutte si vedrebbe ingegno e gravità, ma voglio che queste bastino in testimonio delle grandi qualità sua' (183). On the other hand, Machiavelli's limited selection is appropriate for the length of the chapter in question. Only one of the numerous jokes reported by Poliziano and featuring the Florentine Lord is present in this group: 'Mandogli messer

Rinaldo degli Albizzi, nel principio del suo esilio a dire che la gallina covava, a cui Cosimo rispose che la poteva mal covare fuora del nido' (*Istorie fiorentine*, VII 6 7): cf. Angelo Poliziano, *Detti piacevoli*, ed. by Tiziano Zanato (Rome: Istituto della Enciclopedia Italiana fondata da Giovanni Treccani, 1983), n. 139, p. 65. The witticism must have been very popular if it is also mentioned in Baldassare Castiglione, *Il libro del cortegiano*, II 65 (ed. by Nicola Longo, with intro. by Amedeo Quondam (Milan: Garzanti, 1998)), where the replacement of Rinaldo degli Albizzi with Messer Palla de' Strozzi shows the malleability of the genre. Two other *facezie* ascribed to Cosimo are mentioned by Machiavelli in the same chapter (cf. VII 6 4 and 6 19).

12. In particular one *canna* was equivalent to 2.92 m in Florence and Pisa, 5.45 m in Perugia, 5.22 m in Pesaro, and 5.63 m in Piacenza (see the entry in *Grande dizionario della lingua italiana*, ed. by Salvatore Battaglia and Giorgio Bárberi Squarotti, 21 vols (Turin: UTET, 1961–2000), II, 636).

13. With regard to offensive jokes, see what Machiavelli says in *Discorsi*, II 26 10: 'Tanto fu stimato dai Romani, come di sopra si è detto, cosa dannosa il vilipendere gli uomini e il rimproverare loro alcuna vergogna; perché non è cosa che accenda tanto gli animi loro né generi maggiore isdegno, o da vero o da beffe che si dica: "Nam facetiae asperae, quando nimium ex vero traxere, acrem sui memoriam relinquunt"'. As is observed in the national edition of the *Discorsi* (p. 485 note), Machiavelli is here manipulating Tacitus' *Annales*, XV 68 (the Latin author is referring to Nero's hostility towards the consul M. Vestinus Atticus to whom he had been very close): 'ille [Nero] ferociam amici metuit, saepe asperis facetiis inlusus, quae ubi multum ex vero traxere, acrem sui memoriam relinquunt' [the sovereign afraid of the masterful friend who so often mocked him with that rough humour which, if it draws too largely on truth, leaves pungent memories behind] (Tacitus, *The Annals*, trans. by John Jackson, 4 vols (London: William Heinemann; Cambridge, MA: Harvard University Press, 1937), IV (Books XIII–XVI), 324–25).

14. The Latin text is taken from Flavio Biondo, *Historiarum ab inclinatione Romanorum imperii* (Basel: Hieronymus Frobenius and Nicolaus Episcopius, 1559). Further information is provided by Biondo in regard to the envy a few corrupted Roman citizens felt towards Narses because of his success, as well as in regard to the communication of their disappointment to Sophia and the attempt Narses made to persuade Alboin to stay in Pannonia after being appointed as a consul in Rome by Pope John III (cf. *Decadis primae*, VII, pp. 98–99 h-a).

15. For other isolated witty remarks in the *Istorie* cf. III 25 15, IV 12 7, V 27 17, VII 18 8.

16. Cf. *Discorsi*, I 14 11, II 4 30, II 15 14–16, II 18 5, II 30 29.

17. As far as this joke is concerned, Walker mentions similar anecdotes narrated by Plutarch in *Moralia* 212E, 215D and 190A, to which 230C can be added (see *The Discourses of Niccolò Machiavelli*, ed. and trans. by Leslie J. Walker, 2 vols (London: Routledge and Kegan Paul, 1950), II, 134, n. 14). Vivanti refers to Walker but quotes only *Moralia* 212E (cf. Machiavelli, *Opere*, I, p. 1049, note 11). See also Valerius Maximus, *Facta et dicta memorabilia*, III 7 ext. 8: 'Of the same city [Sparta] and the same spirit was he who said to his host who was showing him the wide and lofty walls of his own town: "Fine, if you built them for women; shameful, if for me"' (Valerius Maximus, *Memorable Doings and Sayings*, ed. and trans. by David R. Shackleton Bailey, 2 vols (Cambridge, MA, and London: Harvard University Press, 2000), I, 317).

18. Another modern example is the famous anecdote featuring Caterina Sforza, who blamed the conspirators for having killed her husband, and exposing her genitalia showed them how she was not concerned about her offspring since she could have other children in future: 'la quale [Caterina Sforza], come fu dentro, dalle mura [della fortezza] rimproverò loro la morte del marito e minacciògli d'ogni qualità di vendetta. E per mostrare che de' suoi figliuoli non si curava, mostrò loro le membra genitali, dicendo che aveva ancora il modo a rifarne' (III 6 157–58). The episode is also mentioned in *Istorie fiorentine*, VIII 34 18, but without any reference to the obscene gesture. The conspiracy is described in *Principe*, XX 30 as the only positive example of the use of fortresses against the enemy: Caterina Sforza waited for the help of Ludovico il Moro, who returned the state to her.

19. Frontinus, *The Stratagems and the Aqueducts of Rome*, ed. by Mary B. McElwain, trans. by Charles E. Bennett (London: William Heinemann; New York: G. P. Putnam's Sons, 1925), pp. 244–47.

20. This idea is also supported by the anecdote quoted by Machiavelli immediately before, regarding the siege of Athens. Alcibiades instructed the guards to raise their torches during the night as soon as they saw him doing it in order to verify whether or not they were on the alert. For other

jokes in the treatise cf. II 76, II 279–80, IV 68, VI 173 and 174.
21. Machiavelli was sent to the French court in Nantes in October and November 1500.
22. Italics mine.
23. Cicero, *De oratore*, trans. by Edward W. Sutton and Harris Rackham, 2 vols (Cambridge, MA, and London: Harvard University Press, 1942), I, 368–69.
24. Louis XII weakened his own authority depriving himself of useful allies (the Venetians), increased the temporal power of the Church, did not take up residence or establish colonies there, allowed the King of Spain to enter Italian territory, and finally contributed to the ruin of the Venetians by adhering to the League of Cambrai (without foreseeing that they could oppose the military ambitions of Spain and the Church to conquer Lombardy).
25. In Machiavelli's dispatches there is no evidence of this conversation (cf. the national edition of *Il Principe*, p. 145 note). The Duke's riposte is reported by Guicciardini in the sixth book (chapter 4) of the *Storia d'Italia*, where the wit is lost in the length of the narration.
26. Such jokes are described by Cicero as *discrepantia* (cf. *De oratore*, II 281). A classical instance of these incongruities can be found in *Principe*, VI 28: 'E [Ierone Siracusano] fu di tanta virtú etiam in privata fortuna, che chi ne scrive dice *quod nihil deerat ad regnandum praeter regnum*' [that he lacked nothing to reign but a kingdom]; cf. Justin, *Epitome*, XXIII 4 15). The example of Hiero the Syracusan (306–215 BC) is added at the end of the chapter to those of Moses, Cyrus, Romulus and Theseus, who with their ability and armies became glorious princes of new principalities: like them the tyrant did not miss his opportunity to obtain the leadership when the city was oppressed, but unfortunately he was not ruling a big kingdom.
27. One can notice the symmetrical correspondence between 'benefizi nuovi' and 'iniurie vecchie', which is based on the opposite meaning of nouns and adjectives. The same concept is repeated in *Discorsi*, III 4 6: '[...] si può ricordare ad ogni potente che mai le ingiurie vecchie furono cancellate da' beneficii nuovi', and in the letter sent to Vettori on 29 April 1513: '[un re] che ogni volta ne avessi occasione, si sarebbe piú ricordato delle iniurie vecchie che de' benifizii nuovi' (Machiavelli, *Opere*, ed. by Vivanti, II, 252). The rule is, nonetheless, turned upside down in a subsequent letter to Vettori (dated 10 August 1513): 'e' benifizii nuovi sogliono fare sdimenticare le iniurie vecchie' (ibid., p. 276).
28. Poliziano, *Detti piacevoli*, ed. by Zanato, n. 152, p. 67.
29. Cf. Poliziano, *Detti piacevoli*, ed. by Zanato, p. 199 note. This story was then included by Poggio Bracciolini in his *Liber facetiarum* (253), and cited by Pulci in the *Morgante* (XXVIII, 45, 3–4); moreover, two other passages echoing this fable have been indicated by Zanato in Machiavelli's works, one in *Clizia*, I 1 ('mio padre e mia madre cominciorono ad avermi gli occhi alle mani'), the other in the sonnet *Io vi mando, Giuliano, alquanti tordi* ('e giudichi alle mani e non agli occhi', v. 17).
30. The same idea is expressed in *Discorsi*, I 25 2: 'perché lo universale degli uomini si pascono cosí di quel che pare, come di quello che è, anzi molte volte si muovono piú per le cose che paiono, che per quelle che sono'. As far as the likely influence of Pulci is concerned, cf. Francesco Bausi, 'Politica e poesia. Ancora sulla cultura di Machiavelli', *Intersezioni*, 23 (2002), 377–93 (pp. 382–83).

CHAPTER 15

History in a Painting: Sebastiano del Piombo's Portrait of Andrea Doria (1526)

Carlo Caruso
University of Durham

Introduction

In May 1526 a feeling of great excitement was sweeping Italy as its states were about to unite to fight together against an invading army, an event almost unimaginable during the previous thirty years of conflict. Pope Clement VII, Florence, Venice, Milan, the King of France François I and other minor allies agreed to form a league against the Holy Roman Emperor and Spanish King, Charles V. The league was named after the town of Cognac, where their pact was ratified on 22 May 1526. This alliance would yet be affected by the same shortcomings that had crippled similar previous attempts, with one exception — that, this time, the consequences would be even worse. One year later, a disorganized and plague-stricken army of German, Spanish and Italian mercenaries, which could have been easily outnumbered and defeated by the forces of the League, trailed down the Italian peninsula with no specific aim other than its own safety and, virtually undisturbed, ransacked the richest of targets: Rome. It was the humiliating conclusion of a long series of political and military errors, the responsibility for which lay heavily on the Pope's tardiness as well as that of his commander-in-chief, the Duke of Urbino Francesco Maria della Rovere. Titian might well portray him in shiny armour and fierce posture,[1] but in the eyes of Francesco Guicciardini the Duke's behaviour in that unfortunate campaign deserved only the parodic motto *veni, vidi, fugi*.[2]

But in May 1526, hopes were still running high. Guicciardini had just carefully drawn up the terms of the League of Cognac and was to be made Lieutenant General in the Pope's army.[3] Niccolò Machiavelli wrote to Guicciardini on 17 May, the very day the latter had learnt that all the obstacles which prevented the ratification of the treaty had been removed. Machiavelli wrote: 'Voi sapete quante occasioni si sono perdute; non perdete questa né confidate più nello starvi, rimettendovi alla Fortuna et al tempo, perché con il tempo non vengono sempre quelle medesime cose, né la Fortuna è sempre quella medesima' [You are aware of the many opportunities we missed in the past. Do not miss this one, nor indulge in waiting for an intervention of Fortune, or Time: for Time brings things which are not always the same, nor is Fortune likely to remain unchanged]. Then, as if just at that point he had realized whom he was addressing, he added: 'Io direi più oltre, se io parlassi con huomo che non intendesse i segreti o non conoscesse il mondo' [I should say more, if I were talking to a man who lacked intelligence of secrets and experience of the world].[4] He concluded by pleading Italy's cause in Latin, almost as if he deemed his Florentine vernacular not to be sufficiently eloquent for the purpose: 'Liberate diuturna cura Italiam, extirpate has immanes belluas, quae hominis, praeter faciem et vocem, nihil habent' [Now take on to free Italy from its long-borne suffering, and eradicate these savage beasts which have nothing of men, apart from their faces and voices].[5]

Guicciardini had indeed done all he possibly could to avoid taking chances with Lady Fortune. Not even the necessity of ensuring supremacy at sea had been omitted, and to this purpose the Genoese sea-captain Andrea Doria had been persuaded to serve. In 1526 Andrea Doria had not yet achieved that unofficial status of Grand Admiral of Christendom which has made his name conspicuous in the eyes of posterity. Back then, he was still wont to hire his small but powerful fleet to the highest bidder like a rather ordinary corsair (for which, it may be added in parentheses, he and his family had been scorned in Ariosto's *Cinque canti*).[6] Doria was in fact serving under the King of France, François I. Yet, this did not deter Pope Clement VII from offering him a conspicuous *condotta* to exercise direct control over his ships. For some time, Doria's ambiguous behaviour made him a well-remunerated servant of two lavish masters until a French complaint demanded a solution to the case. It is to be noted that this little row over the Genoese makes its appearance in a codicil of the Treaty of Cognac. The papal Nuncio Capino del Cappo, who ratified the treaty on behalf of the Pope, must have deployed all of his ingenuity and byzantine eloquence to extricate himself from an awkward position. In the text of the treaty, he is said to have claimed in the course of the negotiations 'that he had no power to influence His Holiness on this subject' ('ille quidem nuncius respondit se non habere super hoc facultatem obligandi Sanctitatem suam'), while he would not believe for a moment that the Pope 'would by any means admit the afore-mentioned Doria in his service' ('quod Sanctissimus ipse Dominus noster praefactum Doriam in suum servitium nequaquam recipiet'). Yet, should such an implausible circumstance have already occurred ('et si de facto iam receperit') — as indeed it had — the Nuncio declared himself confident that the Pope would instantly give Doria leave 'and effectively insist that he return in the service of the Most Christian King' ('eundem relaxabit procurabitque effectualiter ut ad servitium Christianissimi Regis revertatur').[7]

Eventually the Pope acceded to the French request, but he insisted on exercising his role as Doria's master for a few more days so that he could personally and solemnly appoint him commander of the fleet. Doria was thus invited to come to Rome and sit for a portrait that would mark the memorable event.[8] The commission went to Clement's favourite painter, Sebastiano del Piombo, and the result is indisputably admirable (Figure 15.1). Doria stands in his black travel cloak with an expression 'verging on the menacing',[9] his ominous shadow cast against a dark background, his outstretched arm and hand pointing to the symbols of his power at sea.

FIG. 15.1. Sebastiano del Piombo, *Portrait of Andrea Doria*, Genoa, Palazzo del Principe

The Painting on Display

We are exceptionally well-informed about the time the portrait was painted. On 29 May the Mantuan ambassador to the papal court wrote to his master, the Marquise Federico Gonzaga:

> Feci l'officio de visitatione cum M. Andrea Doria [...]. N(ostro) S(ignore) volse che prima chel partesse de qui se facesse retrare a Sebastiano che è pittore ex.mo. [...] S(ua) S(anti)tà ha voluto il retratto appresso a sé, che è signo de lo amore che li porta.[10]
>
> [I paid the customary visit to the Pope with my lord Andrea Doria [...]. Our Lord wanted Doria to be portrayed before his departure by Sebastiano, who is an excellent painter. [...] His Holiness insisted on keeping the portrait next to him, a clear token of his love for Doria.]

This letter, discovered by Alessandro Luzio in the Gonzaga Archive in Mantua, marks an unusually close *terminus ante quem* for the completion of the portrait. By combining information from the Mantuan document and the account in Marin Sanudo's *Diarii*, one can more precisely define the period of time during which the painting was executed and formulate some conjectures as to the length of Doria's portrait sitting.

In Sanudo's *Diarii*, the first piece of news concerning Andrea Doria's Roman visit appears in the summary of a note sent from Rome by the Venetian ambassador on 17 May.

> *Di Roma, di l'Orator, di 17* [...] Scrive, domino Andrea Doria è gionto a Civitavechia con le sue galìe. (Sanudo, XLI, p. 382, 21 May 1526)
>
> [*From our Ambassador in Rome, 17* [May] [...] He writes that Captain Andrea Doria has reached Civitavecchia with his galleys.]

FIG. 15.2. Reliefs with naval trophies and sacrificial tools
Rome, Musei Capitolini,

A few days later, the abstract of a note sent by the same ambassador on 22 May provides details about Doria's arrival in Rome.

> *Da Roma, di l'Orator, di 22* [...] Scrive avisi di Franza [...], et che 'l Papa è contento lassar Andrea Doria servi al Re [François I]. Et di questo haver scritto in Franza a Capino [the papal Nuncio in France]. El qual Doria heri zonse qui con 50 zentilhomini in compagnia, et li fo fatto grande honor dal papa. Li andò contra il reverendo Datario [Matteo Giberti, Bishop of Verona and a Genoese by birth]. Ha a Civitavechia 6 galìe et do brigantini con 6000 homini suso per forza ben in ordine; al qual il Papa li dà 36 milia ducati a l'anno, et spera che el farà ben et si partirà subito de qui. (Sanudo, XLI, p. 402, 27 May)
>
> [*From our Ambassador in Rome, 22* [May] [...] He writes about news from France [...], and that the Pope is happy with giving Andrea Doria leave to serve the King [of France]. And that he has written Capino about this. The aforementioned Doria arrived here yesterday accompanied by 50 gentlemen, and the Pope did him great honour. He was met by the reverend Datarius. He has in Civitavecchia 6 galleys and two brigantines with a well-ordered force aboard of 6000 men. The Pope grants him 36 thousand ducats a year and hopes that he will act effectively and depart immediately.]

Again, in an abstract of a note sent on 25 May:

> Scrive, domino Andrea Doria è partito di qui per andar a montar su la sua armada. (Sanudo, XLI, p. 405, 29 May)
>
> [[The ambassador] writes that Captain Andrea Doria has left Rome to get aboard his fleet.]

Doria thus arrived in Rome on 21 May. He was introduced to the Pope who, after 'doing him great honour', asked him to 'depart immediately'. If we consider the Pope's request that Doria should be portrayed by Sebastiano, a detail not mentioned by the prosaic Venetian ambassador but dutifully underlined by his Mantuan colleague (who was presumably aware of how valuable this kind of information was in the eyes of his mistress, the Marchioness of Mantua Isabella d'Este), we may infer that Doria did not leave at once as requested, but instead spent one or two days longer in Rome. On 25 May he had already left for Civitavecchia, and before the end of the month he had been signalled with his fleet at Leghorn (Sanudo, XLI, p. 438–39, who recorded the news from Rome in his diary on 2 June). Therefore, Doria would not have sat for any longer than a day or two for Sebastiano, perhaps even less than that. His portrait was presumably finished after he had departed, although it appears that, by 29 May, the Mantuan ambassador was already admiring an accomplished work. Sebastiano must have produced this masterpiece in less than a week.

Even a quick look at the portrait reveals that Sebastiano would not have needed much of Doria's time — only enough to sketch the whole image and complete his face and hand, the two features which ordinarily required the master's attention. The remainder, which includes background, cloak, and frieze, could have been safely left to the care of the assistants after Doria had gone. One might even venture to suggest that this ingeniously simplified yet powerful figure is partly the result of the very little time the painter had at his disposal.

Sources (and Possible Meanings) of the Frieze

The frieze in the lower section of the painting has often raised questions as to its intended meaning. While it may have been executed by Sebastiano's assistants, there should be no doubt that, in terms of pictorial composition, it was meant to catch the observer's eye together with the figure of Doria, whose gesture unequivocally entails the frieze's presence. This rules out the possibility that the frieze may have been added as a *pentimento* at a later stage. The panel itself is made of one piece and shows no trace of junction along the line that separates the two sections.

The source of the objects reproduced in the frieze was identified in 1940 by Jan W. Crous as a set of Roman bas-reliefs, which were kept in the Roman basilica of S. Lorenzo fuori le Mura during the late Middle Ages and the Renaissance and are now on display in the Capitoline Museums of Rome (Figure 15.2).[11] The bas-reliefs were extraordinarily popular with late fifteenth- and early sixteenth-century artists, who repeatedly copied their symbols into their sketchbooks.[12] The images carved on them also appear in Mantegna's *Triumph of Caesar*, in the fifteenth-century decoration of the cloister of S. Giustina in Padua (now destroyed), among the woodcuts of the *Hypnerotomachia Poliphili*, and elsewhere.[13]

The presence of those symbols in Sebastiano's portrait, however, should not be regarded as a matter of course. Despite the fact that Rome had been pervaded for decades by what could be described as a veritable archaeological frenzy, the frieze represents a unique feature in Sebastiano's *oeuvre* — for, although he spent half of his life in the Eternal City, he never seemed to express any significant interest in archaeological motifs. Moreover, what appears to be obvious today was not necessarily obvious back then — namely, that the objects represented in the painting could all be easily identified as allusive to ancient navigation (Figure 15.3). The six objects are, from left to right (Figure 15.4): 1. an anchor; 2. an *akrostolion*, that is, a ship's beak or stem-post decoration, with its marine sonde; 3. a ship's prow with its *rostrum*; 4. a rudder; 5. a *chēniskos*, or goose-shaped ornament [Gr. *chēn* 'goose'] at the ship's stern, apparently adapted by Sebastiano to look like a serpent's (or a swan's) head; 6. an *aphlaston*, the extreme ornament of a ship's stern. The selection must have been made by a humanist, who presumably picked from the marble friezes at San Lorenzo those symbols that looked appropriate for a sea captain. Sebastiano is thus likely to have relied on the antiquarian expertise of somebody else: not only for the selection but also for the arrangement of the symbols, and ultimately for their meaning in connection with the figure of Doria.

A number of questions remain unanswered in respect of the nature and purpose of the frieze and may be broadly summarized as follows. Is there any special meaning to be seen in these symbols? If that is the case, should it be related to the circumstance of Doria being appointed commander of the fleet? Was the painting supposed to be publicly exhibited, as the words of the Mantuan ambassador seem to suggest? Were the viewers either offered the solution to the riddle (if any), or invited to decipher the symbols themselves? And by what sort of code (if any) would those symbols be made intelligible?

It seems appropriate to re-examine the case by highlighting three possible solutions.

Fig. 15.3. From Leoncini, 'Deduzioni iconografiche', p. 257 (see note 15)
Fig. 15.4. Sebastiano del Piombo, *Portrait of Andrea Doria*, detail

(1). Once the maritime (as well as warlike) theme had been determined, the relevant elements of the frieze were randomly selected with no further concern for their sequence in which they appear in the painting. At best, as has been suggested, the six symbols could represent the six galleys Doria was placing at the disposal of the League.[14]

(2). The elements of the frieze were selected to form an iconic allusion to a short text. It will be observed that the first three symbols refer to elements situated at the bow of a ship, the remaining three to elements situated at the stern. A Greek proverb, *prōra kai prumnē*, 'prow and stern', translated by Cicero as *prora et puppis* (*Fam.* 16.24.1 'Mihi "prora et puppis", ut Graecorum proverbium est...' [The 'prow and stern', as the Greek proverb goes, of my motive...], was supposed to mean 'from top to tail', 'in its entirety', 'all along', or suchlike.[15] In reference to Doria and in the context of the new coalition, it could have expressed his thorough dedication to the cause of the League.

(3). The elements of the frieze were selected to be the symbolic equivalent of a verbal message in the style of Renaissance hieroglyphic inscriptions. It is widely known that the pictograms of the Roman bas-reliefs in San Lorenzo, while frequently used as components of decorative patterns, were not in fact regarded as mere ornaments. In the eyes of the humanists they offered the best available evidence for the use of hieroglyphs in ancient Rome.[16] This term — hieroglyph, or hieroglyphic — ought to be understood the way humanists understood it.[17] Before Jean-François Champollion obtained the key to the Egyptian alphabet by deciphering the Rosetta Stone, hieroglyphs were believed to be the pictograms of a mystic alphabet, not a phonetic but a symbolic one, the knowledge and use of which had once been the prerogative of Egyptian priests. The sacred nature of hieroglyphs is mentioned in the works of Herodotus, Plutarch, Clement of Alexandria, Hermes Trismegistus, Plotinus and Ammianus Marcellinus amongst others. Texts somehow related to this tradition, such as the *Physiologus*, had been popular during the Middle Ages. But it was not until 1419 that hieroglyphs came into fashion, when a manuscript copy of Horapollo's *Hieroglyphica*, a fourth-century Hellenistic treatise on the subject, was brought from Greece to Florence.[18] The imagination of writers and artists was fired by the sight of this new means of visual representation, whereby a cluster of profound concepts defying adequate verbal expression could be made intelligible through an intuitive and immediate act of the mind and with the help of the viewer's eyes only. It was as if humanists could re-experience what Plotinus (*En.* v. 5. 8) had once described: 'Thus each picture was a kind of understanding and wisdom and substance and given all at once, and not discursive reasoning or deliberative.'[19] Alberti, Mantegna, Filarete, Poliziano, Bramante, Dürer, Pirkheymer, Erasmus, Ben Jonson and Piranesi, all fell under the spell of hieroglyphs. Even though the idle element of such speculations was evident (so that, for example, Pope Julius II could sceptically deride an abstruse hieroglyphic inscription devised by Bramante to celebrate his pontificate),[20] hieroglyphs constituted a stimulus for scholarly ingenuity, as well as a source of intellectual pleasure. They satisfied the humanists' craving for learned and elitist

DIVO IVLIO CAESARI SEMP. AVG. TOTIVS ORB.
GVBERNAT. OB ANIMI CLEMENT. ET LIBERALI
TATEM AEGYPTII COMMVNIA ER. E. S. EREXER E.

Fig. 15.5. Francesco Colonna, *Hypnerotomachia Poliphili* (Venice: Aldo Manuzio, 1499), fol. 122 *verso*

allusiveness, while also providing a hint of an older and more arcane civilization than the Hebrew, Greek and Roman ones.

To a humanistic mind, a hieroglyph would work more or less like a rebus. *Rebus*, the Latin ablative plural of *res*, translates as 'by things' as opposed to *verbis*, 'by words' — *non verbis sed rebus*. Hence the origin of the term for those enigmatical representations of words or phrases by pictures, the solution of which lies in their transliteration into a verbal message.[21] In a Renaissance hieroglyph, however, the picture was not supposed to lead the reader to a 'signifying' (in Saussurean terms) determined by the linguistic code shared by the humanists — i.e., Latin — , but rather to prompt an immediate link to the picture's symbolic or metaphoric meaning. The *Hypnerotomachia Poliphili* provides a number of illuminating examples in this respect, as its hieroglyphs are almost always accompanied by verbal translations. In one of them (Figure 15.5), for example, the phrase 'DIVO IVLIO CAESARI' [to Julius Caesar, the divine] is expressed by way of three pictograms: an eye ('uno ochio') as the symbol for the divinity = DIVO; two bound wheat sheaves crossing each other ('due spiche di frume[n]to tra[n]suersate ligate'), with reference to the Latin name of the month when wheat ripens, *Iulius*, which takes its name from Julius himself = IVLIO; and an ancient *acinaces*, or curved oriental sword ('uno antiquario acinace'), bearing a paronomastic allusion to *caedo* 'cut', hence to Caesar and his birth which, according to an apocryphal tradition, had been by Caesarean section = CAESARI.[22] In the absence of a transliteration, the modern interpreter is left with the task of conjecturing the symbolic or metaphoric meaning the picture is supposed to convey. That meaning however — as has just been observed — can easily be at second, third or even fourth remove from the conventional meaning attached to the pictured object. Even greater difficulties arise when the modern interpreter is confronted with a string of hieroglyphs for which one has to supply grammar cases, prepositions, conjunctions and all that is needed for a satisfying syntactic structure. Why? Because what at first glance appears to be an almost impenetrable system of arcane allusions is in fact a construction, or a fabrication, made *a posteriori*. One can easily tell from the examples given that Renaissance hieroglyphs were nothing but 'translations' into pictures of purpose-made Latin inscriptions — produced, in other words, following a procedure which is the opposite of the one that is being attempted here.

Attempts to decipher Doria's frieze cannot rely on any accompanying inscription, but solely on such correspondences between the pictograms and their accepted meanings as had been transmitted by ancient and late-antique authors to the early modern age. This corpus of scattered observations the humanists tried to codify into a symbolic repertoire for *cognoscenti*. Needless to say, the process had its vagaries. The creation of new correspondences, or the adaptation of old ones to new purposes, was often erratic and the result of individual initiatives. In 1556 Pierio Valeriano published an encyclopaedic work on the subject entitled *Hieroglyphica*, which can be regarded as a summa of the matter.[23] Yet even Valeriano's formidable tour de force can only be of assistance to the extent that it may point towards possible interpretations of individual elements of the frieze. Until new evidence emerges, the burden of unravelling the reason behind the selection and sequencing of the six symbols, together with their overall meaning, is bound to rest with the modern interpreter.

Inscriptions in the Balustrade

Firstly, one needs to explain Doria's posture. His may merely be a bracketing gesture, to signify that everything comprised between the thumb and the index — that is, the entire frieze — must be taken into account by the beholder. If, on the other hand, Doria is not simply gesturing towards the frieze but is rather pointing to its left end, his gesture and posture may entail the implicit recommendation that the beholder should read from left to right. Far from being an obvious and therefore redundant direction, this would receive its justification from a passage in Herodotus (II. 36):

> The Greeks write and calculate by moving the hand from left to right; the Egyptians do contrariwise; yet they say that their way of writing is towards the right, and the Greek way towards the left. They have two kinds of writing; one is called sacred, the other common.[24]

This is the only comment made by an ancient author on the way hieroglyphs were written, and it occurs within the context of a longer passage where a list of rather confusing habits, given as typical of the Egyptians, are presented as the opposite of those which are customary among the Greeks. Was Doria's gesture, in Sebastiano's intentions, meant to dispel any possible confusion or doubt that might arise as to the correct direction of reading? Moreover, if Herodotus is implicitly alluded to here, one can hardly believe that Sebastiano del Piombo had his *History* at the tip of his fingers. He is more likely to have relied, as has already been suggested in relation to the selection of the symbols, on the expertise of a humanist.

Yet Sebastiano may have played his own part in devising what begins to look like an erudite riddle. It has already been observed that his paintings do not show any perceivable interest in archaeological motifs. On the other hand, one other work of his, an unsigned portrait of an anonymous bust-shaped figure, formerly in the collection of Vittorio Cini in Venice (Figure 15.6), shows a remarkably similar layout to that of Doria's portrait.[25] Both portraits have a lower section — the so-called *balaustrata* — with six elements inscribed in it.[26] Six are the pictures in the

Fig. 15.6. Sebastiano del Piombo, *Portrait of Unknown Man*, formerly in the collection of Vittorio Cini

Doria portrait; a string of six dotted capital letters, with typically raised, 'epigraphic' triangular points as punctuation marks, features in the Venetian portrait: '· N · M · T · Q · C · S ·'. Silvia Danesi Squarzina has recently proposed to decipher the message as 'Noli Me Tangere, Quod Christus Sum' (adapted from John 20. 17), with a suggestion that the portrait be in fact a self-portrait inspired by the practice of *Devotio moderna*.[27] The matter demands a longer discussion, but for the purpose of this paper I shall confine myself to observe that 'N.' in the first position and 'Q.' in the fourth seem indeed to suggest a syntactic structure opened by a negative ('Non'/'Ne' or 'Numquam'), and followed in due course by a relative pronoun or the conjunction for the comparative ('qui' or 'quam'). Such a construction is common in Latin proverbs. One famous dictum ascribed to Scipio by Cato and reported by Cicero at *De off*. III. I comes very close to fitting the purpose: 'Numquam se minus otiosum esse, quam cum otiosus, *Nec Minus* solum, *Quam Cum Solus* esset' [Never less at leisure than when at leisure, *nor less alone than when alone*] (capitalization and emphasis added), possibly crossed with a passage from the *Philippics*, 'Nemo me minus *Timidus*, nemo tamen cautior' [No one is less *timid* than I am; no one more cautious] (*Phil.* XII. 24; capitalization and emphasis added). Couldn't one imagine something like 'N[umquam] M[inus] T[imidus]/T[repidus]/T[urbatus] Q[uam] C[um] S[olus]' [Never less timid/fearful/troubled than when alone] as a likely decipherment for the inscription? It would sound like a proud declaration of individuality, not inappropriate for a portrait produced at the high point of the Italian Renaissance. What really matters here, though, is Sebastiano's availability for this type of allusive as well as elusive game played with both the sitter on one hand, the viewer on the other.

'Reading' the Frieze

It now looks as if the frieze in Doria's portrait might reasonably conceal a message, although expressed in a non-verbal medium. Before examining the six symbols one by one, however, a preliminary word of caution is in order. What follows is based on the assumption that those six symbols may indeed be interpreted as humanistic hieroglyphs, thus translatable (at least tentatively) into a Latin inscription, which in turn could allude to the circumstance for which the portrait was painted — the appointment of Andrea Doria as commander of the fleet of the League of Cognac. Peculiar as it may seem, given the level of uncertainty that affects it, the hypothesis is put forward regardless, in the belief that imperfect, wrong, or even absurd speculations may lead other scholars to achieve more convincing results.

(1). ANCHOR. This is possibly the easiest symbol to decipher, for in the hieroglyphic vocabulary anchors refer to the interrelated notions of *firmitas* ('firmness', 'stability'), *tarditas* ('slowness') and *prudentia* ('prudence', 'circumspection'). Aldo Manuzio's personal device was a hieroglyph showing an anchor with a dolphin, the transliteration of which was supposed to be an oxymoronic *festina tarde* or *festina lente* ('hasten [= dolphin] slowly [= anchor]'). The motto was ascribed to Augustus by Aulus Gellius (*Noctes atticae*, X. 11. 5), and the picture of dolphin and anchor appeared on the verso of Roman coins of the Emperor Titus.[28] It also occurs in Francesco Colonna's *Hypnerotomachia Poliphili*, and became one of the most famous mottoes of the Renaissance.

(2). AKROSTOLION. The *akrostolion* with its marine sonde is a type of decoration placed at the fore end of Greek and Roman ships. It does not seem to occur in the hieroglyphic vocabulary. However, *akrostolia* were preserved as memorials of sea journeys (Plutarch, *Alc.* XXXII. 1), as well as trophies from the ships of the enemy after a victory in a sea battle (Strabo, III. 4. 3; Diodorus Siculus, XVIII. 75. 1; Appian, XII. 25). Its symbolic value might tentatively be formulated as something akin to *trophaeum* ('trophy'), *victoria* ('victory'), or the like.

(3). A SHIP'S PROW WITH ITS *ROSTRUM*. This is a complex picture which includes several elements. It is therefore likely to be translated into a phrase, or a series of words, rather than a single term, as is often the case with such pictures. Let us start with the boar's head. According to Valeriano's *Hieroglyphica*, the boar is very rarely associated with a positive concept. Under the headings *Aper* 'Boar', and *Porcus* 'Swine', there is only one potentially positive meaning: *impetus* ('impetus').[29] *Impetus* appears to be a (hypothetically) acceptable translation for a further reason: it would reinforce the notion of aggressiveness already suggested by the threatening aspect of the *tridens*, i.e. the ship's *rostrum* with its three protruding tusks.

This leads us to the problem represented by the prow. If compared with its model in the bas-relief, the prow in Sebastiano's frieze shows that an eye has been inserted. This is arguably the most compelling feature suggesting that the frieze should be read as a hieroglyph, for in that fantastic alphabet the eye is often employed to depict the divinity, either Christian or pagan.[30]

The ship's prow suggests a further association with Janus, the Roman god of navigation. The Romans of the Republican period used to strike coins with *Ianus geminus* or *bifrons* ('two-faced Janus') on the obverse, and a ship's prow, or a stern, or a whole ship on the reverse. Ancient coins were regarded by the humanists as reliable sources of information about the ancient world, especially if the numismatic evidence was supported by the authority of an ancient text — as has been observed in the case of the anchor and dolphin on Titus's coins recorded by Aulus Gellius. On this occasion, Pliny the Elder provides the relevant passage:

> Nota aeris eius fuit ex altera parte Ianus geminus, ex altera rostrum navis (*Hist. nat.* XXXIII. 45)
>
> [The design of this bronze coin was on one side a two-faced Janus and on the other the ram of a ship.]

This is well known to numismatists,[31] and it was likewise noted by Valeriano in his *Hieroglyphica*:

> Rostrum navis, alias autem puppis, vel interdum integrum navigium in aes signatum, Iani navigationem in Italiam ostendit: ex altera enim nummi parte Ianus geminus, ex altera rostrum navis, inquit Plinius, et nos inspeximus.[32]
>
> [The ram of a ship, or its stern, or at times the whole ship on a bronze coin signifies Janus's voyage to Italy: 'on one side of the coin a two-faced Janus, and on the other the ram of a ship', says Pliny, and I personally verified this.]

Whence was Janus believed to have come to Italy? Needless to say, from Egypt, as Pliny again testified.

> [...] Ianus pater, in suo templo dicatus ab Augusto ex Aegypto advectus [...] (*Hist. nat.* XXXVI. 28)
>
> [[...] the [statue of] Father Janus which was dedicated in its rightful temple by Augustus after being brought here from Egypt [...].][33]

Not only was Janus the Roman patron-god of navigation: he was also the mythical founder of Genoa, Doria's home city. A long inscription in the central nave of the city's romanesque cathedral of San Lorenzo records the mythical event, and a two-faced Janus still features in the arms of Genoa.[34] This myth appears to have originated from a typical pseudo-etymology, bringing together *Ianus* and *Ianua*, the latter being one of the Latin names of Genoa. While already current during the Middle Ages, the connection between *Ianus* and *Ianua* had been revived in Rome at the end of the fifteenth century by that most extravagant scholar and forger, Annius of Viterbo.[35]

Finally Janus was, as is universally known, the god of peace and war, as his bi-frontal image was meant to suggest. When the door (Lat. *ianua*) of his temple was open, Rome was at war; when closed, the city was at peace. This makes one to wonder whether the prow (pictogram no. 3) and the stern (pictogram no. 6) should be interpreted as specifically referring to Janus's double and opposing functions. It might also explain why the prow and the stern mark the two sections into which the inscription appears to de divided, as well as why a right-facing, 'closing' stern, not its specular equivalent, was selected from the bas-relief (cf. Figure 3). Could one venture to interpret these 'opening' prow and 'closing' stern as a double reference to the two opposing functions of Janus? That is, the 'opening' prow as *bellum* ('war'), and the 'closing' stern as *pax* ('peace')?

I am well aware this may sound like a sequence of over-stretched speculations, to which readers should feel entitled to add the question: can all this be believably crammed into one single pictogram? As mentioned above, speculative overindulgence has been admitted for the sake of the argument itself. As for the accumulation and co-existence of different but potentially complementary meanings in one hieroglyphic pictogram, this does not represent a problem. Synthesis, that is, concentration of meaning, was the very *raison d'être* of humanistic hieroglyphs. The concentration of meaning in symbolic pictures was in point of fact meant to contrast the analytical and, by comparison, prolix nature of verbal expression.

(4). RUDDER. The rudder is a very common icon in Renaissance hieroglyphs and in Renaissance symbology. It usually stands for *gubernator* 'helmsman', or *gubernare* 'to steer', as well as *Fortuna* 'Fortune' (from Lat. and Early Italian *fortuna* 'sea-storm').³⁶

(5). SERPENT'S (?) HEAD. Sebastiano seems to have transformed the *chēniskos* ('goose-shaped ornament') of the bas-relief into a serpent's, or a swan's, head. Was this intentional, or merely a misunderstanding? In the hieroglyphic alphabet, neither geese nor swans appear to convey any attested or recognizable meaning. Serpents could obviously symbolize *prudentia* ('circumspection'), as in the well-known passage from the Gospels (Matthew 10. 16). However, in Horapollo's *Hieroglyphica* the serpent primarily represents either the Universe and, by association, different regal dignities according to the carefully nuanced representation of the animal.

> I. 59 a very powerful king
> To show *a very powerful king, they draw a serpent* represented as the cosmos, with its tail in its mouth and the name of the king written in the middle of its coils, thus intimating that the king rules over the cosmos.
>
> I. 60 the king as guardian
> To show *the king as guardian* in another way, they draw *the serpent in a state of watchfulness*. And instead of the name of the king, they draw a guard. For he is the guardian of the whole world. And in both ways is the king watchful.
>
> I. 63 the king ruling part of the cosmos
> When they wish to symbolize *the king ruling not the whole world but a part of it, they draw a serpent cut in half.* They show the king by the animal, and by the half that he is not the king of the whole world.³⁷ (trans. by G. Boas; emphasis added)

The watchful half-serpent could thus be a clever mixture of several ingredients: circumspection and watchfulness (Matthew 10. 16; Horap. 1. 60), kingly nature (Horap. 1. 59), and partial dominion of the world (Horap. 1. 63). Can any such allusion be connected with a specific historical figure? The Emperor Charles V could refer to his own empire as a huge territory 'where the sun never sets', with little beyond it, as his device depicting the columns of Hercules with the motto *Plus ultra* proudly purported. It follows that his rivals could only aspire to rule a portion of the world. In 1526, as well as during most of his reign, Charles V had only one serious rival: the King of France, François I, ally of Pope Clement VII and master of Andrea Doria.

(6). APHLASTON, i.e., the extreme ornament of a ship's stern. In connection with the 'opening' prow (pictogram no. 3) alluding to the open temple of Janus in times of war (see above, 3.), this 'closing' stern might refer to the closed temple of Janus in times of peace.

'Translating' the Frieze

On such shaky foundations, one can only speculate. It is difficult to identify a plausible author for the frieze in the first place. Valeriano is a prime suspect, both on account of his specific expertise and of his being a member of Clement VII's household and a tutor of his two nephews, Ippolito and Alessandro de' Medici.[38] Until recently he was believed to have established himself in Florence in the years 1521–28.[39] We now know that during that period he continued to move between Florence and Rome, which, at that time, were both under the Medicean rule.[40] A further intriguing clue is provided by a passage from Valeriano's *Castigationes et varietates Virgilianae lectionis* (1521), where Angelo Colocci is thanked for conveying the emendation — devised, as Colocci claimed, in the Neapolitan Academy — *tridentibus* for *stridentibus* at *Aen.* v. 143 ('convolsum remis rostrisque tridentibus aequor'). The new reading, writes Valeriano, received the support of numismatic evidence, as a *rostrum tridens* occurred on the reverse of coins with the portrait of Augustus' admiral M. V. Agrippa on the obverse.[41]

In the absence of further and more revealing evidence, one cannot prove beyond any reasonable doubt that there was a hidden message behind these symbols. But if the portrait was indeed meant to exalt Doria as a prospective hero of the League of Cognac, one can perhaps explain why it should remain hidden. During the Neapolitan campaign of 1528, Andrea Doria switched sides and left François I for his enemy Charles V, obtaining in exchange Genoa's independence from France and the rule of his home city. The Genoese have ever since acclaimed Doria as their *Pater patriae*, whereas in the eyes of the French he became, quite understandably, the prototype of the traitor. One year later the Pope, too, switched sides. He met Charles V in Bologna and celebrated with him the birth of a (supposedly) new world order. In less than three years' time the portrait had become an embarrassment for both its sitter and its purchaser. If the frieze was ever meant to convey an allusion to two-faced Janus when it was painted in 1526, by 1529 that same allusion could have only been interpreted as a shameful reminder of two ignoble betrayals.[42]

Prudence would then suggest that one should stop here. But I cannot resist the temptation to provide a tentative verbal translation of the symbols in the portrait and offer it to anybody who might wish to take up the challenge of deciphering the frieze once again. I therefore propose to read this string of pictures as follows (Doria speaking):

TARDE AD VICTORIAM PROPERO PRO DEO O. M. IN TEMPORE BELLI
GVBERNO PRO CHRISTIANISSIMO REGE IN TEMPORE PACIS
[Cautiously but vehemently I pursue victory for God when at war
[and] hold the rudder for the Most Christian King when at peace.]

Notes to Chapter 15

Earlier versions of this paper were presented at Edinburgh, Warwick, London, Newcastle, Oxford and Durham. I wish to express my gratitude to those attending on all those occasions for the many valuable comments they offered, and to Joseph North for suggesting numerous improvements to the text.

1. *L'opera completa di Tiziano*. Presentazione di Corrado Cagli. Apparati critici e filologici di Francesco Valcanover (Milan: Rizzoli, 1969), no. 186.
2. Francesco Guicciardini, *Storia d'Italia* XVII. 6, ed. by Silvana Seidel Menchi, 3 vols (Turin: Einaudi, 1971), III, 1741–42.
3. Roberto Ridolfi, *Vita di Francesco Guicciardini* [1960], 3rd edn (Milan: Rusconi, 1981), p. 189.
4. Niccolò Machiavelli, *Tutte le opere*, ed. by Mario Martelli (Florence: Sansoni, 1971), Letter no. 299, p. 1232.
5. Machiavelli, p. 1232. Machiavelli's Latin peroration was inspired by Hannibal's invasion of Italy, and his words allude — with interesting implications — to Hannibal's ironic last words as conveyed by Livy (*Ab urbe condita*, XXXIX. 51. 9). See Robert Fredona, '*Liberate diuturna cura Italiam*. Hannibal in the Thought of Niccolò Machiavelli', in *Florence and Beyond: Culture, Society and Politics in Renaissance Italy: Essays in Honour of John M. Najemy*, ed. by Daniel Ethan Bornstein and David Spencer Peterson (Toronto: Centre for Reformation and Renaissance Studies, 2008), pp. 419–32 (pp. 431–32).
6. Ludovico Ariosto, *Cinque canti*, III. 71. 4–5, in Id., *Opere*, ed. by Cesare Segre (Milan and Naples: Ricciardi, 1954), p. 683. On Ariosto's disparaging comment see Carlo Dionisotti, 'Per la data dei *Cinque canti*' [1960], in Id., *Scritti di storia della letteratura italiana*, 3 vols (Rome: Edizioni di soria e letteratura, 2008), I, 379–408 (pp. 392–95).
7. Marino Sanudo, *Diarii*, ed. by Rinaldo Fulin, Federico Stefani, Niccolò Barozzi, Guglielmo Berchet and Marco Allegri, 58 vols (Venice: Deputazione veneta di storia patria, 1879–1903), XLI, 463. Later biographers of Doria offered a doctored version of the events by suggesting that their hero had grown impatient of the haughty attitude of the French ministers, and had anyway obtained permission of leave from the French (cf. Cieri Via, 'L'immagine del potere', p. 45).
8. *L'opera completa di Sebastiano del Piombo*. Presentazione di Carlo Volpe. Apparati critici e filologici di Mario Lucco [1980], 2nd edn (Milan: Rizzoli, 1999), no. 69; Claudio M. Strinati, Bernd Wolfgang Lindemann and Roberto Contini, *Sebastiano del Piombo, 1485–1547* (Milan: Motta, 2008), no. 46. See also Claudia Cieri Via, 'L'immagine del potere. Il ritratto di Andrea Doria di Sebastiano del Piombo', in *Les Portraits du pouvoir. Actes du colloque*, organisé par Olivier Bonfait et Brigitte Marin, Rome, Académie de France à Rome, Villa Médicis, 24–26 avril 2001 (Paris: Somogy, 2003), pp. 35–49. The portrait, formerly in Rome, Galleria Doria Pamphilj, is now in Genoa, Palazzo del Principe: see Laura Stagno, *Palazzo del Principe, villa di Andrea Doria, Genova* (Genoa: Sagep, 2005), pp. 67–68. The later, equally famous portrait of Andrea Doria holding a rudder (Rome, Galleria Doria Pamphilj) or a trident in an alternative version (Milan, Accademia di Brera), was painted by Agnolo Bronzino for the portrait collection of Paolo Giovio in the 1540s (*L'opera completa del Bronzino*, ed. by Edi Baccheschi (Milan: Rizzoli, 1973), no. 76).
9. Michael Hirst, *Sebastiano del Piombo* (Oxford: Phaidon Press, 1981), p. 106.
10. Alessandro Luzio, 'Isabella d'Este e il Sacco di Roma', *Archivio storico lombardo*, 4th Series, 10 (1908), 5–107, 361–425 (p. 370).

11. Jan W. Crous, 'Ein antiker Fries bei Sebastiano del Piombo', *Mitteilungen des Deutschen Archäologischen Instituts. Römische Abteilung*, 55 (1940), 65–77.
12. Cf. Rudolf Wittkower, 'Hieroglyphics in the Early Renaissance' [1972], in *Allegory and the Migration of Symbols* (London: Thames and Hudson, 1977), pp. 129–42 (with bibliography); Luca Leoncini, 'Frammenti con trofei navali e strumenti sacrificali dei Musei Capitolini. Nuova ipotesi ricostruttiva', *Xenia*, 13 (1987), 13–24; Luca Leoncini, 'Storia e fortuna del cosiddetto Fregio di S. Lorenzo', *Xenia*, 14 (1987), 59–110 (with bibliography); Luca Leoncini, 'Deduzioni iconografiche, linguaggio iconografico e uso dell'antico. Il caso del Ritratto Doria', in *Il ritratto e la memoria. Materiali 2*, ed. by Augusto Gentili, Philippe Morel and Claudia Cieri Via, 3 vols (Rome: Bulzoni, 1993), II, 249–61 (p. 250).
13. Maria Pia Billanovich, 'Una miniera di epigrafi e di antichità. Il Chiostro Maggiore di S. Giustina a Padova', *Italia medioevale e umanistica*, 12 (1969), 197–292 (pp. 267–76). Francesco Colonna, *Hypnerotomachia Poliphili*, ed. by Marco Ariani and Mino Gabriele, 2 vols (Milan: Adelphi, 1998), II, 607–28. Michael Bury kindly directed my attention to the following articles: Diana Galis, 'Concealed Wisdom: Renaissance Hieroglyph and Lorenzo Lotto's Bergamo *Intarsie*', *Art Bulletin*, 62 (1980), 363–75; and Charles Dempsey, 'Renaissance Hieroglyphic Studies and Gentile Bellini's *St Mark Preaching at Alexandria*', in *Hermeticism and the Renaissance*, ed. by Ingrid Merkel and Allen G. Debus (Washington: The National Gallery of Art, 1988), pp. 342–65.
14. The different positions are summarized and discussed by Leoncini, 'Deduzioni iconografiche', pp. 252 and 259. The suggestion about the six galleys is in Cieri Via, 'L'immagine del potere', p. 45. The Venetian ambassador, however, mentioned six galleys and two brigantines.
15. Cf. August Otto, *Die Sprichwörter und sprichwörtlichen Redensarten der Römer* (Leipzig: Teubner, 1890), pp. 288–89.
16. Cf. Christian Hülsen, 'Le illustrazioni della *Hypnerotomachia Poliphili* e le antichità di Roma', *La Bibliofilia*, 12 (1910), 161–76. For a complete bibliography see Leoncini, 'Deduzioni iconografiche', p. 261.
17. The most comprehensive study of the topic is by Karl Giehlow, 'Die Hieroglyphenkunde des Humanismus in der Allegorie der Renaissance besonders der Ehrenpforte Kaisers Maximilian I. Ein Versuch', *Jahrbuch der Kunsthistorischen Sammlungen des allerhöchsten Kaiserhauses*, 32 (1915), 1–218. See also Brian Anthony Curran, *The Egyptian Renaissance: The Afterlife of Ancient Egypt in Early Modern Italy* (Chicago, IL: University of Chicago Press, 2007). A detailed discussion of the hieroglyphs in the *Hypnerotomachia Poliphili* is offered in Colonna, *Hypnerotomachia Poliphili*, ed. by Ariani and Gabriele, II, 607–28, with extensive bibliography. I am including here some general observations from Carlo Caruso, 'Un geroglifico dell'*Hypnerotomachia Poliphili*', *Filologia italiana*, 1 (2004), 113–26 (pp. 113–14).
18. The standard critical edition is that by Francesco Sbordone, *Hori Apollinis Hieroglyphica* (Naples: Loffredo, 1940; repr. Hildesheim: Olms, 2002). See also *The Hieroglyphics of Horapollo*, trans. by George Boas [1950], with a new foreword by Anthony Grafton, 2nd edn (Princeton, NJ: Princeton University Press, 1993), pp. xx–xxi; Orapollo, *I geroglifici*, ed. by Mario Andrea Rigoni and Elena Zanco (Milan: BUR, 2001).
19. Cited in Horapollo, *Hieroglyphica*, ed. by Boas, p. 23. Cf. Caruso, 'Un geroglifico', p. 113.
20. Giorgio Vasari, *Le vite de' più eccellenti pittori scultori e architettori nelle redazioni del 1550 e 1568*, ed. by Rosanna Bettarini, commentary by Paola Barocchi, 11 vols (Florence: Sansoni/SPES, 1966–97), IV, 79–80. The anecdote was first inserted in the 1568 edition.
21. Cf., e.g., Heinrich Schwalenberg, *Aphorismi Hieroglyphici [...] ex commentariis Hieroglyphicis I. P. Valeriani & C. A. Curionis collecti* (Leipzig: Valentius Voegelinus, 1592), p. 10: 'Hieroglyphicae literae sunt apud aegyptios, notae quorundam aut animantium aut aliarum rerum sacris monumentis, quae illi hieroglyphica vocabant, incisae: quibus vice literarum utebantur' [In Egypt, hieroglyphic letters are pictures of certain animals and other objects that are carved in their sacred monuments, called by Egyptians hieroglyphs and used in lieu of letters].
22. Francesco Colonna, *Hypnerotomachia Poliphili*, ed. by Giovanni Pozzi and Lucia A. Ciapponi [1964], 2nd edn, 2 vols (Padua: Antenore, 1980), I, 238; Colonna, *Hypnerotomachia Poliphili*, ed. by Ariani and Gabriele, I, 244. Cf. Caruso, 'Un geroglifico', p. 114.
23. Pierio Valeriano, *Hieroglyphica, seu de sacris Aegyptiorum aliarumque gentium literis commentarii* (Basel: Michael Isengrin, 1556). Cf. also Colonna, *Hypnerotomachia Poliphili*, ed. by Ariani and Gabriele, II, 611–12, 615–16.

24. Herodotus, *Histories*, trans. by A. D. Godley, 4 vols (London: Heinemann; New York: G. P. Putnam's Sons, 1920–24), I, 318–19.
25. As already noted by Leoncini, 'Deduzioni iconografiche', pp. 251–52.
26. On the '*balaustrata* type' in Sebastiano's portrait production see Cieri Via, 'L'immagine del potere', *passim*.
27. Silvia Danesi Squarzina, 'Un ritratto di Sebastiano del Piombo in collezione Cini e l'acronimo N. M. T. Q. C. S. decifrato', *Storia dell'Arte*, 122/23 (n. s. 22–23), 40 (2009), 45–58.
28. *Coins of the Roman Empire in the British Museum*, 6 vols (London: British Museum, 1923–62), II (1930), Plate no. 45, nos. 19 and 20. Cf. Valeriano, *Hieroglyphica*, fol. 335 *verso*.
29. Valeriano, *Hieroglyphica*, fol. 67 *verso*.
30. Cf. Colonna, *Hypnerotomachia Poliphili*, II, 608, 618, 621, 622, with references to Plutarch, Macrobius and Leon Battista Alberti. However, in Horapollo's treatise (I. 27 and I. 68) the eye has a different meaning.
31. Michael Crawford, *Coinage and Money under the Roman Republic*, 2 vols (London: Methuen & Co., 1974–85), I, 55, 73, 144, 180, 188.
32. Valeriano, *Hieroglyphica*, fol. 334 *recto*.
33. On Janus see also Ovid, *Fasti*, I. 229–54.
34. The inscription reads: 'Janus, primus rex Italiae de progenie gigantum, qui fundavit Genuam tempore Abrahae' [Janus, the first King of Italy of the progeny of giants [cf. Gen. 6. 1–4], who founded Genoa at the time of Abraham].
35. See Giehlow, p. 39. Janus is the most frequently discussed ancient deity in Annius' *Commentaria antiquitatum* (Rome: Eucharius Silber, 1498), where he is identified as Noah. On *Genua* < *Ianus Genius* and *Ianua* < *Ianus*, see sigs [K ii *verso*] and [N iiii *verso*]. On the etymology of Janus see *Publii Ovidii Nasonis Fastorum Libri Sex*, ed. with trans. and commentary by Sir James George Frazer, 5 vols (London: Macmillan and Co., 1929), II, 121–27.
36. Cfr. Colonna, *Hypnerotomachia Poliphili*, II, ed. by Ariani and Gabriele, pp. 612, 750–51.
37. Horapollo, *Hieroglyphica*, ed. by Boas, I. 59, I. 60, I. 63.
38. Vera Lettere, 'Delle Fosse, Giovanni Pietro (Pierio Valeriano; Bolzanio Pierio, Valeriano)', in *Dizionario biografico degli Italiani*, 32 (1986), pp. 84–88.
39. Giehlow, pp. 114–19.
40. Lettere, pp. 86–87. Each of the fifty-eight books of Valeriano's *Hieroglyphica* bears a dedication to a separate individual, many of whom Valeriano had met in Rome in the 1520s.
41. Pierio Valeriano, *Castigationes et varietates Virgilianae lectionis* (Rome: Antonio Blado, 1521), pp. 80–81: 'Quem lectione(m) ab Academia Neapolitana profectam indicavit mihi Angelus Colotius, Vir apprime litteratus. Videtur vero Tridentib. dictum e specie rostri, Tridentali effigie, cuiusmodi ea est, quae in Agrippae num(m)is habetur'.
42. It is not known when and how the portrait passed into the Doria family. Alessandro Vaiani's portrait of Giovanni Andrea Doria with his dog Roldano (Genoa, Palazzo del Principe, formerly ascribed to Lazzaro Tavarone; reproduced in Stagno, p. 69), was presumably painted in Genoa in the late sixteenth century. It appears to have been modelled on Sebastiano's portrait of Andrea.

CHAPTER 16

Shelley, Italy, and Dante's 'Inextinguishable Thought'

Daniela Cerimonia
Royal Holloway University of London

> Dante was the first awakener of entranced Europe; he created a language in itself music and persuasion out of chaos of inharmonious barbarisms. He was the congregator of those great spirits who presided over the resurrection of learning; the Lucifer of that starry flock which in the thirteenth century shone forth from republican Italy, as from a heaven, into the darkness of the benighted world.[1]

This frequently quoted passage from Percy Shelley's *A Defence of Poetry* encapsulates two essential elements of the English poet's credo; the pursuit of a crafted language attaining harmony, and the intertwining of political and aesthetic discourses. The fact that, in this instance, these two factors are expounded in a passage on Dante, is also indicative of another important aspect of Shelley's work, namely the continued and multifaceted dialogue with Italy, the land of his voluntary exile, and its literary tradition. Shelley scholars have in fact examined at length the role of Italy, and the poet's indebtedness to the Italian *Trecento* and Renaissance period; nevertheless, the relationship with Italy as a country, and with its past cultural heyday, despite a few noticeable recent exceptions, has been largely treated as two distinct phenomena marked by a clear dualism. Shelley himself notoriously spoke of 'two Italies', referring to the contrast between Italy's landscape and artistic symbolism, and the Italy of the present day: a land of ruins where only the past could be contemplated.[2] Drawing on some fresh attempts to reassess Shelley's Italian experience, I shall therefore propose a re-reading of the poet's understanding of the Italian literary tradition vis-à-vis his knowledge and experience of modern Italy.[3]

The image of Shelley as an aloof poet generally disinclined to engage with Italian society has now been challenged by several studies highlighting his activities and connections, especially while residing at Pisa. We now know of his several attempts to write in Italian and to translate his own works into that language.[4] He was also an admirer of the *improvvisatore* Tommaso Sgricci, as his unpublished review (written in halting Italian) reveals.[5] Overall, he developed a thorough familiarity with early and modern Italian literature by also tapping into Byron's knowledge from his advantageous standpoint as a near native.[6] In this respect, the pervasive

Italian element in the works produced by Shelley, from 1818 until his sudden death in 1822, challenges established criticism, and casts a new light on the role of Italian literature and language in the formation of the poet's artistic and ideological vision, and, broadly speaking, in the shaping of the British Romantic movement.[7]

Despite prevalent analyses of Italian representations and imaginings in terms of dialogical discourses on alterity and identity, a reappraisal of Shelley's indebtedness to Italian culture requires an exploration of the sense of betweenness experienced by the English living in Italy. Upon her return to England, Mary Shelley, speaking of Byron and the English circles in Italy, fittingly describes this phenomenon as a new, cross-cultural, literary movement — 'Lord Byron may be considered the father of the Anglo-Italian literature' — and goes on to define 'the Anglo-Italians [...] [as] a well-informed, clever, and active race'.[8] Elaborating on the notion of in-between, Ralph Pite discusses the peculiar position of Shelley during his self-imposed exile, and identifies in Shelley's reading of Dante, particularly *Purgatorio*, a specimen for the English poet's transposition of his sense of marginality onto an artistic level.[9]

Thus, Mary Shelley's original idea of 'Anglo-Italian literature' will be considered a framing concept for an examination of Shelley's use and reuse of Italian sources, particularly Dante. It will also serve as a significant reminder of the nuanced and ever-changing assessment of the poet's relation with Italy. A re-reading of Dantean literary echoes will, for example, reinforce the connection between the Italian literary tradition and the development(s) of Shelley's poetics. His study of *terza rima* will point, in this respect, towards the interconnectedness of the poet's aesthetics and politically imbued ideology. The figuring of a dialogue between Shelley's idea of the Italian *Trecento* and his understanding of Italy's current affairs will, furthermore, align with new patterns of investigation. As scholarship is now being re-directed towards Shelley's engagement with the cultural and historical context of early nineteenth-century Italy, his affinities with (near) contemporary writers such as Vittorio Alfieri and Ugo Foscolo may elucidate further his appropriation of Dante as a means by which to convey his deeply personal, philosophical and political outlook.[10]

Undressing Dante: Shelley and *Terza Rima*

In his 1824 *Conversations of Lord Byron*, Thomas Medwin recounts Shelley's despair in reading and translating Dante: 'You might as well clothe a statue, as attempt to translate Dante. He is better, as an Italian said, "nudo che vestito."'[11] Whilst we cannot establish the degree of accuracy behind Medwin's recollections, the clothing trope also appears in Shelley's *A Defence of Poetry*, in his account of Dante's exquisite poetic form: 'All high poetry is infinite [...] Veil after veil may be undrawn, and the inmost naked beauty of the meaning never exposed.'[12] This passage indeed lends itself to some key interpretations, the first being that Dante's poetic language, and specifically the *terza rima* has no beginning or end; in other words, the *terza rima*, allows, in Shelley's view, for an endless flow of thoughts and visions. It is by choosing a rigid rhyming structure, which can however be replicated limitlessly, that the English poet attempts, in effect, to express his most abstract visions. The transformative feature of Shelley's poetic language, which according to Jerrold Hogle becomes increasingly 'mobile, disruptive and widely associative', reflects a constant change of metrical structures and pre-existing forms.[13] It moves from the loose Miltonic blank verse of *Alastor*, to the Spenserian stanzas of *Adonais*, and, finally, Dante's *terza rima* of *The Triumph of Life*, disclosing the utmost interpretative flexibility of the images and metaphors in place.

It is, in this respect, important to point out that Shelley's handling of the *terza rima* differs substantially from the Italian model. Charles Peter Brand points out that 'whereas Dante and Petrarch only exceptionally allow their tercets to flow one into the other without a pause, Shelley frequently does so'.[14] Nevertheless, his experimentation also betrays a painstaking reading of the Italian poetic tradition. Dealing specifically with Dante, Shelley had indeed been acquainted with his works since his years in Oxford. In 1816, he published the poem *Alastor*, and included in the little volume the translation of Dante's sonnet to Guido Cavalcanti, 'Guido, vorrei, che tu, e Lappo, ed io'.[15] In 1817, whilst studying the *Divina Commedia*, he made use of the *terza rima* for the first time in the unfinished poem *Prince Athanase*. Among other significant instances, his study of this rhyming pattern surfaces in 'Ode to the West Wind', written in 1819, and in his translations of Virgil's Tenth Eclogue and Fourth Georgic.

With this said however, the transplantation of this Italian metre is an unusual choice. The *terza rima* had largely fallen into disuse by the early nineteenth century; John Milton was among the last English poets to test its possibilities in English. Unlike Byron, who was keen to experiment with the *ottava rima*, Shelley's study of the *terza rima* points to a number of elements which further elucidate the poet's artistic journey.[16] Indeed, Shelley's use of Dante has often been considered to fall within the framework of Romantic interpretations which first emerged in the circle of Jena before becoming predominant among English intellectuals between 1810 and 1830. Yet, despite this, his interaction with the Italian poet betrays a complex, and at times contradictory, vision. According to Medwin's recollections, Shelley finds Dante 'unfavourable to writing, from its superiority to all possible compositions';[17] the Italian's prowess to this end turns out to be a paralyzing factor. In *A Defence*, Shelley voices his concern with regard to translation in this well-known passage:

> The language of poets has ever affected a certain uniform and harmonious recurrence of sounds, without which it were not poetry, and which is scarcely less indispensable to the communication of its influence, than the words themselves, without reference to that peculiar order. Hence the vanity of translation; it were as wise to cast a violet into a crucible that you might discover the formal principle of its colour and odour, as seek to transfuse from one language into another the creations of a poet.[18]

However, between 1818 and 1820, Shelley translates the first fifty-five lines of Dante's *Purgatorio*, Canto 28, a rendition known as 'Matilda Gathering Flowers', and assists Medwin in the translation of *Inferno*, Canto 33 (lines 22–75). In doing so, Shelley reshapes and interacts with Dante, bridging the past and the present: 'The poetry of Dante may be considered as a bridge thrown over the stream of time, which unites the modern and antient [sic] world.'[19]

This view, to a degree, conforms to the idea of the Romantic appropriation of Dante, and shows some affinities with Samuel Taylor Coleridge's analysis, particularly in terms of the modern and romantic quality of the author of the *Commedia*.[20] It also reverberates with the timeless and mythical qualities attributed to the Romantics' cult of Dante, satirized by Thomas Love Peacock in his 1818 novel *Nightmare Abbey*. In reference to this subject, Joseph Luzzi describes Shelley's reading of Dante as reminiscent of the writings by the Jena critics, and the English William Hazlitt; to this extent, he also identifies a disparity between the criticism of Dante by German and English Romantics, and their Italian counterparts.[21] Nonetheless, a clear-cut categorization of Dante's early nineteenth-century revivals may undermine the dialogical dimension of the English Romantics' use and reuse of Italian sources. Stuart Curran directs attention to the way in which the English Romantics assimilated and experimented with a wide range of literary models, and speaks of 'the exfoliation of verse forms both in new patterns of rhyme and meter and revivals of older models'. Interestingly, he also sees the poetic form of the Romantics as mirroring their ideologies, as 'a ground of either commitment or disengagement'. The malleability of form becomes, to this end, symbolic of a complex confrontation with both past and present contexts, thus suggesting an alignment with the historical and cultural transitions of wars and revolutions of the period. With reference to the younger Romantics — particularly Shelley, Keats and Byron — their study of form and genre also betrays a radical scepticism which, as Curran again observes, may well be 'a defensible political posture' symptomatic of the post-1815 Zeitgeist.[22]

On the one hand, Shelley's *terza rima* may be related to the concept of Anglo-Italianness originally expounded by Mary Shelley. This draws attention to the English poet's hybrid identity as writer and exile, and the selective quality of his status as Italianized English. The assimilation of the Italian metre, furthermore, becomes the means by which Shelley tests his own capabilities vis-à-vis the models of the past, as it becomes 'a form of self-conscious performance'.[23] Following the famous assertion in *A Defence* of the poet as the unacknowledged legislator of the world, the use of the *terza rima* could be read as a political statement. Shelley, in effect, sees Dante as 'the Lucifer of that starry flock which in the thirteenth century shone forth from republican Italy, as from a heaven, into the darkness of the benighted world'. 'The inmost naked beauty' of Dante's form exemplifies the superiority of the republican genius. According to Alan Weinberg, Shelley, with this imagery 'reinvents the *Paradiso* as a heretical manifesto of the sanctity of love and far-reaching thought [...], shared by a confraternity of like minds [...], whose poetic insight and refinement put to shame the barbarity of Europe.'[24] Nevertheless, this passage also reinforces Shelley's ties with Italy, as it echoes Giuseppe Baretti's remarks in his 1753 *Dissertation upon the Italian Poetry*: 'but Dante appeared and like a morning-sun, almost dispersed the mists that hovered for so many ages over the Parnassean mountain'.[25]

From his earlier experimentations with the *terza rima* in 'Ode to the West Wind', Shelley increasingly identifies himself with Dante. On a symbolic level, the 1819 writings — the 'Ode' and *A Philosophical View of Reform* — prefigure the promethean quality of Dante which emerges in *A Defence* and *The Triumph of Life*. As previously quoted, Dante, in these instances, comes to represent 'the first awakener of entranced Europe'. He is a politically charged figure, elucidating the timeless energy that outlives the flawed political systems constrained by their historical determinism. The symbolism he acquires within Shelley's poetic vision, in this respect, strikingly surfaces throughout the 'Ode', especially in the last stanza:

> Make me thy lyre, even as the forest is:
> What if my leaves are falling like its own!
> The tumult of thy mighty harmonies
>
> Will take from both a deep, autumnal tone,
> Sweet though in sadness. Be thou, Spirit fierce,
> My spirit! Be thou me, impetuous one!
>
> Drive my dead thoughts over the universe
> Like withered leaves to quicken a new birth!
> And, by the incantation of this verse,
>
> Scatter, as from an *unextinguished hearth*
> Ashes and *sparks*, my words among mankind!
> Be through my lips to unawakened Earth
>
> The trumpet of a prophecy! O Wind,
> If Winter comes, can Spring be far behind? (ll. 57–70)[26]

Whilst it has been noted that the simile 'Like my withered leaves' is deeply problematic,[27] it is its association with the image of fire — 'Scatter, as from an unextinguished hearth | Ashes and sparks, my words among mankind!' — which not only sheds light on Shelley's concept of regeneration and transformation, but also foreshadows Dante's predominant role in his formulation of poetics. As he writes:

> [Dante's] words are instinct with spirit; each is a *spark*, a burning atom of *inextinguishable* thought; and many yet lie covered in the ashes of their birth, and pregnant with a lightning which has yet found no conductor.[28]

Dante's 'inextinguishable thought' echoes 'the unextinguished hearth' of the 'Ode'; the idea of the 'inextinguishable' is, furthermore, related to Shelley's remark that 'all high poetry is infinite'. The *terza rima* model, thus, represents the form through which the 'spark' of thought can be articulated.

As Shelley gradually identifies with Dante, it must be noted that in the 'Ode' the English poet evokes and seeks to assimilate the original, creative energy of 'all high poetry': 'Be thou, Spirit fierce, | My spirit! Be thou be, impetuous one!'; 'Be through my lips to unawakened Earth | The trumpet of a prophecy!' As he also explains in *A Philosophical View of Reform*, 'it is impossible to read the productions of our most celebrated writers [...] without being startled with the electric life which there is in their words.'[29] Dante, in particular, provides Shelley with a model to explore the relation between form and content, the image of 'naked truth' vis-à-vis the clothing trope:

> Few poets of the highest class have chosen to exhibit the beauty of their conceptions in its *naked* truth and splendour; and it is doubtful whether the alloy of costume, habit, etc., be not necessary to *temper* this planetary music for mortal ears.[30]

The verb 'to temper' draws on Shelley's reading of Dante's *Commedia; Paradiso* and *Purgatorio*, in particular. In *Paradiso*, Canto 21, Beatrice tells Dante:

> 'S'io ridessi',
> Mi cominciò, 'tu ti faresti quale
> fu Semelè quando di cener fessi:
> ché la bellezza mia, che per le scale
> de l'etterno palazzo più s'accende,
> com'hai veduto, quanto più si sale,
> se non si *temperasse*, tanto splende,
> che 'l tuo mortal podere, al suo fulgore,
> sarebbe fronda che trono scoscende.' (ll. 4–12)[31]

Upon entering the seventh Heaven of *Paradiso*, that of Saturn and the Contemplatives, Beatrice has to 'temper' her beauty in order to spare Dante. Divine love requires mediation for it to be understood by the human mind, as is further explored when Dante questions the lack of music in the Heaven of Saturn, and Peter Damien explains: 'Tu hai l'udir mortal sì come il viso, | [...] onde qui non si canta | per quel che Bëatrice non ha riso' (*Paradiso*, 21, lines 61–63).[32]

Unaided mortal resources are inadequate when it comes to grasping what Shelley defines as 'the naked truth'. The concept of tempering recurs in Shelley's writings as a means by which to explore the tension between inspiration and form. He confronts this in his translation from *Purgatorio*, and in *The Triumph of Life* — '[...] the Ocean's orison arose | to which the birds *tempered* their matin lay' (lines 7–8).[33] Yet, whilst in Dante the *terza rima* reflects 'the grammatical intelligence'[34] of the text synthetizing and embodying divine harmony — 'Quando la rota che tu sempiterni | desiderato, a sé mi fece atteso | con l'armonia che *temperi* e discerni' (*Paradiso*, 1, 77–79) — in Shelley's poems, the rhyming pattern does not duplicate the same balance and integrity.[35] Nonetheless, whilst Shelley attempts to follow in Dante's footsteps, he also seeks to find 'a generative source in the English as well'.[36] His poetic journey towards the 'planetary music' as is also suggested in *Epipsychidion* — '[...] sweet as stops | of *planetary music* heard in trance' (lines 85–86)[37] — betrays the sophisticated assimilation of past literary sources within a progressive, poetic vision.

Unlike most of his contemporaries, Shelley does not focus on the *Inferno*; his dialogue with Dante reflects a meticulous study and appreciation of *Purgatorio* and *Paradiso*, but also *Vita Nuova* and *Il Convivio*. His translations of Dante's sonnet 'Voi che 'ntendendo il terzo ciel movete' and *Vita Nuova* are the two essential sources which, for example, guide Shelley in the composition of *Epipsychidion*. In the poem's Advertisement, the English writer openly acknowledges such sources, as he quotes from *Vita Nuova* a passage which relates significantly to his understanding of the relation between 'naked' content and the clothing of language:

> Gran vergogna sarebbe a colui, che rimasse cosa sotto veste, di figura, o di colore rettorico: e domandato non sapesse denudare le sue parole da cotal veste, in guisa che avessero verace intendimento.[38]

As Shelley strips the *Commedia* of its Christian theology, he enquires into the naked truth of Dante's message and, in *The Triumph of Life*, he finalizes his vision by reinforcing a sense of suspension or in-betweenness.

A Vision of Dante: *The Triumph of Life*

As Shelley's last and incomplete work, *The Triumph of Life* raises questions regarding the final destination of the poet's artistic journey; the manuscript is in fact an unfinished draft which only hints at Shelley's comprehensive vision. Yet the text also bears testimony to an ongoing reshaping and assimilation of varied literary sources among which Dante, Petrarch's *Trionfi*, and Jean-Jacques Rousseau's *La Nouvelle Heloïse* provide the framework for an understanding of the poem. In Weinberg's lengthy study of Shelley and Italy, it is noted that the *Triumph* is Shelley's 'most Italian' poem, as the works of Dante and Petrarch become instrumental for an interpretation of its possible ending(s).[39] In the poem, after the first forty lines, which suggest a Poet's personal crisis despite the harmonious natural setting, the vision of the Triumph develops following a generally neat organization: the first section (lines 41–175) tells of the Triumph as viewed by the dreamer; the second (lines 176–308) introduces Shelley's guide, Rousseau, and other historical figures in the triumphal chariot; the third (lines 308–438) focuses on Rousseau's account of his past, while the fourth (lines 439–543) elaborates on Rousseau's vision of the Triumph, and the fifth and incomplete section (lines 544–48) hints at Rousseau's abandonment of the triumphal car.

The construction of the poem's argument has been largely associated with Petrarch's 'Trionfo d'Amore' and the natural setting of the introduction with Vaucluse, the place where Petrarch falls asleep and dreams of the triumphant chariot of Love.[40] Shelley had read Petrarch extensively and, according to Medwin, he would often recite his canzone 'Italia mia'.[41] Nevertheless, Shelley's *rifacimento* of Petrarch's 'Trionfo d'Amore' should also be read in terms of his reading of and translation from Dante. The choice of *terza rima*, the recurrent use of words and images echoing the *Commedia*, and the tribute to the Italian poet through Rousseau's words (lines 471–77), are indicative of the increasingly predominant role of Dante within Shelley poetics.

The descriptions of the tumultuous crowds following the chariot frequently resonate with the imagery of *Inferno*. The depiction of a multitude 'convulsed and on the rapid whirlwinds spun' (line 144) for example, recalls the punishment of the carnal sinners in the Second Circle of Dante's Hell:

> La bufera infernal, che mai non resta,
> Mena li spirti con la sua rapina;
> Voltando e percotendo li molesta. (*Inferno*, 5, ll. 31–33)

It has been argued, nonetheless, that it is *Purgatorio* that provides Shelley with the skeleton for imprinting his own allegory of Life. Pite remarks that '*Purgatorio* is a curiously real vision', as 'Dante adds the miraculous to the surprisingly substantial'.[42] Upon leaving the darkness of Hell, Dante is presented with a new vision:

> Dolce color d'oriental zaffiro,
> che s'accoglieva nel sereno aspetto
> del mezzo, puro infino al primo giro,
> a li occhi miei ricominciò diletto,
> tosto ch'io uscì fuor de l'aura morta

> che m'avea contristati li occhi e 'l petto.
> (*Purgatorio*, 1, ll. 13–18)

The dactylic rhythm, the repetition of syllables, the variation with apophonies and inversion — i.e. '*dolce color d' oriental zaffiro*' — blend the clarity of the images into a slow, musical effect.[43] In Shelley, this translates into a tempering exercise for his troubled vision, as his imaginative excesses are mediated by a clear diction: 'before me fled | the night; behind me rose the Day', whilst 'the scene came through | as clear as when a veil of light is drawn | o'er evening hills they glimmer' (lines 27–33).

Echoes of *Purgatorio* 28 also surface throughout the poem, as Shelley had previously undertaken a partial translation of the canto. It is Dante's restored vision upon entering the earthly paradise which provides the framework for the elaboration of Shelley's clarity of vision:

> Vago già di cercar dentro e dintorno
> la divina foresta spessa e viva,
> ch'alli occhi temperava il novo giorno.
> (*Purgatorio*, 28, ll. 1–3)

Shelley translates the tercet as:

> Earnest to explore within and all around
> The divine wood, whose thick green living woof
> Tempered the young the day to the sight, I wound.[44]

In this instance, Shelley experiments with form and sound — 'The divine wood, whose thick green living woof' — foreshadowing the acoustic element of the opening lines in *The Triumph*: 'the Ocean's orison arose | to which the birds tempered their matin lay' (lines 7–8). The vision of Matilda from *Purgatorio* is, furthermore, refigured as an allegorical vision:

> As Day upon the threshold of the east
> Treads out the lamps of night, until the breath
> Of darkness, reillumines even the least
> Of heaven's living eyes — like day she came,
> Making the night a dream; and ere she ceased
> To move, as one between desire and shame
> Suspended. (ll. 389–95)[45]

It is however the idea of suspension 'between desire and shame' that betrays Shelley's personal assimilation of *Purgatorio* as a perpetual journey towards the ideal, the 'naked truth'. As Pite intriguingly remarks:

> The perception of the eternal is never completed and never unquestionable […] The planets rotate on their own axes and circle another centre; they are suspended in their circuit, like Virgil and Rousseau, while continuing a movement through time. This position, between desire and shame, time and eternity, equanimity and despair, is where Shelley places himself when he writes *The Triumph of Life*.[46]

Shelley's in-betweenness, in this respect, epitomizes both the tempering exercise through experimentation with the *terza rima*, and the dialectics of his philosophy.

The *Triumph* is an incomplete poem which offers only a glimpse of possible continuations of Shelley's poetic journey. Critics vigorously disagree about how Shelley would have completed the poem. With this said, however, the lines uttered by Rousseau in reference to Dante may hold the key to interpreting Shelley's vision. The ordering principle of Love expounded in the *Commedia* may thus offer Shelley a final solution:

> Behold a wonder worthy of the rhyme
>
> Of him who from the lowest depths of Hell
> Through every Paradise and through all glory
> Love led serene, and who returned to tell
>
> In words of hate and awe the wondrous story
> How all things are transfigured, except Love. (ll. 471–76)

The Anglo-Italian Shelley: Some Final Remarks

In the 'waking dream' (line 42) of the *Triumph*, the Poet sees a pageant of rulers including Napoleon, King Frederick II, Czarina Catherine II, and Leopold II (lines 217 and 236). The scene, as has been argued, parallels the 'Valley of the Princes' in *Purgatorio* 7–8, and offers an interesting insight into Shelley's political views in terms of his reading of Dante.[47] *Purgatorio* 6 is the political canto wherein Dante addresses the fragmentation of Italy; in the following two cantos we are presented with the princes who are punished for their negligence:

> Colui che più siede alto e fa sembianti
> d'aver negletto ciò che far dovea,
> e che non move bocca a li altrui canti,
>
> Rodolfo imperador fu, che potea
> sanar le piaghe c'hanno Italia morta,
> sì che tardi per altri si ricrea.
> (*Purgatorio*, 7, ll. 91–96)

The princes are waiting, caught between hesitation and the will to take action. Their condition of suspension echoes Shelley's position, and underscores the pivotal role of *Purgatorio* in the formation of Shelley as a poet in exile. Going back to Mary Shelley's definition of the 'Anglo-Italian', the image of the waiting princes also reiterates the ambiguity of Shelley's situation, as one torn between self-marginalization and engagement.

Purgatorio was Shelley's companion since his first days in Italy;[48] his assimilation informs his understanding of Italy's condition, surpassing the limiting past-versus-present category largely featuring English responses. In 1820–21, the English poet actively engaged with the contemporary scenario. As Michael Rossington remarks, 'Shelley's efforts to publish verse and prose with the aim of influencing opinion in England and Italy [...] testify to a preoccupation with such agency at this time.'[49] Following the events of the Neapolitan revolution, the English poet published 'Ode to Naples' between September and October 1820, and in the same year composed 'Ode to Liberty' which he, thereafter, translated into Italian as 'Ode alla Libertà'.[50]

However, given the disappointing outcome of the upheavals in Naples, Shelley told Byron that 'with no strong personal reasons to interest me, my disappointment on public grounds has been excessive'.⁵¹

As illustrated in *The Triumph of Life*, the politics of suspension between engagement and dis-engagement constitute both the starting point and the final destination of the poet's vision. Nonetheless, this vision can also be read as a constant dialogue with Italy's 'unextinguished hearth' from the past into the present. Rossington convincingly argues that much of Shelley's opinion regarding the Italian political situation, and his republicanism, can be rooted in the reading of Alfieri's works. Intriguingly, he also identifies many affinities with Foscolo, and Byron's figuration of the Italian writer as 'a tragically isolated figure'.⁵² As Foscolo writes in *Dei sepolcri*:

> E a questi marmi
> venne spesso Vittorio ad ispirarsi.
> Irato a' patrii Numi, errava muto
> ove Arno è piú deserto, i campi e il cielo
> desïoso mirando; e poi che nullo
> vivente aspetto gli molcea la cura,
> qui posava l'austero; e avea sul volto
> il pallor della morte e la speranza.
> Con questi grandi abita eterno: e l'ossa
> fremono amor di patria. (ll. 188–97)⁵³

The reading of Alfieri, to this extent, may be put in the context of the wide-ranging discourse on Shelley and Italy, pointing out the unexplored areas, and the unprecedented process of assimilation on the part of the English poet. As Rossington again observes, 'Shelley discovers in Tuscany something similar to what Alfieri found in England, namely a vantage-point that enabled the expression of cosmopolitan republican values'.⁵⁴ Drawing on his Anglo-Italianness, he develops an original poetic voice whilst growing closer to the sensibility of his Italian counterparts. In so doing, Shelley encapsulates, during the last period of his stay in Italy, the finest expression of a Dantean tempering exercise.

Notes to Chapter 16

1. Percy Bysshe Shelley, *A Defence of Poetry*, in *Shelley's Poetry and Prose*, ed. by Donald H. Reiman and Neil Fraistat, 2nd edn (New York and London: Norton & Company, 2002), pp. 509–35 (p. 528).
2. In a letter dated 20 December 1818, Shelley wrote to Leigh Hunt: 'There are two Italies; one composed of green earth and transparent sea and the mighty ruins of ancient times, and aerial mountains, and the warm and radiant atmosphere which is interfused through all things. The other consists of the Italians of the present day, their works and ways. The one is the most sublime and lovely contemplation that can be conceived by the imagination of man; the other the most degraded disgusting and odious.' See Shelley, *The Letters*, ed. by Frederick L. Jones, 2 vols (Oxford: Clarendon Press, 1964), II, 67.
3. Traditional scholarship has focused especially on Shelley's experience as an exile in Italy; his close study of the Italian *Trecento* and the Renaissance; and his translations, particularly from Dante. See, Alan M. Weinberg, *Shelley's Italian Experience* (London: Macmillan, 1991); Timothy Webb, *The Violet in the Crucible: Shelley and Translation* (Oxford: Clarendon Press, 1976); Ralph

Pite, *The Circle of Our Vision: Dante's Presence in English Romantic Poetry* (Oxford: Clarendon Press, 1994). In Italy, on the other hand, studies have addressed particularly the field of cultural and literary intersections. See Gian Mario Anselmi, 'Shelley and the Italian Lyrical Tradition', in *British Romanticism and Italian Literature: Translating, Reviewing, Rewriting*, ed. by Laura Bandiera and Diego Saglia (Amsterdam and New York: Rodopi, 2005), pp. 41–51; and *Shelley e l'Italia*, ed. by Lilla Maria Crisafulli (Naples: Liguori editore, 1998).

4. The manuscript and transcription of Shelley's translation, 'Ode alla libertà', is included in *The Bodleian Shelley Manuscripts: Miscellaneous Poetry, Prose, and Translations from Bodleian MS. Shelley adds. c. 4, etc., Volume XXI*, ed. by E. B. Murray (New York and London: Garland Publishing, Inc., 1995), pp. 37–51.
5. See P. M. Dawson, 'Shelley and the Improvvisatore Sgricci: An Unpublished Review', *Keats-Shelley Memorial Bulletin Rome*, 32 (1981), 19–29.
6. In a letter to his friend Thomas Moore, Byron writes, 'However, I suspect I know a thing or two of Italy [...] Now, I have lived in the heart of their houses, in parts of Italy freshest and least influenced by strangers'. *Byron's Letters and Journals*, ed. by Leslie Marchand, 12 vols (London: John Murray, 1973–82), VII, 170–71. Charles Peter Brand quotes the Italian critic Luigi Baldacchini in order to describe the degree of identification Byron had achieved with the Italian society: 'Nonostante i suoi errori, nostro è in gran parte Byron'. *Italy and the English Romantics* (Cambridge: Cambridge University Press, 1957), p. 14.
7. Cf., *Dante and Italy in British Romanticism*, ed. by Frederick Burwick and Paul Douglass (Basingstoke: Macmillan, 2001).
8. Mary Shelley's article, 'The English in Italy', originally published in *Westminster Review*, 6 (October 1826), 325–41, and reprinted in *The Mary Shelley Reader*, ed. by Betty T. Bennett and Charles Robinson (New York: Oxford University Press, 1990), pp. 341–57 (p. 343). See also Maria Schoina's detailed study, *Romantic 'Anglo-Italians': Configurations of Identity in Byron, the Shelleys, and the Pisan Circle* (Farnham: Ashgate, 2009).
9. Ralph Pite, 'Shelley and Italy', in *The Oxford Handbook of Percy Bysshe Shelley*, ed. by Michael O'Neill and Anthony Howe (Oxford: Oxford University Press, 2013), pp. 31–47 (p. 43).
10. For an additional exploration of the debated relationship between Shelley and Italy see also my study, *Leopardi and Shelley: Discovery, Translation and Reception* (Oxford: Legenda, 2015), pp. 110–17.
11. Thomas Medwin, *Conversations of Lord Byron*, ed. by E. J. Lovell, Jr (Princeton, NJ: Princeton University Press, 1966), p. 160.
12. Shelley, *A Defence of Poetry*, p. 528.
13. See Jerrold E. Hogle, 'Language and Form', in *The Cambridge Companion to Shelley*, ed. by Timothy Morton (Cambridge: Cambridge University Press, 2006), pp. 145–65 (p. 147); and Stuart Peterfreund, *Shelley among Others: The Play of the Intertext and the Idea of Language* (Baltimore, MD: Johns Hopkins University Press, 2002).
14. Brand, *Italy and the English Romantics*, p. 63. See also Webb, *The Violet in the Crucible*, pp. 310–36.
15. Shelley, *Alastor; or, the Spirit of Solitude: and Other Poems* (London and Weybridge: Baldwin & Co., 1816).
16. Shelley too adopted the *ottava rima* in his free translation of the Homeric 'Hymn to Mercury' (1820), and in *Witch of Atlas* (1820).
17. Medwin, *Conversations of Lord Byron*, p. 160. On Shelley and *terza rima* see also, Vidyan Ravinthiran, 'Dante and Shelley's *terza rima*', *Essays in Criticism*, 61.2 (2011), 155–72.
18. Shelley, *A Defence of Poetry*, p. 514.
19. Ibid., p. 526.
20. In his tenth lecture of the 1818 series, Coleridge remarks that in studying Dante it has to be noted 'a combination of poetry with doctrine, and, by turning the mind inward on its own essence instead of letting it act only on its outward circumstances and communities, a combination of poetry with sentiment. And it is this inwardness or subjectivity, which principally and most fundamentally distinguishes all the classic from all the modern poetry'. Samuel Taylor Coleridge, *Miscellaneous Criticism*, ed. by Thomas M. Raysor (London: Constable & Co., 1936), p. 150.

21. Joseph Luzzi, *Romantic Europe and the Ghost of Italy* (New Haven, CT, and London: Yale University Press, 2008), pp. 149–50; and 'Dante, Petrarch, and National Identity', in *Dante in the Long Nineteenth Century* (Oxford: Oxford University Press, 2012), pp. 13–29. See also William Hazlitt, 'Lectures on the English Poets', in *The Complete Works*, ed. by P. P Howe, 21 vols (London: J. M. Dent & Sons, 1930–34), v, 17.
22. Stuart Curran, *Poetic Form and British Romanticism* (New York and Oxford: Oxford University Press), pp. 208–16. Michael Ferber observes that the conflict started when Shelley was six months old, and that Britain remained at war until he was twenty-three. The reference is to the French revolutionary wars (starting with the conflict between France and the Austrian-Prussian alliance), and the ensuing Napoleonic campaigns, whose impact was to challenge the social and political order of Europe. See his essay, 'Shelley and "the Disastrous Fame of Conquerors"', *Keats-Shelley Journal*, 51 (2002), 145–73.
23. Ravinthiran, 'Dante and Shelley's *terza rima*', p. 158.
24. Weinberg, 'Shelley and the Italian Tradition', *The Oxford Handbook of Percy Bysshe Shelley*, pp. 444–59 (p. 457).
25. Giuseppe Baretti, *Dissertation upon the Italian Poetry, in which are interspersed some remarks on Mr. Voltaire's Essay on the Epick Poets* (London: R. Dodsley, 1753), thereafter reprinted in *Prefazioni e polemiche*, ed. by Luigi Piccioni (Bari: Laterza, 1933), p. 98.
26. Quotations from Shelley's poetry are taken from *Shelley's Poetry and Prose*, and cited by line number in the text. My italics.
27. Cf. James Chandler, 'History's Lyre: The "West Wind" and the Poet's Work', in *England in 1819: The Politics of Literary Culture and the Case of Romantic Historicism* (Chicago, IL: Chicago University Press, 1998), pp. 532–54.
28. Shelley, *A Defence of Poetry*, p. 528. My italics.
29. Shelley, *A Philosophical View of Reform*, in *Shelley's Poetry and Prose*, p. 301.
30. Shelley, *A Defence of Poetry*, p. 517. My italics.
31. My italics. Quotations from Dante are taken from *La Divina Commedia*, ed. by Natalino Sapegno, 3 vols (Florence: La Nuova Italia, 1955–57), and cited by line number in the text.
32. See also Kevin Brownlee, 'Ovid's Semele and Dante's Metamorphosis: Paradiso XXI–XXIII', *MLN* 101.1 (1986), 147–56.
33. My italics.
34. This is a remark by the Dante translator Robin Kirkpatrick, in the introduction to his translation *The Divine Comedy: Inferno* (London: Penguin, 2006), p. xciii.
35. On this subject see William Keach, *Shelley's Style* (New York and London: Methuen, 1984), pp. 186–94. See also, Ravinthiran, 'Dante and Shelley's *terza rima*', pp. 160–63.
36. Jeffrey C. Robinson, 'The Translator', in *The Cambridge Companion to Shelley*, ed. by Timothy Morton (Cambridge: Cambridge University Press, 2006), pp. 104–22 (p. 118).
37. My italics.
38. The passage of Dante's *Vita Nuova*, 25, may have been taken from *Delle opere di Dante Alighieri*, ed. by Anton Maria Biscioni, 2 vols (Venice: Presso Giambattista Pasquali, 1793), I, 259. For further details see, *The Poems of Shelley: Volume Four: 1820–1821*, ed. by Michael Rossington, Jack Donovan, and Kelvin Everest (New York: Routledge, 2014), p. 129.
39. Weinberg, *Shelley's Italian Experience*, pp. 246–47.
40. Cf. Francis Petrarch, *Canzoniere, Trionfi, Rime Varie*, ed. by Carlo Muscetta and Daniele Ponchiroli (Turin: Einaudi, 1958). See also Peter Vassallo, 'From Petrarch to Dante: The Discourse of Disenchantment in Shelley's The Triumph of Life', *Journal of Anglo-Italian Studies*, 1 (1991), 102–10.
41. Medwin, *The Life of Percy Bysshe Shelley* (London: T. C. Newby, 1847), p. 262.
42. Pite, *The Circle of Our Vision*, pp. 174–75.
43. See also, Caron Ann Cioffi, '"Dolce color d'oriental zaffiro": A Gloss on *Purgatorio* 1.13', *Modern Philology*, 82.4 (1985), 355–64.
44. The restored text of the translation 'Matilda Gathering Flowers' is included in Webb, *The Violet in the Crucible*, p. 313.
45. See *Purgatorio*, 28, lines 34–42.
46. Pite, *The Circle of Our Vision*, p. 198.

47. See also Pite, 'Shelley and Italy', pp. 45–46.
48. Shelley writes in his letters that he had found a quiet corner in Milan Cathedral where he could read Dante's *Purgatorio*. See, *Letters*, II, 8.
49. Michael Rossington, 'Theorizing a Republican Poetics: P. B. Shelley and Alfieri', *European Romantic Review*, 20.5 (2009), 619–28 (p. 620).
50. The neat copy of 'Ode alla Libertà' indicates that Shelley possibly intended the translation for publication.
51. *Letters*, II, 291.
52. Rossington, 'Theorizing a Republican Poetics: P. B. Shelley and Alfieri', p. 624. See also, the fourth canto of Byron's *Childe Harold*, lines 483–86, in *Selected Poetry of Lord Byron*, ed. by Leslie A. Marchand (New York: The Modern Library, 2001).
53. The quotation is taken from Ugo Foscolo, *Dei Sepolcri. Carme*, ed. by Arnaldo Bruni (Florence: Polistampa, 2009), and cited by line number in the text.
54. Rossington, 'Theorizing a Republican Poetics: P. B. Shelley and Alfieri', p. 624.

CHAPTER 17

Between Two Worlds: Gramsci, Sardinia and the Early Italian Reception of Kipling

Alessandro Carlucci
University of Oxford

'Il mondo è veramente grande e terribile, e complicato. Ogni azione che viene lanciata sulla sua complessità sveglia echi inaspettati'.¹ With these words, in September 1917 Gramsci takes up — though without citing his source — a teaching imparted by the lama to Kim: 'Thou hast loosed an Act upon the world, and as a stone thrown into a pool so spread the consequences thou canst not tell how far'.² There is a link, in Kipling's novel, between this simile and the conception of imperial power that serves as the background to *Kim* — an all-pervading and far-reaching power, whose manifestations cannot be fully grasped if one looks at them from a limited local perspective.³ The presence of this image in Gramsci's writings is by no means a unique case; indeed, Gramsci's tendency to incorporate terms or short quotations of literary origin into his own musings is well known, as in some cases is his wont to develop his own line of reasoning on the basis of such literary references, repeated in more than one article, in several letters or in various prison notes.⁴ Whilst bearing this general trend in mind, however, one cannot fail to be struck by the particular frequency with which Gramsci's writings feature the expression 'il mondo grande e terribile' — 'a great and terrible world', in the original — which the lama repeats several times in *Kim*, and which Gramsci almost turns into a proverbial expression. This is not a mere formal borrowing, which has evolved over the years into a sort of linguistic tic, but rather the surface appearance of a deep-rooted and enduring affinity. Hence the most interesting question — which I shall try to answer in this chapter — is *why* a revolutionary Marxist like Gramsci was so attracted to Kipling.

His interest in Kipling's work has significant implications for the study of Gramsci's intellectual biography, yet these implications have only partly come to light in the existing secondary literature.⁵ Most interpreters have drawn attention to the political and ethical themes that Gramsci develops and highlights through his use of quotations from, and other *explicit* references to, the work of Kipling, predominantly Kipling the prose writer. In the pages that follow, I shall also touch on some of these themes; but my contribution will largely concentrate on other aspects:

in particular, on the *implicit* borrowing of expressions and images that may be traced back to texts by Kipling. After surveying the main judgements on Kipling as expressed by Gramsci during his prison years (1927–33), and revisiting the historical and cultural context in which the encounter with Kipling had come about, I shall attempt to shed light on the presence, in some of Gramsci's writings, of allusions to Kipling's renowned poem *If*, published by Gramsci in *Avanti!* as early as December 1916. In particular, no mention seems to have been made before now of the echoes of Kipling the poet, stemming precisely from *If*, in one of Gramsci's most significant articles — *Capo*, written in 1924 on the death of Lenin. Subsequently (in the fourth and fifth sections of the present chapter) I shall concentrate on the reasons for his particular attachment to *Kim*, suggesting that these very reasons hold the key to explaining the most significant and deep-seated aspect of Gramsci's interest in the Anglo-Indian author.

Explicit Judgements

At first glance this interest may appear surprising, given that the image of himself that Kipling liked to project was that of a champion of ardent imperial chauvinism; and that in early twentieth-century Italy, moreover, his work had been admired mainly by nationalists.[6] Yet in a note in the *Prison Notebooks* Gramsci himself suggests an explanation for his interest in Kipling:

> Potrebbe, l'opera di Kipling, servire per criticare una certa società che pretenda di essere qualcosa senza avere elaborato in sé la morale civica corrispondente, anzi avendo un modo di essere contradditorio coi fini che verbalmente si pone. D'altronde la morale di Kipling è imperialista solo in quanto è legata strettamente a una ben determinata realtà storica: ma si possono estrarre da essa immagini di potente immediatezza per ogni gruppo sociale che lotti per la potenza politica.[7]

In the *Lettere dal carcere*, among several positive references to Kipling, a revealing comparison may be found between the abolitionist Harriet Beecher Stowe, author of *Uncle Tom's Cabin*, and the creator of the famous *Jungle Books* that Gramsci hopes may be read before long by his son Delio. The former is a 'polpettone rugiadoso e di una sentimentalità da quacqueri', whereas the latter — and especially 'la serie delle novelle di Mowgli, il bambino allevato dai lupi' — contains 'una energia morale e volitiva che è agli antipodi di quella dello "zio Tom" e ciò mi pare sia il caso di far gustare a Delio, come a ogni altro bambino del quale si voglia irrobustire il carattere ed esaltare le forze vitali'.[8]

These judgements seem to have strongly influenced the direction of research carried out to date; however, a more independent critical inquiry may be conducted. In addition to character, volitional energy and civic morals, this inquiry leads to the identification of other elements too, which, as I aim to show in this chapter, allow us to develop — and in certain ways to move beyond — the above-quoted statements by Gramsci himself.

The Reception of Kipling

A keen interest in the author of the *Jungle Books* had already arisen in the early years in which Gramsci had begun to play a significant role within Turin's socialist press. This is also evident from his use of the pseudonym 'Raksha' (i.e. Mother wolf, who adopted and protected the young Mowgli) under which Gramsci penned a number of articles between 1915 and 1917. It is precisely during this period that Gramsci published an Italian translation of *If* in *Avanti!*, in his column entitled *Sotto la mole*. This publication is connected to the atmosphere of intense renewal and the attempts at cultural rejuvenation that had been circulating in the pages of *La Voce* and other magazines. An early and significant role in this regard had been played by the contributions of Emilio Cecchi dating back to the first few years of the 1910s.[9] In order to introduce Kipling to the readers of *La Voce* and the Italian reading public at large, Cecchi had begun with the exotic colonial environment ('gli elefanti', 'gli impetuosi stalloni candidi dagli occhi di un bleu di porcellana') and, in discussing the author's background, had immediately made reference to themes and characters that appear in *Kim*. The young Rudyard was familiar with Indian dialects, and spoke Hindustani as well as English; he saw 'le processioni dei fanatici, il monaco lama con accanto il suo *chela*, i vagabondi, il bandito, il ladro', as well as the hardship of the Indian countryside — drought, disease, famine.[10] As Cecchi pointed out:

> Esser nato in India, avervi compiuto la sua prima educazione, avervi avuta l'appercezione della vita, in quella età nella quale un temperamento si forma, furon certamente cause che concorsero a preservare in Rudyard Kipling quella novità organica ch'egli aveva portato seco nel mondo e a dargli occasione di esercitarla, riflettendola in spettacoli di vita intensamente mossa e colorata.[11]

Within the pages of *La Voce* this praise for renewal was not confined to literature; it often resulted in corrosive political criticism, designed to target the pro-Giolitti ruling class and, more generally, an entire catalogue of weaknesses and flaws considered quintessentially Italian, such as the tendency to rhetoric and the lack of honesty primarily towards oneself. Characteristic of this atmosphere too was the insistence on discipline — which for Gramsci should mean above all self-discipline, consciously and at once spontaneously accepted — and on the need to strengthen one's own character.[12] Discipline and order were expected to emerge as 'basi d'eroismo',[13] of a new collective heroism, no longer the exclusive privilege of exceptional individuals and situations. The words 'carattere', 'disciplina' and 'ordine' were salient in that political and cultural context, and were often used by Gramsci in the very headings of his articles of the time.

It is in this landscape that Gramsci's affinity with Kipling (who was awarded the Nobel prize in 1907) begins to take root. It is a landscape in which the young Gramsci's anglophilia goes hand in hand with his fascination for certain aspects of liberalism and individualism, considered typical of British society: in particular, the reluctance to be a burden on others, and thus the necessity not only of accumulating material goods, but also of building up solid moral energies on which to rely in moments of difficulty. These aspects do not run counter to socialist ideals, but are rather preliminary and fundamental in Gramsci's understanding of socialism.[14] Indeed, the socialist society of the future is possible and beneficial in his mind if it can replace the selfishness of individual needs and ambitions with economic stimuli that are more socially organic — consciously coordinated and, therefore, of greater use to the collectivity — but no less efficient. This will require on the part of each individual not a lesser, but if anything a greater and more rigorous spirit of initiative and abnegation, in order to avoid socialism degenerating into a parasitic and, ultimately, unproductive social system.

Intertextualities: The Case of *If*

It has not been possible to establish with complete certainty whether it was Gramsci himself who translated *If* for the publication in *Avanti!* of 17 December 1916.[15] But the title chosen for this publication — *Breviario per laici* — can be attributed to him, along with the brief introduction: 'È del poeta inglese Rydyard [*sic*] Kipling e ci piace farlo conoscere ai nostri lettori, come esempio di una morale non inquinata di cristianesimo e che può essere accettata da tutti gli uomini'. It is interesting to reproduce three passages from this translation, which feature images that resurface in other Gramscian texts that I shall consider in due course. The images in question refer to an arduous, unforeseen quest for integrity and stability in one's individual personality, in the face of the trials and tribulations of the outside world: 1) 'Se puoi conservarti calmo, mentre tutti attorno a te hanno perduto la testa, e dicono che ciò è per colpa tua', which translates lines 1–2 of the first stanza in the English text; 2) 'Se puoi fare un mucchio di tutti i tuoi guadagni, arrischiarli con un sol colpo di fortuna, gettare il dado, perderli, e ricominciare tutto fin dall'inizio, senza mai dir parola sulla tua perdita', third stanza, lines 1–4; and finally 3) 'Se puoi parlare alle moltitudini conservando la tua virtù, e parlare con i re conservando il senso comune | Se un nemico non può ferirti, e neppure un amico | Se tutti gli uomini hanno un valore per te, ma nessuno di essi troppo', which renders the fourth stanza, lines 1–4.

As is known, in *If* these and other conditions build up before being resolved in the final apodosis. The latter occupies the final two lines, which read in the original 'Yours is the Earth and everything that's in it, | And — which is more — you'll be a Man, my son!'.[16] Consistent with the approach already evident in the title and introductory note, the translation of these two concluding lines presents a lacuna whose function is to avoid such phrases as 'figlio mio' or similar solutions, with potentially paternalistic or vaguely religious connotations: 'Allora la terra sarà tua e tutto ciò che essa contiene, e, ciò che più importa, tu sarai un Uomo'.

In many respects, of even more significance is the publication of a very similar — though not identical[17] — translation in the newspaper *L'Ordine Nuovo*, mouthpiece of the fledgling Communist Party of Italy and edited by Gramsci, on 1 May 1921, besides excerpts from Lenin and Gorky. We are now in a later phase of Gramsci's intellectual and political biography. The title, this time, is *La terra sarà tua*, rather than *Breviario per laici*. Gramsci is on his way to becoming a Communist leader. In many aspects, his personality differs from that of his younger self as an unorthodox socialist and champion of moral and cultural renewal, who as early as 1910 had encountered Kipling in the pages of *La Voce* and who, in 1916, had introduced him to the readers of *Il Grido del Popolo* and *Avanti!*.[18]

Three years after *La terra sarà tua*, we find in *Capo* a characteristic example of how the Gramsci of this period uses Kipling. I am referring to the glaring contrast — by means of which the Sardinian communist reworks ideas stemming from the Anglo-Indian writer — between the ethical stance of the revolutionary leader, Lenin, and the inconsistency of the reactionary leader, Benito Mussolini, a fully blown 'tipo concentrato del piccolo borghese italiano', with his 'facce feroci', and his continual incitement to violence of a sort that is purely repressive, arbitrary, and undisciplined.[19] Whilst the bourgeoisie and the fascists can be likened to the *Bandar-log*[20] — the monkeys who jeopardize Mowgli's safety[21] — the leader of the proletariat has somewhat different traits: he has emerged, in Russia, not with pompous fanfare and feckless promises, but thanks to methodical and concrete commitment, through a long selection process consisting of thirty years of political struggle. In particular, in the rather emphatic passage that lists the proletarian leader's virtues, we find — in reverse order with respect to their positioning in *If* — certain images and specific lexical choices that we have already encountered in the Italian translation:

> Questa selezione è stata una lotta di frazioni, di piccoli gruppi, è stata lotta individuale, ha voluto dire scissioni e unificazioni, arresti, esilio, prigione, attentati: è stata resistenza contro lo scoraggiamento e contro l'orgoglio, ha voluto dire soffrire la fame avendo a disposizione dei milioni d'oro, ha voluto dire [3] *conservare lo spirito di un semplice operaio sul trono degli zar*, [2] *non disperare anche se tutto sembrava perduto, ma ricominciare*, con pazienza, con tenacia, [1] *mantenendo tutto il sangue freddo e il sorriso sulle labbra quando gli altri perdevano la testa*.[22]

As a whole, the borrowings from *If* in *Capo* may not be surprising (except for the similarities, which are almost tantamount to direct quotation in this passage), proving consistent with the use Gramsci had made until this point of themes that may be traced back to Kipling. Indeed in other articles too, dating both to these years and to his youth, the appropriation of Kiplingian images allows Gramsci to conceptualize and give voice to an underlying model that remains largely constant, despite changes to its contents with the evolution of Gramsci's thought and the polemics in which he is involved. It is a model that is essentially dichotomous in nature, consisting of a stark contrast between the ethics of a superior civilization and the defects of the bourgeois society of the day. In this respect *Capo* stands apart, if at all, for two reasons: first, because the reference is not to Kipling's prose, but to his poetry; and secondly, because it is implicit (we are dealing here with a hidden, perhaps unconscious, borrowing), whereas in the previous articles references were explicit and Gramsci would often name Kipling as one of his sources.

The same images of ethical rigour typical of Kipling, and certain lexical choices which were already in the 1916 translation of *If*, finally resurface in the letter of 12 September 1927 to Gramsci's brother Carlo. This borrowing is also implicit, that is with no mention whatsoever of the Anglo-Indian author or his works. Here, however, Gramsci no longer turns to Kipling in order to describe a better society than that of Italy under Giolitti, nor to extol the exceptional virtues of Bolshevism and its global leader. This time Gramsci is talking about himself as an average man, and, after recalling how he suffered several material difficulties from as far back as his time in secondary school (in Cagliari) and his university years (in Turin), he explains to his brother:

> Perché ti ho scritto tutto ciò? Perché ti convinca che mi sono trovato in condizioni *terribili, senza perciò disperarmi*, altre volte. Tutta questa vita mi ha rinsaldato il *carattere*. Mi sono convinto che anche *quando tutto è o pare perduto, bisogna rimettersi tranquillamente all'opera, ricominciando dall'inizio*. Mi sono convinto che bisogna sempre *contare solo su se stessi e sulle proprie forze; non attendersi niente da nessuno e quindi non procurarsi delusioni*. Che occorre proporsi di *fare solo ciò che si sa e si può fare e andare per la propria via*. La mia posizione morale è ottima: chi mi crede un satanasso, chi mi crede quasi un santo. Io non voglio fare né il martire né l'eroe. Credo di *essere semplicemente un uomo* medio, che ha le sue convinzioni profonde, e che non le baratta per niente al mondo.[23]

Reasons for an Affinity

The tendency to talk about himself through recourse to Kiplingian language also returns in other texts following Gramsci's arrest in November 1926. In this section, I shall analyse some further textual samples, before posing the question as to why, in going over his own existence, Gramsci often turned to images, themes and narrative schemas that may be traced back to some of Kipling's texts.

Mention should be made of the letter of 9 December to his sister-in-law Tatiana (Tania) Schucht, in which Gramsci, in order to describe his encounter on the island of Ustica with the 'coatti comuni, cioè criminali parecchie volte recidivi', turns to *The Strange Ride of Morrowbie Jukes*. He asks Tania whether she recalls this story, and explains: 'Mi è balzata di colpo alla memoria tanto mi sembrava di viverla'.[24] But the text that generates a particular sense of kinship on the part of Gramsci is undoubtedly *Kim*. In addition to the 'great and terrible world' mentioned at the beginning of this chapter, which makes frequent appearances in the *Lettere dal carcere*, his correspondence of 22 April 1929 should also be mentioned, in which Gramsci likens himself to 'una capra che ha perduto un occhio e gira in circolo, sempre sulla stessa ampiezza di raggio', 'per dirla con una immagine di Kipling' to be found in chapter XI of *Kim*.[25] It is important to clarify, however, that this sense of affinity should not be confused with an acceptance of the viewpoint of a particular character, let alone of the author's ideology. In *Kim*, the 'Mutiny' of 1857, a crucial event in the history of the decolonization of India, is evoked as a manifestation of utterly useless and brutal collective 'madness'.[26] In this respect, the novel provided Gramsci with a typical instance of the ever-present tendency, on the part of intellectuals and dominant social groups, to see something barbaric and pathological in the attempts at rebellion by subaltern groups,[27] and to demonize such attempts as merely destructive violence.[28]

What, then, might be the reasons for this sort of affinity? It makes sense to begin from certain similarities between Gramsci's biography and the fate of the protagonist — Kim, son by the same name of Sergeant Kimball O'Hara. Gramsci is born and spends his childhood in Ales, Ghilarza and Sorgono, in other words in inland communities in the poorest rural parts of Sardinia. We are thus on the periphery of the newly unified Italian state and, more generally, of the Western world. This periphery was considered by many scholars of a positivist bent, and by many politicians, administrators and army officers of the time, as tantamount to a primitive land: 'una jungla',[29] an underdeveloped 'colonia di sfruttamento',[30] from which resources should be extracted and which would eventually be civilized through mainly authoritarian methods. But just as Kim belongs only in part to India, so too does Gramsci belong only in part to this Sardinian world — at once exotic and backward, vital and brutal.[31] From an early age Antonio is able to speak Italian, as well as Sardinian; his mother is Sardinian, but not his father.

Francesco Gramsci comes from the mainland, although, like Kim's father, he too has fallen from grace and has endured, in making the passage from the former Kingdom of the Two Sicilies to Sardinia, a path of decline in his own social status. Francesco arrived in Ghilarza after successfully securing a competitive post as a manager in the Register Office. He came from a family of good social standing. His father had been a colonel in the Bourbon gendarmerie and following Italian Unification had enlisted in the *carabinieri*, again with the grade of colonel. His brothers also secured respectable jobs in the institutions of the new Kingdom of Italy, towards which they developed a sense of loyalty alongside an instinctive social and political conservatism (one became a treasury official; another was an inspector of railways, after being station-master at Rome; and a third one, Nicolino, was an army officer in Sardinia).[32] In 1897, when Francesco was absent in order to travel to Ozieri, where his brother Nicolino had died, an inspection was carried out at the Register Office where he was in charge, which revealed certain administrative irregularities, and an enquiry was duly opened. Francesco was suspended from his job, left without a salary and was finally arrested in August 1898.

Traces begin to emerge of a sort of double nature, an inner otherness that can plunge 'what is called personal identity' into crisis, by creating a sense of loneliness and marginalization.[33] These traces are perhaps at the basis of the association with *Kim*: Gramsci is the product of an oppressed world, of the poverty and superstitions that dominate the Sardinian countryside,[34] of cultural fragmentation and political inconsistency both typical of this state of subalternity. But he also carries within him another world, alien to Sardinian folklore and closer to the history and culture of the dominant groups hailing from mainland Italy.

'Standing above the environment in which one lives, without therefore despising it'

Before drawing any conclusions, however, let us consider a few further possible connections with *Kim*, beginning again with the letter to Carlo of September 1927. In this letter, in which echoes can be heard of the translation of *If* published more than a decade before, Gramsci writes: 'Probabilmente tu qualche volta mi hai un po' invidiato perché mi è stato possibile studiare';[35] and also: 'non lasciarti sommergere dall'ambiente paesano e sardo: bisogna sempre essere superiori all'ambiente in cui si vive, senza perciò disprezzarlo o credersi superiori'.[36] These are interesting clues. As also happens to Kim, one of the factors that separate the fates of Gramsci from those of the community in which he had been born and raised was precisely the question of access to education — in particular to secondary education, which at the time, in the countryside of central Sardinia, was the sole preserve of the sons of a few rich and influential families. Gramsci discusses it in several letters, which also contain descriptions of episodes from his own childhood and adolescence. These episodes are dominated by animals, games in the open air and encounters with the bizarre, mysterious and occasionally alarming figures of popular medicine, religion and magic. In particular, Gramsci's descriptions of his holidays and his journeys to and from school have their fair share of adventure in them, connected to the characteristics of the natural and cultural environment in which they unfold. These descriptions remind us of Kim's beloved roaming and unusual vicissitudes during his holidays from the *madrissah*. This is the case, for example, of an episode with which Gramsci opts to entertain Tania, introducing her to what he regards as a typically Sardinian situation:

> Avevo quattordici anni e facevo la 3ª ginnasiale a Santu Lussurgiu, un paese distante dal mio circa 18 chilometri e dove credo esista ancora un ginnasio comunale in verità molto scalcinato. Con un altro ragazzo, per guadagnare 24 ore in famiglia, ci mettemmo in istrada a piedi il dopopranzo del 23 dicembre invece di aspettare la diligenza del mattino seguente. Cammina, cammina, eravamo circa a metà viaggio, in un posto completamente deserto e solitario; a sinistra, un centinaio di metri dalla strada, si allungava una fila di pioppi con delle boscaglie di lentischi. Ci spararono un primo colpo di fucile in alto sulla testa; la pallottola fischiò a una decina di metri in alto. Credemmo a un colpo casuale e continuammo tranquilli. Un secondo e un terzo colpo più bassi ci avvertirono subito che eravamo proprio presi di mira e allora ci buttammo nella cunetta, rimanendo appiattiti un pezzo. Quando provammo a sollevarci, altro colpo e così per circa due ore con una dozzina di colpi che ci inseguivano, mentre ci allontanavamo strisciando, ogni volta che tentavamo di ritornare sulla strada.[37]

Turning our attention back to the letter to Carlo, it should be remembered that the exhortation not to look down on the environment from which one hails constitutes a succinct and colloquial variation on what is actually a complex central theme in Gramsci's thought: the need to encourage an exchange, a mutually productive meeting, between intellectual and manual labour, between recognized experts and ordinary people, and even between the most advanced 'filosofia dei filosofi' and the humble views and values of those who are 'ai margini della storia'.[38] Here too we are dealing with a theme that — albeit in a different context and with obviously different political implications — is by no means absent in *Kim*. Suffice it to quote the following dialogue between Colonel Creighton and the protagonist:

> 'There is a good spirit in thee. Do not let it be blunted at St Xavier's [the prestigious school where Kim is to be sent]. There are many boys there who despise the black men.'
> 'Their mothers were bazar-women,' said Kim. He knew well there is no hatred like that of the half-caste for his brother-in-law.

'True; but thou art a Sahib and the son of a Sahib. Therefore, do not at any time be led to contemn the black men. I have known boys newly entered into the service of the Government who feigned not to understand the talk or the customs of black men. Their pay was cut for ignorance. There is no sin so great as ignorance. Remember this.'[39]

The imperial enterprise requires anthropological observation of a meticulous and sympathetic kind; it must comprehend and catalogue in detail the culture of dominated peoples without being satisfied with an external viewpoint or extrinsic simplification. These are the very same capacities that Gramsci insists upon from his earliest writings right up until the *Quaderni*, encouraging the study of popular culture and folklore not 'come una bizzaria, una stranezza o un elemento pittoresco, ma come una cosa che è molto seria e da prendere sul serio'.[40] In Gramsci, this exhortation is ultimately aimed at ensuring that all citizens can move from the led groups to the leading group.[41] The collective, political nature of such an aim is obvious and beyond dispute. Nonetheless, it is impossible not to see that, for someone with Gramsci's background, this insistence on the two-way relationship between folklore and modern culture also fulfilled a personal need — that is, to ensure a certain degree of *translatability*, and thus to identify a basic compatibility, between two distinctive components of his own identity.[42]

Conclusions

In the past, Gramsci's association with the work of Kipling has been explained on the basis of an intimate adherence to a framework of social relations characterized by strong hierarchical ties. Interpreters have focused on passages in which Gramsci mentions the Anglo-Indian writer explicitly, highlighting the political dimension of his recourse to Kipling (and, incidentally, confirming conventional assumptions regarding the kinship between opposing but equally extreme political programmes — such as Kipling's imperialism, and Gramsci's allegedly totalitarian Leninism).[43] These interpretations explain, as it were, *how* he encountered Kipling, in a context in which several sources were insistent on discipline, the strengthening of one's individual character, the reorganization and regeneration of society. But this kind of political and ethical inspiration (which after all Gramsci was able to draw from a number of sources) cannot fully explain *why* such a deep and enduring impression was left on his mind precisely by the Anglo-Indian writer.

In fact, this kinship with certain Kiplingian situations offers an extremely useful tool when assessing critically the autobiographical statements contained in Gramsci's writings, especially those after his arrest. This is the most fascinating aspect of his interest in Kipling. The Sardinian communist, who never forgot his own 'fanciullezza un po' selvaggia e primitiva',[44] felt a sense of affinity toward the characters with double identities created by the Anglo-Indian author: Mowgli, the man cub raised among wolves; Kim, the boy intimately linked to the life of the Indian people by whom he had been brought up, and who feels half 'Hindu' despite knowing full well that he is — and becomes ever more — a 'Sahib' sharing in the dominant culture of the colonizers (the Kim that Cecchi had made central to his introduction to Kipling). Clearly, this sense of affinity sheds further light on the biographical roots of Gramsci's reflections on the Southern Question and the post-Risorgimento disillusionment: phenomena that Gramsci had cause to *feel* personally, even before he could begin to *understand* them (to use the distinction introduced in the *Quaderni*).[45] Once this link with certain Kipling characters has been recognized, we are in a better position to understand the biographical background behind Gramsci's tendency to apply binary notions to the recent history of Italian society: one need merely think of the pairings developed in the *Quaderni* to define not absolute oppositions, but rather the two poles of a *continuum* between *city* and *countryside*, *good sense* and *common sense*, *philosophy* and *folklore*, and obviously between *hegemony* and *subalternity*.[46]

Finally, this link seems especially significant precisely because it is largely implicit and semiconscious: we are dealing here with an affinity that reveals a difficult path, a complex connection between Sardinian and Italian identity, more so than when Gramsci constructs an image of himself consciously and explicitly. The double identities of Kipling's characters, which often echo throughout Gramsci's writings, end up revealing cracks in the unequivocal and reassuring explanation behind which Gramsci almost seemingly hides, in the famous letter to Tania of 12 October 1931: 'la mia cultura è italiana', he writes, 'non mi sono mai accorto di essere dilaniato tra due mondi'.[47] Later, however, in one of the last letters to his wife he observes that 'se la Sardegna è un'isola, ogni sardo è un'isola nell'isola';[48] and indeed he admits that there may well be some truth in an interpretation that seeks to explain his 'tendenze intellettuali e politiche'[49] by starting from the specific circumstances of Sardinia and Southern Italy in the wake of the Risorgimento, which some would nowadays call *orientalist*.[50]

Notes to Chapter 17

Besides the editors of this volume, I would also like to thank Caterina Balistreri, Paul Howard, Martin McLaughlin, Luciano Parisi, Aldo Vittorio Grassi Pucci da Filicaja, and Maria Luisa Righi. As usual, responsibility for any mistakes contained in this chapter rests solely with the author.

1. 'Un vandalo', *Avanti!*, 24 September 1917, now in A. Gramsci, *La città futura, 1917–1918*, ed. by S. Caprioglio (Turin: Einaudi, 1982), p. 356.
2. R. Kipling, *Kim*, ed. by E. Said (London: Penguin, 1989), p. 258. First published in 1901, *Kim* was translated into Italian by Paolo Silenziario (Milan: Vallardi) in 1913. For an early assessment, focusing on the contrast between East and West, see G. A. Borgese, 'Kim di Kipling', in *Studi di letterature moderne* (Milan: Treves, 1915), pp. 184–91. According to Marino Biondi, Paolo Silenziario was a pseudonym for 'Luigi Siciliani, fra i fondatori dell'Associazione nazionalista italiana e sottosegretario alle Belle Arti nel primo governo Mussolini'. M. Biondi, 'Una passione di gioventù. Il Kipling', in R. Serra, *Kipling* (Rimini: Fara, 1996), p. 113.
3. See P. E. Wegner, '"Life as He Would Have It": The Invention of India in Kipling's Kim', *Cultural Critique*, 26 (1993–94), 129–59; and also Said's 'Introduction' to *Kim*, pp. 7–46.
4. The best known and most discussed case concerns his letter of 19 March 1927, where Gramsci outlines the project that we know today as the *Quaderni del carcere*: 'Sono assillato (è questo un fenomeno proprio dei carcerati, penso) da questa idea: che bisognerebbe fare qualcosa *für ewig*, secondo una complessa concezione di Goethe, che ricordo aver tormentato molto il nostro Pascoli. Insomma, vorrei, secondo un piano prestabilito, occuparmi intensamente e sistematicamente di qualche soggetto che mi assorbisse e centralizzasse la mia vita interiore'. A. Gramsci, *Lettere dal carcere* (Palermo: Sellerio, 1996), p. 55.

5. The most authoritative and relevant studies are: P. G. Zunino, 'Gramsci e il fascismo negli anni venti', in *Teoria politica e società industriale*, ed. by F. Sbarberi (Turin: Bollati Boringhieri, 1988), pp. 311–35; and L. Rapone, *Cinque anni che paiono secoli. Antonio Gramsci dal socialismo al comunismo, 1914–1919* (Rome: Carocci, 2011).
6. See B. Croce, *Storia d'Italia dal 1871 and 1915* (Bari: Laterza, 1929), p. 279.
7. A. Gramsci, *Quaderni del carcere*, ed. by V. Gerratana (Turin: Einaudi, 1975), p. 402.
8. *Lettere dal carcere*, p. 715.
9. E. Cecchi, 'La luce che si spegne' (review of the Italian translation of *The Light that Failed*), *Cronache letterarie*, 22 May 1910; 'Dan, Una e Gloriana', *Corriere della sera*, 10 November 1910; 'Rudyard Kipling' (anticipation of the essay published in full in the series Quaderni della Voce, see below, footnote 10), *La Voce*, 1 December 1910; and 'Kim', *La Tribuna*, 1 May 1913. The first and third articles are recorded by Gramsci in his bibliographical notes relating to the years in question, now kept at the Fondazione Istituto Gramsci (Rome): Fondo Antonio Gramsci, personal papers, subseries 1, 1891–1926, Turin years.
10. Cecchi, *Rudyard Kipling*, Quaderni della Voce collected by G. Prezzolini (Florence: Casa editrice italiana, 1910), pp. 13–14.
11. Ibid., p. 11.
12. See Gramsci's articles 'La disciplina', *La Città futura*, 11 February 1917, and 'Carattere', *Il Grido del Popolo*, 8 September 1917 (both collected in *La città futura*, pp. 19–20 and 320). In 'La disciplina', in which he cites Kipling, Gramsci summarizes the story 'Her Majesty's Servants', now in R. Kipling, *The Jungle Books*, ed. by W. W. Robson (Oxford: Oxford University Press, 2008), pp. 125–43. This story is also considered emblematic by Said in *Orientalism* (London: Penguin, 1995), p. 45.
13. Cecchi, 'Kim'. Cf. Gramsci's article, 'Torino, città di provincia', *Avanti!*, 17 August 1918, now in *Il nostro Marx, 1918–1919*, ed. by S. Caprioglio (Turin: Einaudi, 1984), pp. 256–57.
14. See Rapone, *Cinque anni che paiono secoli*.
15. In support of the attribution to Gramsci, the following argument might be enlisted: he was probably capable of translating a text of this type, having followed Federico Olivero's course in English literature at the University of Turin, in the academic years 1913–14 and 1914–15. It is possible that Gramsci may also have had to hand the different version of *If*, halfway between a paraphrase and partial translation, provided by Cecchi in 'Dan, Una e Gloriana' (and also included in *Rudyard Kipling*, Quaderni della Voce, pp. 67–68). However, despite there being certain similarities between this version and the translation published in *Avanti!*, the linguistic and translational choices in common are marked to such a small extent that they do not necessarily imply any direct descent: e.g. the rendering of 'everything that's in it' (penultimate line) with 'tutto ciò che essa contiene' ('tutto ciò ch'essa contiene', in Cecchi's article) or of 'force your heart' (third stanza, line 5) with 'costringere il tuo cuore'.
16. R. Kipling, *Rewards and Fairies* (London: Macmillan, 1910), p. 176. On *Rewards and Fairies* as a 'catechismo del perfetto cittadino britannico' see Borgese, 'Kipling e un suo critico', in *La vita e il libro*. Terza serie (Turin: Bocca, 1913), pp. 20–29.
17. Regarding the places in the text which concern us most, the following variants may be highlighted: in 2) 'con un solo colpo' instead of 'con un sol colpo', 'perdere' instead of 'perderli', 'da principio' instead of 'fin dall'inizio'; in 3) 'parlare ai re' instead of 'parlare con i re'. Moreover, a further similarity is to be found between this translation, rather than that of 1916, and the one by Cecchi of 1910: 'worn-out tools' (final line of the second stanza) yields 'strumenti logorati' in Cecchi and in the 1921 translation, whereas 'strumenti già usati' in the 1916 version. These seem to amount to revisions by the translator, which may add further weight to the hypothesis of an original translation by Gramsci (i.e. not the translation of a third party which has been silently reworked).
18. Besides the 'Breviario per laici', see also the story 'La moglie legittima', published in *Il Grido del Popolo* on 22 April 1916: a translation of R. Kipling, 'His Wedded Wife', in *Plain Tales from the Hills*, ed. by A. Rutherford (Oxford: Oxford University Press, 2009), pp. 116–21.
19. 'Capo', *L'Ordine Nuovo*, 1 March 1924; republished under the title 'Lenin capo rivoluzionario', in *L'Unità* on 6 November of the same year. Quoted from A. Gramsci, *La costruzione del Partito comunista* (Turin: Einaudi, 1971), p. 15.

20. Cf. 'Il popolo delle scimmie', *L'Ordine Nuovo*, 2 January 1921, collected in A. Gramsci, *Socialismo e fascismo. L'Ordine Nuovo, 1921–1922* (Turin: Einaudi, 1966), pp. 9–11. References to the *Bandar-log* monkeys also appear in 'La libertà individuale', *Avanti!*, 27 June 1918; 'Vita nuova!', *Avanti!*, 8 July 1918 (now in *Il nostro Marx*, pp. 144–46 and 167–68 respectively); and 'Giovinezza, giovinezza...', *L'Ordine Nuovo*, 17 August 1921, now in A. Gramsci, *Per la verità. Scritti, 1913–1926* (Rome: Editori Riuniti, 1974), pp. 187–89.
21. See 'Kaa's Hunting', in R. Kipling, *The Jungle Books*, pp. 22–47.
22. *La costruzione del Partito comunista*, p. 14 (my italics). As confirmation of the stylistic emphasis of this passage, one may note the syntactic accumulation and particularly the triple repetition of 'è stata', with variation and in part alternation with the synonymous and equally triple 'ha voluto dire'; as well as certain metrical allusions: 'lo spirito di un semplice operaio | sul trono degli zar' (hendecasyllable + truncated settenario) and 'quando gli altri perdevano la testa' (yet another hendecasyllable).
23. *Lettere dal carcere*, pp. 117–18.
24. Ibid, p. 8. Cf. R. Kipling, 'The Strange Ride of Morrowbie Jukes', in *The Man Who Would Be King and Other Stories*, ed. by L. L. Cornell (Oxford: Oxford University Press, 2008), pp. 3–25. Since this is a lesser-known text compared to the *Jungle Books* or *Kim*, it is perhaps useful to summarize the story, which is also set in India. Having fallen into a sandy crater from which it is impossible to get out again, the protagonist encounters those who, upon reawakening at the imminent point of their own cremation, have been banished from the community since they are no longer alive but not yet ready to die, and are now living in squalid conditions, in an isolated environment composed entirely of filth and decay. On 19 December 1926 Gramsci, still confined to Ustica at this point, clarifies that the exceptionally miserable condition of the 'coatti' (whose isolation also led to alcoholism and malnutrition) offered unique evidence for psychological and folkloric observations (*Lettere dal carcere*, pp. 18–19).
25. Gramsci had already made reference to an episode from *Kim* in May 1918: see *Il nostro Marx*, pp. 628–30.
26. Kipling, *Kim*, pp. 100–02.
27. See *Quaderni*, p. 2279.
28. See A. Gramsci, 'Alcuni temi della quistione meridionale', in *La questione meridionale*, ed. by F. De Felice and V. Parlato (Rome: Editori Riuniti, 1970), especially p. 151.
29. Gramsci, *Quaderni*, p. 65.
30. 'La Brigata Sassari', *Avanti!*, 14 April 1919 (now in Gramsci, *Il nostro Marx*, pp. 590–92). See also 'Gli scopritori', *Avanti!*, 24 May 1916, now in *Cronache torinesi 1913–1917*, ed. by S. Caprioglio (Turin: Einaudi, 1980), p. 332.
31. Of the brutality of that world Gramsci has left several eyewitness accounts, outstanding among which is the letter to Tania of 30 January 1933: *Lettere dal carcere*, pp. 673–75.
32. See G. Fiori, *Vita di Antonio Gramsci* (Bari: Laterza, 1966), especially p. 10 and p. 48.
33. See *Kim*, p. 233.
34. The young Antonio — who, according to the account of an aunt, recovered from a nearly fatal injury when she anointed his feet with oil from a lamp dedicated to the Madonna (*Lettere dal carcere*, pp. 456–57) — might even have had an amulet placed around his neck, just like the young Kim, in order to protect him from evil: on this practice, see A. Delogu, *Ghilarza della memoria* (Nuoro: Grafica Mediterranea, 1996), pp. 19–20.
35. Gramsci, *Lettere dal carcere*, p. 116.
36. Ibid., p. 118.
37. *Lettere dal carcere*, p. 144.
38. *Quaderni del carcere*, p. 2277. See also ibid., pp. 1255, 1550–51, 2112; and 'Socialismo e cultura', *Il Grido del Popolo*, 29 January 1916, now in Gramsci, *Cronache torinesi*, pp. 99–103.
39. Kipling, *Kim*, p. 167. Just like Gramsci, who never graduated, Kim too does not fully complete his studies: leading him away from such a path is his participation in the 'Great Game' of power and international political conflicts, which in the novel consists of a series of intelligence operations.
40. Gramsci, *Quaderni del carcere*, p. 2314.
41. See ibid, p. 1056.

42. On Gramsci's notion of translatability, see *Gramsci, Language and Translation*, ed. by P. Ives and R. Lacorte (Lanham, MD: Lexington Books, 2010).
43. See especially Zunino, 'Gramsci e il fascismo negli anni venti', p. 316.
44. A. Gramsci, *Lettere, 1908–1926*, ed. by A. A. Santucci (Turin: Einaudi, 1992), p. 289.
45. For a more in-depth discussion of this aspect, see A. Carlucci, 'The Risorgimento and its Discontents: Gramsci's Reflections on Conflict and Control in the Aftermath of Italy's Unification', in *The Political Philosophies of Antonio Gramsci and B. R. Ambedkar: Itineraries of Dalits and Subalterns*, ed. by C. Zene (London: Routledge, 2013), pp. 129–41.
46. Research on Gramsci has recently underscored the need for a study of these concepts based on the idea of a *continuum* and not a structural opposition — see e.g. *Le parole di Gramsci*, ed. by F. Frosini and G. Liguori (Rome: Carocci, 2004).
47. *Lettere dal carcere*, p. 481.
48. Ibid, p. 798.
49. Ibid.
50. See *Italy's Southern Question: Orientalism in One Country*, ed. by J. Schneider (Oxford: Berg, 1998). See also *The Postcolonial Gramsci*, ed. by N. Srivastava and B. Bhattacharya (London: Routledge, 2012).

CHAPTER 18

❖

La giacca verde di Mario Soldati. Una rilettura

Luciano Parisi
University of Exeter

Parlerò all'inizio di tre elementi essenziali dell'opera letteraria di Soldati: la musica, la passione erotica e le finzioni. Mostrerò poi come questi elementi risaltino nel romanzo *La giacca verde*, che racconta la storia di due direttori d'orchestra: uno fittizio; l'altro vero, abile, ma messo in crisi da una messa in scena dell'*Otello* di Giuseppe Verdi.[1] Cercherò alla fine di spiegare una ragione di quella crisi individuandola nella diversa concezione che dell'io avevano, da una parte, molti artisti dell'800 (incluso Verdi) e, dall'altra, molti artisti del '900 (incluso Soldati).

★ ★ ★ ★ ★

Soldati parla spesso di musica perché questa lo 'commuove', l'"entusiasma',[2] e gli 'dà felicità'.[3] Per il protagonista di un suo romanzo i direttori d'orchestra sono 'le sole creature umane che possono, senza nessuna superbia, anzi con l'umiltà di una sconfinata riconoscenza verso il destino, quasi sentirsi dei'.[4] 'Se potessi tornare indietro', dice ancora Soldati nella *Conversazione* con Lajolo, 'studierei musica' (p.101).

Negli anni più produttivi della sua vita Soldati non fu musicista né scrittore ma regista,[5] e scrivendo si servì di tecniche che nell'Italia di metà '900 erano considerate fondamentalmente cinematografiche: l'inserimento di *flash-back* e *flash-forward*, le dissolvenze,[6] l'insistenza su piccoli dettagli che assumono in quel modo una rilevanza particolare — e l'utilizzazione, se non proprio di una colonna sonora, di frequenti riferimenti ai suoni della città, alle canzoni intonate dai passanti, alla musica eseguita nei bar, nelle sale da ballo o nei teatri.

Nei suoi saggi Soldati abbozza qualche analisi interpretativa. È poco interessato però allo studio degli spartiti e usa la musica soprattutto per spiegare i sentimenti di cui parla. Discutendo il terzo movimento del quartetto in sol maggiore di Mozart, K 387, per esempio, dice poco del suo autore e molto di sé, di quello che era o avrebbe voluto essere come scrittore:

> due temi [...] si oppongono e contrastano: uno, appassionato e disperato, il ricordo di una felicità perduta per sempre, il rimorso di non averla apprezzata quando la si possedeva — l'altro, invece, leggero, scherzoso, spensierato, ma sì, tutto va bene, basta non prendersela, la vita in fondo è bellissima anche così [...]

basta non prendersela, dicono le lievi, sospese, staccate come da virgole ultime note: fanno quasi spallucce: 'a l'è questiun d'nen piessla', dice il mozartiano Gozzano. (*Qs*, p. 39)

Nei romanzi e nelle novelle le citazioni musicali di Soldati evocano luoghi e periodi storici, rivelano la cultura e la psicologia dei personaggi, stimolano la memoria culturale o la capacità interpretativa dei lettori, sottolineano significati particolari. Soldati le adopera soprattutto sviluppando i temi che gli stanno a cuore. Il primo è la religione. Soldati studiò in un collegio di gesuiti e per qualche tempo sperò di diventare sacerdote (Lajolo, p. 9). Quella devozione derivava da condizionamenti familiari che trovò poi fuorvianti e a cui si sottrasse. La sua rappresentazione di figure religiose è influenzata da quel ripensamento: Laura, nei *Racconti*, dice di suonare il pianoforte per esprimere un desiderio di trascendenza: 'è come una preghiera: maman dice il rosario, io suono la *Cathédrale engloutie*' (*Rc*, p. 152). Gli accordi di Laura, cadono però 'come nichelini falsi' sulla tastiera (*Rc*, p. 151), e la preghiera viene presto abbandonata. In un treno di pellegrini diretti a Lourdes risuona il coro *Noi vogliam Dio*:

'Dalle rigide convinzioni e abitudini religiose', osserva Soldati, i pellegrini che lo cantano 'sortirono una vita squallida e malinconica' (*Rc*, p. 172): fedeli di 'una ben misera fede' (*Rc*, p. 173), e di una 'cattiva religione', trovano 'nel pellegrinaggio l'occasione di divertirsi senza far nulla di male' (*Rc*, p. 172). Ma Soldati è uno scrittore raffinato; i suoi personaggi vivono di opposizioni irrisolte; il suo stesso spirito ha frequenti oscillazioni; e la religione continua ad avere delle attrattive anche per lui, anche nella forma in cui quei pellegrini la vivono, anche attraverso l'inno di cui ha dato un giudizio tanto negativo. Tutti lo cantano, e le sue note emergono

> da tutti gli scompartimenti: pellegrini, malati, infermiere, lettigari, sacerdoti: tutti coi libretti delle parole fra le mani giunte, cantano e guardano la campagna assolata, ferma, le messi verdi, i filari dei salici, la campagna di Lourdes. Questa volta qualcosa è scattato. Pare davvero che la Speranza, la suprema Speranza, sia nata d'un tratto nel cuore di tutti. Il ritardo o l'anticipo con cui, di vagone in vagone, si canta lo stesso inno e si propaga disordinato lo stesso ritmo, non guasta, ma cresce la commozione: creando, con la tecnica di un *fugato* spontaneo, un effetto di entusiasmo travolgente e moltiplicato. (*Rc*, p. 193)[7]

Un altro tema essenziale di Soldati è la nostalgia di casa, della patria municipale da cui i suoi personaggi in genere si allontanano provando anche qui sentimenti opposti: l'estero, il diverso, l'esotico li attirano e li spingono alla partenza; ma, una volta che si sono trasferiti e la dimensione altra è stata raggiunta, il loro bisogno di casa si fa più forte. Il diverso per eccellenza, in Soldati, è l'America:[8]

> molti vidi arrivare la prima volta a New York, che non immigravano ma visitavano. Non erano ragazzi sui vent'anni, fiduciosi, pronti a cambiare. Ma uomini sui cinquanta o sessanta: lasciati affari e affetti in Europa, venivano in America per diporto e curiosità. Ebbene, tutti, la prima settimana, li vidi knock-out. Non aspettavano ormai dalla vita, dalla terra, così gagliardo ritorno di speranza, non credevano che tanta novità fosse possibile. [...] un brivido li percorse, li sconvolse (forse potrei emigrare, forse potrei ricominciare), cancellando lì per lì anni di lavoro e di accumulata serietà di propositi. (*Am*, pp. 36–37)

Il corrispettivo musicale di quell'entusiasmo è per lui l'aria di Musetta, nella *Bohème* di Puccini, che Marcello riprende con parole proprie all'inizio del secondo atto: un baritono l'intona nella nave che porta Soldati a New York (*Am*, p. 27):[9]

Gli italiani che vivono in America sono circondati invece da ricordi musicali della patria. Usano il grammofono per ascoltare canti regionali e ricostruire l'atmosfera di casa (*Am*, p. 56). Un protagonista dei *Racconti*, riascoltando un vecchio canto piemontese (*I cassadur del bosco*), confessa di sentirsi stanco d'un viaggio fra 'genti strane': 'avevo vissuto come l'amico, l'amante, il coniuge e tuttavia ero sempre rimasto uno straniero. Chi mai, fra tante e tanti, mi aveva offerto questa pace della coscienza, che trovavo nell'abbandonarmi al largo coro?' (*Rc*, p. 237). I canti piemontesi che appaiono nei libri di Soldati — *Tre cumari de la Tour* nei *Racconti* (*Rc*, p. 236), *Al'umbreta dël büssun*, *Tranta sold* e *Mè ideal* ne *Le due città* (*Dc*, pp. 263–66) — hanno lo stesso effetto. Il Piero de *Le due città* è rimasto fedele alla propria terra e ai valori che rappresenta. Emilio si è invece trasferito a Roma e si è adattato ad un ambiente dominato, dice, da 'servilismo, scetticismo, sentimentalismo, volgarità, avidità, astuzia' (*Dc*, p. 299). *Mè ideal*, la canzone preferita dal primo, si conclude con le parole: 'Furse n'aut, indiscret, a seugn'rìa | le richësse, la gloria, j'unur: | mi m'cuntentu d'ün poch d'puesìa, | d'ün basin, na carëssa, na fiur'.[10] Quando Piero la canta, il suo volto si trasfigura perché quelle parole esprimono 'il suo sentimento più profondo', 'la sua immutabile interpretazione della vita' (*Dc*, p. 265). Emilio invece, ascoltando quella canzone, si chiede se non è lui quell'*aut*, quell'altro, quell'*indiscret* che sogna scioccamente le ricchezze, la gloria e gli onori.[11]

Un ultimo tema fondamentale che i riferimenti musicali aiutano Soldati ad esprimere è il dissidio fra la dedizione coniugale e l'adulterio o la passione erotica. Sono delle parole, in genere, ad esprimere il primo polo di questo dissidio (*Lt*, p. 50), anche se *La giacca verde* ruota, come vedremo, intorno a un duetto d'amore cantato dai due sposi alla fine del primo atto dell'*Otello*. La passione proibita o la tentazione erotica, invece, sono dette soprattutto con la musica — da una polacca:

> basta che ora mi ricordi il pianissimo del trio della polacca di Dvoràk per risentirmi dentro tutto un rimescolio di desideri: do, la sol la si do, la sol la si do, la sol la si do, mi re, sol, si: passeggiavo nella biblioteca, al buio, e quando ero fuori dall'angolo della porta aperta, abbozzavo nervoso, impaziente, infelice, un passo di danza: do, la sol la si do, la sol la si do; e ritornando alla porta mi fermavo ad osservare, dal buio, Vivy, scollata e sbracciata in posa languida sul sofà, per solleticare i due giovanotti. Rientravo nella parte oscura della biblioteca come in una improvvisa caverna, e riprendevo a danzare, canticchiando fra me: do si la sol vi-vy, sol fa re si vi-vy, do si sol mi vi-vy (*Rc*, pp. 79–80)

da un canto popolare austriaco:

> Ma sì, vecchio mio, non lo capisci? Tutto è bene quel che finisce bene! E noi due siamo destinati ad amarci! E questa notte finalmente ci ameremo! Vedrai! Lo vedrai! *Ist das Leben noch so schön!*' (*Bu*, pp. 302–03)

o da una canzonetta primonovecentesca:

> Con la sua voce di contralto dolce e un po' roca, camminando cantava:
>> Vorrei amarti come allora
>> Notte e dì...

A questa voce, al contatto del gomito nudo e del fianco di Marisa, ai profumi della notte di giugno, al rumore lieve e regolare della risacca contro le rocce sotto la strada, Gino sentiva di avere la felicità lì davanti, vicina, vicinissima: come non se l'era mai sognata (*Rc*, p. 331).

Nell'*Orfeo* di Claudio Monteverdi e Alessandro Striggio del 1607, la musica compare nel prologo come personaggio sostenendo di avere due compiti, forse meno opposti di quel che pare a prima vista: 'far tranquillo ogni turbato core' e 'infiammar le più gelate menti'. Secondo David Kimbell l'opera in Italia ha soprattutto infiammato: i compositori italiani, dice, 'represent for all they are worth the passions and the affections of the mind and soul'.[12] L'interesse di Soldati per il melodramma italiano e l'importanza che la passione ha nella sua produzione letteraria sembrano dunque essere fenomeni complementari.

★ ★ ★ ★ ★

La passione erotica che travolge i personaggi maschili di Soldati è complicata. Ha in primo luogo una componente dissacrante, a tratti malvagia. Il direttore d'orchestra W, ne *La giacca verde*, dice al proprio impresario:

> saprai meglio di me che cosa si provi quando, pur amando la propria donna, si ha tra le braccia un'occasione di infedeltà; come si desideri questa infedeltà nel tempo stesso che si cerca, con ogni sforzo, di non commetterla. I pensieri virtuosi, simili al vento che invece di spegnere il fuoco lo ravviva, aumentano, per contrasto, l'idea del piacere che ostacolano; e rinforzano così a poco a poco la tentazione finché diventa irresistibile. (*Cn*, p. 88)

Le donne che in queste situazioni piacciono di più offrono 'una confusa profanazione, un sacrilegio, e quasi il gusto di contraddire alla [...] ragione' (*Rc*, p. 173). Sono brutali, e la loro malvagità 'è forza vitale, è bellezza' (*Mv*, p. 204). Soldati ritiene che la propria opera getti una 'luce viva e fredda' su 'le tenebre e i grovigli del peccato' anche per l'importanza che queste situazioni hanno nelle sue storie (*Mv*, p. 85).

L'ossessione erotica dei personaggi di Soldati, poi, li lascia insoddisfatti. L''al di qua del piacere' (*Cn*, p. 120) è tormentoso ma eccitante, l'al di là del piacere è il vuoto:

> come fu breve l'incanto! Dopo qualche minuto, forse dopo qualche secondo, mi trovai fra le braccia una donna sudata, ansante, profumata di una colonia a poco prezzo, un volto arrossato e insoddisfatto [...]. Non avevo più nulla da dire alla povera Checchina. Non sentivo più nulla, o mi pareva di non sentire più nulla per lei. In pochi minuti, forse in pochi secondi, avevo interamente consumato, bruciato un desiderio che durava da nove anni e che, forse per questo, a un certo momento mi era parso importante e inesauribile. (*Lt*, p. 144)[13]

Pochi si sono interrogati sulle ragioni di questa ossessione,[14] ed è utile tenere presente l'interpretazione che Soldati stesso ne ha dato riconducendola all'educazione che gli italiani del suo ceto ricevevano nel primo '900: esortati da giovani a temere il peccato nei rapporti con le donne (*Cf*, p. 135), si rivoltavano contro quei pregiudizi, ma la ribellione aveva un effetto limitato perché i pregiudizi non potevano essere completamente rimossi una volta che erano stati interiorizzati. Questa autointerpretazione mi pare convincente anche perché i *Contributi alla psicologia della vita amorosa* di Freud, propriamente storicizzati, le offrono un buon sostegno.[15] Freud descrive la maturità psicologica dei maschi eterosessuali e benestanti di quel tempo in Europa come il periodo in cui la corrente affettiva e la corrente sessuale convergono sulla stessa persona. Se la convergenza non ha luogo — e fra le cause di questa mancata convergenza ci sono genitori ed educatori simili a quelli descritti da Soldati — quegli uomini cadono in una situazione patologica: idealizzano una figura di donna, abitualmente simile alla madre, nei confronti della quale si sentono sessualmente impotenti, e soddisfano i desideri sessuali con altre donne, che sentono peraltro il bisogno di disprezzare.[16]

Questa autointerpretazione lascia parzialmente in ombra due elementi di cui

Francesco Gnerre e Nicola Gardini hanno rivendicato l'importanza: i riferimenti omosessuali che Soldati fa in molti testi, da *America primo amore* a *Lo smeraldo* (e che potrebbero spiegare l'insoddisfazioni sessuale di questi personaggi),[17] e le molte finzioni che rendono la vita di altri personaggi soldatiani più giocosa e leggera. Secondo Gardini i due elementi sono combinati: fingere, raddoppiarsi, mettere in dialogo due immagini di sé e omosessualizzarsi in Soldati sarebbero tutt'uno.[18] A me pare che le finzioni di questi personaggi — 'lo strano piacere di rinascere in una nuova creatura pur continuando ad essere [se stessi]' (*Cn*, p. 61); il piacere, dice il maestro W ne *La giacca verde*, 'di non essere più io, non soltanto e non più nella mia intelligenza e nei miei gusti, ma ormai perfino nei miei sensi, e nei miei più intimi sensi, come il tatto e l'olfatto' (*Cn*, p. 125) — abbiano anche altre spiegazioni (un'insofferenza verso i ruoli socialmente imposti, il gusto per la dissoluzione della propria identità, una nuova disponibilità alle infinite occasioni offerte dalla vita, una propensione al disimpegno morale) e le privilegerò nella mia analisi de *La giacca verde*. Il romanzo è ricco di immagini allusive, si presta alla pluralità interpretativa, e permette ovviamente più di una lettura.

★ ★ ★ ★ ★

I personaggi principali de *La giacca verde* sono tre: il maestro W, il timpanista Romualdi e la vedova Dolores. Tutti e tre vivono nella finzione: una finzione in parte voluta e in parte imposta dalla situazione dell'Italia alla fine della seconda guerra mondiale, quando gli scontri disperdono e rimescolano la popolazione. A molti capita di vivere in luoghi dove nessuno sa niente di loro. W, di origine ebrea, si nasconde in un convento di cappuccini fra le Marche e l'Abruzzo per non essere catturato dai tedeschi. È un grande direttore d'orchestra, intelligente, geniale, sicuro, ma, assumendo la falsa identità di un impiegato di banca, accetta con entusiasmo ruoli sociali poco appariscenti e si fa trattare come un subordinato dal timpanista che ha una metamorfosi di segno diverso. Romualdi è infatti un uomo stanco, con 'lo sguardo spento di povero *travet*', 'il volto rigonfio' e le 'guance cascanti' (*Cn*, p. 51). Ha detto però ai cappuccini che lo ospitano di essere un famoso direttore d'orchestra, si atteggia a grande uomo e viene trattato da tutti con molto rispetto. Allo stretto nel convento, i due uomini si trasferiscono in un villaggio poco distante, nella villa della vedova Dolores, che ha a sua volta il gusto per la finzione. Le foto nella villa la ritraggono

> in tutte le pose, in tutti gli abiti, in tutti i luoghi. Al Pincio con l'ombrellino, al galoppatoio da amazzone, a Viareggio in costume da bagno, tra le Dolomiti da alpinista, in piazza San Marco coi colombi, in *cutter* a Portofino; nell'atto di scendere da un aereo e di salire su un transatlantico; in bicicletta, sui pattini, al volante; da sposa, da Valchiria, da gitana; in tuta da meccanico e perfino in *frac* (*Cn*, p. 70).

Queste finzioni hanno sempre qualcosa di goffo e degradante (e W si sente più volte in colpa per assecondare quella di Romualdi) ma hanno anche qualcosa di appagante e a volte di liberatorio. Dopo un concerto in cui un gruppo di ragazze locali esegue una cantata di Mendelssohn che Romualdi spaccia per sua, i frati lo complimentano e W vede delle lacrime nei suoi occhi:

> Romualdi non era mai stato così felice, né mai più, forse lo sarebbe stato. Ignoravo il suo passato, le sue aspirazioni di adolescente, la sua carriera, le sue lotte, le sue rinunce. Ma, anche se fino ad allora non lo avessi sospettato, quelle lagrime mi dicevano chiaramente ch'egli non aveva mai gustato il sapore del successo (*Cn*, p. 114).

In altre occasioni Romualdi è capace di dare consigli affettuosi e quasi avveduti. Come la persona autorevole che finge di essere, sa tranquillizzare gli abitanti del paese terrorizzati da un bombardamento lontano. Dolores approfitta a sua volta della finzione per illudersi di essere, e forse per essere per qualche settimana, quel che non è mai riuscita ad essere in precedenza. Diventa l'amante di W, finge con cautela di esserne innamorata, e il loro legame, dice W, 'durò, dunque, molto più di qualunque altra mia relazione. Dolores era gentile, discreta, saggia' (*Cn*, p. 107). Ricordando la prima notte con lei, W osserva: '*Ah! que c'est beau l'amour bien imité*' (*Cn*, p. 94). La finzione diventa una quasi-realtà.[19] La giacca verde che dà il titolo al romanzo è un simbolo di queste finzioni. È una giacca sportiva che Romualdi indossa di continuo e che mal si adatta al suo fisico e alla sua personalità, ma che conferma la figura illusoria di artista che lui vuol far credere di essere in quel periodo.

I motivi per cui il maestro W è contento di essere preso per un contabile sono più complessi. Soldati fa parte di una generazione di scrittori immediatamente successiva a quella di Borgese e Pirandello. I personaggi di Borgese e Pirandello vedono con spavento la disintegrazione della propria identità.[20] Gli scrittori della generazione successiva, in particolare Piovene e Soldati, ma anche il Moravia di *1934*, si confrontano con quella disintegrazione in maniera diversa. I loro personaggi possono essere felici quando si liberano dagli obblighi a cui li costringono il bisogno di coerenza e il senso del dovere, che è in tutti tenue. Sono contenti di indossare maschere e cambiare atteggiamenti.[21] Quella 'della chiarezza interiore' è per loro una 'morale fanatica' (Piovene, I, p. 273): la malafede è una sorgente di creatività. La finzione è per W un 'continuo disagio', ma è anche un 'godimento continuo': è al tempo stesso 'vergognosa, piacevole e inconfessabile' (*Cn*, p. 54).

Come tanti altri personaggi di Soldati, W ha molte avventure erotiche senza innamorarsi mai, passando rapidamente da una donna all'altra. Le finzioni, la musica, il successo compensano l'incapacità ad amare permettendogli di vivere più allegramente di quanto accade ai protagonisti de *La confessione* e *La busta arancione*. Certo, W non prova 'la cosa stessa, la cosa reale, consistente, viva, di cui [si legge] nei romanzi e nelle poesie dei grandi autori' (*Bu*, p. 168), ma non è detto che quella cosa sia esperibile davvero o da tutti. L'amore, afferma Piovene, è una presenza necessaria solo per chi ha un'immaginazione 'ancora per metà romantica'.[22] E poi, suggerisce il Mozart piemontesizzato di Soldati, 'a l'è questiun d'nen piessla' (*Qs*, p. 39): basta non prendersela.

* * * * *

La musica che domina *La giacca verde* non è però un andante cantabile di Mozart. È l'*Otello* di Verdi. Il romanzo si apre e si chiude con la sua messa in scena. Durante le prove generali W, appena arrivato a Roma, dirige finalmente l'orchestra romana per cui è stato scritturato. La guerra è finita, i migliori cantanti però non hanno ancora lasciato l'Europa per l'America, il cast è eccellente e W lo dirige con perizia riscuotendo l'ammirazione di tutti quando, poco dopo l'inizio del duetto fra i due sposi — là dove Otello 'attacca il *poco più agitato*: "Pingea dell'armi il fremito," e i timpani entrano con [un] *do* ribattuto in contrattempo, più che pianissimo' (*Cn*, p. 28) — W interrompe all'improvviso le prove. Le riprende senza giustificarsi, ma le interrompe di nuovo. Le riprende, e poi abbandona definitivamente l'impresa: 'la bacchetta fece un piccolo volo, rimbalzò su un leggio, cadde lontano; uno dei violini si affrettò a riportargliela. Le mani inerti e pendule, immobile sul podio, il maestro non parve accorgersene' (*Cn*, p. 31). W lascia la sala, si rifugia in albergo, si dà malato e rinuncia definitivamente all'impegno nonostante le pressioni dell'impresario. Che cosa è successo? La spiegazione che W dà nel romanzo, e che l'io narrante si limita a registrare, è la presenza di Romualdi nell'orchestra. I timpani intervengono nel passaggio dal *largo* al *poco più agitato*; W si accorge allora che Romualdi è il timpanista dell'orchestra; e non osa dirigere chi, nelle loro avventure precedenti, è stato il 'maestro' che spiegava la musica a lui meschino (nell'ottica di Soldati e dei suoi personaggi) contabile. La spiegazione, per quanto sensata, è impari alla forza drammatica della scena e spinge alla ricerca di ulteriori chiarimenti. Il duetto che W non riesce a dirigere chiude il primo atto, quando la gelosia non ha ancora turbato l'amore di Desdemona e Otello. Per l'io narrante del romanzo quello è 'senz'altro il più bel duetto d'amore di tutte le opere e di tutti i tempi' (*Cn*, p. 28). Musicologi più pacati danno giudizi simili: 'the love duet with which the act ends is one of the most beautiful imaginable',[23] e raggiunge 'a radiant sublimity';[24] la musica 'stirs into a semiquaver motion as Desdemona feels a wave of happiness sweeping over her [...] and finally a diminished seventh prepares the supreme moment to which the duet has been tending'.[25]

Questo è il duetto che mette in crisi il maestro delle finzioni, l'uomo che apprezza *l'amour bien imité* e che viene paragonato dall'io narrante a 'un attore che, con una continua e rapidissima alternativa, a volta a volta reciti e parli, perori ed ammicchi, si mascheri e smascheri, si abbandoni e riprenda' (*Cn*, p. 21). La citazione di questo duetto rimanda a una passione — da W creduta in quel momento 'reale, consistente,

viva' — che la frammentazione dell'io e il gioco delle finzioni gli impediscono di esperire. Ne esprime un rimpianto. È una delle opposizioni che caratterizzano l'opera di Soldati: i suoi personaggi si beffano della religione, ma ne sentono il fascino; si allontanano da casa e dalla patria, ma ne sentono la nostalgia; si divertono per la superficialità e mutevolezza della propria identità, e trovano l'esperienza liberatoria, ma restano sconvolti davanti alla rappresentazione artisticamente riuscita di vite diversamente impostate. Il protagonista del romanzo *1934* di Alberto Moravia, Lucio, prova una profonda ripugnanza per il salotto della pensione in cui vive a Capri. È 'un uomo del novecento', dubbioso, tormentato ma orgoglioso dei suoi dubbi e dei suoi tormenti, a disagio fra i mobili massicci e i dagherrotipi di quella stanza che rappresentano le 'barbute personalità dell'ottocento: Ibsen, Victor Hugo, Tolstoj, Darwin'.[26] Quel salotto è per lui un 'tempio in cui erano custodite le certezze altrove defunte dell'ottocento' (p. 207). C'è un'ingenua arroganza in Lucio che, scartando con tanta sicurezza il lavoro di Ibsen, Tolstoj e Darwin, si dimostra molto meno flessibile, e più 'massiccio', di loro. Ma il suo era un atteggiamento diffuso, radicato nella cultura italiana di metà '900. Mettendo in scena *l'Otello*, W fronteggia a sua volta una personalità barbuta dell'800, Giuseppe Verdi, e, nella situazione descritta da Soldati, perde la sicurezza che il Lucio di Moravia invece ostenta. Del mondo di Verdi W può provare, e prova, nostalgia. Quella nostalgia provoca dubbi e tormenti di cui W non inorgoglisce. L'incontro diventa dialogo, interrogazione, confronto, prova.

Alla fine de *La giacca verde* W, l'impresario e una loro amica assistono da un palco di proscenio alla prima di quest'*Otello*, che va 'alla meno peggio', affidata com'è al maestro Rossi ('il buon Rossi', *Cn*, p. 136). Quel che ne avrebbe fatto W, non è dato sapere. A caratterizzare il suo incontro col duetto di Desdemona e Otello è un silenzio che è comunque, come sempre nei grandi musicisti e nei grandi narratori, eloquente.[27]

Notes to Chapter 18

1. Loris Maria Marchetti, *Muse a Torino. Figure della cultura dell'Otto e Novecento* (Torino: Achille e la Tartaruga, 2013), dice giustamente che *La giacca verde* contiene 'i temi fondamentali e i toni peculiari' dell'opera di Soldati 'nella classica misura delle "cento pagine", dove l'essenziale è tutto enunciato ed elaborato (come in un movimento di sinfonia) e non vi è luogo per il superfluo, il divagante, l'accessorio' (p. 70).
2. Mario Soldati, 'Quattro scritti', in *Mario Soldati*, a cura di Giuliana Callegari e Nuccio Lodato (Pavia: Amministrazione provinciale di Pavia, 1986), pp. 11–58 (p. 40): mi riferirò a questo testo con la sigla *Qs*. Userò poi le sigle *Am*, *Bu*, *Cf*, *Cn*, *Dc*, *Lt*, *Mv*, *Rc*, e *Sp* per indicare — nell'ordine — i volumi *America primo amore* (Milano: Mondadori, 1959), *La busta arancione* (Milano: Mondadori, 1966), *La confessione* (Milano: Mondadori, 1957), *A cena col commendatore* (Milano: Mondadori, 1950), *Le due città* (Milano: Garzanti, 1964), *Le lettere da Capri* (Milano: Garzanti, 1954), *La messa dei villeggianti* (Milano: Mondadori, 1959), *I racconti 1927–1946* (Milano: Mondadori, 1957) e *Da spettatore* (Milano: Mondadori, 1973). Il terzo dei 'Quattro scritti', quello dedicato alla musica, è stato pubblicato anche in Mario Soldati, *Regione regina* (Bari: Laterza, 1987), pp. 234–47.
3. Davide Lajolo, *Conversazione in una stanza chiusa con Mario Soldati* (Milano: Frassinelli, 1983), p. 101. Per una buona introduzione al ruolo che la musica ha nella narrativa italiana del secolo scorso si veda Roberto Favaro, *La musica nel romanzo italiano del '900* (Milano: Ricordi, 2002).
4. Sul carattere autobiografico de *La busta arancione* si vedano la *Conversazione* di Lajolo, pp. 106–08;

la 'Cronologia' redatta da Cesare Garboli per le *Opere* di Soldati, I, pp. xxiii–lxvii (p. xl); Stefano Verdino, 'I romanzi gesuitici di Soldati', in *Mario Soldati. Lo specchio inclinato*, a cura di Giovanna Ioli (San Salvatore Monferrato, Edizioni della Biennale 'Piemonte e letteratura': 1999), pp. 59–75 (p. 65); e le riprese in chiave autobiografica dell'episodio di Pierina (pp. 44–47 e 80–89) nei 'Quattro scritti' (pp. 49–52) e in *Rami secchi* (Milano: Rizzoli, 1989), pp. 29–34.

5. Soldati diresse una trentina di film, dal 1939 al 1958: su questa parte del suo lavoro si vedano: Giorgio Barberi Squarotti et al., *Mario Soldati. La scrittura e lo sguardo* (Torino: Lindau, 1991); e Gian Piero Brunetta, *Storia del cinema italiano*, 4 voll. (Roma: Editori riuniti, 2001), IV, 464–65.

6. Sull'uso delle dissolvenze nella narrativa di Soldati, si veda Giorgio Bassani, *Opere* (Milano: Mondadori, 1998), p. 1225: 'bella', fra le altre, ne *Le due città*, 'e non amovibile, la dissolvenza che ritrae alla stazione di Torino il gruppetto di amici di gioventù "rimpicciolire sempre più rapido" un attimo prima che nel cuore di Emilio entri il futuro "con la sua musica confusa e furiosa, di oro, di notte, di libertà"'.

7. Un ricco impresario fonda un orfanotrofio per vanità, ispirato forse da una latente pedofilia. L'io narrante lo vuole denunciare, ma l'esecuzione di *Mira il tuo popolo* ('anch'io festevole | corro ai tuoi piè: | oh! Santa Vergine | prega per me!') lo trattiene: non tutto, forse, in quel progetto è sbagliato; 'perché distruggere, nello scandalo, [...] il bene che egli già stava facendo?' (*Cn*, pp. 191–92). Sulla rappresentatività di questi canti nella cultura religiosa italiana si veda *Mira il tuo popolo. La canzonette del buon Dio*, a cura di Michele Straniero (Milano: Emme, 1982); sulla complessità del reale nell'opera di Soldati, è utile invece il saggio introduttivo di Giorgio Barberi Squarotti, Paolo Bertetto e Marziano Guglielminetti, 'Mario Soldati, la scrittura e lo sguardo', in Barberi Squarotti et al., pp. 17–19.

8. Sui rapporti fra Soldati e l'America è fondamentale Michel Beynet, *L'Image de l'Amérique dans la culture italienne de l'entre-deux-guerres*, 2 voll. (Aix-en-Provence: Université de Provence, 1990), I, 223–28, 440–43; II, 464–67, 586–93, 690–95, 1013–15.

9. Vent'anni dopo la stessa aria riappare ne *Il vero Silvestri* (dove il desiderio di qualcosa di nuovo è vissuto però come illusione, e non più come speranza): 'man mano che salivo inoltrandomi nella vallata, la vista delle cime e delle nevi note alla mia giovinezza pareva ringagliardirmi. Mentre guidavo, cantavo sommessamente un'aria che mi torna spontanea tutte le volte, ormai, che mi illudo di attendere dalla vita qualche cosa di nuovo. È l'aria di Musetta, ma con le parole di Marcello' (*Sv*, p. 11).

10. 'Forse un altro, senza discrezione, sognerebbe | la ricchezza, la gloria, l'onore: | io mi accontento di un po' di poesia, | di un bacio, di una carezza, di un fiore'.

11. 'Aveva rinunciato ai propri gusti, rinnegato la propria natura, abbandonato una donna che poteva farlo felice, sposato una donna che non amava e che non desiderava [...], continuava a vivere come non gli piaceva vivere, in una città che odiava...' (*Dc*, p. 266).

12. David Kimbell, *Italian Opera* (Cambridge: Cambridge University Press, 1991), p. 7. Anche la citazione dell'*Orfeo* è tratta da questa pagina di Kimbell.

13. Si veda anche, ne *La busta arancione*, questo passo: 'una donna che "prim" era stata per me una regina e, più che una regina, una divinità alla quale avrei sacrificato senza esitare tutte le mie sostanze e la mia vita medesima, diventava, nel giro di poche ore, e nonostante ogni mio sforzo in senso contrario, una creatura abbietta, ignobile, fastidiosissima' (*Bu*, p. 53).

14. Giuseppe Conte, *Un'immagine di Soldati*, in G. Barberi Squarotti et al., *Mario Soldati*, cit., pp. 49–54, l'ha peraltro descritta bene.

15. Ho spiegato il parallelismo in L. Parisi, 'L'ossessione erotica di Mario Soldati', *Giornale storico della letteratura italiana*, 181.4 (2004), 573–90, da cui questo paragrafo deriva.

16. Sigmund Freud, *Contributions to the Psychology of Love: The Standard Edition of the Complete Psychological Works* under the general editorship of James Strachey, 23 voll. (London, The Hogarth Press, 1957), XI, 163–208.

17. Francesco Gnerre, *L'eroe negato. Omosessualità e letteratura nel Novecento italiano* (Milano: Baldini e Castoldi, 2000), pp. 165–88, riassume le proprie osservazioni sostenendo che 'l'omosessualità non è quasi mai il tema dominante dei suoi [di Soldati] romanzi, ma è disseminata nelle varie storie, in qualche personaggio, in qualche situazione, spesso come una delle varianti possibili dei comportamenti umani, senza scandalo e spesso con una forte carica liberatoria' (p. 165).

18. Nicola Gardini, 'Das Omosexuelle in Soldati', *Studi novecenteschi*, 1 (2007), 195–208 (p. 204).

19. L'io narrante racconta che, entrando nella camera di W e sorprendendolo con una giovane amica, ha finto di essere lì per una burla, W 'mi presentò come un amico più stretto di quanto in verità non fossi. Fatto sta, però, che quell'improvvisa finzione divenne realtà; e da quell'attimo fummo amici' (*Cn*, p. 42).
20. Giacomo Debenedetti, *Il romanzo del Novecento* (Milano: Garzanti, 1987), pp. 340–47.
21. Guido Piovene, nell'introduzione alle *Lettere di una novizia*, dice dei propri personaggi: 'ognuno capisce se stesso solo quanto gli occorre; ognuno tiene i suoi pensieri sospesi, fluidi, indecifrati, pronti a mutare secondo la sua convenienza, senza contraddizione né bugia né riforma; ognuno sembra pensare la propria anima non come sua essenzialmente, ma come un altro essere con cui convive, seguendo una regola di diplomazia, traendone di volta in volta o voluttà, o medicina, o perdono', *Opere narrative*, a cura di Clelia Martignoni, 2 voll. (Milano: Mondadori, 2000), I, 271.
22. Guido Piovene, 'Ritorno di Rubè', *Il giornale*, 9 novembre 1974, poi ristampato in Giuseppe Antonio Borgese, *Rubé* (Milano: Mondadori, 1994), pp. 397–401 (p. 399).
23. Charles Osborne, *The Complete Operas of Verdi* (London: Gollancz, 1969), p. 423.
24. Julian Budden, *Verdi* (London: Dent, 1985), p. 283.
25. Julian Budden, *The Operas of Verdi*, 3 voll. (London: Cassell, 1973–81), III, 355.
26. Alberto Moravia, *1934* (Milano: Bompiani, 1982), p. 207.
27. Vorrei aggiungere un'osservazione marginale sulla rilevanza della musica in questo romanzo. Si può capire il *Rubé* di Borgese senza aver visto le montagne siciliane in cui il protagonista è cresciuto. Si può capire il *1934* di Moravia senza aver visto i dipinti a cui lo scrittore di riferisce per descrivere Beate. E si può certamente capire *La giacca verde* senza aver mai ascoltato il duetto verdiano. Ho l'impressione però che quell'ascolto inveri il romanzo di Soldati più di quanto un viaggio in Sicilia o per i musei europei o anche una semplice ricerca di immagini possano inverare gli altri romanzi. L'integrazione della musica nella narrativa è qui prepotente.

PUBLICATIONS OF JANE E. EVERSON

❖

The Italian Academies, 1525–1700: Networks of Culture, Innovation and Dissent, ed. by Jane E. Everson, Denis V. Reidy, and Lisa Sampson (Oxford: Legenda, 2016)

'Canto XXI', in *Lettura dell' 'Orlando furioso'*. Diretta da Guido Baldassarri e Marco Praloran. Vol. I. A cura di G. Bucchi e F. Tomasi (Firenze: SISMEL-Edizioni del Galluzzo, 2015), pp. 495–519

'Il linguaggio di Venere ed il linguaggio del vero amore. La disputa per l'anima di Sinodoro (*Mambriano* XXIX, 22–69)', in *'D'un parlar ne l'altro'. Aspetti dell'enunciazione dal romanzo arturiano alla 'Gerusalemme liberata'*, ed. by A. Izzo (Pisa: Edizioni ETS, 2013), pp. 91–112

'Propaganda, dibattito scientifico o autori e pubblicazioni a proprie spese (APS). Le Accademie del Cinque e Seicento e il mondo della stampa', in *Dissonanze concordi. Temi, questioni e personaggi intorno ad Anton Francesco Doni*, ed. by G. Rizzarelli (Bologna: Il Mulino, 2013), pp. 123–47

'Storie di Alessandro Magno nella tradizione volgare: Medioevo, Rinascimento e tempi moderni', *Rassegna europea di letteratura italiana*, 41 (2013), 31–58

'The Melting Pot of Science and Belief: Studying Vesuvius in Seventeenth-Century Naples', *Renaissance Studies*, 26.5 (November 2012), 691–727

'Il *Mambriano* di Francesco Cieco da Ferrara — Fra tradizione cavalleresca e mondo estense', in *L'uno e l'altro Ariosto. In corte e nelle delizie*, ed. by G. Venturi (Florence: Olschki, 2011), pp. 153–73

'Review of Matteo Residori (ed.), *Espaces chevaleresques et héroïques de Boiardo au Tasse*. Paris, Université de Paris III Sorbonne nouvelle, 2008. Centre interuniversitaire de recherche sur la Renaissance italienne 29. 227', *Renaissance Studies*, 24.2 (2010), 328–30

'Review of Virginia Cox, *Women's Writing in Italy, 1400–1650*, The Johns Hopkins University Press, Baltimore, 2008, xxviii + 464 pp.', *TLS: The Times Literary Supplement* (January 2009)

The Italian Academies, 1525–1700: A Themed Collection Database, ed. by Jane E. Everson, L. Gianfrancesco, D. Reidy, and S. Testa (2009) <http://www.bl.uk/catalogues/ItalianAcademies/>

'Les Prolongements romanesques de la matière épique', *Acts of the Seventeenth Conference of the International Société Rencesvals, University of Connecticut, July 2006, Olifant*, 25.1–2 (2008), 41–68

'Review of *Italy's Three Crowns: Dante, Petrarch, and Boccaccio*. Bodleian Library Exhibition 19 June to 31 October 2007; *Italy's Three Crowns: Reading Dante, Petrarch, and Boccaccio*, ed. by Z. Baranski and M. McLaughlin', *Bodleian Library Record* (Spring 2008)

'From Dante to Dante Sonata', in *Dante on View: The Reception of Dante in the Visual and Performing Arts*, ed. by A. Braida, and L. Calé (Aldershot, England; Burlington, VT: Ashgate, 2007), pp. 53–64 and pp. 123–25

'Review of Ludovico Ariosto, *Orlando furioso secondo la princeps del 1516, edizione critica a cura di Marco Dorigatti con la collaborazione di Gerarda Stimato*', *TLS: The Times Literary Supplement* (December 2007)

'Umberto Eco: Autobiography into Romance', in *Biographies and Autobiographies in Modern Italy: Essays in Honour of John Woodhouse*, ed. by P. Hainsworth, and M. McLaughlin (Oxford: Legenda, 2007), pp. 168–87

'Materia di Roma e ottava rima nel Trecento', in *Firenze alla Vigilia del Rinascimento. Antonio Pucci e i suoi contemporanei*, ed. by M. Predelli (Fiesole: Edizioni Cadmo, 2006), pp. 117–36

'Review of *Church, Censorship and Culture in Early Modern Italy*, ed. by G. Fragnito, Cambridge, Cambridge University Press, 2001', *Italian Politics and Society: The Review of the Conference Group on Italian Politics and Society*, 62 (Spring 2006), 31–33

'Roland in the Italian Tradition', in *Approaches to Teaching the Song of Roland*, ed. by W. Kibler and L. Z. Morgan (New York: Modern Language Association of America, 2006), pp. 97–108

'Sconvolgere gli stereotipi. La caratterizzazione del traditore e della donna guerriera nel *Mambriano*', in *Diffusion et réception du genre chevaleresque*, ed. by J.-L. Nardone (Toulouse: CIRILLS, 2006), pp. 165–82

'Dall' Attila all' Ariosto. Genealogia e mitologia nei poemi per gli Estensi', in *Les Chansons de geste: Actes du XVIeme congrès de la Société International Rencesvals*, ed. by C. Alvar, and J. Paredes (Granada: Editorial Universidad de Granada, 2005), pp. 215–30

'Review of *Illuminating Eco: On the Boundaries of Interpretation*, ed. by C. Ross and R. Sibley, Aldershot, Ashgate, 2004', *Modern Language Review*, 100.3 (2005), 844–45

'The Epic Tradition of Charlemagne in Italy', in *La Tradition épique, du Moyen Âge au XIXe siècle = Cahiers de recherche médiévale*, 12 (2005), pp. 44–81

'Tradizione burlesca nei proemi ai canti del *Mambriano*', in *Studi sul Rinascimento italiano/ Italian Renaissance Studies. In Memoriam Giovanni Aquilecchia*, ed. by A. Romano, and P. Procaccioli (Rome: Vecchiarelli editore, 2005), pp. 127–42

'Translating the Pope and the Apennines: Harington's Version of the *Orlando furioso*', *Modern Language Review*, 100.3 (2005), 645–58

'Review of Italo Pantani, *"La fonte di ogni eloquenza". Il canzoniere petrarchesco nella cultura poetica del Quattrocento ferrarese*, Rome, Bulzoni, 2002', *Modern Language Review*, 99.4 (2004), 1069–70

'Read What I Say and Not What I Read: Reading and the Romance Epic in Fifteenth-Century Ferrara', *Italian Studies*, 58 (2003), 31–47

'Review of *Italian Literature I: Tristano Panciatichiano*, ed. Gloria Allaire, Arthurian Archives 8, Cambridge, D.S. Brewer, 2002', *Medium Aevum*, 72.2 (2003), 352–53

'Le Pèlerinage à Compostelle. Histoire et littérature à la cour de Ferrare à la fin du quinzième siècle', in *L'Epopée romane: Actes du 15eme Congrès de la Société Rencesvals*, 2 vols (Poitiers: CEMS University of Poitiers, 2002), I, 145–55

'Review of Julian Vitullo, *The Chivalric Epic in Medieval Italy*, Gainesville, University of Florida, 2001', *Medium Aevum*, 71.2 (2002), 378–79

'Unravelling Tangled Tales: Publications on the Romance Epic in Italy', *Journal of Romance Studies*, 2.3 (2002), 111–20

The Italian Romance Epic in the Age of Humanism: The Matter of Italy and the World of Rome (Oxford: Oxford University Press, 2001)

'Introduction', in *Italy in Crisis: 1494*, ed. by Jane E. Everson, and D. Zancani (Oxford: Legenda, European Humanities Research Centre, 2000), pp. 1–12

Italy in Crisis: 1494, ed. by Jane E. Everson, and D. Zancani (Oxford: Legenda, European Humanities Research Centre, 2000).

'Review of Bondanella, *Umberto Eco and the Open Text: Semiotics, Fiction and Popular Culture*, Cambridge, Cambridge University Press, 1997', *Modern Language Review*, 95.2 (2000), 535–36

'Review of C. Carroll, *The Orlando Furioso: A Stoic Comedy*, Medieval and Renaissance Texts and Studies, n. 174, Arizona State University, Tempe, Arizona, 1997', *Modern Language Review*, 95.4 (2000), 1093–95

'Review of Zeferino Campanini, *Istruzioni pratiche ad un novello capo-stampa o sia regolamento per la direzione di una tipografica officina*', *Modern Language Review*, 95.2 (2000), 528–29

'Francesco Cieco da Ferrara', in *Dizionario Biografico degli Italiani*, vol. 49 (Rome: Istituto dell'Enciclopedia italiana, 1998), pp. 715–18

'Review of C. James, *Giovanni Sabadino degli Arienti: A Literary Career*, Florence, Olschki, 1996', *Italian Studies*, 53 (1998), 181–82

'Review of Ludovico Ariosto, *Cinque Canti — Five Cantos*, translated by A. Sheers and D. Quint, introduction by D. Quint, University of California Press, 1996', *Italian Studies*, 53 (1998), 182–83

'Review of *Studi di memoria di Giorgio Varanini, I: Dal Duecento al Quattrocento. Italianistica Special Issue 21*, nos 2 and 3 (1992), Pisa, Giardini, 1994', *Modern Language Review*, 93.1 (1998), 237–38

'Every Picture Tells a Story: Illustrations for the Orlando Furioso After 1542', in *Sguardi sull'Italia. Miscellanea dedicata a Francesco Villari. (Society for Italian Studies Occasional Papers)*, ed. by G. Bedani, & al. (Oxford: Maney Publishing, 1997)

'Review of B. Porcelli, *Struttura e lingua. Le novelle del Malespini e altra letteratura fra Cinque e Seicento*, Naples, Loffredo, 1995', *Modern Language Review*, 92 (1997), 217–19

'Fare il becco all'oca. Mozart e Il *Mambriano*', *Italianistica*, 25.1 (1996), 65–81

'Introduction', in *Scenes of Change: Studies in Cultural Transition*, ed. by Jane E. Everson and C. Dente Baschiera (Pisa: Edizioni ETS, 1996), pp. 17–29

'Lost in Transit: Dante's Dialogue with Brunetto Latini and its English Translations 1805–1995', in *Scenes of Change: Studies in Cultural Transition*, ed. by Jane E. Everson, and C. Dente Baschiera (Pisa: Edizioni ETS, 1996), pp. 155–77

Scenes of Change: Studies in Cultural Transition, ed. by Jane E. Everson and C. Dente Baschiera (Pisa: Edizioni ETS, 1996)

'Review of Jo Ann Cavallo, *Boiardo's "Orlando Innamorato": An Ethics of Desire*. London/Toronto, Associated University Presses, 1993', *Modern Language Review*, 91.2 (1996), 497–99

'Of Beaks and Geese: Mozart's *L'Oca del Cairo*', *Music and Letters*, 76.3 (1995), 369–83

'Publications on the Renaissance Issued in Great Britain and Ireland 1991', *Bibliographie internationale d'Humanisme et Renaissance*, 27 (1995)

'Review of M. Sherberg, *Rinaldo, Character and Intertext in Ariosto and Tasso*, Stanford French Studies 75, ANMA Libri, Saratoga, California and Stanford University, 1993', *Italian Studies*, 50 (1995), 170–72

Bibliografia delle edizioni del 'Mambriano' di Francesco Cieco da Ferrara (Alessandria: Edizioni dell'Orso, 1994)

'Publications on the Renaissance Issued in Great Britain and Ireland 1990', *Bibliographie Internationale d'Humanisme et Renaissance*, 26 (1994)

'Review of *Forma e parola. Studi in memoria di Fredi Chiappelli*, ed. by D. J. Dutschke et al., Rome, Bulzoni, 1992', *Italian Studies*, 49 (1994), 156–58

'Ariosto and the *Orlando Furioso*: An Epic?', *Journal of the Institute of Romance Studies*, 2 (1993), 223–42

'Les Personnages féminins dans le *Mambriano* de Francesco Cieco de Ferrare', in *Charlemagne in the North: Acts of the 12th International Conference, Société Rencesvals*, ed. by E. Missing (London: Grant and Cutler, 1993), pp. 281–90

'Publications on the Renaissance Issued in Great Britain and Ireland 1989', *Bibliographie internationale d'Humanisme et Renaissance*, 25 (1993)

'Review of N. Harris, *Bibliografia dell' "Orlando Innamorato"*, 2 voll., Modena, Panini, 1988–91, I; and C. Ross, *Matteo Maria Boiardo, "Orlando Innamorato"*, trans. into English by C. Ross, intro. and notes, University of California Press, 1989', *Italian Studies*, 48 (1993), 148–50

'Publications on the Renaissance Issued in Great Britain and Ireland 1988', *Bibliographie internationale d'Humanisme et Renaissance*, 24 (1992)

'"Fare il becco all'oca". Novella per dramma', in *Writers and Performers in Italian Drama from the Time of Dante to Pirandello. Essays in Honour of G. H. McWilliam*, ed. by Jane E. Everson and J. R. Dashwood (Lampeter and Lewiston, NY: Edwin Mellen, 1991), pp. 53–74

Writers and Performers in Italian Drama from the Time of Dante to Pirandello. Essays in Honour of G. H. McWilliam, ed. by Jane E. Everson, and J. R. Dashwood (Lampeter and Lewiston, NY: Edwin Mellen, 1991)

'Publications on the Renaissance Issued in Great Britain and Ireland 1987', *Bibliographie internationale d'Humanisme et Renaissance*, 23 (1991)

'Review of C. Fahy, *L' Orlando Furioso del 1532. Profilo di una edizione*, Milan, 1989', *Italian Studies*, 46 (1991), 143–44

'A New Edition of Il *Mambriano*: The Edition of 1512', *Papers of the Bibliographical Society of America* (1990), pp. 168–78

'Publications on the Renaissance Issued in Great Britain and Ireland 1986', *Bibliographie internationale d'Humanisme et Renaissance*, 22 (1990)

'Review of *Le edizioni italiane del XVI secolo*, volume II: B, Rome, 1989', *Renaissance Studies*, 4 (1990), 333–37

'Review of *Renaissance and Other Studies: Essays Presented to Peter M. Brown*, ed. by E. A. Millar, Glasgow, 1988', *Italian Studies*, 45 (1990), 120–21

Jane E. Everson, and M. McLaughlin, 'Italian Studies: Humanism and the Renaissance 1988', *Year's Work in Modern Language Studies*, 50 (1989), 505–48

'Publications on the Renaissance issued in Great Britain and Ireland 1985', *Bibliographie internationale d'Humanisme et Renaissance*, 21 (1989)

'Review of A. R. Ascoli, *Ariosto's Bitter Harmony: Crisis and Evasion in the Italian Renaissance*, Princeton, 1987', *Italian Studies*, 44 (1989), 164–66

'Review of *Le edizioni italiane del XVI secolo*, volume I: A, Rome, 1985', *Renaissance Studies*, 3 (1989), 333–36

Jane E. Everson, and M. McLaughlin, 'Italian Studies: Humanism and the Renaissance 1987', *Year's Work in Modern Language Studies*, 49 (1988), 471–511

'Per una bibliografia delle edizioni del *Mambriano* di Francesco Cieco da Ferrara', *Schifanoia*, 3 (1988), 115–23

'Publications on the Renaissance Issued in Great Britain and Ireland 1984', *Bibliographie internationale d'Humanisme et Renaissance*, 20 (1988)

'Review of S. Meltzoff, Botticelli, *Signorelli and Savonarola. Theologia Poetica and Painting from Boccaccio to Poliziano*, Florence, 1987', *Ambix*, 35.3 (1988), 172

'Syntax and Style in Il *Mambriano* of Francesco Cieco da Ferrara', in *Language of Literature in Renaissance Italy*, ed. by P. Hainsworth et al. (Oxford: Clarendon Press, 1988), pp. 191–210

'Una edizione sconosciuta del *Mambriano* di Francesco Cieco da Ferrara, 1' edizione del 1510 della biblioteca comunale di Treviso', *Accademie e biblioteche d'Italia*, 56.2 (1988), 61–65

Jane E. Everson, and M. McLaughlin, 'Italian Studies: Humanism and the Renaissance 1986', *Year's Work in Modern Language Studies*, 48 (1987), 524–51

'Publications on the Renaissance issued in Great Britain and Ireland 1983', *Bibliographie internationale d'Humanisme et Renaissance*, 19 (1987)

'Review of *The Renaissance in Ferrara and its European Horizons*, ed. by J. Salmon and W. Moretti, Ravenna, 1984', *Modern Language Review*, 82 (1987), 489–91

'Publications on the Renaissance Issued in Great Britain and Ireland 1982', *Bibliographie internationale d'Humanisme et Renaissance*, 18 (1986)

'Review of G. Savarese, Il *Furioso* e la cultura del Rinascimento, Rome, 1984', *Modern Language Review*, 81 (1986), 1013–14

'Review of R. J. Rodini and S. Di Maria, *Ludovico Ariosto: An Annotated Bibliography of Criticism, 1956–80*, Columbia and London, 1984', *Italian Studies*, 41 (1986), 147–48

Jane E. Everson and M. McLaughlin, 'Italian Studies: Humanism and the Renaissance 1985', *Year's Work in Modern Language Studies*, 47 (1985), 485–506

'Review of Luigi da Porto, *Rime*, a cura di G. Gorni e G. Brianti, Vicenza, 1983', *BHR*, 46 (1984), 500–02

'Sulla composizione e la datazione del *Mambriano*', *Giornale storico della letteratura italiana*, 160 (1983), 249–71

'The Identity of Francesco Cieco da Ferrara', *Bibliothèque d'Humanisme et Renaissance*, 45 (1983), 487–502

Jane E. Everson, translation of G. Folena, 'Un Canzoniere d'Amore di Albino Pierro (A Story of Love in Twenty Poems by Albino Pierro)', in A. Pierro, *Nu Belle Fatte — Una Bella Storia — A Beautiful Story*, trans. by E. Farnsworth, introduced by G. Folena (Milano: all'insegna del Pesce d'Oro, 1976), pp. 6–39

Jane Everson
(Family photograph)

INDEX

Academia italiana di Colonia 123, 128
Academia Venetiana (or Academia della fama, or Academia veneta) 123
Academies:
  Italian Learned Academies project (1525–1700) 135–52
  in Bologna 136
  in L'Aquila 137
  in Milan 137
  in Padua 136
  in Naples 136
  in Rome 137
  in Sardinia 137
  in Sicily 137
  in Siena 136
  in Venice 137
  membership:
    contemporary membership of numerous academies 140
    foreign and corresponding members 139, 140
    networking by members 140
    women members 140
Academy: drama 107–17
Accademia degli Elevati (Padua) 174, 179 n. 30
Accademia degli Eterei (Padua) 173
Accademia degli Humoristi/ Umoristi (Rome) 143, 145, 148
Accademia degli Illuminati (Farnese) 110
Accademia degli Incamminati (Bologna) 140
Accademia degli Incauti (Naples) 146, 148
Accademia degli Incogniti (Venice) 148
Accademia degli Innominati (Parma) 107
Accademia degli Intronati (Siena) 93–106
  impresa 97, 99
  Sacrificio 98
Accademia degli Umidi (Florence) 172
Accademia dei Carracci (Bologna) 140
Accademia dei Costanti (Vicenza) 173
Accademia dei Desiderosi (Bologna) 140
Accademia dei Desiosi (Siena) 94
Accademia dei Fenici 132 n. 3
Accademia dei Filarmonici (Verona) 173
Accademia dei Gelati (Bologna) 140, 144, 145
Accademia dei Lincei (Rome) 139, 157
Accademia dei Pellegrini (Venice) 172–73
Accademia dei Rozzi (Siena) 141, 142, 145
Accademia di San Luca (Rome) 142
Accademia Filarmonica (Bologna) 140
Accademia Fiorentina 94, 169

Accademia Fisico-Matematica (Rome) 147, 149
Accademia Grande (Siena) 99
Accademia Olimpica (Vicenza) 107–08, 118 n. 2, 173
Accorto Intronato, *see* Luna (de la), Juan
Achilles 23
Aeneas 23
  as character in the *Aquila* 47
  as character in the *Orlando furioso* 43–46
  as *impius* 46–47, 48, 51 n. 8
  as *pius* 48
Aesop 19–20, 30 n. 10
Affumicato Intronato, *see* Elci (d'), Achille
Agamemnon 23
Agrippa, M. Valerius 206
AHRC, *see* Arts and Humanities Research Council
Alamanni, Lodovico 90 n. 2
Alamanni, Luigi 90 nn. 88–90
Alberti, Leon Battista 18, 199, 209
  Momus 18
Albicante, Giovanni Alberto 13–14
Alboin (King of the Lombards) 184
Alcibiades 190 n. 20
Aldrovandi, Giovan Francesco 171
Alessandro di Afrodisia 87
Alexander VI (Roderic Borgia) 187
Alfieri, Vittorio 211, 219
Alighieri, Dante 4, 6–7, 12, 36–37, 44, 46, 47–48, 52 nn. 11, 12 & 13, 133 n. 17, 210–18, 219 n. 3, 220 n. 20
  De Vulgari Eloquentia 12
  Divina Commedia 212, 213, 215, 216, 218
  Inferno 212, 215, 216
  Purgatorio 211, 212, 215–18
  Paradiso 213, 215
  'Guido, vorrei, che tu, e Lappo, ed io' 212
  Il Convivio 215
  verse recited 171, 173
  Vita Nuova 215
  'Voi che 'ntendendo il terzo ciel movete' 215
Altobello 66–67, 69–74, 78–80
Amanio, Niccolò 170
Ambrogini, Angelo, *see* Poliziano, Angelo
Ammianus Marcellinus 199
Ancroia 49, 74, 80
Andreini, Isabella 173
Anglo-Italian 211, 218
  literature 211
  Anglo-Italianness 213, 219

Annius of Viterbo 204, 209
Apollonio, Pietro 98
Appian 203
Apuleius 19, 30 n. 8
Aquila (Aquila nera) 43, 47–49, 52 n. 25
Aquila volante 48, 52 n. 24
Aragona, Isabella d' 32
Aretino, Pietro 4, 13, 16 n. 9, 84, 168–69, 174–76
Argenti, Agostino 176
Ariosto, Ludovico 3–4, 11–13, 17–29, 32–40, 83, 84, 90, 153, 173, 193, 207
  Orlando furioso 4, 11, 17–18, 26, 32–34, 43–53, 54
  religion 32–40
  sources 17–18, 20–21
  truthfulness and falseness of poetry 22–25
Aristotle 21, 86–88
  dramaturgy 112–13
  Poetics 29
Armani, Vincenza 114
Arsiccio Intronato, *see* Vignali, Antonio
Arts and Humanities Research Council 135–37, 140
Ascoli, Albert Russell 36, 45, 51 nn. 6 & 7
Astolfo (character in *Orlando Furioso*) 18, 20–21, 24, 35–36
Augustin 36, 38
Augustus 23, 204
Aulus Gellius 203–04
Avalos, Alfonso d' 83, 169, 174
Avalos, Ferdinando Francesco d' 180 n. 40
Averlino, Antonio *see* Filarete
Averroè 87

Bacchelli, Franco 91
Badoer, Federico 127
  Supplica to the Venetian Senate (1560) 127–28
Baldacchini, Luigi 220 n. 6
Baldassarri, Guido 108, 119 n. 2
balustrade in Renaissance portraits 201–02, 209
Bandello, Matteo 170, 180 n. 38
Bandini Piccolomini, Francesco 93, 97–100, 104 n. 4, 105 nn. 14, 15 & 19
Bandini Piccolomini, Mario 97, 99, 105 n. 16
Barbadori, Bartolomeo 178 n. 13
Barbarigo, Andrea 174
Barbaro, Daniele 169
Baretti, Giuseppe, *Dissertation upon the Italian Poetry* 213
Bargagli, Girolamo 96, 172
Bargagli, Scipione 96
  Dialogo de' giuochi 94
Beecher Stowe, Harriet 224
Bellanti, Aurelia 105 n. 22
Bellebuoni, Matteo 46
Bembo, Pietro 4, 11–12, 84, 167, 172
Benacci, Vittorio 176
Benoît de Sainte Maure:
  Roman de Troie 46
Benvoglienti, Uberto 105 n. 20, 132 n. 11

Bergamini, Cecilia 170
Berio, Carlo Giuseppe Vespasiano 91
Bernardi, Iacopo 183
Bernardi, Taddeo 183
Berni, Francesco 3, 11–16
  Rifacimento, 11–16
Bessarion 37
Betti, Francesco, *Magnum Theatrum Vitae Humanae* 94
Biancani Tazzi, Giacomo 91
Bichi, Alessandro 95, 104 n. 11
Bietenholz, Peter G. 104 n. 2
Bigi, Emilio 34, 36
Binduccio dello Scelto:
  Storia di Troia 46, 52 n. 15
Biondo, Flavio 184, 190 n. 14
  Decades 184, 190 n. 14
Bizzarro Intronato, *see* Landucci, Marcello
blank verse:
  Miltonic 212
block books 137–38
Boas, George 205
Boccaccio, Giovanni 27–28, 173
  Decameron 113, 115
body 65
  Vulnerability of the body 66–78
Bogino, *see* Gualandi, Giovan Battista
Boiardo Matteo Maria, 3, 11–16, 17, 61
  Inamoramento de Orlando 11–16, 48, 51 n. 1, 54, 61, 74
Bologna 94
Bologna, Corrado 86
Bolzoni, Lina 4
Boncompagni, Giacomo 123
Bonelli, Michele 13
Borgese, Giuseppe Antonio 242
Borghesi, Antonio 96
Borghesi, Diomede 104 n. 9
Borgia, Cesare 187
Borlinghieri, Giunta 104 n. 9
Borromeo, Federico 176
Bracciolini, Poggio 181, 191 n. 29
Bramante, Donato 199
Brand, Charles Peter 212, 220 n. 6
Brasavola, Giovanni 32
British Library (British Museum Library) 135–37
  British Library Picture Library 148
Bronzino, Agnolo 207
Bruni, Leonardo 48
Buonarroti, Michelangelo 171
Buoninsegni, Bernardino 105 n. 20
Burke, Peter 167
Byron, George Gordon, Lord 210–11, 213, 219, 220 n. 6
  and Anglo-Italian literature 211
  and *ottava rima* 212
  Childe Harold 222 n. 52

Caesar, C. Julius 200

Index

Calcagnini, Celio 42 n. 27
Calvin, John 29, 38
Calvino, Italo 17, 153
Camillo, Giulio 4, 83–90
   L'Idea del Theatro 84–90
Campiglia, Maddalena 111
cantari 44, 52 n. 14
Cantari della guerra di Troia 46
Cantari di Rinaldo 66–73, 78–80
Caperchia Intronato (Francesco Tedesco?) 104 n. 9
Carli Piccolomini, Bartolomeo 99
Carlucci, Alessandro 7
Caruso, Carlo 6
Castiglione, Baldassarre 182–83, 189 n. 5
   Il libro del Cortegiano 183
Casulana, Maddalena 113
Catherine II 218
Cato the Elder 202
Cavagliate, Guglielmo 171
Cavalcanti, Giovanni 169
Cavalcanti, Guido 212
Cecchi, Emilio 225, 231, 233 n. 15 and 17
Ceffi, Filippo 46
Cei, Francesco 170
Celsi, Mino 93–95, 97, 100, 104 nn. 2 & 5, 105 n. 19
Cerimonia, Daniela 6
Champollion, Jean-François 199
Charles V, emperor 97, 174, 192, 206
Chartier, Roger 177
Christine de Lorraine 176
Cibo, Scipione 105 n. 20
Cicero, M. Tullius 23, 83, 88, 182, 186–87, 189 n. 5, 191 n. 26, 199
   De finibus bonorum et malorum 124–25
   De oratore 182, 186–87
Cieco da Ferrara, Francesco (Francesco Bello, detto il) 2, 4, 54, 61, 64
   Mambriano, pp. 54–64
Cini, Vittorio 201, 202
Cinuzzi, Marcantonio 100
Ciriaco da Borgo San Sepolcro 185
Cirloso Intronato, *see* Marzi, Alessandro
Civitavecchia 195–96
Clement of Alexandria 199
Clemente VII (Giulio de' Medici) 95–96, 192–93, 195–96, 206
Cognac:
   League of 192–93, 199, 203, 206
   Treaty of 192–93
coinage, Roman 203–04, 206, 209
Coleridge, Samuel Taylor 213, 220 n. 20
Collenuccio, Pandolfo 18–19
Colocci, Angelo 206, 209
Colonna, Francesco:
   Hypnerotomachia Poliphili 197, 200, 203, 209
Colonna, Gasparo 169
Colonna, Vittoria 170

Coloresco, Alberto 123
Colti, Alvise 173
Congregation for the Propaganda of the Faith (Rome) 149
Congregazione della Propaganda della Fede, *see* Congregation for the Propaganda of The Faith
Contile, Luca 96
copyright and copyright acts 139
cosmology, Aristotelian versus Copernican 156–57, 161–62
Cox, Virginia 3, 111, 114
Crivelli, Paolo 168
Croce, Benedetto 34, 38
Crous, Jan W. 197
Cucchetti, Giovanni Donato 110
Curran, Stuart 213

D'Atri, Iacopo 169–70
da Barberino, Andrea:
   Ugone d'Alvernia 47, 52 n. 20
Da Silva, Amedeo 41 n. 21
dance/ballet 113–15, 117
Danesi Squarzina, Silvia 202
Daniello, Bernardino 168
Dante, *see* Alighieri, Dante
Dares of Phrygia (pseudo-):
   De excidio Trojae 46, 47, 51 n. 9
Davie, Mark 6
De Angelis, Luigi 104 n. 2
de Iovino, Antonio 174
De Sanctis, Francesco 1–2, 33–34, 38–39
De' Conti, Pierfrancesco 13
Degli Agostini, Nicolò 13
Del Biondo, Giovanni 37
Del Cappo, Capino 193, 196
Del Piombo, Sebastiano 6
Del Po, Teresa 5
Delia (lady of Isabella d'Este) 170
Della Casa, Giovanni 167
Della Chiesa, Francesco Agostino 110
della Fonte, Giovanbattista 169
della Fonte, Lionardo 178 n. 13
Della Rovere, Francesco Maria 192
Della Rovere, Guidobaldo II 174
delle Colonne, Guido:
   Historia destructionis Troiae 46
Dente Baschiera, Carla 2
Desmond, Marilynn 46, 52 n. 10
Devotio moderna 202
Di Castro, Scipione, 123, 126, 132 n. 3
   Delli fondamenti dello stato et instrumenti del regnare 123
Diccionario de la lengua española 125–26
Dictionnaire alphabétique et analogique de la langue française 125
Dictys Cretensis (pseudo-):
   Ephemeridos belli Trojani 46–47, 51 n. 9
Dido 44, 46, 48–49

Diligente (del), Antonio 104 n. 9
Diodorus Siculus 203
Diogenes Laertius 182
Dionisotti, Carlo 12
Discreto Intronato (?) 104 n. 9
Dolce, Lodovico 4, 85, 168
Domenichi, Lodovico 13
Doni, Anton Francesco 4, 13, 87, 89–90, 171–72
Doria, Andrea 6, 174, 192–209
Doria, Giovanni Andrea 209
Dorigatti, Marco 3
Dragisić, Juraj (Benigno Salviati) 41 n. 21
Durante da Gualdo, Castor:
    Il Tesoro della sanità 131
Durante, P., *Leandra* 66, 73–78, 80
Dürer, Albrecht 199
Durling, Robert 45, 51 n. 6
Duro Intronato, *see* Landucci, Andrea

Eco, Umberto 2
Egypt 199, 201, 204, 208
Elci (d'), Achille 104 n. 9
Eliah 36
Enciclopedia del idioma 126
Encyclopaedia/ Encyclopaedic 124–26
engraving:
    on wood 137, 138, 142, 144–45
    on copper 143–45, 146–49
Enoch 36
Equicola, Mario 168
Erasmus of Rotterdam (Desiderius Erasmus) 20, 29, 38, 83, 91, 199
Este, Anna d' 170
Este, Cesare d' 119 n. 12, 176
Este, Ercole d' 18–19
Este, Ercole II d' 170
Este, Isabella d' 170, 196
Este, Leonello d' 18
Este, Marfisa 108, 119 n. 9, 120 n. 25
Estienne, Henri 125
Estienne, Robert 125
Europe 210, 213, 214, 221 n. 22
Everson, Jane E. 1–7, 48, 51 n. 1, 54, 90, 104 n. 3

Faloppia, Giovan Francesco 169
Falotico Intronato, *see* Diligente (del), Antonio
Farnese, Alessandro (Duke) 112
Farnese, Mario 117
Farnese, Ottavio (Duke) 118 n. 1, 121 n. 32
Farnese, Pier Luigi (Duke) 112
Farnese, Ranuccio (Duke) 107, 111–12, 118 n. 1
Farnese, Vittoria 169
Farnese Gonzaga, Margherita 112, 118 n. 3, 121 n. 35
Fatti di Enea 47
Favaretto, Matteo 6
Fedele, Cassandra 178 n. 16
Federico d'Aragona, king of Naples 169–70

Ferber, Michael 221 n. 22
Ferguson, Margaret 46, 52 n. 10
Ferrara 99
    balletto della duchessa 108
    book culture 49, 53 n. 29
    musica secreta 108
    pastoral drama 107, 109, 111–12
Ferrino, Bartolomeo 179 n. 30
Ferroni, Giulio 39
Fiammetta (character in *Orlando Furioso*) 26–28
Figliucci, Figliuccio 104 n. 9, 105 n. 22
Filarete 199
Filocalo, Giovanni Tommaso 174
Fioravanti, Leonardo:
    Tesoro della vita umana 129
Firenze 99
Florence 192, 199, 206
Folengo, Teofilo 17, 74, 80, 171
    Baldus 30 n. 3, 80
    Orlandino 70, 74, 80
Folletico Intronato (Giovanni Lucrezio?) 104 n. 9
Fontana, Lavinia 110
Fontanini, Giusto 92
forgeries 138–39, 151
Fornari, Simone 37
Foscolo, Ugo 211, 219
    Dei sepolcri 219
Fragnito, Gigliola 35, 38
Franceschi, Giovan Francesco 95, 104 nn. 4, 8 & 9
Francesco Cieco da Firenze 70, 79–80 n. 12
    Persiano 80 n. 12
Francesco da Puliga 170
François I 83, 192–93, 196, 206
Frederick II 218
Frontinus 185
    Stratagemata 185

Gabriele, Trifon 168
Gaddi, Taddeo 37
Galilei, Galileo 6
    Dialogo sopra i due massimi sistemi del mondo 154, 156–61
    Sidereus nuncius 153–56
    trial 161–62
Gallerani, Cecilia, *see* Bergamini
Galletti, Pier Luigi 91
Gambara, Giovan Francesco 98
Garofani, Anton Maria 111
Genoa 193, 196, 204, 209
    Cathedral of San Lorenzo 204, 209
    Palazzo del Principe 194, 207, 209
George d'Amboise 186
Giamboni, Bono 133 n. 17
Giannotti, Donato 171
Giberti, Matteo 196
Giolitti, Giovanni 225, 228
Giovio, Paolo 207

Giraldi Cinzio, Giambattista 116, 122 n. 57
Gonzaga, Curzio 111
Gonzaga, Ercole 170
Gonzaga, Federico 195
Gonzaga, Scipione 173
Gonzaga, Vespasiano 171
Gonzaga, Vincenzo 112, 115, 121 n. 35, 176
Gonzaga d'Este, Margherita 108, 115
Gorky, Maxim 226
Gorra, Egidio 46, 52 n. 14
Gramsci, Antonio 7, 223–32
    Quaderni del carcere (Prison Notebooks) 224, 232 n. 4
Gramsci, Carlo 227, 229–30
Gramsci, Francesco 229
Gramsci, Nicolino 229
Grande Dizionario della Lingua Italiana 125–26
Grandi, Adriano 173
Grazzini, Antonfrancesco 169
Gregory XIII (Ugo Boncompagni) 123
Gualandi, Giovan Battista 98, 105 n. 22
Guarini, Battista 173
Guarino da Verona 18
Guazzo, Stefano 171
Guerra di Troia 46–47, 52 n. 16
Guicciardini, Francesco 192–93
Guido da Pisa:
    Fiorita 48
Guinigi, Michele 183

Halbwachs, Maurice 32
Hannibal 207
Harris, Neil 13
Hazlitt, William 213
Hector 23
Hermes Trismegistus 199
Herodotus 22, 199, 201
hieroglyphs 199, 201
    hieroglyphic inscriptions in the Renaissance 199–209
Hispano, Pietro:
    Thesaurus pauperum. opera nova intitulata Thesoro di Poveri 131
Hogle, Jerrold 212
Homer 22–23
Horace 100, 105 n. 19
Horapollo, *Hieroglyphica* 199, 205, 206, 209
Hunt, Leigh 219 n. 2

illegitimacy 49–51
Impassionato Intronato (?) 104 n. 9
Imperiali, Giovanvincenzo 110
Importuno Intronato, *see* Sozzi, Francesco
Index, *see The Index*
Ingegneri, Angelo S. 5, 107–17, 118 n. 2, 119 n. 12, 120 n. 20
Italian Academies 1525–1700 project 135–40
Italy 210–11, 213, 216, 218–19, 219 n. 3, 220 nn. 6 & 10

Izzo, Annalisa 4

Janus 204–06, 209
Jena:
    circle of 212
    critics 213
Jerome 36
Jesus Christ 24–27, 36
John of Damascus (Ioannes Damascenus) 87
John the Evangelist 25–28
    death 36–37, 42 n. 27
    Gospel 25–27
John the Evangelist (character in the *Orlando Furioso*) 22–25, 35–38, 44, 47, 202
jokes (facezie) 181–88
Jonson, Benjamin 199
Jossa, Stefano 4, 50 n. 6
Julius II (Giuliano della Rovere) 187, 199

Keats, John 213
Kipling, Rudyard 7, 223–32
    If 226–27
    Jungle Books 224
    Kim 223, 225, 228–30
    'The Strange Ride of Morrowbie Jukes' 234 n. 24
Kosuta, Leo 93–94

Lancelot en prose, p. 64n
Landucci, Andrea 104 n. 9
Landucci, Marcello 97, 104 n. 9, 105 n. 19
Lascaris, Janus 31 n. 19
Latini, Brunetto 125–27, 130–31, 133 n. 17
    Les livres dou Tresor 125–27
Lavinia 44
Leghorn 196
Lenin, Vladimir 226
Lenormant, Charles 125
Leo X (Giovanni dei Medici) 29
Leoncini, Luca 198
Leopardi, Giacomo 153
Leopold II 218
Lepschy, Anna Laura 3
Lepschy, Giulio 3
Linguistic debates (*Questione della Lingua*) 135, 139–40
    use of *Volgare* 135
    use of Latin 139–40
Lisia Fileno (o Camillo Renato) 91
Livy, Titus 184
Lollio, Alberto 179 n. 30
Looney, Dennis 50 nn. 1 & 2
Lorena (cardinale di) Giovanni 87–88
Lotman, Jurij 33
Lotto, Lorenzo 84
Louis XII (King of France) 186
Lucian of Samosata 4, 17–29
    Alexander 29, 31 n. 19
    Bis accusatus 30 n. 9

Dionysus 30 n. 9
Icaromenippus 21–22, 30 n. 2 and 10
Menippus 20–21
Philopseudes 29
Vera Historia 22–24
Luciani, Sebastiano, *see* Sebastiano del Piombo
Luke the Evangelist 25
Luna (de la), Juan 104 n. 9
Lupi of Soragna, Camilla 5
Luther, Martin 20, 29, 33, 38
Luzio, Alessandro 195
Luzzi, Joseph 213

Machiavelli, Nicolò 6, 83, 90, 170, 181–88, 192–93, 207
   Discorsi sopra la prima Deca di Tito Livio 185, 190 n. 13, 191 n. 27 and 30
   Il principe 186–88, 190 n. 18, 191 n. 26
   Istorie fiorentine 183–84, 189–90 n. 11, 15 and 18
   L'arte della guerra 185
   La vita di Castruccio Castracani 182, 189 nn. 6, 10 and 11
Macrobius 209
Maganza, Giovanni Battista, known as Magagnò 173–74
Malatesta, Pandolfo 176
Manfredi, Muzio 112, 115, 117, 118 n. 6, 121 n. 25
Mantegna, Andrea 197, 199
Mantovani, Dario 46, 52 n. 16
Mantua 195–96
   Mantuan ambassador in Rome 195–97
Manuzio, Aldo 127, 133 n. 22, 203
Manzoni, Alessandro 11
Maraffi, Bartolomeo:
   Tresor de vertu 129
Margaret of Austria 112, 121 n. 32
Marguerite de Valois 173
Maria di Santi 175–77
Mark the Evangelist 25
Marriage 108–17
Martini, Luca 169
Marzi, Alessandro 104 nn. 4 & 9
Massolo, Isabetta 168
Masuccio Salernitano 28
Matthew the Evangelist 25, 205–06
Maylender, Michele 95
Mazocco (Mazzocchi), Giovanni 32, 38, 40 n. 1
Mazzotti, Jacopo 18
Medici, Alessandro de' 206
Medici, Antonio de' 176
Medici, Cosimo de' 97, 105 n. 20, 181, 183–84, 187–88, 191 n. 11
Medici, Cosimo II de', Grand Duke 154
Medici, Ferdinando I 176
Medici, Giovanni de' 176
Medici, Ippolito de' 206
Medici Gonzaga, Eleonora 108
Medwin, Thomas 211–12, 216
   Conversations of Lord Byron 211

Meneghello, Luigi 16
Menippus 20–22
Migliorini, Bruno 12
Migliorini, Maurizia 91
Milan 192, 222 n. 48
Milton, John 212
Minos 21
misogyny 115
Molière 168
Montagnani, Cristina 13, 15
Montalbani, Ovidio 91
Montanari, Anna 47, 51 n. 1, 52 n. 18
Montfaucon, Bernard de 92
moon:
   observation of 154–58
   possibility of life on 158–61
Moore, Thomas 220 n. 6
Moravia, Alberto 242–44
More, Thomas 29, 33
Morgantino 170
Moscone Intronato, *see* Franceschi, Giovan Francesco
Motti e facezie del Piovano Arlotto 181
Muscettola, Giovanni Antonio 180 n. 40
Musco Intronato 104 n. 9
music: *musica secreta* 108
Mussolini, Benito 227
Muzio, Girolamo 4, 84, 91, 169

Nanni, Giovanni, *see* Annius of Viterbo
Naples 99, 219
   Neapolitan revolution 218
Napoleon 218
   Napoleonic campaigns 221 n. 22
Nappi, Cesare 91
Narses 184, 190 n. 14
Navagero, Andrea 85, 91
neo-platonism 115
Nero 23
Newbigin, Nerida 93
Nicot, Jean 125

Obsopaeus, Vincent 29
Olivero, Federico 233 n. 15
Ong, Walter 177
original sin 39
Orlando 35–36
Ornoldi, Giovan Battista 95, 104 n. 9
Ortese, Anna Maria 153
Orti Oricellari 183
ottava rima 212, 220 n. 16

Pace, Fabio 112–13
Padua 94
   Church of Santa Giustina 197
Paleario, Aonio 98, 105 n. 22
Pallavicino Lupi, Camilla 107–09, 113–14, 116–17
Pallavicino Lupi, Isabella 5, 107–08, 110–12, 116

Panciroli, Guido 95
Panigarola, Francesco 176–77
Panizza, Letizia 4
Paolino di Santi 180 n. 45
paratext 108–10, 114–15
Parisi, Luciano 7
Parma 109–12, 114
Parodi, Ernesto G. 47, 52 n. 21, 23
Peacock, Thomas Love:
    Nightmare Abbey 213
Pecci, Muzio 97
Pelagius 38
Penelope 23, 45, 48
Pensi, Cristoforo de' 50, 53 n. 31
Perrotta, Annalisa 4
Peter St. 36
Petracchi Costantini, Lolita 93
Petrarca (Petrarch), Francesco 86, 95, 97, 104 n. 8, 212, 216
    'Italia mia' 216
    Trionfi 216
    'Trionfo d'Amore' 216
    verse 167, 173, 177
petrarchan verse 167–77
Petrucci (famiglia) 95
Petrucci, Fabio 104 n. 10
Petrucci, Rinaldo 95
Physiologus 199
Picchio, Franco 35–36, 38
Piccini, Isabella 5
Piccolomini, Alessandro 100
Piccolomini, Marcantonio 5, 94–98, 100, 104 nn. 4 & 8
Pico della Mirandola, Giovanni 84–85
Pinelli, Gianvincenzo 91 n. 12
Piovene, Guido 242
Pirandello, Luigi 39, 242
Piranesi, Giovan Battista 199
pirate editions 138–39
Pirkheymer, Willibald 199
Pisa 95, 210
Pistofilo, Bonaventura 42 n. 27
Pite, Ralph 211, 216, 217
plagiarism 138–39
Plato 21–22, 181
Plautus 19–20
Pliny the Elder 204
Plotinus 199
Plutarch 181, 199, 203, 209
Pluto (god of the Underworld, fictional character) 181
Poema d'Achille 46
poemi cavallereschi 44
Poliziano (Angelo Ambrogini) 85, 181–82, 187–88, 189–90 n. 11, 199
Pomponazzi, Pietro 38
Pontano, Giovanni 182, 189 n. 5
Pordenone (Giovanni Antonio de' Sacchis, detto) 84

Praloran, Marco 55
predestination (theory) 38
printing:
    incunable period 137
    Biblia Pauperum 138
    Nuremberg Chronicle (*Liber Chronicorum* 1493) 138
    Passio Christi 138
    Lactantius (1465) 150
print-runs size of 139, 145
Prosperi, Valentina 46, 48, 50 n. 9, 52 n. 22
Puggioni, Roberto 108
Pulci, Luigi 191 n. 29
    Morgante 74, 80 n. 20
Pythagoras 22

querelle des femmes 43, 48
questione della lingua 11–12
    see also linguistic debates
Quinn Yarbro, Chelsea 32–33
Quint, David 45, 50 n. 6

Ragona, Alfonso 118 n. 2
Rajna, Pio 30 n. 2, 46–47, 52 n. 14
rape 115–16, 122 n. 56
recitation of verse:
    academies 172–73
    ceremonies and festivities 174–77
    games 171–72
    private occasions 168–71
Refini, Eugenio 88, 92
Reginaldo Accetto (Fra):
    Il Thesoro della volgar lingua 130
Reidy, Denis 4–5
Renaissance 210, 219 n. 3
Renaut de Montauban 67, 79
Rhetorica ad Herennium 124
Riccò, Laura 108
Richardson, Brian 6
Rinchino (Ferrarese courtier) 170
Ringhieri, Innocenzio 171–72
Rodomonte (character in *Orlando Furioso*) 26, 28
romantic 212, 213
Romanticism:
    British Romantic movement 211
    German and English Romantics 213
Rome 96, 192–93, 195–97, 204, 206
    Church of San Lorenzo fuori le Mura 197, 199
    Galleria Doria Pamphili 207
    Musei Capitolini 195
    printing in 137, 147, 149, 150
Rossington, Michael 218–19
Rousseau, Jean-Jacques 216–18
    La Nouvelle Heloïse 216
Rovenza dal martello 74
Royal Holloway University of London 135–36
Ruffini, Bartolomeo 181
Ruscelli, Girolamo 132 n. 3

Salas, Henriquez 126
Salavo, *see* Ornoldi, Giovan Battista
Salutati, Coluccio 46
Salvi, Iacopo 179 n. 30
Salviati (de' Rossi, detto), Francesco 84
Sampson, Lisa 4–5
Sannazaro, Iacopo 167, 169–70, 173
Sanseverino Sanvitale, Barbara 115
Sanson, Helena 3
Sanudo, Marin 195–96
Saturn, satellites of ('Medicean stars') 154
Savonarola, Girolamo 4, 32–33, 39
Scacciato Intronato, *see* Cinuzzi, Marcantonio
Scaltrito Intronato, *see* Bandini Piccolomini, Francesco
Scarampa, Camilla 170
Schucht Tatiana (Tania) 228
Scipio, P. Cornelius 202
Sebastiano del Piombo 192–209
Selim II 173
Seneca 23
Serlio, Sebastiano 84
Sforza Bentivoglio, Ippolita 170
Sforza, Caterina 190 n. 18
Sgricci, Tommaso 210
Shelley, Mary 211, 213, 218
Shelley, Percy Bysshe 6–7, 210–19, 221 n. 22, 222 nn. 48 & 50
   A Defence of Poetry 210–13
   A Philosophical View of Reform 213–14
   Adonais 212
   Alastor 212
   and Byron 210, 219
   and Dante 211–15
   and Italy 210–11, 216, 219, 219 nn. 2 & 3, 220 n. 10
   and *ottava rima* 220 n. 16
   and *Purgatorio* 211–12, 215–18
   and *terza rima* 211–17, 220 n. 17
   Epipsychidion 215
   'Hymn to Mercury' 220 n. 16
   'Matilda Gathering Flowers' 212, 217
   'Ode alla Libertà' 218, 222 n. 50
   'Ode to Liberty' 218
   'Ode to Naples' 218
   'Ode to the West Wind' 212–14
   Prince Athanase 212
   The Triumph of Life 212–19
   Witch of Atlas 220 n. 6
Siena 93–106
Silenziario, Paolo (Luigi Siciliani) 232 n. 2
Sivieri, Domenico 50
Soderini, Pier 181
Sodo Intronato, *see* Piccolomini, Marcantonio
Soldati, Mario 7, 236–44
   cinema 236
   home and otherness 237–38
   La giacca verde 241–44
   musical essays 236

   musical quotations 237
   passion 239–41
   religion 237
   role of silence 244
Sophia (Empress of the Byzantine Empire) 184
Sophocles, *Oedipus Rex* (*Edipo Re*) 109, 113, 117
Soppiantone Intronato, *see* Borlinghieri, Giunta
Soragna 107–12, 114–15
Sosperone Intronato 104 n. 9
Sozzi, Francesco 104 nn. 4 & 9
Spenserian stanza 212
Stagi, Andrea:
   Amazonida 50, 53 n. 28
Stamperia Nova (Vicenza) 108
Stato pallavicino 112
Stigliani, Tommaso 110
Stimato, Gerarda 3
Stoppino, Eleonora 4
Stordito Intronato, *see* Piccolomini, Alessandro
Strabo 203
Stussi, Alfredo 16
Sultzbach, Ioanne 174
Svegliato Intronato, *see* Borghesi, Diomede
Svogliato Intronato, *see* Tolomei, Lattanzio

Tacitus 181
Tagliente, Hieronimo:
   Libro de abbaco 129
Tasso, Torquato 3, 11, 90, 173, 176
   Aminta 109–11, 113
   Gerusalemme Liberata 108, 110, 112
Tavarone, Lazzaro 209
Teatro Olimpico (Vicenza) 109, 115, 117
terza rima 211–17
tesoro, tesauro, thesoro, thesaurus, tresor 123–31
Testa, Simone 4–5
The Index 139
theatre:
   chivalric spectacle 111
   female performance 107–17
Thesaurus, Cornu copiae et Horti Adonidis 127
Thesoro politico (1589) 123–31
Thomas Aquinas 36–38, 87
tides 162
Tiresias 21–22
Tissoni Benvenuti, Antonia 13, 15, 51 n. 1, n. 3
Titian (Tiziano Vecellio) 4, 84, 192
Tolomei, Claudio 99
Tolomei, Lattanzio 104 n. 9
Tomasi, Franco 4–5
Torelli Benedetti, Barbara 111
Toscanella, Orazio 4, 87, 88, 89, 90
Totila (King of the Ostrogoths) 184
Trebisond, George 37
Trecento 210–11, 219 n. 3
Trésor de la langue greque 125
Trésor de la langue latine 125

Trésor de numismatique et de glyptique 125
Tresor du Félibrige 125
Trissino, Giangiorgio:
    Sofonisba 113
Troiano 47, 53 n. 27

Urban VIII (Maffeo Barberini) 162

Vaiani, Alessandro 209
Valcieco da Verona, Raffaele 13
Valeriano, Pierio:
    Hieroglyphica 201, 203–04, 206
Valla, Lorenzo 37
Vasari, Giorgio 171
Vaucluse 216
Vecellio, Tiziano *see* Titian
Vellutello, Alessandro 167–68
Venice 99, 192, 195–96, 201–02
    Venetian ambassador in Rome 195–96
Venier, Matteo 171
Verdi, Giuseppe 7, 241–44
    Otello 241–44
Vespasianus, Titus Flavius 203–04
Vespucci, Agostino 170
Vettori, Pier 178 n. 13

Vicenza: see also Teatro Olimpico, Stamperia Nova
Vignali, Antonio 95–97, 100, 104 nn. 4 & 8, 105 n. 12
    Cazzaria 95–96
Virgil 23, 43–53, 206, 212, 217
    Fourth Georgic 212
    Tenth Eclogue 212
Visconti, Ercole 171
Visino, Miglior 169

Weinberg, Alan 213, 216
women:
    dramaturgy 107–17
    patronage 107–08, 110–11
    performance 107–17
Woodhouse, Frank 12, 16

Yates, Francis 4
Yourcenar, Marguérite 83

Zancani, Diego 2
Zanetti, Bonifacio 176
Zeus 22
Ziletti, Francesco 91
Ziletti, Giordano 91
Zoppino (Nicolò di Aristotele) 29

www.ingramcontent.com/pod-product-compliance
Lightning Source LLC
LaVergne TN
LVHW061250060426
835507LV00017B/1986